I0891732

LEIBNIZ
DE LA PUISSANCE AU SUJET

BIBLIOTHÈQUE D'HISTOIRE DE LA PHILOSOPHIE

Fondateur : Henri GOUHIER Directeur : Jean-François COURTINE

LEIBNIZ
DE LA PUISSANCE
AU SUJET

par

Martine de GAUDEMAR

Maître de Conférences à l'Université de Provence

PARIS
LIBRAIRIE PHILOSOPHIQUE J. VRIN
6, Place de la Sorbonne, Ve

—

1994

Cet ouvrage est issu d'une thèse pour le doctorat ès lettres et sciences humaines effectuées sous la direction du professeur Gérard Lebrun, et soutenue en 1989 à l'Université de Provence.

Que Gérard Lebrun trouve ici l'expression de ma profonde gratitude pour sa lecture attentive et perspicace et la pertinence des questions qu'il a pu me poser. Je remercie aussi les autres membres du jury, Mme Claude Imbert, qui le présidait, ainsi que Pierre Aubenque, Robert Lamblin, et Jean-Claude Pariente, dont la qualité de l'écoute et la justesse des problèmes qu'ils ont soulevé ont nourri ma réflexion ultérieure.

Je remercie enfin Jean-François Courtine de son accueil, et de l'aide qu'il a pu m'apporter dans l'élaboration définitive du présent ouvrage.

La loi du 11 mars 1957 n'autorisant, aux termes des alinéas 2 et 3 de l'article 41, d'une part, que les «copies ou reproductions strictement réservées à l'usage privé du copiste et non destinées à une utilisation collective» et, d'autre part, que les analyses et les courtes citations dans un but d'exemple et d'illustration, «toute représentation ou reproduction intégrale, ou partielle, faite sans le consentement de l'auteur ou de ses ayants droit ou ayants cause, est illicite» (Alinéa 1er de l'article 40).

Cette représentation ou reproduction, par quelque procédé que ce soit constituerait donc une contrefaçon sanctionnée par les Articles 425 et suivants du Code pénal.

© *Librairie Philosophique J. VRIN*, 1994

Printed in France
ISSN 0249-7980
ISBN 2-7116-1167-1

INTRODUCTION

Dieu tonne de sa voix superbe, Job implore et gémit sur son sort : deux figures contraires de la puissance. Toute-puissance d'un côté. Finitude et dépendance de l'autre. La puissance de Job ne peut rien par elle-même, elle est suspendue au bon vouloir de Dieu.

Nous avons de multiples images de la puissance. Mais savons-nous ce que signifie la *puissance* ? Ce que signifie *pouvoir* dans son sens étymologique, ce *posse* qui a donné la *poissance*, d'où vient notre mot de puissance ? On aurait pu se demander, poursuivant dans la voie frayée par M. Foucault, s'il faut confondre la puissance avec l'autorité, ou avec les dispositifs des pouvoirs. Ou s'il faut la placer dans la relation de domination. Mais notre propos n'était pas ici de mener les travaux permettant de valider telle ou telle interprétation. Plutôt que vers l'histoire, on a choisi de s'orienter vers les discours parlant du *fondement* de l'efficacité, de ce qui fait que quelque chose ou quelqu'un peut agir, produire des effets.

Nous ne savons pas ce que *peut* un corps, écrivait Spinoza au XVIIe siècle. Formule instructive à bien des égards. Elle évoque notre ignorance des lois qui président au détail du fonctionnement corporel, et les illusions qu'entraîne cette ignorance : nous *supposons*, au principe de ses manifestations, une instance mystérieuse et indéterminée, une âme douée de libre-arbitre, qui nous soustrait aux lois de la nature. La formule spinoziste nous met aussi sur la voie d'une interrogation plus vaste, concernant non seulement ce que peut un corps, mais ce qui fait l'efficacité, le pouvoir d'agir d'un être. On conçoit que le style de telles questions nous renvoie à la grande métaphysique dogmatique, qui n'interroge pas le droit ou la légitimité de la question elle-même. Mais nous ne voulions pas nous en tenir aux manifestations anthropologiques de la puissance : elles sont productrices d'imaginaire et dissimulent les catégories qui président à leur production. Elles risquaient de nous maintenir dans la fascination et l'aveuglement, avec comme unique issue la dérision de type pascalien : dénoncer les puissances trompeuses, leurs prestiges artificieux, l'arsenal de leurs tromperies. Il est vrai qu'il y a un théatre de la puissance, dont les effets sont solidaires de notre ignorance : *nous ne savons pas comment la puissance opère*. Il faut revenir à la question des fondements de l'efficacité, étudier les discours qui ont eu l'audace ou la naïveté d'élaborer cette question et mis à jour les catégories qui gouvernent les thématiques, voire l'imaginaire de la puissance : les discours de la Métaphysique.

On se propose ici d'étudier, dans le discours leibnizien, ce qu'il en est de la puissance comme pouvoir d'agir. Sa nature : s'agit-il, quand on parle de puissance, d'une activité productrice capable d'amener quelque chose à l'existence ? Ou d'une propriété que les êtres de l'univers tiennent de ce qui les a amenés à cette existence ? Sa provenance aussi, et donc son fondement : le *posse* vient-il de l'*esse*, auquel cas l'élucidation de la notion de puissance éclairerait celle d'*être* elle-même dans son rapport avec les notions traditionnelles d'essence et d'existence ; ou tient-il son efficace d'une toute-puissance originelle, en une sorte de délégation de pouvoir, auquel cas la *potentia*, à laquelle Leibniz préfère, nous verrons pourquoi, les termes de *vis* ou de *virtus*, aurait à faire avec la *potestas* divine, et le naturel avec le juridique.

Le discours leibnizien n'interroge pas la légitimité de ces questions. Il les travaille à travers un dispositif théorique intimement lié à l'héritage historique. Le mettre au jour permet de cerner l'étendue des possibilités que Leibniz pouvait mettre en œuvre, et d'identifier la stratégie théorique qu'il a choisie ou qu'il lui a fallu adopter. On verra que l'espace des choix possibles est réduit par de multiples contraintes. Dans un premier temps, ce contexte théorique peut être décrit sommairement de la manière suivante :

Leibniz, comme tous les cartésiens, héritait d'une problématique de la puissance qui remonte à Aristote. Il ne pouvait la reprendre à son compte sans la modifier profondément de façon à l'adapter à un univers d'où toute potentialité était bannie. Cette transformation devait répondre d'une part aux exigences mécanistes, d'autre part aux présupposés théologiques de Leibniz. En étudiant la notion de puissance chez Leibniz, nous avons voulu montrer ce que la philosophie de la conciliation avait pu sauver de l'intelligibilité du schéma aristotélicien (soit le passage de la puissance à l'acte), tout en produisant un nouveau concept adapté à l'univers théorique des Modernes et à la conception leibnizienne du rapport entre Dieu et les créatures. Ce qui passe par une distinction entre la notion aristotélicienne d'être-en-puissance et la notion de virtualité promue par Leibniz. Cela passe aussi par un éclaircissement des différences significatives que Leibniz pose à l'égard de philosophies qui sont dans une certaine proximité avec la sienne. Nous mesurerons les enjeux philosophiques de ce traitement original de la notion de puissance et ses implications : Leibniz s'oriente vers une distinction entre la possibilité et la puissance, entre l'essence et l'existence, enfin entre la substance et le sujet. Il passe de la réflexion métaphysique à la réflexion morale, du spéculatif au pratique, sans que jamais le nouvel espace vienne annuler l'espace de départ. C'est ce déplacement que nous interrogerons à travers la mise en perspective de la notion leibnizienne de puissance. Il conduit à l'émergence fragile d'un être qui semble irréductible aux calculs des essences. Un sujet ?

I.

Traçons d'abord quelques figures historiques de la notion de puissance pour saisir ce que Leibniz inaugure, et ce qu'il reprend d'une tradition.

La puissance ou *dynamis* grecque se distingue d'un pouvoir de type magique en ce qu'elle n'est pas extérieure à l'être qui la possède. Elle n'est pas don provisoire, mais propriété naturelle agissante, caractéristique et différentielle. Marque distinctive des êtres ou des activités, elle les spécifie tout en indiquant sur qui ou sur quoi elle peut agir : elle n'est pas une panacée. La *dynamis* de la pâte d'orge ou celle de la promenade est celle des effets qu'elles produisent sur le corps de celui qui peut l'absorber ou la pratiquer : il faut deux dynameïs couplées pour que l'effet soit produit. Un art, une technè sont modes d'emploi de certaines dynameïs : ce qui permet de donner du vin pur à un malade, mais aussi ce qui permet de faire un discours devant l'ecclésia. Un usage des dynameïs des uns et des autres. Art de la mise en rapport, de l'application de certaines puissances à des êtres eux-mêmes pourvus de dynameïs. L'art (la *technè*) pourra lui-même être dit puissance : il est intelligence pratique des choses, de ce qu'elles peuvent. L'art est savoir-faire avec ce que sont les êtres, avec leur nature, que détaillent leurs puissances. Savoir-faire qui se fonde sur la connaissance, théorique ou empirique, de ce qu'on peut attendre des uns et des autres. La culture de ce type de savoir caractérise les arts sophistiques qui tirent parti de ce qu'offrent les circonstances. Cette culture accroît elle-même la puissance de celui qui en use dans une situation donnée. Un tel art de la conduite adaptée est solidaire d'une conception de la vérité qu'on peut dire pragmatique en ce que la vérité, qui se reconnaît à ses fruits, y est toujours salutaire.

Le lien originel de la dynamis avec le *pratteïn* se relâchera avec l'élaboration savante de la notion et son annexion à la *théôria* à travers un savoir des essences spécifiques. Il ne sera jamais tranché. La traduction anglaise de dynamis par *power* l'indique bien, mieux que la traduction française de puissance, qui, chez les philosophes, contracte une connotation contraire du fait de son passage dans l'expression d'*être-en-puissance*. La dynamis grecque semble l'outil d'un « savoir opportun et efficace »[1] qui a partie liée avec la prudence. Si une dynamis peut faire la différence entre une espèce et une autre, elle fait aussi la décision dans un rapport de forces entre des individus de ces espèces. Intermédiaire entre la nature, l'essence d'une part, et la simple qualité d'autre part, la dynamis correspond à une *propriété* qui fait la différence et permet la décision. Elle est déterminante dans le double registre théorique et pratique. Leibniz, en retravaillant l'héritage aristotélicien, mettra en valeur cet aspect que les élaborations scolastiques avaient laissé au second plan, sans pour autant l'annuler.

Le mythe de Prométhée, dans son ambiguïté, révèle la complexité de la notion de dynamis. Les dynameïs distribuées par Epiméthée sont des ressources naturelles qui arment les différentes espèces dans leur lutte pour la vie. Elles les caractérisent et les équipent. Du fait d'un partage sans méthode, l'espèce humaine se voit dépourvue. Elle reçoit en compensation les arts et les sciences qui leur permettent de faire valoir leur unique atout : le *logos*.

1. Le récit du mythe peut recevoir une interprétation qui consacre la dignité de l'art sophistique en tant qu'il rassemble toutes les dynameïs et tourne la faiblesse en force. L'art de tirer parti est d'ailleurs, en acte, une interprétation. Il se fait *philosophie* en développant la dynamis inhérente au logos. Prométhée apparaît alors comme le modèle du sophiste.

Reste une question : la puissance du logos sur laquelle l'art prend appui est-elle déjà là, de toute éternité, ou bien est-ce par un effet d'après-coup qu'elle nous apparaît telle, après-coup rendu possible par l'acte qui ferait interprétation ?

2. Le mythe peut être lu autrement ; la philosophie platonicienne nous l'enseigne. En distinguant une *dynamis poieïn* et une *dynamis pascheïn*, Platon précise le statut de la dynamis : une propriété manifestant la constitution particulière d'un être qui entre en relation avec

1. P. Aubenque, *La prudence chez Aristote*, Paris, 1963, pp. 7-10.

d'autres et y produit des effets spécifiques. Mais Platon refuse qu'elle puisse concurrencer l'*ousia* et la destitue de ses prétentions à fournir l'explication de l'universel *naître et périr*.[1] L'être ne saurait être défini par le mouvement et la relation. A. Diès insiste sur la croyance platonicienne en un substrat de la relation, et donne une « traduction moderne » de sa définition de l'être : il est « puissance de relation ». Est-ce à dire que l'infléchissement aristotélicien de la notion de dynamis, à travers son opposition de l'être-en-puissance et de l'être-en-acte, pourrait se préparer chez Platon ? C'est ce que la lecture platonicienne de la fable d'Epiméthée peut donner à penser. Le mythe signifierait en effet que la déficience naturelle de l'espèce humaine est condition d'un accès à des réalités essentielles qui font défaut à la nature sensible. Les apparences sont réellement déficientes, et c'est ainsi qu'elles peuvent indiquer une vérité absente. L'espèce humaine n'est pas d'abord plus forte et plus rusée que d'autres espèces vivantes, ce que marque son art de tirer parti des circonstances. Elle est appelée par son incomplétude vers les principes ontologiques qui fondent cet univers décevant et inconsistant. L'unité qui fait défaut aux sensibles les fonde dans leur peu d'être, leur donne leur nature de simulacres. Platon la leur restitue comme fin à titre d'objet désirable. Le manque appelle l'être, comme Penia cherche Poros. Ce qui peut donner consistance et rendre productif est alors à la fois objet complémentaire et fin désirable.

Le manque s'introduit ainsi dans la notion de puissance. Sans doute seules les Formes sont-elles authentiquement agissantes ; il reste qu'elles agissent en prenant appui sur le défaut qu'elles mettent en lumière : comme Socrate, porte-parole des Formes chez Platon, invite à la conversion du regard ceux qu'il a convaincu de leur impuissance dialectique. L'Amour figure alors un dynamisme qui unit les contraires, mais aussi le mouvement de l'âme qui, des objets sensibles, s'élève à leur principe.

Or, coupler le manque et la capacité, comme l'indigence et la ressource, en évoquant le caractère avisé et inventif de l'une et de l'autre, c'est reconnaître entre elles une gémellité foncière et inviter à situer la dynamis sur leurs deux versants ou plutôt dans leur relation mythiquement génératrice ; c'est préparer le concept bipolaire aristotélicien. On peut d'ailleurs retrouver, dans le célèbre texte du *Théétète* qui distingue l'« hexis » et la « ktèsis » de l'« épistémè », les déterminations qui, synthétisées, constitueront le concept de « dynamis-

1. Platon, *Théétète*, Notice introductive d'A. Dies, BL, Paris, 1963. Voir aussi sa notice introductive au *Sophiste*.

énergéïa ». Comment l'âme peut-elle chercher ce qu'elle ne sait pas? Le Sensible ne manque de rien, à moins d'y chercher précisément ce qui ne s'y trouve pas. Il faut que l'âme aspire à une perfection absente portée en elle comme une exigence pour qu'elle puisse chercher ce qui fait défaut à l'apparaître. L'*hexis*, en ce qu'elle n'est pas simple absence mais aussi marque de ce qui est absent, fournit une *dynamis* pour se diriger vers ce qui n'est pas là. Cette hexis annonce l'être-en-puissance aristotélicien en ce qu'elle est intermédiaire entre présence et absence, et s'enracine dans l'écart entre la réalité inaccomplie des phénomènes et la perfection qui les fonde. Nous dirons que les dynameïs sont ici *sublimées*. Elles visent toujours un accroissement et une différenciation puisqu'elles sont utilisées pour consacrer la prééminence des conduites normées que fonde la science sur les pratiques conjecturales et prudentes que fonde l'expérience acquise. Mais l'opération platonicienne les conduit vers des buts et des objets idéaux étrangers à leur disposition initiale, qui les dépassent et les utilisent pour instituer un ensemble unifié. Les « dynameïs », ces principes d'action multiples, sont enrôlées au service du Bien qui les oriente et les sélectionne. Il n'est plus question de déclarer « belle » une *dynamis* indépendamment de sa visée ou de son usage [1]. La dynamis est assignée à la fonction d'élever l'âme vers les Formes, les *Eïdè*. Enchaînée à des couples de contraires dont l'un est la privation de l'autre, elle doit désormais faire passer d'un état de privation à un état supérieur de satisfaction qui reste à l'horizon de son mouvement. Platon prépare ainsi l'avènement du concept de « dynamis-énergéïa ».

Aristote fait en effet de la *dynamis* l'outil théorique qui convient à un univers d'êtres inachevés, de substances qui poursuivent leur réalisation. La *dynamis* est d'abord, selon le livre Δ de la *Métaphysique* [2], le principe d'un changement dans un autre être, ou dans le même être en tant qu'autre. Cette définition implique une corrélation entre *poieïn* et *pascheïn*, la rencontre, dans l'être sur qui agit une *dynamis*, d'une disposition au changement qui lui est imprimé. Sans être totalement déterminée, la *dynamis* se prête à ce changement, qui peut être de diverses sortes, selon les rencontres : le bois peut brûler, mais aussi être travaillé pour devenir un lit. Cela relativise ce que dit Aristote en Θ 2 [3] : que les puissances *alogoï* seraient puissances d'un seul effet,

1. Platon, *Hippias Majeur*, 296 c.

2. Aristote, *Métaphysique* Δ 12, 1019 a 15-16 et 1020 a 5-6, éd. W.D. Ross, Oxford, 1966, t. I.

3. *Id.*, Θ 2, 1046 b 4-7.

alors que les puissances *meta logou* (les arts et les sciences) seraient puissances des contraires. Car les êtres *alogoï* abritent diverses puissances, que les rencontres peuvent faire passer ou non à l'acte, choisissant en quelque sorte pour eux dans leurs divers devenirs possibles. Autrement dit, l'opposition de l'acte et de la puissance, tacite en Δ, est préparée par la définition de la *dynamis* comme principe de changement dans un autre être, ou dans le même être en tant qu'autre [1].

L'altérité qui éloigne le moteur du changement et ce qui reçoit le changement, creuse un écart entre une puissance et sa réalisation. Elle porte la trace, comme l'indique P. Aubenque [2], du modèle de la *technè*, laquelle organise ou transforme un matériau distinct de l'agent, même s'ils sont accidentellement réunis dans le même sujet, comme lorsque le médecin se soigne lui-même.

Quand Aristote en arrive à ce qu'il considère comme une deuxième acception du terme *dynamis*, il met en évidence l'écart entre celle-ci et l'énergeïa, qui apparaît en pleine lumière chez les êtres pourvus de *logos*. Le *logos* introduit une dimension supplémentaire d'incertitude dans un univers d'êtres en mouvement vers leurs fins, univers marqué par la contingence et l'indétermination. Il introduit un espace de choix entre des solutions qui, si elles ne sont pas équivalentes, sont également possibles. Le médecin peut exercer son art dans un sens destructeur, alors que l'orientation naturelle de cet art va vers la santé. Mais dans l'univers physique lui-même, où les lois ne sont jamais qu'*ôs epi to polu*, les capacités de changement ou *dynameïs* ne produisent pas infailliblement un effet déterminé, puisqu'elles sont tributaires des rencontres incertaines qui se produisent dans le monde sublunaire. Même « capables d'un seul effet », elles peuvent ne pas trouver l'occasion de le produire.

Les Modernes, lorsqu'ils rompront, à la suite de Galilée, avec un univers qui fait place à la contingence et à la finalité, seront embarassés par l'opposition de la puissance et de l'acte, incompatible qu'elle est avec l'univers de la relation et de la nécessité qu'ils lui substituent.

C'est que la notion aristotélicienne de *dynamis* est chargée d'ambiguïté. Lorsqu'elle est vidée de toute activité et opposée à l'acte qui peut lui conférer une forme, elle se rapproche de la notion de matière. Mais

1. *Id.*, Δ 12, *op. cit.*, p. 320 : « This passage presupposes that secondary meaning of « dynamis » (*potentiality* as opposed to *power*) which is explained in Θ 1048 a 27 – b 9 », commente Ross.

2. P. Aubenque, *Le problème de l'Etre chez Aristote*, Paris, 1962, p. 441, n.2.

lorsqu'elle est constituée elle-même de matière et de forme, elle recèle une orientation qui en fait une capacité déterminée de changement proche de la virtualité leibnizienne, par-delà les facultés scolastiques. Etre *en puissance* convient, on le voit, à des états d'inachèvement très différents : de l'être absolument en puissance, qui n'est même pas un être et qui s'apparente à la matière première, jusqu'à l'être en-puissance qui caractérise la science possédée par un homme savant qui ne l'utiliserait pas présentement parce qu'il dort, en passant par tous les degrés intermédiaires d'activité, l'expression est pertinente. De la pure puissance à l'état qui précède immédiatement l'acte, la *dynamis* convient à tous les degrés de réalisation, hormis celui de la perfection en acte. Et c'est pourquoi seul le Dieu, acte pur, est totalement dépourvu d'être en-puissance. Même les astres, en leur mouvement circulaire, témoignent d'une actualité imparfaite. Mais c'est d'abord dans le monde sublunaire que la *dynamis*, qui y a trouvé son origine, trouve sa place d'élection. Elle est solidaire d'un monde inachevé où l'homme trouve à faire et de quoi faire. Elle ouvre à l'homme un espace de choix potentiel dont on pourra se demander ce qui reste dans la philosophie moderne de Leibniz : cette dimension anthropologique en jeu dans la notion aristotélicienne de *dynamis* est à souligner, même si on met en valeur ses implications épistémologiques et ontologiques. La *dynamis* aristotélicienne est en effet un opérateur de continuité dans la mesure où elle permet d'échelonner les êtres selon leur degré de perfection et d'achèvement. Elle est en même temps un opérateur de substantialité car elle rend la dynamis solidaire des sujets, qui maintiennent ainsi une identité à travers les changements qui pourraient apparaître. Une permanence des êtres est assurée à travers le devenir : on pourra attribuer aux sujets, sous forme d'*être en puissance*, les réalités qui apparaissent. J. Vuillemin a montré, dans son commentaire des *Catégories*[1], que la phrase accompagne le mouvement des choses qui s'accomplissent et se réalisent. Les adjectifs qui disent les puissances, comme les verbes qui expriment l'acte de ces puissances, se rapportent à des sujets. Reste que le même schéma dynamique dit les devenirs accidentels de caractéristiques qualitatives, et le devenir essentiel d'une substance individuelle. Le risque d'un formalisme dénoncé plus tard par les Modernes se trouve là : dans l'utilisation ultérieure d'un schéma qui ne trouve plus l'ontologie qui lui convenait. La mise en avant d'une modalité

1. J. Vuillemin, *De la logique à la théologie, Cinq études sur Aristote*, Paris, 1967, « Le système des Catégories d'Aristote et sa signification logique et métaphysique », § 5. Signification logique de cette organisation formelle, pp. 81-85.

potentielle de l'être n'aura plus de sens dès lors que l'univers se trouvera vidé par les Modernes des *formes* qui pouvaient faire passer ces êtres en puissance à leur réalisation ; dès lors que le regard moderne aura mis à plat l'univers physique, et considéré les dynameïs, confondues avec les formes substantielles, comme des agents imaginaires.

Le contre-sens des Modernes s'appuie sur la séparation entre la puissance et l'acte, interprétée comme une séparation entre la potentialité et l'action qui lui correspond. La notion de puissance ne pourra plus désigner une réalité agissante, caractéristique de l'être en cause, puisqu'elle aura été isolée du mouvement qu'elle recélait ou qu'elle appelait de son insuffisance. Privée de son sens, qui réside dans l'acte, la puissance n'apparaîtra plus que comme une caricature de l'être, comme un vide inadmissible pour l'univers moderne. Les Modernes donneront en effet un contenu positif à la notion d'être en puissance, de façon à refuser tout ce qui en elle pouvait évoquer une modalité potentielle de l'être. Dès lors, les quasi-êtres que la puissance aurait pu désigner, qu'ils soient appelés facultés, puissances, ou vertus et autres *pouvoirs*, ne pourront être considérés que comme des fictions, des agents imaginaires, des causes inassignables.

En cantonnant plus étroitement qu'Aristote la *potentia* dans un rôle passif de faculté mise en exercice par l'acte premier de la forme substantielle, saint Thomas a permis qu'un sort différent fût réservé à l'une et à l'autre. L'activité s'est réfugiée dans la *forme substantielle*, qui met en œuvre des puissances de nature différente selon que la substance est spirituelle ou matérielle. Spirituelle, la substance contient des puissances à l'état de *virtualité*. Matérielle, elle ne peut que recéler *potentiellement* des puissances. Ces distinctions préparent le sort différent qui sera fait par les Modernes aux *facultés* de l'âme d'une part, aux *pouvoirs* des corps matériels de l'autre. Les premières pourront être admises, alors même que les seconds n'auront plus de place dans l'univers matériel. Descartes pourra même parler de quelque chose comme « une forme substantielle » quand il s'agit de l'âme de l'homme [1].

Si la notion de puissance est décisivement infléchie par l'Ecole, c'est dans la mesure de l'ontologie dualiste, étrangère à Aristote, qu'elle requiert. De là une scission en deux significations que l'ambiguïté de la notion aristotélicienne évitait. La puissance prend sens soit

1. Descartes, *Cinquième Réponse,* AT. VII, p. 356.

sur le versant de la potentialité, cantonnée dans l'univers *matériel*, soit sur celui de la virtualité, liée à la générativité du *spirituel*. Leibniz, comme tous les Modernes, héritera de cette division. C'est peut-être sous cet angle qu'il convient de regarder son retour à Aristote, et sa réhabilitation des formes substantielles. Il s'agit de retrouver l'or pur d'un *dynamisme* qui n'est pas encore séparé de l'*énergétisme* [1] : par-delà le dualisme. Mais cette opération de passage au-delà n'est pas simple. En témoignent les formules disjonctives de Leibniz où le discours de la forme substantielle occulte les affirmations qui nient la réalité des corps et en font des phénomènes congruents [2]. Nous y reviendrons. Mais il n'est pas inutile de souligner d'emblée que Leibniz utilisera le vocabulaire de la *potentia* pour les phénomènes, les accidents, l'irréel, alors que celui de la virtualité indiquera toujours une réalité substantielle.

S. Thomas, en revanche, peut dans un même paragraphe utiliser les termes de *virtus* et de *potentia* pour désigner une même réalité spirituelle active [3], et non pas une puissance ni une pure potentialité. C'est le cas pour les célèbres *facultés* ou *puissances de l'âme*, pensées en termes d'actes seconds dérivés de l'acte premier et exprimant la forme substantielle de l'homme. Elles ne sont ni des actes effectifs ni une pure inertie informée par l'acte, mais une réalité intermédiaire qui tient de la pure possibilité une certaine indifférence à agir ou non, et de l'acte une détermination à agir d'une certaine manière. Ces facultés, ou propriétés naturelles de l'âme, sont dans une relation étroite avec l'essence, sans pour autant être assimilables à cette dernière : en Dieu seul puissance et essence coïncident [4]. On ne s'étonnera donc pas de trouver, lorsqu'il s'agit de Dieu, une connotation exceptionnelle d'activité et de pouvoir, au sens de la *potestas*, liée au terme de *potentia*. Il reviendra à Leibniz de conférer à la notion de puissance prise

1. J. Beaufret, *Dialogue avec Heidegger*, « *Actus* et *énergeïa* », Paris, Minuit, 1973, t. I, pp. 122-145.

2. A. Robinet, *Architectonique disjonctive, automates systémiques et idéalité transcendantale dans l'œuvre de G.W. Leibniz* (cité *Arch. disj.*), Paris, Vrin, 1986.

3. Thomas d'Aquin, *Somme théologique*, trad. A.M. Roguet, Cerf, Paris, 1984, I, Q. 77, a. 1, sol. 3 et 5 : « C'est de cette façon qu'on peut considérer les puissances de l'âme comme intermédiaires entre la substance et l'accident, en tant que propriétés naturelles de l'âme ».

4. A. Hannequin, in *Etudes d'histoire des sciences et d'histoire de la philosophie*, Paris, 1908, impute à tort au traitement cartésien de l'argument ontologique un rapprochement entre essence et puissance qu'on peut noter déjà chez saint Thomas. Nous remercions P. Aubenque de nous l'avoir signalé.

universellement cette signification active que lui donne une tradition populaire qui confond énergie vitale et pouvoir des rois. Sans pour autant lui enlever toute dimension d'inachèvement, et en refusant de suivre Spinoza dans la dénonciation qu'il fait de la confusion entre puissance divine et droit des Rois, Leibniz utilisera certaines indications présentes dans les textes scolastiques pour dénoncer une conception abusivement simplificatrice qui fait de la puissance une pure possibilité sans aucun commencement d'action [1]. Il est vrai qu'on trouve parfois chez saint Thomas un traitement des facultés qui leur concède un commencement d'action ou *conatus*. *Faculté* désigne alors la puissance prête à agir [2]. C'est le cas notamment des puissances appétitives et de celles de la sensibilité, dans leur lien au désir et à l'appétit naturel qui découle de la forme. Reste que cet appétit, chez les Scolastiques, est mis en mouvement par l'objet. *Son principe est donc extrinsèque* : il lui faut une occasion ou une sollicitation extérieure. Leibniz et Spinoza au contraire voudront inscrire *dans* la puissance l'activité du passage à l'acte. On ne s'étonnera donc pas que, ce faisant, ils tendent à minimiser la discontinuité entre raison et appétit. Car c'est dans les puissances sensibles et appétitives qu'a été trouvé le modèle du conatus. Autre conséquence : la dénonciation de l'illusion du libre-arbitre corrélative de la notion de *potentia* indéterminée et séparée de son opération. Mais il est clair que Leibniz a dû se défendre d'avaliser ainsi le nécessitarisme spinoziste.

Quelle est donc la place occupée par Leibniz sur l'échiquier « moderne » ? Où le situer, dans le perpétuel mouvement qui fut le sien ? Quel angle de vue adopter pour caractériser le situs leibnizien ? L'entreprise de Leibniz est en effet paradoxale puisqu'elle prétend mener à terme l'opération qui permet de penser un univers pleinement en acte en radicalisant la critique moderne de la potentialité, tout en mettant en vedette une notion de puissance rapprochée de celle de forme substantielle *rectifiée* ou *réformée*. Pour éclairer cette entreprise, il faut d'abord montrer la continuité entre la pensée de Leibniz et celle des Modernes sur la question de la puissance.

La lecture mécaniste des phénomènes physiques est pour les Modernes un acquis irréversible qui ne saurait être mis en discussion. Mais il y a aussi, commune aux Modernes, une ontologie de l'essence actuelle, avec ses implications sur la question de la liberté des hommes

1. *De primae philosophiae Emendatione et de Notione Substantiae*, GP IV, p. 469 ; *au P. des Bosses*, 14 Février 1706, GP II, p. 300.

2. Thomas d'Aquin, *Somme théologique*, *op. cit.*, p. 723, Q. 83, a. 2, sol. 2.

et de Dieu [1]. La philosophie leibnizienne prend un sens de réponse à une question que devaient nécessairement se poser les philosophes mécanistes quand ils étaient soucieux du salut de l'âme : comment peut-on encore aimer Dieu dans un univers d'existants pleinement actuels ? Quel rapport établir entre Dieu et un tel univers ?

L'univers mécaniste est pleinement en acte. Il peut être expliqué grâce à une description exacte des positions variables et relatives des corps. Tout doit pouvoir être étalé imaginairement sous les yeux, sans recours à une profondeur métaphysique ou à une potentialité qu'on pourrait considérer comme le type de la *qualité occulte*. Le représentable a seul droit de cité, congédiant le caché et l'obscur. Or seul l'actuel peut être ainsi exhibé, alors que le potentiel est insaisissable, irréductible à une surface mesurable. Bien plus : si l'on refuse d'expliquer quelque phénomène que ce soit par l'action d'un être en puissance en tant que tel, c'est parce qu'une telle explication reviendrait à admettre une fin visée inconsciemment par le phénomène, et par là une destination commune aux êtres en mouvement : leur accomplissement. On voit combien le refus mécaniste de la potentialité est lié à l'ontologie de l'essence actuelle autant qu'à la conception d'un univers fait d'une substance égale et homogène. Si les Modernes rejettent les qualités occultes, c'est parce qu'elles recouvrent un dispositif causal : des *formes* qui agissent grâce à un écart entre l'acte et la puissance dont les êtres physiques sont le lieu. Au contraire, pour les Modernes, causes et effets ne sont que des places dans une série. Ils n'adhèrent pas à des natures, ils n'ont nul besoin d'agents. Le mouvement se passe de sujets. Les accidents se détachent de leur ancien support substantiel et s'enchaînent entre eux directement.

Ces nouveaux *dogmata*, Leibniz ne les ignore nullement [2]. Il peut même en faire l'éloge le cas échéant. Bien plus, il dénonce chez certains Modernes des vestiges de l'ancien dispositif aristotélicien, avec son pôle actif formel et son pôle potentiel. D'une part, la plasticité de la matière étendue renoue avec la potentialité de la matière première aristotélicienne. D'autre part, l'indétermination de l'âme humaine conçue comme absolument libre est un avatar de ces puissances

1. Cf. Y. Belaval, *Leibniz critique de Descartes*, Paris, 1978, p. 451, n. 5 : « Leibniz a lui-même senti qu'il s'approchait du spinozisme quand il a fait consister la nature de la raison dans la considération des choses non comme contingentes, mais comme nécessaires ».

2. *Specimen demonstrationum catholicarum seu Apologia fidei ex ratione*, in *Textes inédits*, éd. G. Grua (cités dorénavant G), Paris, 1948, t. I, p. 28.

occultes déliées des autres propriétés, qui n'ont d'autre raison d'être que celle d'être don de Dieu. Miracle, somme toute, et qui ne vaut pas mieux que le refuge dans la volonté de Dieu [1].

A conserver la notion de substance, et celle de qualité, faculté ou puissance, n'était-on pas exposé à une conservation (tacite) de la potentialité ? à une restauration du couple activité/passivité distribué non plus en chaque être physique, mais entre la matière en général et la personne divine comme cause formelle ? S'il en est ainsi, on comprend que Leibniz puisse *retrouver* des *formes substantielles* qui n'ont pas été vraiment détruites. Il ne les retrouve pas pour autant comme si les Modernes les avaient laissées en l'état, se contentant de les écarter. Il dénoncera la confusion de divers registres : celui de l'abstraction *géométrique*, où seule peut se concevoir, comme un être de raison, une potentialité qu'on ne saurait confondre avec un être réel ; celui du détail des phénomènes *physiques*, justiciables des notions mécaniques ; et celui des fondements, où les notions *métaphysiques* telles que celles de *forme substantielle* sont nécessaires. Descartes apparaît alors coupable d'admettre la matière étendue au rang des substances, et coupable de faire intervenir l'âme, forme substantielle du corps, dans la machine corporelle pour changer la direction de ses mouvements. Descartes va trop vite, et confond le géométrique, le physique et le métaphysique. Il fait rentrer subrepticement dans la matière et dans l'âme la potentialité congédiée.

Pourtant, Descartes n'est pas étranger au mouvement qui s'amorce chez tous les Modernes et qui réinvestit la notion de puissance d'effectivité et d'actualité. Mais c'est au seul niveau du divin que la puissance se confond avec l'acte.

Un tel geste se généralise chez Spinoza et Leibniz. La puissance comme cause efficiente chez Hobbes, comme puissance d'agir chez Spinoza, n'est pas séparée de l'acte : elle est toujours active, toujours positive, et ne désigne jamais un manque d'être. Ce qui la caratérise, c'est le *conatus*, l'effort, qu'elle enveloppe à chaque instant. Or ce conatus ne se distingue pas, chez Spinoza, de l'essence actuelle de toute chose. Dès lors, l'être en puissance, le potentiel, ou le possible, ne peuvent servir qu'à désigner différents modes d'*irréalité* : des êtres de raison, des fictions ou des chimères. En revanche, concevoir la totale actualité, c'est concevoir l'essence comme puissance totale ou perfection, et donc *existence*. L'être est existence parce qu'il est positivité

1. Spinoza, *Ethique*, I, Appendice (« hoc est ignorantiae asylum »), traduction nouvelle avec notices par C. Appuhn (citée AP), 2 t., Paris, 1953.

totale ou perfection. Au regard de cet être auquel rien ne manque, tout être apparaît fragmentaire, incomplet, imparfait. Les Modernes, dans leur expulsion du potentiel et de l'être en puissance, en arrivaient à une ontologie de l'essence actuelle comme puissance infinie qui frappait d'irréalité relative les substances finies [1] et aboutissait logiquement au spinozisme.

C'est devant ce bloc de certitudes que Leibniz a dû se trouver. Plus moyen de revenir en arrière, de soustraire Dieu au nécessitarisme enveloppé dans le mécanisme en creusant un îlot d'incompréhensible indétermination dans l'universelle nécessité. Modèle de la causalité, Dieu ne peut être une cause d'exception. Dès lors se comprend la mise en place du programme leibnizien. Ce programme trouve une raison d'être dans les postulats économistes de Leibniz. La simplicité de la voie unie spinoziste coûte métaphysiquement trop cher. Elle sacrifie une valeur sur laquelle Leibniz ne peut transiger : celle du bonheur individuel dans sa relation à l'immortalité personnelle. De là le souci leibnizien de tracer une autre voie dans la philosophie moderne, qui serait une sorte d'alternative au spinozisme, conjuguant l'actualité du tout et le bonheur personnel de l'individu : *le leibnizianisme, ou comment ne pas devenir spinoziste.* La stratégie leibnizienne est une pratique de la différence ou de l'écart par rapport à un proche voisin : que l'existant se distingue si peu que ce soit de l'essence, que le sujet se distingue si peu que ce soit de la notion qui le représente. La théorie des possibles y trouve un enjeu majeur : faire ressortir la spécificité de l'existant. Et la doctrine de la création son sens proprement philosophique : le passage à l'existence n'est pas une simple affaire de logique [2], c'est une affaire d'acte, et donc de choix moral. Leibniz dénoue l'identité entre essence et puissance en introduisant le possible comme troisième terme. C'est ce détour qui fait le leibnizianisme, sa sinuosité mais aussi sa souplesse. Il rend caduques les anciennes oppositions de la métaphysique. Spinoza avait développé une philosophie qui ne faisait droit qu'à un seul point de vue : celui de la nécessité métaphysique, inséparable de la puissance entendue comme puissance brute. Point de vue légitime, mais incomplet. Mutilant. Dieu doit agir de la manière la plus simple mais pour obtenir le résultat le plus riche en perspectives variées. Restait donc à faire chanter toutes les facettes de

1. Descartes, *Secondes Réponses,* Postulat X, AT. VII, p. 166, ou *Meditatio* III, AT. VII, p. 36.

2. *Judicium de argumento Cartesii pro existentia Dei petito ab ejus idea* (1700), GPIV, p. 402. En Dieu seulement vaut la conséquence « a posse ad esse ».

l'univers, à utiliser les ressources de la langue ou de la musique pour déployer la multiplicité des points de vue sur l'univers, transformations infiniment diverses du texte original. Tel est l'objectif de la constitution de la notion leibnizienne.

II.

Evoquons d'abord quelques écrits du jeune Leibniz pour faire apparaître les nécessités qui ont présidé à l'élaboration de la notion leibnizienne de puissance.

Malgré certaines expressions qui pourraient faire penser que Leibniz admet la conceptualisation aristotélicienne [1], il faut noter que Leibniz ne s'autorise à utiliser le langage aristotélicien dans les premiers textes que pour évoquer des conceptions modernes [2]. Il admet que la nature doit être vidée de ses formes ou qualités réelles, et a recours à une matière indéterminée dont la *potentia*, universelle réceptivité, permet l'activité déterminante de l'intelligence divine. Il peut alors rapprocher la « matière première d'Aristote » et la « matière subtile de Descartes » [3] en invoquant leur même manque de forme qu'elles recevraient toutes deux « du mouvement de l'esprit ». La réalité de cette matière n'est guère précisée ni déterminée ; elle semble flotter entre l'être en puissance et la virtualité : entre une réalité abstraite de type géométrique et une réalité physique fondée sur un *acte* de type métaphysique. Leibniz n'a pas encore instruit le concept de *matière*, il n'a pas encore distingué nettement géométrie et physique. Mais il doit remettre en chantier les conceptions modernes parce qu'elles donnent lieu à une difficulté qui dépasse le simple domaine théorique et qui touche à l'existence. Ces conceptions ne permettent pas de rendre compte de la cohésion des corps, elles mettent en péril leur unité et leur consistance ontologique, menaçant de conduire au spinozisme pour lequel la totalité seule est substantielle. Plus grave : les conceptions modernes menacent la personne individuelle et sa survie. Concevoir une matière qui serait à la fois réelle, inerte et susceptible de s'émietter indéfiniment *par l'impulsion la plus légère* [4], c'est menacer l'avenir des esprits qui lui sont attachés, c'est compromettre – peut-être – la résurrection des corps... Si la matière n'est pas un ciment, si elle

1. Par ex. *Disputatio metaphysica de Principio Individui* (1663), GPIV, 15-26.
2. *A Thomasius*, 1663-1672, GPI, 1-39.
3. « De materia prima », Ak, VI, 2, 279-280.
4. *A Oldenburg*, 15/25 octobre 1671, LP, p. 93.

peut s'évanouir comme en fumée ou en poudre (« tu es poussière... »), comment penser la permanence individuelle ? Il fallait chercher un principe d'unité et de cohésion qui soit irréductible à la matière, et qui soit individuel. Telle sera la *puissance*.

A la difficulté existentielle, au souci concernant l'immortalité personnelle correspond un problème métaphysique : quelle est la consistance, la substantialité des créatures ? Sont-elles même des créatures si la création ne fait que manifester, en une manière d'émanation, l'acte éternel de Dieu ? Ne seraient-elles pas alors de simples manières d'être d'une unique productivité ou d'un unique sujet ? C'est bien la question des sujets qui est ici posée. Leibniz est amené à combattre le spinozisme moins parce qu'il s'agirait d'une philosophie athée que parce qu'il ôte toute réalité substantielle, toute *puissance* aux créatures : parce qu'il les absorbe toutes dans une unique substance qui n'est même pas un sujet puisqu'elle ne décide pas ; son agir n'est pas un acte. Le dispositif spinoziste lamine tout ce qui est puissance partielle : chez Spinoza, une puissance limitée ne peut être une puissance réelle, elle n'est causale que dans la stricte mesure où elle rejoint la *toute*-puissance dont elle n'est qu'une *part* [1]. Leibniz devra s'employer à ruiner ce rapport de partie à tout quand il s'agit du rapport entre Dieu et ses créatures, pour le remplacer par celui du fini à l'infini, seul moyen de graduer la puissance [2], d'introduire des intermédiaires entre l'Etre et le Néant [3]. L'enjeu pratique de cette refonte théorique est patent : il s'agit d'inventer une forme aimable de cette nécessité à quoi mène le mécanisme moderne. Cela suppose une intériorisation de la nécessité dans la nature individuelle, qui reconnaît alors dans cette nécessité son être propre en ce qu'elle est constitutive de sa puissance et de son activité. Dès lors, consentir à la nécessité ne sera plus patience par force.

La notion de puissance finie que forge Leibniz est l'instrument de cette opération. Elle permet de faire droit à la Rationalité universelle sans poser un îlot d'exception dans l'enchaînement des causes, et sans résorber en Dieu les créatures. Elle assure la substantialité du créé. Mieux : elle est solidaire de la notion même de création. Car celle-ci

1. Cf. *à F. Hoffmann*, *Les Etudes philosophiques*, janv-mars 1971, N° 1, p. 13, commenté par F. Courtès ; *au P. Lamy*, in A. Robinet, *Malebranche et Leibniz. Relations personnelles*, Paris, 1955, p. 374 ; *Réponse aux réflexions contenues dans la seconde Edition du Dictionnaire critique de M. Bayle, article Rorarius, sur le système de l'Harmonie preétablie*, GP IV, 568.

2. Cf. sur ce point, et en regard, A. Robinet sur Hobbes, « Le Léviathan aujourd'hui : de l'automate langagier », *Hobbes oggi*, Angeli, Milano, 1990.

3. Spinoza, *Pensées Metaphysiques*, 1, III.

n'a de sens que s'il en résulte une puissance distincte de celle de Dieu et qui n'en est pas une partie, même si elle l'exprime. La notion de puissance, en garantissant l'*altérité*, garantit l'effectivité de la création.

Comment la puissance donne-t-elle aux réalités de l'univers un être véritable ? En répondant à trois exigences qui sont autant de déterminations de l'être. Pour être, il faut être *agissant*, être *un*, et être *différent* de tout autre.

Or la puissance est d'abord principe interne d'activité [1]. Elle exprime une tendance naturelle à l'action. Spontanéité commune à toutes les substances, elle en fait des *automates spirituels* [2] qui ne rompent pas la continuité du mécanisme universel puisqu'aucun libre-arbitre ne leur correspond. La puissance est une activité de développement, constante et fondamentale, qui produit de manière ordonnée tout ce que comprend la nature de la chose [3]. C'est une productivité réglée selon l'ordre que définit le point de vue propre à telle substance singulière. La puissance définit donc la trajectoire d'un être existant en déterminant l'ordre « de ses modifications internes qui représentent celles de dehors » [4].

Faisant de l'un avec du multiple puisqu'elle concentre le Monde suivant un point de vue singulier, la puissance ou force primitive fait d'autre part l'unité de la substance et sa différence d'avec une autre. Principe de mobilité et d'activité ordonnée, la puissance synthétise les différentes déterminations d'un être, faisant ainsi son unité substantielle, à ne pas confondre avec l'unité imaginaire (fruit de l'image) que produit la perception ou notre conception [5]. Sans cette puissance, l'univers ne serait que phénoménal, les choses ne seraient qu'un songe à peine moins inconstant. La puissance fait que les composants d'un être conspirent ensemble, produisant ainsi une unité véritable même si elle

1. Car « l'activité est de l'essence de la substance en général » et « naturellement une substance ne saurait être sans action », *NE*, Préface, GP V, 58 et 46. Cf. PNG, éd. Robinet, (1), p. 27 : « La Substance est un Etre capable d'Action ».

2. Cf. Spinoza, *TRE* § 85, pp. 72-73.

3. *A Fardella*, mars 1690, in *Nouvelles lettres et Opuscules inédits de Leibniz*, éd. Foucher de Careil, Paris, 1857, p. 324 : « in omni substantia nihil aliud est quam natura illa seu vis primitiva, ex qua sequitur series operationum ejus internarum ».

4. *A Burnett*, GPIII, p. 260 : « Mais le principe de l'unité contient la puissance Active primitive, ou la force primitive, laquelle ne se perd jamais et persevere tousjours dans un ordre exact de ses modifications internes qui représentent celles de dehors ».

5. *A Arnauld*, 28 Novembre / 8 Décembre 1686, GP II, p. 76.

n'apparaît pas à notre myopie, et différente de l'unité d'agrégation qui serait celle d'un tas de sable, poussière encore...Elle fonde la réalité dérivée de ces phénomènes et apparences puisqu'elle fait l'unité de leurs constituants. Leibniz appellera sur le tard *monades* les substances singulières que ces puissances, ou formes immatérielles [1], soutiennent dans tout l'univers.

Unifiant les déterminations selon un point de vue singulier, différent de tout autre, la puissance primitive est enfin principe de distinction individualisante : elle assure la multiplicité et la variété des substances qui composent l'univers [2], qui n'est pas *une* Nature, mais un ensemble de natures singulières. Elle donne à chaque substance la *loi* de ses changements, loi qui organise ses perceptions et opérations : elle est une structure agissante, comme l'est la forme aristotélicienne, à cette différence notable qu'elle est individuelle et pas seulement spécifique. A la fois force productrice et loi organisatrice, la puissance primitive est mise en œuvre des virtualités qu'elle contient à titre d'essence active : les actions et les passions en suivent dans un ordre réglé.

Une telle conception transforme radicalement la notion de sujet. De support indifférencié d'attributs principaux ou accidentels, il devient le *sujet de* cette loi de série, de ces opérations et perceptions précises. C'est une même activité réglée qui produit nuit et jour tant les attributs dits essentiels que les qualités réputées secondes, sans compter d'infinies manifestations légères, ténues, fugitives, qui contribuent à faire du sujet ce qu'il est, sans qu'il le sache nécessairement de manière claire : il n'y a pas d'action inessentielle, toutes conspirent à le déterminer dans sa singularité. De même : les qualités sensibles concourent au même titre que les attributs généraux à définir des substances dans leur caractère concret et mobile ; mais il faut concevoir un rapport d'ordre entre les qualités sensibles et la puissance primitive.

Leibniz défend cette conception d'une force suprasensible immanente, formatrice et caractéristique comme la seule manière de reconnaître la puissance divine infinie. Sans elle, on fait de Dieu soit un artisan incapable de produire une œuvre ayant une consistance propre

1. Cf. GPVII, 280-283, texte sans titre, vraisemblablement de 1679 selon A. Robinet (*Arch. disj.*, *op. cit.*, p. 250) : « adjiciendas atque agnoscendas esse in corporibus notiones sive formas quasdam ut ita dicam immateriales sive ab extensione independentes, quas appellare possis potentias, (...) ».

2. *A Bourguet*, Décembre 1714, GP III, p. 575.

et réduit à venir sans cesse l'assister, la corriger, la soutenir [1] ; soit un maître qui, ne pouvant imprimer dans ses créatures une disposition durable, doit sans cesse réitérer ses commandements, faute qu'ils aient eu l'efficacité requise. Le modèle mécanique utilisé jusqu'ici est trop fruste, il faut recourir à un mécanisme supérieur articulant des êtres qui possèdent des principes internes de changement, et conjuguant des automates spirituels. Les termes d'origine aristotélicienne dont Leibniz se sert pour nommer les principes de changement, tels *énergeïa* et *entéléchie*, sont repris avec une acception leibnizienne [2] : il ne s'agit pas d'un pôle actif qui viendrait compléter la *possibilité*, mais d'une *activité originale* dont suit nécessairement l'action, à moins d'obstacle. Une telle détermination à l'action est toujours déjà amorce de changement, et non simple capacité ou potentialité qu'une occasion sollicitante amènerait à l'acte de manière contingente. Elle est *virtualité* et correspond à la spontanéité de la substance. Sa valeur positive rompt définitivement avec toutes les connotations de manque ou d'imperfection de l'être-en-puissance. La virtualité ne s'oppose à l'actualité que pour notre ignorance des présences fines ou insensibles qui trament le quotidien. Elle est un fragment, mieux : un embryon d'actualité. Elle n'a nul besoin de passer à l'acte, puisqu'elle est déjà en exercice. Il n'y a qu'un passage *kath' èmas* : ce qui se percevait déjà insensiblement passe au grand jour de l'aperception.

On peut critiquer les scolastiques d'avoir utilisé certains termes d'origine aristotélicienne à la place de la nécessaire mise à jour des mécanismes par lesquels agissent les forces, ce qui est donner une explication purement verbale. Cette critique ne peut plus être adressée à Leibniz. Car invoquer une puissance primitive ne se fait pas en lieu et place de la mise à jour des mécanismes. Cela sert à *désigner le sujet* d'une opération, nullement à élucider les modes d'action qui ne s'expliquent qu'en termes mécaniques. Le mécanisme est de plein droit

1. Premier écrit *à Clarke,* Novembre 1715, GP VII, 352 : « Selon eux, Dieu a besoin de remonter de temps en temps sa Montre. Autrement elle cesseroit d'agir. Il n'a pas eu assés de veue pour en faire un mouvement perpétuel ».

2. *Eclaircissement sur les Natures Plastiques et les Principes de Vie et de Mouvement, par l'Auteur du Systeme de l'Harmonie préétablie*, (6), GP VI, 550 : « Pour ce qui est des formes substantielles ou des Entéléchies primitives (...), je ne les approuve que, lorsqu'on les prend pour des substances simples, capables de perception et d'appetit, en un mot, pour des *Ames*, ou quelque chose qui ait de l'analogie avec l'âme, et qu'on pourroit appeler *Principe de Vie* ». Souligné dans le texte.

ou n'est pas. Mais il n'est pas le seul discours. Le discours métaphysique a sa place ailleurs, quand il faut référer l'opération à une substance. Les puissances primitives renvoient à l'acte formateur qui crée des natures et leur donne une « constitution préalable », après quoi les lois nécessaires de l'univers créé suffisent à dériver tous les phénomènes.

Leibniz emprunte donc à la tradition scolastique des notions qu'il réinvestit d'un nouveau sens en les encadrant dans un réseau serré de notions *modernes* : ainsi la notion métaphysique de *puissance* sera-t-elle étroitement liée à la notion physique de *conatus* et à la notion mathématique de *loi de série*. Cela permet de penser la puissance sur le modèle d'une structure algébrique. Comme l'écrit L. Brunschvicg, Leibniz a substitué à « la transcendance métaphysique du scolastique », une *transcendance mathématique* [1]. Son expression de « lex insita ex qua actiones passionesque consequantur », directement dérivée de l'expression spinoziste, la perfectionne en insistant sur la substantialité autorisée par cette logique interne à chaque nature, et donc sur le polycentrisme que Leibniz oppose à l'unicité de la substance spinoziste. La puissance comme activité synthétique et différenciante unifie l'essence et les accidents. L'essence ne se distingue pas de la loi de la série des accidents. Elle n'est pas au-delà d'eux, elle est leur cause actuelle productrice. La puissance est inséparable des opérations qui l'expriment, lesquelles sont son mode d'exercice ou sa méthode [2]. La puissance, détermination intégrale d'un être, en fait un être singulier en acte. Avec la puissance conçue comme une loi de série inscrite en chaque créature se trouve fondée une conception générale de l'ordre comme syntaxe organisant tous les êtres comme autant de centres d'action : c'est la doctrine de l'Harmonie préétablie.

On pourrait toutefois se demander si la potentialité congédiée d'une puissance qui emprunte les connotations actives de l'acte et de la forme ne se retrouverait pas dans la *matière* comme pur corrélat de la

1. Cette transcendance mathématique « n'exclut pas l'immanence métaphysique, parce qu'une série infinie est plus que chacun de ses termes successifs, sans être nécessairement autre chose qu'eux ». (L. Brunschvicg, *Les Etapes de la Philosophie Mathématique*, Paris, 1912, p. 220, cité par M. Guéroult, *Leibniz. Dynamique et Métaphysique*, 2ème éd., Paris, 1967, p. 175).

2. *A Lady Masham*, 30 Juin 1704, (11), GP III, 356 : « par Force primitive, j'entends le Principe d'Action, dont les forces changeables ne sont que les modifications ». Cf. aussi *à Morell*, sept. 1698, G., t. I, p. 139 : « L'essence primitive de toute substance consiste dans la Force ; c'est cette force en Dieu qui fait que Dieu est nécessairement, et que tout ce qui est en doit émaner ».

puissance. Le statut de la matière chez Leibniz est révélateur : il amène à distinguer clairement plusieurs niveaux ou types de discours. La matière relève de la langue géométrique des abstractions, non de la langue métaphysique des causes et sujets, ni de la langue physique qui correspond aux phénomènes des sens, aux effets des causes ou aux puissances dérivatives. La matière et la puissance ne relèvent donc plus du même discours, et ne peuvent plus être couplées comme la matière et la forme, ou comme l'acte et la puissance. Leibniz analyse la notion de matière [1] et obtient ainsi plusieurs significations qu'il répartit entre des niveaux de discours. Il obtient un concept *mathématique* ou *logique* d'espace, un concept *géométrique* d'étendue, un concept *physique* de masse ou de corps matériel, et un concept *métaphysique* de puissance passive. Ce dernier seul peut être couplé avec la puissance primitive. La réunion de ces divers concepts obtenus par l'analyse produit un monstre composite, une chimère comme la « matière étendue », qui confond les discours et les niveaux *réel*, *idéal* et *imaginaire*. Ce qui est réel, métaphysiquement réel, ce sont les substances dans leurs différences et leur infinie effectivité. La matière n'est pas un être réel, mais une multitude actuelle. Son unité n'est qu'idéale et marque une possibilité indéterminée [2]. A en faire un être, on produit une chimère, un être imaginaire. *L'imaginaire est la rançon de l'oubli* : oubli de notre opération d'abstraction, mauvaise appréhension des idéalités. Et il ne faut pas confondre non plus les réels (actifs, substantiels, différenciés) et les idéaux, où le tout prime la partie : une telle confusion pourra être imputée à Spinoza, si les êtres réels y sont des simples parties, qu'on pourrait dire « en puissance » dans le tout, dans l'unique substance totale.

Pourtant, dira-t-on, les différentes substances ne sont jamais sans quelque matérialité ou corps organique. En quoi consiste alors cette matérialité, si la matière n'est pas réelle ? Elle n'est jamais que la puissance primitive elle-même, *du point de vue* de sa limitation, de sa finitude en tant que puissance créée. C'est pourquoi on pourra l'appeler moralement « imperfection », et physiquement « résistance ».

1. *A l'Electrice Sophie*, 31 Octobre 1705, GP VII, 565 : « l'analyse de la durée actuelle des choses, dans le temps nous mene demonstrativement à l'existence de Dieu, comme l'analyse de la Matiere qui se trouve dans l'Espace, nous mene demonstrativement aux Unités de substance (...) ».

2. *A l'Electrice Sophie*, 30 Novembre 1701, GP VII, 562 : « La Masse des corps est divisée actuellement d'une manière déterminée, et rien n'y est exactement continué ; mais l'espace ou la continuité parfaite qui est dans l'idée, ne marque qu'une possibilité indeterminée de diviser comme l'on voudra ».

L'inertie naturelle des corps est « une parfaite image » de la limitation originale des créatures [1] : elle l'exprime. Le même ordre métaphysique s'exprime dans l'image morale ou physique. *La matérialité est expression.* Qu'on peut lire comme limite, ou inversement comme effet de la correspondance entre toutes les créatures [2], car la limite est l'envers de l'ajustement harmonieux des actions spontanées des substances : la limite borne, cerne, définit les substances dans leur singularité. La matérialité est donc le *phénomène* de la coexistence métaphysique. Les phénomènes physiques manifestent un ordre agissant métaphysique et produisent pour notre myopie un effet perceptif de matérialité. L'unité du concept de matière est donc brisée en multiples significations. L'opération leibnizienne débouche sur la distinction des niveaux de discours et sur les différents usages des langues. Distinction de niveaux de discours à ne pas confondre avec une distinction entre des *plans d'existence* [3] qui reproduirait la séparation entre sensible et intelligible. Leibniz refuse tout dualisme et y pare grâce à sa pratique des langues traductibles les unes dans les autres. Son invention majeure, la Dynamique, est une *nouvelle langue* physique qui permet d'aller des sujets actifs du discours métaphysique aux calculs exacts des rapports entre forces dérivatives momentanées, et même aux figures et aux nombres qui, bien que de supposition et d'abstraction, servent pourtant à l'appréciation des forces. Langue mixte, la Dynamique permet de passer par des transitions insensibles de l'absolu au relatif, du concret à l'abstrait, du réel à l'imaginaire. Les notions mathématiques sont en effet intermédiaires entre un modèle mathématique fruste mais maniable, et un langage métaphysique que notre finitude condamne à la substitution indéfinie des métaphores, puisque le concret ne peut être saisi d'une seule vue que par l'intuition divine. C'est ainsi que le *conatus* pourra recevoir une expression mathématique (une différentielle de vitesse), une caractérisation physique (l'accélération élémentaire, la vitesse virtuelle ou « embryonnée ») et une élucidation métaphysique dans un discours qui précise sa réalité incomplète de simple sollicitation au mouvement ou d'être virtuel. C'est ainsi aussi que l'*impetus* peut être rapporté mathématiquement à l'intégrale des

1. *Théodicée*, I, § 30, GP VI, 119 : l'inertie naturelle des corps peut être considérée « comme une parfaite image et même comme un échantillon de la limitation originale des créatures ».

2. Nous reprenons en conclusion cet aspect incitatif et protreptique de la philosophie leibnizienne, lié à l'hypothèse d'Harmonie.

3. Cf. J. Jalabert, *La théorie leibnizienne de la substance*, Paris, 1946.

conatus, et métaphysiquement aux puissances primitives dont les forces dérivatives le produisent comme phénomène. Les Modernes ont négligé *la réalité ouvrière* qui tisse les phénomènes observables. Leibniz la restitue en mettant en avant la figure métaphorique de l'*embryon* qui vit, existe, avant même de venir au grand jour, et en inventant un calcul capable de formuler les « embryonnements » qui font naître tous les mouvements et les actions. La langue dynamique apporte sa profondeur à la langue mathématique, elle apporte sa souplesse graduée à la langue métaphysique qui s'en tenait à des oppositions binaires et ne permettait pas de saisir la finesse des progressions. Il faut conjuguer les apports et les langues, ouvrir le mathématique à la production causale [1], travailler le discours métaphysique pour le rendre apte à dire la variété des expressions, à saisir la part de réel dans l'imaginaire et dans l'abstrait. Pas de critique du mathématisme cartésien comme celle qu'on trouve chez Aristote à l'égard de Platon. Le géométrisme peut être admis à un niveau partiel, et cela non parce qu'il est mathématique, mais parce qu'il ne l'est pas assez ; d'autres outils, comme l'infinitésimale, expriment mieux les progressions infinies de l'existant. Les *mathèmata* , une fois dissipée leur confusion avec des notions physiques et métaphysiques, peuvent briller à nouveau au ciel des idéalités. Le leibnizianisme apparaît ici comme une pratique originale des discours, qui les enrichit et les conjugue. Eu égard à la puissance, il en résulte une promotion de la virtualité, conçue comme universellement à l'œuvre, à tous les niveaux de notre perception ou de notre découpage de l'univers. L'opposition du potentiel et du virtuel peut alors tomber comme l'une de ces oppositions que ruine la philosophie leibnizienne : à tous les niveaux, à tous les degrés, nous trouvons, dans l'univers existant, de la virtualité.

***

La potentialité sans force, pur être en puissance, ne se retrouverait-elle alors que dans un ailleurs, hors de l'univers créé : dans la région des possibles qui n'existent pas ? S'il est une autre modalité de l'être

1. Comme l'écrit Y. Belaval, *Leibniz, Initiation à sa Philosophie*, Paris, 1975, p. 232 : « Appuyée sur le calcul différentiel et intégral, la véritable Dynamique, par l'ouverture qu'elle donne sur la production causale, rattache la Physique à la Métaphysique ».

que l'existant, doué de puissance, Dieu ferait-il passer les possibles à l'existence comme on ferait passer de la puissance à l'acte ?

De telles conceptions ne peuvent manquer de retentir sur l'idée de Dieu et sur les rapports entre la puissance divine et celle des créatures. Tels sont les enjeux des questions que nous avons à examiner à présent.

CHAPITRE I

DE L'ESSENCE À L'EXISTENCE
(Discours métaphysique)

« C'est la région des vérités éternelles
qu'il faut mettre à la place de la
matière quand il s'agit de chercher
la source des choses ».

(*Essais de Théodicée*)

L'exercice fait corps avec la puissance. Que serait une puissance sans exercice ? Quelque chose d'impossible à concevoir puisque toute puissance agit. Même momentanément empêchée dans telle expression dérivée, la puissance primitive continue d'agir et cherche sourdement à lever l'obstacle à travers d'autres puissances dérivatives qui expriment son effort fondamental. On trouve toujours de la puissance dans l'être existant, à tous les degrés de réalisation ou de virtualité. Ces degrés ne peuvent jamais être opposés à la puissance agissante, puisqu'ils sont tout ensemble la forme qu'elle a atteinte et celle qu'elle se prépare à atteindre. C'est pourquoi la virtualité est la forme que prend chez Leibniz le congé donné à la potentialité.

Mais on peut se demander si l'être *possible* ne renoue pas avec la notion aristotélicienne d'*être-en-puissance*, et chercher si la potentialité sans force ne se retrouverait pas ailleurs, hors de l'univers créé, dans la région des possibles qui n'existent pas. Si Leibniz refuse toute « possibilité » nue dans l'univers, quelle sorte d'être ont les simples possibilités ? Les *possibles* leibniziens viennent-ils prendre la place des êtres *en-puissance* de l'univers aristotélicien, qui attendent l'acte d'une forme pour passer à la réalisation pleine de leur être ? Pour éviter le fatalisme et le nominalisme de Spinoza, Leibniz est-il obligé de faire un retour en arrière, vers des notions que tout l'univers moderne tend à congédier ? Répondre à ces questions fait l'objet du présent chapitre.

Qu'en est-il d'abord d'un être simplement possible, et que signifie son existentiabilité ? Comment comprendre ce que Leibniz appelle la *vis ad existentiam* ? Poser ces questions, c'est tenter de savoir si Leibniz a si peu que ce soit repris à son compte la notion d'être-en-puissance, et examiner les rapports entre l'entendement et la volonté créatrice de Dieu qui en découlent [1]. Mais si la notion d'être possible en appelle à celle de création, les problèmes, au lieu de se régler, se précisent et s'aggravent. Car la création semble faire droit à un passage de la puissance à l'acte. Comment comprendre un tel passage en Dieu ? On peut tenter de préserver l'unité et la simplicité de Dieu, en considérant les êtres possibles comme des virtualités internes à Dieu lui-même ; mais alors, on devra penser un Dieu en développement de sa propre essence, et on pensera une création bien proche de la productivité spontanée du *Deus sive Natura* spinoziste. Mais si l'on admet une certaine duplicité en Dieu, ce qui permet de concevoir que l'acte de Dieu se fasse à partir d'une sorte de matériau logique, on devra accepter de poser, en même temps que Dieu, un certain *incréé*.

Telles sont les difficultés liées à la conception leibnizienne des possibles, envisagée dans son rapport avec la notion de puissance. Peut-être l'examen de la puissance de Dieu, illustrée par son Acte unique de création, permettra-t-il de formuler des hypothèses explicatives. Mais, ce faisant, nous aurons modifié toutes les notions dont nous nous servons, et, en particulier, la notion traditionnelle de toute-puissance, qui aura perdu une grande partie de son sens. Une troisième section de ce chapitre mettra en lumière une nouvelle notion de puissance infinie, donatrice et créatrice, et nous permettra de considérer l'Acte de Dieu ; en faisant advenir des sujets, celui-ci apparaîtra comme l'Acte par excellence, d'où tous les actes tirent leur signification. Acte de la puissance qui fait un *sujet*.

Restera alors à étudier l'acte de ces sujets créés, et leur rapport au créateur. Comment l'acte de ces puissances peut imiter l'acte de Dieu. Comment il peut y avoir des sujets véritables et pas seulement des sujets « pour ainsi dire ». Cest peut-être là ce qui constitue chez Leibniz la seule véritable démarcation d'avec le spinozisme. Car à s'en tenir aux substances non intelligentes, il n'y aurait pas de réelle altérité, pas de création au sens fort, et l'on serait conduit logiquement à une philosophie de l'Un qui ressemble fort au spinozisme. Pour s'en démarquer, il faudra passer dans un autre univers théorique, celui du créé, celui de l'existence. Ici nous ne ferons qu'aborder à ces rives.

1. Comme le montre magistralement M. Gueroult dans son célèbre article « La constitution de la substance chez Leibniz », in *Etudes sur Descartes, Spinoza, Malebranche et Leibniz,* Hildesheim, 1970, p. 213.

SECTION 1 :

POSSIBLE ET PENSABLE

L'élaboration leibnizienne des notions de puissance et de matière évite de poser un principe opposé à l'Etre, soit tout ce qui pourrait suggérer la prise en compte d'un quelconque Nihil. Déréaliser la matière n'est pas pour Leibniz un moyen de justifier une création *ex nihilo*. La puissance est ce qui fait l'être existant : Leibniz donne à penser un matériau à partir de quoi il peut y avoir création, soit les êtres qui ne sont pas pourvus de cette « puissance » qui leur donnerait l'être, l'unité et l'activité. Il faut peut-être prendre au sérieux l'affirmation de Leibniz dans la *Théodicée*, selon laquelle

> c'est la région des vérités éternelles qu'il faut *mettre à la place de la matière* quand il s'agit de chercher la source des choses. [1]

Les êtres dépourvus de puissance ne sont même pas des êtres, sinon par la puissance de Dieu qui les pense ; ils jouent peut-être le rôle dévolu à la matière dans d'autres philosophies ; soit le rôle de ce qui est toujours déjà là, et qui ne peut être mis au compte d'une création quelle qu'elle soit, que sa notion en soit mythique, religieuse ou philosophique.

La puissance rend agissante la structure essentielle d'un être, en fait une loi active. Cet *être,* sans la puissance qui fasse son être agissant et existant, devrait alors être un être de pure pensée, une notion. C'est précisément ce qu'indique Leibniz. On peut alors se demander si la création ne se fait pas à partir d'un donné notionnel, d'une *matière* logique. Nous examinerons ensuite si la modalité d'un tel être n'est pas précisément celle de la potentialité.

1. *Théodicée*, I, 20, GPVI, 115. Souligné par nous.

1.1 : Le matériau de la création

La région des vérités éternelles, on le sait, comprend toutes les notions pensables, et toutes les relations possibles entre elles. Les notions peuvent être simples, ou plus ou moins composées de ces notions simples. Les *primitivae simplices* sont des traits notionnels irréductibles. A partir de cette sorte d'alphabet notionnel peuvent se penser toutes les combinaisons qui n'enferment pas contradiction : tous les mots, et toutes les phrases. Les *vérités* sont les relations véritables entre ces notions. Il y a une série infinie dans les degrés de complexité des notions, ainsi que dans ceux des relations qui les unissent. Les notions qui correspondent à nos idées mathématiques sont relativement simples (leurs idées sont *accomplies*), et font comprendre parfaitement leur objet : nous saisissons en elles tout ce qu'il y a à penser de leurs objets, et les relations qui les unissent sont des vérités éternelles. Certaines notions au contraire sont d'une complexité infinie ; elles enveloppent l'ensemble des rapports qui les relient à d'autres notions, et forment ainsi un tissu serré où chaque fil singulier tient à tous les autres. Elles forment un univers possible : ce sont les notions des substances possibles. Ces notions infiniment complexes sont des *possibles* dans un sens plus fort que ne le sont les notions simples. En effet, la compatibilité des notions simples fait leur concevabilité ou leur non-contradiction (on sait que c'est cette non-contradiction qui fonde la démonstration leibnizienne de la possibilité de l'idée de Dieu [1]). Tandis que l'infinie complexité des substances possibles, leur complète articulation aux autres substances possibles dans un univers régi par les mêmes lois, et le fait qu'elles enveloppent les vérités et décrets qui entreraient dans la constitution de cet univers, si Dieu décidait de le créer, en fait des êtres capables d'exister, des *existentiables*.

Question à poser : cette capacité d'exister, cette existentiabilité, traduite par Leibniz comme une *vis ad existentiam*, ne renoue-t-elle pas avec la *puissance passive* d'Aristote, soit avec cette *dynamis* qui est orientée vers une fin, et qui est dépendante d'un agent extérieur pour la faire passer à l'acte ? La capacité d'exister, en effet, n'est pas une

1. Sur cette démonstration, voir M. Fichant, « L'origine de la négation », dans *Les Etudes Philosophiques*, 1971, N° 1, pp. 29-52. On y trouvera un fragment inédit du « Quod Ens perfectissimum existit ». Leibniz y écrit : « Demonstrationem reperisse videor <perfectionem> quod Ens perfectissimum, seu quod omnem Essentiam contineat, seu quod omnes habeat qualitates <simplices> <affi>, seu omnia attributa affirmativa, sit possibile (...) ».

capacité indéterminée ; elle est orientation vers l'existence, et elle dépend de la volonté de Dieu pour atteindre cette fin. L'existence est bien l'accomplissement de son être, qui resterait pur objet de pensée sans la décision de création. D'autre part, la réalité de cette capacité d'existence tient aux relations entre toutes les notions complexes qui forment un univers possible ; sans ces relations, elles ne seraient pas *existentiables*. Or, il n'y a organisation des notions entre elles que par l'acte d'intelligence de Dieu. C'est eu égard à l'acte divin que les notions complexes de substances possibles peuvent être dites des êtres existentiables. Les dire êtres-en-puissance n'a de sens qu'en relation avec une création possible, par rapport à laquelle l'intelligence divine les organise. Il s'agit d'une analogie : le rapport des substances possibles, organisées en univers existentiable, avec l'acte créateur, est analogue au rapport entre une matière incapable de passer elle-même à l'acte, et une forme qui vient la transformer en être complet. Dieu comme cause formelle vient doter les êtres-en-puissance, comme matériau de son acte, d'une âme ou d'un principe de vie dit *puissance*, qui les transforme en substances réelles, en natures d'où les phénomènes découlent. La puissance est l'*ingrédient* essentiel de la substance [1] : sans elle, il n'est pas d'être réel. Si l'on pousse plus loin l'analogie, on pourra dire que le contenu notionnel de la substance, ou *essence*, joue à présent le rôle dévolu à la matière chez Aristote [2] : seule une sorte de forme substantielle, la puissance, peut l'animer, et transformer cette *essence individuelle* en substance ou sujet qui engendre les actions décrites comme prédicats dans la notion. Sans cette force ou puissance, le sujet n'est que celui de la représentation divine, qui envisage pour la notion individuelle un sujet possible.

Les prédicats dans leur état disparate, non organisés en séries par l'intelligence divine, c'est-à-dire envisagés abstraitement, correspondent sans doute à l'un des sens de la *hylè* aristotélicienne. Non pas celui qui est orienté vers la compréhension des êtres physiques en mouvement, et qui marque dans le monde sublunaire le territoire de la contingence ; mais le sens le plus métaphysique de la notion aristotélicienne, celui d'*unité individuelle en puissance*, qui permet à G.G. Granger d'en parler comme d'un trans-concept :

1. *Théodicée*, I, (87), GPVI, 150 : « mais la Force, quand elle n'est pas un ingrédient de la substance même (...) est une Qualité, qui est distincte et separable de la Substance ».

2. Aristote, *Métaphysique* Z, 8, 1033 b 16-19.

> De ce point de vue, la matière n'est pas à proprement parler un concept de la physique, mais plutôt un trans-concept de la métaphysique ; elle s'applique à tout être en général en tant que doué, ou susceptible d'être doué, d'individuation à quelque degré. Son caractère fondamental est alors l'*indétermination* (par exemple *Phys*.IV, 2, 209 b 9). [1]

Le stock de marques différentielles ou de prédicats est ce dans quoi puise l'intelligence divine pour former les séries individuées. Cette matière première logique est bien individuée en puissance, ou susceptible d'être douée d'individuation. Les individus de pensée constitués à partir de ce *donné* primordial pourraient alors être considérés comme des êtres-en-puissance, degré supérieur dans l'individualisation ou l'actualisation, puisqu'il ne leur manquerait que la puissance pour être des individus réels.

L'analogie s'arrête là. Elle a le mérite de suggérer que la notion de matière logique est une idée abstraite, produite par la mise à l'écart de l'acte d'intelligence qui compose de toute éternité les prédicats en séries et les met en relation sous forme de vérités. Ce matériau logique est plutôt ce que G. Granger appelle *la matière de la forme* : une matière relative à l'acte de penser plutôt qu'un substrat indéterminé qui pourrait le faire considérer comme une matrice de toutes choses. Matériau relatif à l'activité divine, il est capable de diverses organisations, au sens où il autorise tout ce qui est non-contradictoire. Mais il n'a rien à voir avec une matière informe et indéterminée, puisqu'il est constitué de prédicats organisables comme autant d'unités composables. Discret, le matériau logique n'évoque pas la continuité indéterminée d'un être informe. C'est pourquoi il ne saurait être un fondement pour une doctrine qui poserait deux principes à l'origine de toutes choses, une cause formelle et une cause matérielle.

Nous parlons donc par analogie d'une matière, ou plutôt d'un *donné* logique. A la pensée de Dieu correspond un pensable, qui n'est pas donation originaire informe, mais *donne*, à la manière d'un jeu de cartes susceptible d'une infinité de combinaisons. Si la création suppose cette pensabilité originaire, celle-ci n'est pas de l'ordre d'un chaos à organiser [2], mais d'unités à disposer d'un nombre infini de manières.

1. G. Granger, *La Théorie aristotélicienne de la science*, Paris, 1976, p. 268. Souligné par l'auteur.

2. M. Fichant, « L'origine de la négation », *art. cit.*, p. 51 : « La *creatio ex nihilo* ne peut contredire à cette vérité éternelle que *Ex nihilo nihil fit*. Si le sens droit de cette « tradition » est d'exclure l'anthropomorphie d'un monde créé à partir du

Tous les textes insistent d'ailleurs sur le caractère interne à Dieu de ce matériau logique de la création. Dieu, en le *travaillant*, ne sort pas de sa représentation, soit de son acte d'intelligence. Il n'y a pas de matière physique coéternelle à Dieu, ni en toute rigueur de matière logique coéternelle, puisqu'il s'agit de Dieu lui-même. Reste qu'il s'agit bien d'un donné, et que cet ensemble de possibilités n'est pas fait par Dieu [1]. Le pensable est toujours déjà-là, dans la pensée qui le pense. Cela rapproche le matériau logique d'une *nature des choses* ou d'une nécessité que Dieu ne fait pas, et dont il tire au contraire le meilleur parti. Leibniz lui-même rapproche sa conception de celle du *Timée,* comme on mettrait côte à côte une conception mythique et une doctrine philosophique :

> Platon a dit dans le Timée que le monde avait son origine de l'entendement joint à la nécessité. D'autres ont joint Dieu et la nature. On y peut donner un bon sens. Dieu sera l'entendement, et la nécessité, c'est-à-dire la nature essentielle des choses, sera l'objet de l'entendement en tant qu'il consiste dans les idées éternelles. Mais cet objet est interne et se trouve dans l'entendement divin. [2]

chaos, ou d'atomes, ou d'une matière coéternelle à Dieu, ce n'est pas pour admettre que le monde ait été fait « à partir de rien comme à partir de la matière». *Rectius igitur dicitur...visibilia ex invisibilibus esse facta, id est in Mundo eminente ipsius Elohim ab aeterno latuisse ideali quodam seu spirituali modo semina hujus Mundi corporei, quae tandem aliquando fuere producta et exclusa.* Ainsi la création *ex nihilo* est en fait création à partir du possible, acte de la volonté de Dieu fondé sur ce que son entendement lui représente ». Le passage de Leibniz cité par M. Fichant se trouve en G, t. I, p. 98.

1. *Théodicée*, III, § 335, GPVI, 314 : « Dieu n'est donc point auteur des essences en tant qu'elles ne sont que des possibilités ; mais il n'y a rien d'actuel à quoi il n'ait décerné et donné l'existence ». Cf. *à Magnus Wedderkopf?* Mai (?) 1671, LP. p. 102 : « cette possibilité, Dieu ne la fait pas ; c'est leur existence qu'il fait alors que ces possibilités ou idées des choses coïncident plutôt avec Dieu lui-même ».

2. *Théodicée*, I, (20), GPVI, 115. Leibniz place cette conception en compétition avec celle des anciens qui « attribuaient la cause du mal à la matière qu'ils croyaient *incréée et indépendante de Dieu* ». Souligné par nous. C'est cette indépendance que supprime la conception leibnizienne d'un *donné* logique.

1.2 : L'alphabet notionnel

L'organisation des prédicats en substances possibles et en vérités donne une forme supérieure au matériau logique [1]. Non pas à partir d'une matière distincte de Dieu, mais à partir d'une sorte d'alphabet notionnel, qui fait penser plutôt à l'atomisme épicurien qu'à la matière aristotélicienne.

Leibniz prétend ainsi faire mieux que tous les Anciens. Dans le *Timée*, Platon annonce de manière obscure la notion aristotélicienne de *hylè prôtè* en introduisant une notion étrange, qui n'est saisissable que « par un raisonnement bâtard ». Nous l'entrevoyons « comme dans un songe ». C'est la *chôra*, ou « nourrice de ce qui naît » [2]. Cause matérielle indéterminée, la *chôra* n'a d'être qu'à travers les figures données par la Forme intelligible ou Modèle. Les deux principes sont alors à même d'engendrer tout ce qui devient. L'activité étant le seul fait des Formes, Platon doit faire intervenir une deuxième instance, même s'il ne peut la conceptualiser. Elle reste *hors theôria*, comme un fantôme dans une rêverie. Seules des métaphores, familiale ou artisanale, permettent de tenir sur elle un langage : elle est comme une mère qui reçoit du père les embryons d'enfants à venir, ou comme un excipient humide susceptible de recevoir tous les parfums fournis par le fabricant d'onguents. Pure réceptivité, elle est la condition requise pour toute génération.

Or Aristote, en forgeant le concept de *hylè prôtè* comme pure puissance indéterminée, donne une existence pleinement théorique à ce qui n'apparaissait chez Platon que comme une notion d'élaboration nocturne, ce que Leibniz aurait appelé une *pensée volante*, qui vient en songe sans avoir été appelée [3]. Aristote utilise d'ailleurs les mêmes métaphores que celles de Platon : il compare « la cause coefficiente qui subsiste sous la forme des choses engendrées » à une mère, ou à l'airain dont on fait la statue [4]. La mère et l'airain servent ici d'images, car,

1. Cf. M. Fichant, *art. cit.*, p. 46, qui montre la gradation : « les êtres possibles ABCDEFG entre lesquels on établit respectivement telles compatibilités et telles incompatibilités, ne sont donc PLUS des essences simples ; mais ils ne sont pas ENCORE des êtres complets, des individus possibles (...) ».

2. Platon, *Timée*, 48b-53c.

3. *NE*, II, ch.XXI, § 12, GPV, 163 : « La langue allemande les nomme *fliegende Gedanken*, comme qui diroit des pensées volantes, qui ne sont pas en nostre pouvoir, et où il y a quelques fois bien des absurdités qui donnent des scrupules aux gens de bien et de l'exercice aux casuistes et aux directeurs des consciences ».

4. Aristote, *Physique* I, 7 et 9, éd. Carteron, BL, Paris, 1973.

composés de matière et de forme, ils ne pourraient représenter exactement la matière première qui est plutôt l'informe. Aristote poursuit donc l'intégration théorique de la deuxième instance nécessaire à la génération. Reste que la matière première ne tombe « sous aucune des catégories qui classent les formes de l'être », explique A. Rivaud : elle est, comme la *chôra*, insaisissable et indicible ; elle n'est ni qualité, ni quantité, ni substance, ni mode. Nous n'en pouvons avoir ni image ni sensation. C'est grâce à un raisonnement par analogie que nous la posons comme « *hypokeïmenon* général du devenir » [1].

L'atomisme épicurien de Gassendi a constitué, lors des débuts philosophiques de Leibniz, une bonne alternative à ces doctrines des premiers principes, en supposant qu'en dernière analyse se trouvaient des unités insécables : les atomes, qui entrent dans la composition de tous les êtres. Parce qu'il ne distingue pas réellement du Dieu créateur son matériau, et qu'il fait de ce matériau un ensemble infini de *marques* notionnelles discrètes, Leibniz a comme logicisé et enfermé en Dieu tout ce qui pouvait prétendre au rôle de matière première. Il poursuit l'intégration théorique des principes nécessaires à la génération de toutes choses, en utilisant un atomisme non plus physique mais logique. La *hylè* aristotélicienne, même dépourvue de forme, comportait des potentialités élémentaires. La matière logique de Leibniz, au contraire, n'est plus qu'ensemble d'éléments combinables, qui se prête au calcul et à la combinatoire : elle se dispose mieux qu'une matière première, *chôra* ou *hylè*, à l'action de Dieu. Leibniz, soucieux de refuser l'atomisme au niveau de l'univers créé, en retrouve les vertus quand il s'agit de calculer. Au niveau de l'univers créé, l'élémentaire est abstrait, il correspond au découpage d'une unité réelle ou substance, découpage que notre déficience intuitive rend nécessaire. De là le calcul infinitésimal, qui permet le calcul et la démonstration là où nous ne pouvons avoir de saisie intuitive globale, là où entre l'infini concret. Ce calcul évoque précisément la mathématique divine. L'analogie est instructive : l'atomisme ne correspond pas à une réalité métaphysique; il est outil d'intelligibilité. De la même manière, les prédicats simples doivent être *supposés* par l'acte combinatoire de Dieu, comme les petites perceptions sont exigées pour rendre compte des phénomènes pneumatiques. Ce qui *est* véritablement, c'est l'acte de Dieu. Il est précédé logiquement et non pas réellement par des possibilités simples. La considération d'*atomes* logiques dans un état isolé et disparate n'a de

1. A. Rivaud, *Le problème du devenir et la notion de matière dans la philosophie grecque depuis les origines jusqu'à Théophraste*, Paris, 1905, p.426.

sens que dans une reconstitution humaine de l'acte divin. Dans le réel de cet acte, ils sont de toujours relatifs les uns aux autres et organisés par le principe de contradiction, vérité éternelle pensée par Dieu. La pensée de Dieu ne peut qu'être *toujours déjà-là*. Ainsi le pensable et la pensée de Dieu sont-ils indissolubles. C'est la notion de pensée elle-même qui nous contraint à distinguer le pôle organisateur (formel) et le pôle des composants organisés (matériel). Il s'agit du même réel considéré sous deux aspects par une pensée humaine intuitivement déficiente.

Leibniz perfectionne ainsi et la philosophie et le mythe, qui séparaient deux instances ou deux personnes pour engendrer l'univers. Dans la langue de l'imagination que Leibniz prête à Pallas elle-même, c'est une incorporation qui permet à Zeus d'être l'unique principe :

> Jupiter en ayant fait la reveue avant le commencement du monde existant, a *digeré les possibilités* en mondes et a fait le choix du meilleur de tous. [1]

Leibniz perfectionne le mythe grec, tout en utilisant dans son propre mythe la métaphore orale pour expliquer la naissance d'Athéna. Dans les deux cas, la sagesse, la *nature des choses*, sous la forme des possibilités, est intériorisée dans le Dieu suprême. Leibniz fait passer la conception philosophique des principes à un niveau supérieur en donnant congé à ce qui restait d'indicible et d'informe dans le concept d'un matériau préalable à l'engendrement des choses. L'activité divine est ici couplée avec une condition première. Mais celle-ci n'est plus informe, puisqu'elle est constituée d'éléments discrets organisables ; elle n'est plus cette pure puissance ou pure passivité en fait impensable : elle est *ce qui se donne à penser*, la *cogitabilitas* qui forme la réalité ultime de toutes choses [2]. Cette pensabilité n'est pas séparée de la réalité même de Dieu, puisqu'elle forme son entendement.

Aucune hétérogénéité ne subsiste plus dans cette conception du deuxième principe nécessaire à la génération. Il n'est plus l'Autre de Dieu, mais une des facettes de son être pour une pensée humaine incapable de saisir l'unité de la pensée infinie. Leibniz donne ainsi une sorte d'interprétation des mythes : la dualité de la forme et de la

1. *Théodicée*, III, § 414, GPVI, 362. Souligné par nous.

2. Dieu est peut-être le nom de cette *pensabilité* réelle indissociable de l' acte de penser. Cf. <*Résumé de Métaphysique* >, *C*, p. 534 : « Est scilicet ens illud ultima ratio Rerum, et uno vocabulo solet appellari DEUS ». Cf. aussi *De iis quae per se concipiuntur*, GPI, 272, qui parle de *realia cogitabilia*, et précise entre parenthèses: *nihil aliud enim realitas quam cogitabilitas*.

matière n'est jamais que le correspondant du mythe qui fait appel à plusieurs personnes, à un couple fondamental, pour rendre raison des origines. Ces deux dualités témoignent de notre incapacité à saisir la pensée autrement que dans la dualité de l'acte organisateur et du matériau.

L'hétérogénéité des principes chez Platon, leur dualité chez Aristote, sont résorbés grâce à une conception transposée de l'atomisme physique : celle d'un ensemble infini d'éléments de signification et de concevabilité, matériau pour l'acte de pensée de Dieu. L'acte de Dieu ne part pas du désordre pour aller vers l'ordre ; il n'est ni surgissement *ex nihilo*, ni information d'un donné hétérogène ; il fait passer l'ordre à des degrés supérieurs d'intégration. Le matériau de la concevabilité n'est pas une véritable matière première : il s'agit d'une analogie. Pourrait-on en revanche trouver quelque réelle potentialité à un niveau supérieur de cette organisation, quand les prédicats sont composés en séries individuées, en substances individuelles possibles ?

L'analogie entre substances possibles et êtres-en-puissance, vient de ce qu'il ne leur manque plus qu'une détermination pour être en acte, pour exister. Qu'en est-il de cette notion d'*existence* ? Convient-elle à cette représentation ?

1.3 : L'existence

L'existence décernée aux substances possibles peut-elle être considérée comme une détermination complémentaire qui manquerait à leur réalité concevable, à leur *cogitabilitas* ? Aucun doute n'est sur ce point possible : l'existence n'est pas un prédicat qui ferait défaut aux substances possibles, puisque leur notion est complète. Du point de vue de la pensée, un être possible et un être existant sont les mêmes. Ils ont la même définition. Logiquement, les substances possibles sont tout-à-fait déterminées ; leur notion est objectivement accomplie, même si nous ne pouvons saisir leur complexité infinie, qui tient à tout l'univers et à toutes les relations qui entrent dans la composition de cet univers, d'où nous les extrayons pour les penser isolément. Si on peut en parler comme d'êtres en puissance, c'est relativement à une création possible, parce qu'à cet égard elles dépendent d'une cause extérieure. En elles-mêmes, elles sont accomplies. Leur individuation est faite, et n'attend pas l'existence pour se matérialiser. Ces possibles sont prêts pour l'existence ; une fois autorisés à passer à ce nouveau régime d'être, rien ne vient s'ajouter à leur notion déjà complète. C'est tout armés qu'ils sortent de l'entendement divin. Seule l'analogie, la similitude des rapports, nous fait parler d'être *en puissance* par opposition à un être *en acte* que serait l'existence : aucune indétermination ne rend les possibles susceptibles de diverses destinées ou vicissitudes, comme le marbre se prêterait à de multiples usages selon les choix du sculpteur ou de l'acheteur. L'existentiable individué n'est ni flexible comme un matériau esthétique, ni sujet à variations accidentelles comme l'être de nature chez Aristote.

Difficile alors de cerner ce qu'il faut entendre par l'existence : la différence entre un être possible et un être existant n'est pas de l'ordre de la notion. De quelle nature est-elle ? On n'a pas assez expliqué, écrit Leibniz, la différence entre l'essence actuelle et l'existence [1]. Il refuse, faute de preuves, d'identifier l'existence et le temps [2]. Mais il suffit, ajoute-t-il, de considérer la force d'agir pour savoir qu'elle emporte avec elle le futur, et qu'elle assure la production des prédicats de la notion à partir du sujet [3]. C'est donc la puissance, en assumant la production des actions décrites dans les prédicats de la notion, qui fait la réalité de la substance, dans la mesure où elle assure à la notion, faite de cogitabilitas, une *subjectio* [4]. Si Leibniz hésite quant au statut à donner à l'existence, il est sûr qu'il ne s'agit pas de quelque chose qui ajouterait quelque nouveauté à l'essence [5], nouveauté dont on pourrait chercher l'essence, se demander si elle existe, et ainsi à l'infini. Elle a un rapport avec la temporalité, et avec la mise en acte ; mais ce n'est pas encore exactement cela.

Il est vrai que, considérées relativement à l'existence, les substances possibles sont *en-puissance*, et Leibniz écrit lui-même :

1. *Animadversiones ad Weigelium,* FC, p. 154 : « non satis (...) est discrimen inter essentiam actualem et existentiam ». Ce reproche s'adresse sans doute à Weigel, mais la suite montre que la notion d'existence n'est pas clairement définie par Leibniz lui-même.

2. *Id.*, p. 158 : « Tempus nihil aliud esse quam ipsam rerum existentiam, seu actualitatem, adeoque lapsu temporis etiam existentiam interire et novari. Sed haec assentio rursus probatione indiget ».

3. *Id.*, p. 160 : « Cartesiani post magistrum ex eo probare conantur continuam rerum productionem, quia ex nostrâ praesente existentiâ non sequatur futura. Sed vel hoc argumentum rem absolvit ; dicet enim adversarius omnino sequi futuram ex praesente, nisi quid impediens surveniat ». On sait en effet que c'est grâce à la force ou tendance, que « le présent est toujours gros de l'avenir » (*à Bayle*, GPIII, 66).

4. *De iis quae per se concipiuntur*, GPI, 272 : « Omnis qualitas cogitabilis componitur ex cogitabilitate et subjecto cogitabilitatis. Huic subjecto inest cogitabilitas ; sed aliud est cogitabilitas, aliud subjectio. Ergo haec subjectio cogitari non potest ». Ceci comme exemple des difficultés qu'il y a à concevoir l'existence, qui fournit un sujet à une notion.

5. <*Veritates Primae*>, GPVII, 195, Note.

Actuale quod dicit Existentiam, *Potentiale* quod tantum essentiam. [1]

Cela ne signifie pas que les substances possibles soient incomplètes et qu'il leur manque une détermination. Cela signifie que l'existence selon Leibniz vaut mieux que la non-existence : l'existence n'est pas un prédicat, une perfection, mais un degré supplémentaire de perfection [2]. Il y a progrès dans le passage à l'existence. Ce passage à une perfection supérieure peut justifier l'usage de l'expression *être en puissance* pour parler des possibles. Il n'en faut pour autant inférer aucune réelle potentialité ou indétermination. L'existence ne complète pas l'essence. Elle lui donne un sujet, fait par la puissance d'agir, qui permet d'engendrer les prédicats contenus dans l'essence. A ce titre seulement, l'on peut dire qu'elle fait de l'essence une essence actuelle.

Que penser de ces précisions ? On doit remarquer, en même temps que l'ajustement difficile de la notion d'existence aux notions voisines, à quel point Leibniz retravaille les notions et ne les emploie qu'en leur donnant un sens proprement leibnizien. Les notions aristotéliciennes ne conviennent pas bien à sa philosophie : il ne peut jamais les importer telles quelles. Elles forment pour la réflexion leibnizienne une sorte de vêtement d'emprunt : elle y est à l'étroit; et il faut mille précisions, rectifications et contorsions pour qu'on n'aille pas comprendre les termes dans leur sens scolastique. Un bon exemple s'en trouve dans la correspondance avec Arnauld.

Leibniz écrit pour Arnauld qu'il n'y a pas lieu de douter que Dieu puisse trouver la notion complète d'Adam « toute formée dans le pays des possibles, c'est-à-dire dans son entendement » [3]. C'est dire que le sujet divin, lorsqu'il veut, trouve, déjà toutes formées par son acte d'intelligence, les notions des substances individuelles. Arnauld s'effraye devant cette apparente contrainte infligée à Dieu : Dieu ne peut-il rien changer au contenu des notions, n'est-il qu'une sorte d'exécutant ? Que devient, dans un tel paysage théorique, la toute-puissance de Dieu ? Arnauld s'indigne également du sort fait au sujet individuel, au moi : n'enferme-t-il pas de multiples *possibilités*, ne peut-il faire varier le contenu de sa définition tout en restant lui-même, ne peut-il rester le même moi, soit qu'il se marie, soit qu'il vive dans le

1. *Id.*, GPVII, 195, Note.

2. <*Résumé de Métaphysique*>, GPVII, 289.

3. *Remarques sur la lettre de M. Arnauld, touchant ma proposition : que la notion individuelle de chaque personne enferme une fois pour toutes ce qui luy arrivera à jamais*, GPII, 42.

célibat[1] ? Notons le lien entre le raisonnement d'Arnauld, fait dans les termes classiques de la puissance et de l'acte, et ses conceptions de l'indétermination[2]. Arnauld suppose que les notions individuelles enferment un espace d'indétermination, un espace *potentiel*, de façon à préserver tant le libre-arbitre de la créature que la toute-puissance de Dieu. Le maintien de la potentialité va de pair avec une conception de la contingence qui n'a pas de place dans le système de Leibniz. Cet exemple illustre bien ce que nous voulions montrer, soit : que parler des substances possibles comme d'êtres en puissance relève de la simple analogie, et ne doit pas nous conduire à leur prêter une potentialité définie à la manière scolastique. On peut parler des possibles comme d'êtres potentiels, mais seulement en référence à une *existence* au statut ambigu.

1.4 : La « vis ad existentiam »

Mais alors que penser de l'orientation conférée aux substances possibles en termes de force, que penser de la *vis ad existentiam* ?

La force d'agir ou puissance relève de l'accès à l'existence. Que pourrait être le statut d'une force précédant l'existence ? L'appellerait-elle, au sens d'un être-en-puissance attendant l'action de la forme ? La *vis ad existentiam* serait, en ce cas, analogue à une *dynamis* couplée avec l'acte de Dieu. Pousserait-elle à l'existence ? La création serait alors une manière d'exaucer les *vœux* mêmes de l'essence. Dieu apparaîtrait comme une sorte d'agent au service des mouvements inhérents aux possibles, ou collaborant avec eux.

Il faut convenir que les deux solutions sont problématiques et ne lèvent des difficultés que pour en poser d'autres. Nous choisissons

1. Arnauld *à Leibniz,* 13 Mai 1686, GPII, 30 : « D'où il faut conclure, ce me semble, qu'estant impossible que je ne fusse pas tousjours demeuré moy, soit que je me fusse marié, ou que j'eusse vécu dans le célibat, la notion individuelle de mon moy n'a enfermé ni l'un ni l'autre de ces deux estats ».

2. *Id.*, 32 : « j'avoue de bonne foy que je n'ay aucune idée de ces substances purement possibles, c'est à dire, que Dieu ne créera jamais. Et je suis fort porté à croire, que ce sont des chimeres que nous nous formons, et que tout ce que nous appellons substances possibles, purement possibles, ne peut estre autre chose que la toute puissance de Dieu, qui estant un pur acte, ne souffre point qu'il y ait en luy aucune possibilité : mais on en peut concevoir dans les natures qu'il a créées, parce que n'estant pas l'estre même par essence, elles sont nécessairement composées de puissance et d'acte : ce qui fait que je les puis concevoir comme possibles ».

Nous reviendrons sur le fond même de cette polémique. Voir pp. 218-228. Il nous suffit ici de noter combien le vocabulaire de la *puissance* et de l'*acte* convient aux doctrines combattues par Leibniz.

pourtant l'une d'entre elles, sans rejeter absolument l'autre : plusieurs lectures du leibnizianisme sont possibles, là où il comporte certaines ambiguïtés. Expliquons-nous :

Les existentiables, dit Leibniz, *prétendent* à l'existence à proportion de leur perfection essentielle, entrent en compétition entre eux. On peut se les représenter comme ces ombres des morts suscités par Ulysse, qui attendent de lui une parole en guise de viatique : le commandement de Dieu, tel un *Lève-toi et marche,* serait lancé à d'innombrables paralytiques candidats à l'existence, les libèreraient de leurs entraves et leur permettraient de marcher.

Mais si les substances possibles sont créditées d'une telle activité, qui justifierait d'ailleurs de penser la venue à l'existence en termes d'actualisation, ou de passage d'un certain être-en-puissance à l'être-en-acte [1], on aboutit à des conséquences extrêmement préjudiciables au leibnizianisme. D'une part, la discontinuité entre l'incréé et le créé s'efface, la création se réduit à une simple autorisation donnée à certains candidats de passer à l'existence. Dieu apparaît comme une sorte de garde-frontière, plutôt que comme un créateur. Accorder aux essences une sorte de spontanéité, c'est admettre que les substances possibles poussent d'elles-mêmes vers l'existence.

D'autre part, dans une telle interprétation, on oublie que sans la puissance d'agir décernée à la notion possible, celle-ci n'a pas l' *efficace* qui fait d'elle une réelle substance, une, spontanée et agissante. D'où viendrait l'activité des essences, si elle n'est pas le fait de la puissance d'agir fondamentale ? D'où viendrait leur prétention, voire leur vœu d'existence, puisqu'elles ne sont même pas des sujets ? *Qui* veut l'existence, quand il n'y a encore personne pour vouloir ? N'est-ce pas après-coup, lorsque les sujets sont créés, qu'ils lisent leur destinée passée comme celle d'une autre existence où déjà, comme Dieu qui est éternel, ils commençaient de vouloir et d'exister ?

Cette interprétation aurait le défaut de mettre les substances possibles dans un rang comparable à celui de Dieu, et d'effacer la

1. Y. Belaval semble adopter cette solution lorqu'il écrit, in *Etudes leibniziennes*, « La réflexion », Paris, 1976, p. 128 : « Car, pour Leibniz, le fond de l'être est bien l'activité : c'est elle, déjà, qui anime la *praetensio ad existentiam* des essences dans l'entendement divin ». Pourtant, la question n'est pas tranchée, puisqu'il admet d'autre part, tout en parlant d'*actualisation* que « les notions complètes n'actualisent pas *d'elles-mêmes* leur existence possible » (*Id.*, « L'espace », *op. cit.*, p. 211). C'est nous qui soulignons, car cela marque l'absence d'une réelle spontanéité des essences.

discontinuité entre créé et incréé, fini et infini, existence temporelle et éternité.

Nous choisissons donc une deuxième lecture, quelles que soient les difficultés qu'elle comporte encore : elles nous semblent moins dommageables pour le leibnizianisme.

Posons les substances possibles comme appelées à l'existence dans la mesure où l'activité de la puissance leur est conférée [1]. L'activité est en effet le propre des substances [2], et non pas des essences. Il y a bien un franchissement entre l'état de substances possibles, qui n'enveloppe la substantialité que pour l'entendement de Dieu, et l'état de sujets réels, engendrant d'eux-mêmes les prédicats qui forment leur notion. Il y a passage à un autre régime d'être. L'activité propre au régime de l'existant ne peut être convoquée pour comprendre le passage à l'existence.

Reste que Leibniz parle de *vis* et emploie de multiples expressions qui, comme l'*exigentia* ou la *praetensio*, évoquent la revendication de sujets [3]. Invoquer la métaphoricité de telles expressions n'est pas suffisant pour lever la difficulté ; les langages sont chez Leibniz traductibles les uns dans les autres, même si quelque chose de l'exactitude ou de la richesse de la représentation se perd dans une telle opération. Nous devons donc traduire ces expressions pour tenter de comprendre la nature de la *vis ad existentiam*.

Tentons la traduction suivante : il n'y a de possible au sens fort d'*existentiable* qu'eu égard à une création possible du monde possible dans lequel est compris l'existentiable en question. La *vis ad existeniam* peut être comprise comme l'existentiabilité elle-même, liée à la prise en considération de Dieu : Dieu, considérant certains possibles, les voit comme existentiables ou comme se proposant à l'existence, en tant qu'il se les représente comme déjà créés, membres d'un univers qui mérite

1. *De Ipsa Natura*, (6), GPIV, 507 : « jam concedendum est, quandam inditam esse rebus *efficaciam, formam vel vim*, qualis naturae nomine a nobis accipi solet, ex qua series phaenomenorum *ad primi jussus praescriptum* consequeretur ». Souligné par nous.

2. L'activité « est de l'essence de la substance en général » (NE, Préface, GPV, 58).

3. *De rerum originatione radicali*, GPVII, 303 : « ...primum agnoscere debemus eo ipso, quod aliquid potius existit quam nihil, aliquam in rebus possibilibus seu in ipsa possibilitate vel essentia esse exigentiam existentiae, vel (ut sic dicam) praetensionem ad existendum et, ut verbo complectar, essentiam per se tendere ad existentiam ». Soulignons le *ut sic dicam* qui indique l'inadéquation ou le caractère métaphorique des termes employés.

la création. La *force*, ou la puissance au sens aristotélicien du terme, de ces possibles n'est alors que leur valeur objective pour l'existence, au regard d'un Dieu qui pèse les mérites respectifs des divers univers possibles. Ils n'ont aucune force réelle pour se diriger vers l'existence, ils ne peuvent ni prétendre, ni exiger, n'étant pas encore créés. Ils ne *peuvent* rien par eux-mêmes. La force qu'ils ont pour le regard de Dieu est celle qu'il leur prête dans son entendement, elle est – tant qu'il n'y a pas de décision créatrice – le simple écho de la puissance de Dieu, exprimé dans son acte d'intelligence.

La puissance, toujours agissante, faisant un sujet ou un être spontané, la *vis* prêtée aux possibles est celle même de Dieu pensant les possibles, elle n'est pas différente de la *cogitabilitas* réelle de ces notions [1], dans la mesure où la pensée pense le pensable. Or, on sait que la réalité de ces possibles, soit leur *cogitabilitas*, tient à la nature de Dieu lui-même, qui fonde le *réel* de la possibilité. Elle doit être rapportée à la nature même de Dieu, qu'il ne crée pas [2]. Et si l'on s'autorise à séparer en Dieu l'acte de sa volonté et l'acte de l'entendement, on doit savoir pourtant qu'ils sont tous deux fondés dans sa *puissance*, comme sujet commun [3]. Ainsi, dans notre interprétation, la *vis ad existentiam* est généreusement prêtée aux possibles par Dieu en fonction de leur valeur essentielle. La création consistera précisément

1. Cf. *NE*, IV, ch. XI, § 13, GPV, 429 : « Les Scolastiques ont fort disputé *de constantia subjecti*, comme ils l'appeloient, c'est à dire, comment la proposition faite sur un sujet peut avoir une verité réelle, si ce sujet n'existe point. C'est que la verité n'est que conditionnelle, et dit, qu'en cas que le sujet existe jamais, on le trouvera tel. Mais on demandera encor, en quoy est fondée cette connexion, puisqu'il y a de la realité là dedans qui ne trompe pas ? La Reponse sera, qu'elle est dans la liaison des idées. Mais on demandera en repliquant, où seroient ces idées, si aucun esprit n'existoit, et que deviendroit alors le fondement réel de cette certitude des verités éternelles ? Cela nous mene enfin *au dernier fondement des verités, savoir à cet Esprit suprême et Universel* qui ne peut manquer d'exister, dont l'Entendement, à dire vray, est la Region des verités éternelles ». Souligné par nous.

2. Cf. M. Fichant, *art. cité*, p. 50 : « la pluralité des possibles, impliquée dans l'objet éternel de l'entendement divin, est incréée comme cet entendement même, puisque Dieu n'est pas créateur de son entendement ».

3. *Inédits*, *Philosophie III*, in J. Baruzi, *Leibniz*, Paris, 1909, p. 304 : « La bonté est dans la volonté, la sagesse est dans l'entendement. En quoi sera donc la puissance ? Quelqu'un dira qu'elle est dans le corps ou dans la matière. Mais le corps n'est pas une substance, à moins qu'on ne le prenne pour l'unité, et de plus, il y a de la puissance en Dieu, qui est sans matière. Il est vrai cependant que *la puissance est dans ce qui répond analogiquement à la matière, c'est-à-dire dans le sujet commun* de la bonté et de la sagesse, qui est la source des changements ou actions ». Souligné par nous.

non seulement à leur prêter en pensée cette force, qui est la sienne, mais à leur donner de quoi mettre en vigueur leur essence réellement, à leur conférer une puissance d'agir qui leur soit propre et ne soit plus la sienne : une expression de cette puissance, une réalité actuelle et non pas une réalité de simple pensable.

En tant que créatures possibles, les notions complètes sont donc légitimement dites des êtres en puissance, alors qu'elles sont, d'un point de vue purement logique, complètement déterminées. C'est dire que Leibniz inaugure un nouveau sens de la *possibilité*, qui, à côté de la simple concevabilité ou non-contradiction, signifie précisément l'existentiabilité [1]. Celle-ci, intermédiaire entre la possibilité et l'existence en acte, emporte, comme la *dynamis* aristotélicienne, une dépendance à l'égard d'un agent extérieur actualisant.

Considérées en dehors de la volonté divine de création, les notions complètes n'ont aucune potentialité. Quand on les dit *en puissance*, on ne fait alors rien d'autre que d'évoquer la volonté divine de création, le projet divin [2]. Cette interprétation de la *vis ad existentiam* nous permet de concilier le refus leibnizien de toute potentialité au sens de l'informe ou de l'indéterminé, même relatifs, et la prise en considération d'un passage plus décisif encore que celui qui fait passer de la puissance à l'acte : le passage à l'existence. Ce dernier peut être dit par analogie passage à l'actualité ; mais l'analogie n'est pas stricte, puisque le passage de la puissance à l'acte peut relever de la spontanéité de la substance, alors que ce qui passe à l'existence chez Leibniz n'est pas encore substance, mais seulement sujet possible. C'est Dieu qui considère des groupements de prédicats comme des êtres possibles au sens d'existentiables, dans la mesure où il les juge insuffisants eu égard aux créatures réelles qu'ils pourraient devenir s'il les créait. C'est ce possible qui se donne à Dieu comme inférieur à l'existant. Ou plutôt, c'est dans la mesure où le projet de Dieu est de multiplier sa gloire, de communiquer ses perfections, bref de passer de l'un au multiple, que la considération de tels mondes possibles se donne comme inférieure à la société avec des créatures réelles, autres que Dieu.

1. M. Gueroult, *art. cité*, p. 213, souligne d'ailleurs que le nom même de possible « implique déjà la référence, si ténue qu'elle soit, à l'existence ».

2. *Théodicée*, I, § 78, GPVI, 144 : « A la vérité, Dieu formant le dessein de créer le monde, s'est proposé uniquement de manifester et de communiquer ses perfections de la manière la plus efficace et la plus digne de sa grandeur, de sa sagesse et de sa bonté. Mais cela même l'a engagé à considerer toutes les actions des creatures encor dans l'état de pure possibilité, pour former le projet le plus convenable ».

Leibniz tire, du fait que quelque chose existe plutôt que rien, l'indice d'une préférence de Dieu pour l'existant. Comme cette préférence ne peut être infondée, ce qui la ferait revenir à un caprice arbitraire, il faut qu'il y ait une hiérarchie de valeur, et que l'existant vaille mieux, toutes choses égales, que le non-existant. Ce jugement de valeur exprime la nature de Dieu. La *vis ad existentiam* revient alors à la volonté créatrice elle-même, qui ne peut que juger insuffisants les êtres possibles, comparés aux mêmes êtres existants, lorsque ces possibles méritent d'exister. Dire des possibles qu'ils sont *en puissance* reviendra à mentionner cette infériorité ou cette insuffisance, imputable en fait au projet divin. L'insuffisance des possibles tient à la volonté de création ; elle ne peut être tirée d'une demande venue d'êtres qui n'existent pas. La prescience de Dieu qui envisage ces êtres de pensée comme des sujets réels leur prête cette revendication, complémentaire de son vœu de création [1].

Nous examinons plus loin, à travers la doctrine leibnizienne de l'amour de Dieu, ce qu'il en est de cette complémentarité des vœux entre Dieu et ses créatures. Il suffit ici de rendre raison du caractère dit potentiel des êtres possibles, potentialité dont nous avons vu qu'elle ne renoue pas avec une quelconque indétermination. Leibniz brouille les pistes si on veut le comprendre avec une conceptualité qui n'est pas la sienne. S'il emprunte des termes, c'est avec un sens entièrement renouvelé, même s'il ne dédaigne pas de se faire des alliés en laissant jouer les anciens sens autour de nouvelles significations. Il y a des raisons bien fortes pour qu'il renonce, dans la plupart des cas, à écrire en termes de puissance et d'acte, pour parler de possibles et d'existants.

Terminons cette analyse de la notion de possible. C'est d'abord un pensable inséparable de la pensée de Dieu. Contrairement à certaines apparences, on ne trouve nulle place dans la région des possibles pour une puissance indéterminée au sens de la *dynamis*. Seule une analogie entre l'action de Dieu et celle d'un agent formel nous a permis de considérer les possibles comme une matière logique. Cette analogie a eu le mérite de mettre en évidence la référence artisanale que Leibniz reprend à la tradition grecque. Mais elle ne va pas jusqu'à autoriser un transfert de l'ontologie aristotélicienne qu'on lui attache généralement.

1. On pourrait à juste titre parler ici de *projection*, si Dieu prête à des sujets qui n'existent pas encore son propre désir de faire qu'ils existent. Cela interroge, après-coup, la *disposition*, voire le *désir*, qu'Aristote prête à la puissance passive ou à la matière d'être travaillée par la forme.

L'examen des notions des êtres possibles n'a pas permis non plus de rattacher purement et simplement la notion de possible à celle d'être-en-puissance. Mais il est clair que c'est le seul cas où la dénomination d'être-en-puissance a quelque légitimité, et où l'expression de *passage à l'acte* a quelque raison d'être employée. En soi, les êtres possibles sont complètement déterminés et ne manquent de rien. Eu égard à un projet de création, ils peuvent être dits *en puissance*, précisément parce qu'ils n'ont *pas de puissance* propre.

Mais notre examen met en garde le lecteur de Leibniz contre toute lecture abusivement aristotélicienne du texte leibnizien : nous savons que le passage de la puissance à l'acte n'a jamais été produit pour concevoir une venue à l'existence créée, et que son utilisation dans le cadre d'une théologie chrétienne ne va pas sans distorsions. Ce que met en lumière l'étude de la notion leibnizienne de création.

SECTION 2 :

L'ACTE CRÉATEUR

La notion de création est difficile à concevoir. Son traitement est plus souvent mythique que conceptuel. Elle pose, lorsqu'elle prétend au concept, une multiplicité de problèmes philosophiques. On en retiendra essentiellement deux, qui concernent plus particulièrement le leibnizianisme, dans sa différence avec les philosophies qui se réclament plus ou moins ouvertement du cartésianisme.

Rappelons d'abord avec E. Bréhier

> que la notion de création, telle qu'elle se présente couramment au XVIIe siècle, est au point de rencontre de deux thèmes distincts : l'un, le thème biblique, insistant sur la puissance infinie de Dieu, qui a créé le ciel et la terre ; l'autre, le thème platonicien, selon lequel Dieu a créé les choses sur le modèle des essences immuables qui se trouvent en son entendement.[1]

La question n'est pas ici celle de l'union entre ces deux thématiques hétérogènes. Elle est de savoir s'il y a création à partir de Dieu seul, ou d'un être-autre que Dieu, d'un incréé. La théorie leibnizienne de la création fait-elle droit à ce que nous avons appelé un matériau logique incréé ? Peut-on parler à ce propos d'*actualisation*, en prenant le problème du point de vue de Dieu, et non plus des seuls possibles ? Un deuxième problème se greffe sur le premier : Si Dieu actualise les possibles, y a-t-il progrès en Dieu lui-même ? Peut-être faut-il, pour comprendre cette doctrine de la création, retravailler la notion de toute-puissance, au nom de laquelle on condamne ou on raille la philosophie leibnizienne.

1. E. Bréhier, *La philosophie et son passé*, Ch. III : Matière cartésienne et création, Paris, 1940, p. 90.

2.1 : Problèmes d'interprétation

Un rappel d'abord : Leibniz donne de la création un véritable scénario, comme un nouveau mythe d'origine qu'on peut ainsi résumer.

Dieu fait une lecture active des combinaisons d'essences qu'il produit par son acte d'intelligence : il les regarde comme des êtres potentiels, qui manquent d'une puissance d'agir analogue à la sienne pour être des sujets réels, c'est-à-dire autres que lui, et agissant à partir d'eux-mêmes. Il compare toutes les combinaisons de possibles de façon à choisir la meilleure. Il fait passer à l'existence l'univers élu, en dotant les substances possibles qui composent cet univers d'une *efficace*, *forme*, ou *puissance*, grâce à laquelle ces purs possibles engendrent d'eux-mêmes les prédicats qui forment leur notion, ce qui fait d'eux des sujets réels et spontanés. La création est d'une part choix et exclusion, d'autre part promotion.

La création, du même geste, élit et rejette. Elle choisit le meilleur système de compossibles ; s'il n'y en avait pas eu un qui fût meilleur que les autres, Dieu n'eût pas créé, car il n'aurait pas eu de bonnes raisons pour cela [1]. Elle rejette les autres univers possibles dans les limbes de la pensabilité, d'où rien ne les appelle plus désormais à sortir, et qui ne servent plus que comme des points de comparaison dans l'appréciation que nous pouvons faire de notre univers.

La création est, d'autre part, promotion. Dieu pouvait rester à la contemplation des purs possibles, à l'agencement des notions simples en notions complexes, à l'organisation d'un nombre infini d'univers qu'il pouvait considérer à loisir. S'il fallait donc un univers possible qui soit le meilleur possible, il faut encore une volonté de création, qui fasse passer ce meilleur des mondes possibles à l'existence. Dieu ne s'est pas contenté de jouir de ses œuvres de fiction, il a voulu être réalisateur [2]. Comment comprendre la démarche divine ?

1. *Théodicée*, I, § 8, GPVI, 107 : « Et comme dans les Mathematiques, quand il n'y a point de *maximum* ny de *minimum*, rien enfin de distingué, tout se fait également ; ou quand cela ne se peut, il ne se fait rien du tout : on peut dire de même en matiere de parfaite sagesse, qui n'est pas moins reglée que les Mathematiques, que s'il n'y avoit pas le meilleur (*optimum*) parmy tous les mondes possibles, Dieu n'en auroit produit aucun ». Souligné par l'auteur.

2. <*Résumé de Métaphysique*>, GPVII, (4), 289 : « Est ergo causa cur Existentia praevaleat non-Existentiae, seu Ens necessarium est *Existentificans* ». Souligné dans le texte.

Première interprétation : l'acte créateur est commandé par les possibilités elles-mêmes qui exigent l'existence. Dieu n'a plus alors qu'à organiser, sélectionner, trier. Mais nous croyons avoir fait justice de cette interprétation du côté des possibles eux-mêmes. Qu'en est-il du côté de Dieu ? La conséquence immédiate d'une telle interprétation est de faire de Dieu un agent au service d'une réalité notionnelle qui s'impose à lui. On voit qu'il s'agit moins d'une interprétation du leibnizianisme que d'une polémique à son endroit. A l'admettre, on aboutirait à ce que dénonçait Clarke : de telles conceptions amènent plutôt à se passer de création et de Dieu. Si les possibles imposent à Dieu un développement qui les mène logiquement à l'existence, la création ne sera que la chambre d'enregistrement de ces trajectoires objectives. Tels des fruits dont le mûrissement spontané les ferait se détacher du tronc qui les portait, certains possibles quitteraient leur ancien état pour passer à l'existence de leur propre mouvement. Ou du moins le geste divin accompagnerait providentiellement leur développement interne.

Nous abandonnerons cette interprétation comme étrangère au leibnizianisme, et beaucoup plus proche d'un certain spinozisme qui voit dans la puissance du *Deus sive Natura* une productivité spontanée, qui n'aurait pas à franchir quelque seuil entre possible et réel. Elle efface en effet la différence entre le possible et l'existant. Elle en appelle au modèle d'une croissance naturelle ou à celui d'un art étroitement associé à la *phusis*, comme le serait un jardinage qui met en valeur la fécondité spontanée des choses qui poussent. On peut lire ainsi Aristote [1], mais il est impossible d'en faire autant pour Leibniz, sauf à trancher dans son œuvre en lui enlevant ce à quoi il tient peut-être le plus, si c'est le seul véritable moyen de se démarquer de Spinoza : la théorie de la création.

On pourrait alors comprendre la création, ainsi que le suggère Spinoza précisément pour en refuser le concept, comme la démarche par laquelle Dieu se procure ce qui lui fait défaut. S'il y a progrès en

1. Nous pensons au bel article de J. Beaufret, « *Phusis* et *technè* », in *Aléthéïa*, Paris, 1964, qui nous semble faire la part un peu trop belle au naturalisme chez Aristote lui-même. Il est en tout cas impossible de comprendre l'actualisation de cette manière quand il s'agit de la création chez Leibniz. Cf. dans le même numéro d'*Aléthéïa*, l'article de M. Heidegger, « De l'essence et du concept de *phusis* », en guise de commentaire de Aristote, *Physique* B 1, qui donne l'occasion à J. Beaufret de préciser cette conception d'une éclosion naturelle qui est éclosion à soi-même, et reste à l'intérieur de soi.

perfection lorsque des possibles passent à l'existence, on peut supposer qu'un Dieu n'a pas voulu refuser cette progression, et que par conséquent il se trouvait, sans cette création, dans un état de moindre perfection. Le manque serait la raison ultime de la création. Dieu créerait pour se faire passer à un degré supérieur de perfection.

Il y a bien sûr quelque vérité dans cette interprétation spinoziste : si Dieu développe les possibles jusqu'à les mener à ce commencement d'action propre qu'est la *virtualité*, pour qu'ils puissent alors déployer par eux-mêmes leur nature, on peut penser que Dieu déploie ainsi ses propres virtualités internes. Il faut donc, à travers la création, penser Dieu dans le développement de sa propre essence. Ce qui n'a rien de scandaleux d'un point de vue spinoziste, mais annule le leibnizianisme : on ne sort pas de l'unique substance ; la création n'est que de nom. Si l'on tient précisément, comme Leibniz, à ce que les possibles sortent du sein de Dieu, et deviennent des sujets autres que l'unique substance, on est conduit à dire, comme Spinoza le fait par raillerie, que Dieu ne s'est pas contenté de ce qu'il était, et que donc il lui a *manqué* quelque chose. Pour éviter de telles conséquences, Malebranche laisse toutes choses en la puissance de Dieu, et fait de l'amour de Dieu un amour qui part de Dieu, passe par les créatures et revient sur Dieu lui-même. Les créatures sont alors le biais par lequel Dieu s'aime lui-même. Doctrine dangereuse aux yeux de Leibniz, car, pour résorber en Dieu les créatures, elle fait soupçonner Dieu de s'être donné des moyens de s'aimer à travers la création, et le rend vulnérable aux attaques spinozistes.

On sait que les conséquences spinozistes sont ce que Leibniz refuse le plus radicalement : nous préférerons penser la création comme un acte concevable, par analogie, à travers certains schémas aristotéliciens. Relativement au projet de création, on peut considérer les substances possibles d'un même univers existentiable comme des êtres *en-puissance*. L'acte créateur a lui-même quelque chose à voir avec un acte pensé par Aristote selon la *dynamis meta logou.*

2.2 : Création et puissance des contraires

L'acte créateur est peut-être le seul lieu théorique où utiliser avec quelque pertinence les notions aristotéliciennes. Car ces notions transportent avec elles une ontologie de l'être inachevé, qui fait sa part à la contingence. Or, dès que l'univers est créé comme meilleur des mondes possibles, il n'y a plus de place pour une quelconque indétermination. Les substances déploient des prédicats, qui sont de toujours compris dans leur notion. L'indétermination serait incompatible avec la perfection de l'œuvre divine. Dieu a eu « assez de vue» pour prévoir toutes les interactions idéales dans le détail. En revanche, aucune notion de lui-même ne précède Dieu dans un entendement qui lui serait supérieur. Dieu ne trouve en sa nature que son orientation spontanée vers le meilleur, et ce qui se donne à penser à une pensée infinie. Il y a donc lieu de penser une certaine contingence, certes étroitement délimitée, dans son acte de création. Mais c'est sans doute cette contingence qui rend possible une utilisation exceptionnelle des concepts aristotéliciens.

En admettant une sorte de préalable logique ou notionnel à l'action créatrice, Leibniz est resté fidèle à la référence artisanale portée par la définition aristotélicienne de la puissance. Cette référence est manifeste dans la dualité affirmée de l'agent et du patient, dualité sans exception puisqu'elle joue même dans le cas où l'agent et le patient seraient le même individu. Tel le médecin qui se soignerait lui-même.

Appliquons à l'acte créateur ce schéma conceptuel. L'on dira que Dieu agit sur lui-même *en tant qu'autre*, puisqu'il transforme un matériau fait de concevables, objet interne de son entendement. Cela correspond à la définition de la « puissance» – *dynamis* donnée en *Métaphysique* Δ, comme « principe de changement dans un autre être ou dans le même être en tant qu'autre »[1]. On sait que *dynamis* et *energeïa* sont séparées par Aristote pour introduire une place, un délai possible entre l'une et l'autre, condition de possibilité pour un choix entre plusieurs orientations. La séparation des deux pôles de la puissance produit un espace pour une *dynamis* qui ne produit pas nécessairement ses effets, et dont l'activité est suspendue à la volonté d'un sujet qui délibère, soit une *dynamis meta logou*. La *dynamis meta logou* est puissance des contraires : le choix peut l'employer aussi bien dans le sens droit de son orientation (rétablir la santé pour le médecin), que dans son orientation contraire (ne pas utiliser cette capacité de guérir, s'abstenir de soigner, ou même l'utiliser délibérément pour aggraver le mal).

Si Dieu en créant agit sur lui-même en tant qu'autre, peut-on dire qu'il emploie sa puissance dans un sens analogue à la *dynamis meta logou* d'Aristote, et dire que la puissance divine est « puissance des contraires » ?

1. Aristote, *Métaphysique* Δ12, 1019 a 15-16.

C'est ici la nature même du leibnizianisme qui est en jeu. Si nous refusons que la puissance divine soit puissance des contraires, alors l'entreprise leibnizienne de se démarquer du spinozisme est vaine : la création de l'univers suit logiquement de la nature de Dieu, et l'on sera tenté après Spinoza et Arnauld de négliger la différence d'être entre *possible* et *réel* pour déclarer contre Leibniz que les purs possibles sont chimériques. Mais admettre en Dieu une puissance des contraires semble contredire une certaine conception de la mécanique et de l'arithmétique divines. Il faut donc revenir aux textes, et pas au seul *De rerum originatione radicali*, qui semble souvent l'unique référence du commentaire scolaire.

On découvrira ainsi de multiples affirmations qui ont en commun d'éloigner de Dieu tout soupçon de nécessitarisme. Leibniz conçoit

> qu'il y avait une infinité de manieres possibles de créer le Monde selon les differens desseins que Dieu pouvoit former [1].

Il indique que, s'il n'y avait pas, dans l'infinité de ces univers, un optimum, il n'aurait pas voulu créer. Et il précise toujours que c'est le choix entre les divers univers possibles qui évite de considérer l'univers comme nécessaire :

> Et si on vouloit rejetter absolument les purs possibles, on detruiroit la contingence ; car si rien n'est possible que ce que Dieu a créé effectivement, *ce que Dieu a créé seroit nécessaire en cas que Dieu ait resolu de créer quelque chose.* [2]

Notons d'ailleurs que, même en cas de rejet de ces purs possibles qui assurent la contingence du créé, Leibniz suspend la création à une volonté de création, en sorte que la nécessité de l'univers reste conditionnelle.

La nécessité de l'essence ne concerne que l'éternel. Penser la création comme une simple actualisation d'essences qui se précipitent d'elles-mêmes vers l'existence en vertu de leur quantité d'essence, c'est faire évanouir l'acte créateur en faisant tendre la création vers l'émanation, ne pas faire la différence entre l'être de Dieu et l'être fini

1. *A Arnauld*, Juin 1686, GPII, 51.

2. *Remarques sur la lettre de M. Arnaud, touchant ma proposition : que la notion individuelle de chaque personne enferme une fois pour toute ce qui luy arrivera à jamais*, GPII, 45. Souligné par nous.

des purs possibles, frôler la conception spinoziste selon laquelle les choses de l'univers sont des modifications de Dieu lui-même.

Il ne s'agit pas de nécessité si le contraire est possible. Or Leibniz soutient que les autres possibilités sont ici en nombre infini. Dieu pouvait ne pas créer, ou créer un autre univers. On rétorquera que Dieu, voyant qu'il existe le meilleur des mondes possibles, ne peut manquer de le créer. C'est juste, mais ne fait pas réellement objection. D'abord, le fait qu'il y a un meilleur des mondes possibles n'est pas nécessaire. Ensuite, la bonne nature de Dieu fait que son choix n'est pas nécessaire, mais relève d'une certitude que Leibniz appelle *raisonnable* ou *morale* : l'infiniment probable équivaut pour nous à la certitude. Qu'un médecin ne balance pas effectivement entre la possibilité de tuer et celle de guérir n'empêche pas que l'art ou *dynamis* médicale soit puissance des contraires. Il suffit de pouvoir envisager un médecin pervers qui emploierait l'art d'une façon contraire à son orientation naturelle vers la guérison pour que cet art soit puissance des contraires, et cela même si notre médecin est un bon médecin, et non ce personnage fictif qui abuserait de son art.

De la même manière, le fait que Dieu ne balance pas réellement entre la possibilité de créer le meilleur des mondes possibles, et celle de conduire vers le pire les possibilités qu'autorise l'entendement divin, n'empêche pas sa puissance d'être puissance des contraires. Le bon vouloir de Dieu est contingent. C'est pourquoi nous louons Dieu d'avoir créé le meilleur des mondes possibles, ce que nous ne ferions pas si la création était nécessaire, ou si l'univers était le produit d'une nécessité aveugle. L'interprétation nécessitariste de la doctrine leibnizienne vient d'une confusion entre la puissance des contraires et la liberté d'indifférence. Certes la « bonté des choses » n'a pu laisser Dieu indifférente. Mais c'est Dieu qui *se détermine* à créer selon les règles de la bonté et de la sagesse, non ces dernières qui s'imposent à lui. La conception de l'indifférence conduit précisément à des fictions que Leibniz juge absurdes comme celle du Malin Génie. Alors surgit la menace d'une « volonté monstrueuse », soit celle d'une « volonté absolue, indépendante de la bonté des choses »[1], soit celle d'une volonté orientée vers le Mal.

Non que la volonté de Dieu soit au-dessus de toute loi ou raison : nous retomberions alors dans la « volonté monstrueuse ». Mais le choix de Dieu, qui est raisonnable, est d'accorder sa volonté avec la

1. *A M. Wedderkopf*, LP, p. 103.

raison. On ne peut dire cet accord nécessaire, sans tomber de Charybde en Scylla, soit du cartésianisme de l'indifférence dans le spinozisme de la nécessité.

Croire, comme on l'entend dire communément, que la volonté de Dieu est chez Leibniz soumise aux lois de la raison, c'est transformer Dieu et sa puissance infinie en un simple « être raisonnable » au sens kantien, chez qui la loi morale commande sans rencontrer la résistance de passions. C'est faire de sa volonté une volonté sainte, mais pas une volonté divine. Sans doute le sujet nouménal kantien est-il libre à travers son choix qui est d'obéir à la loi, ce qui suppose toujours qu'il était possible de dire non au commandement. Mais peut-on lire Leibniz avec une conception de la liberté qu'il a toujours refusée, et qui voit tous les motifs comme autant de contraintes auxquelles la volonté obéirait, ou une conception qu'il n'a pas pu même envisager et qu'il aurait sans doute assimilée à un normativisme qu'il rejetait [1]? Ce qui distingue Dieu de tout être raisonnable, c'est qu'en choisissant d'accorder sa volonté aux règles de la sagesse, plutôt que de les ignorer ou de les transgresser, Dieu ne se *soumet* pas à un commandement, dont Kant montrera qu'il n'a de sens que par rapport à des inclinations sensibles. Sa causalité est inconditionnée : elle est libre accord entre la volonté et la raison.

Pour interpréter l'acte créateur, le modèle de la *dynamis meta logou* est plus satisfaisant que la référence au libre-arbitre cartésien, toujours critiqué par Leibniz comme menant, par ses absurdités mêmes, au nécessitarisme spinoziste. C'est pourquoi, sauf à vouloir polémiquer contre la doctrine leibnizienne, il ne convient pas de lire ses textes avec ces deux conceptualités. La référence aristotélicienne au *logos* nous paraît plus intéressante pour comprendre le rôle du calcul des possibilités dans la décision divine. Elle explique que Dieu puisse avoir été incliné dans son choix par des raisons déterminées, sans qu'il y ait pour autant nécessité [2], dès lors que le contraire était possible. Elle évite de faire *découler* les choses de la nature infinie. Leibniz s'en

1. *Id.*, *op. cit.*, p. 102 : « Nul ne souhaite pour soi cette liberté de vouloir vouloir, mais on souhaite plutôt vouloir le meilleur. Pourquoi donc attribuer à Dieu ce que nous ne souhaitons même pas pour nous ? ». Sur le caractère inconciliable des conceptions leibniziennes avec celles de l'Ecole du Droit Naturel, Cf. R. Seve, *Leibniz et l'Ecole moderne du droit naturel*, Paris, PUF, 1989.

2. *Animadversiones ad Joh. Georg. Wachteri librum de recondita Hebraeorum philosophia*, publié par Foucher de Careil sous le nom de « Réfutation inédite de Spinoza », in Foucher de Careil, *Leibniz, Descartes et Spinoza*, Paris, 1863, p. 207.

explique clairement dans le texte qu'on a intitulé « Réfutation inédite de Spinoza » [1] :

> Spinoza dit (Eth. p.1, prop. 16) : « De la nécessité de la nature divine doivent découler des infinis de modes infinis, c'est-à-dire tout ce qui peut tomber sous une intelligence infinie ». C'est là une opinion très-fausse ; et, sous une autre forme, l'erreur que Descartes a insinuée : à savoir que la matière prend successivement toutes les formes. Spinoza commence où finit Descartes : *Dans le Naturalisme*. Il a tort aussi de dire (Lettre 58) : que le monde est l'effet de la nature divine, bien qu'il laisse entendre qu'il ne l'est pas du hasard. Il y a un milieu entre ce qui est nécessaire et ce qui est fortuit : c'est ce qui est libre. *Le monde est un effet volontaire de Dieu*, mais à cause de raisons inclinantes ou prévalentes.

Une décision réfléchie et raisonnée n'est pas équivalente à un résultat mécanique ou à une conclusion mathématique [2]. C'est ce que tout le raisonnement leibnizien met en vedette contre Spinoza :

> Quand bien même on supposerait la perpétuité du monde, il ne serait pas nécessaire. *Dieu pouvait ou ne pas créer, ou créer autrement ; mais il ne devait point le faire* [3].

Cette référence à une puissance orientée par des raisons, et suspendue à une volonté bienveillante, nous la rapprochons de la *dynamis meta logou*.

La séparation aristotélicienne entre *dynamis* et *energeïa*, qui laisse la place au choix raisonné, correspond à la séparation en Dieu du lieu du concevable ou entendement d'une part, et de la volonté divine d'autre part. En sorte que l'espace d'un choix soit pratiqué, et que la contingence de l'accord entre raison et volonté puisse être célébrée. Leibniz refuse de faire de la création une sorte d'analogue de l'intelligence de soi. Ce serait ne pas faire la différence entre entendement et volonté, et faire de l'intelligence divine de sa propre nature l'équi-

1. *Id.*, p. 207.
2. *Id.*, pp. 208-209 : « Dès les premiers mots <Leibniz commente *Eth.*I, prop. 17)> on voit clairement que Spinoza refuse à Dieu l'intelligence et la volonté. Il a raison de ne pas vouloir d'un Dieu indifférent et décrétant toutes choses par une volonté absolue ; *il décrète par une volonté qui s'appuie sur des raisons*. Spinoza ne donne point de preuve de ce qu'il avance que les choses découlent de Dieu comme de la nature du triangle en découlent les propriétés. Il n'y a point d'analogie d'ailleurs entre les essences et les choses existantes ». Souligné par nous.
3. *Id.*, p. 207. Souligné par nous.

valent d'une création de l'univers. Leibniz peut « donner un bon sens » à la proposition spinoziste selon laquelle «toutes choses résultent de la nature de Dieu » en disant que « le monde n'a pu être créé autrement, parce que Dieu ne peut pas ne pas agir avec une souveraine perfection ». Mais il n'en infère pas « que tout découle de la nature de Dieu sans intervention de la volonté ». Précisément parce que l'acte d'intelligence « a lieu en-deçà de l'intervention de la volonté » [1].

La dénivellation admise par Leibniz entre l'acte d'intelligence et l'acte de volonté, joue le rôle de l'écart pratiqué par Aristote entre *dynamis* et *energeïa*. Le territoire de la contingence, entendu comme relative indétermination, a été entièrement supprimé dans l'univers créé, mais garde un certain rôle à propos de l'acte divin de création. Celui-ci s'appuie sur la raison. Il n'en dérive pas. Il faut encore que Dieu ait choisi d'accorder sa volonté au meilleur vers lequel il s'oriente spontanément. Seule manière de comprendre que le *Fiat* créateur soit à glorifier, qu'il y ait là matière à action de grâces.

Une telle condition n'est remplie ni par le Dieu de Descartes, ni par la substance spinoziste. Quelle sagesse, quelle bonté y aurait-il à louer dans la volonté absolue de l'un, qui décide que ce qu'il fait est bon, quoi qu'il fasse, ou dans la puissance nécessitante et spontanée de l'autre ? On peut au contraire se *féliciter* de ce que Dieu ait bien voulu accorder son vouloir aux règles de la sagesse, éternellement déterminées par Dieu. Il faut une contingence [2], un *il y a*, une donation originaire, pour que nous ayons matière à nous réjouir de ce qui est, au lieu de l'accepter simplement d'un : *c'est comme ça* qui mènerait à la patience par force. Cette conjonction heureuse peut être comprise comme l'accord de la volonté bienveillante de Dieu avec les possibilités optimales que lui présente son entendement, lesquelles auraient pu éternellement rester en puissance, si Dieu n'avait décidé de les faire passer à l'existence réelle.

La notion d'être-en-puissance, interdite dans l'univers créé, (qui doit être réglé par avance une fois pour toutes [3], sous peine de ressembler à un ouvrage inachevé), peut donc être utilisée pour penser

1. Cf. Lettres de Spinoza annotées par Leibniz, III, 14 Juin 1676, note (1), in Foucher de Careil, *Leibniz, Descartes et Spinoza*, *op. cit.*, p. 258.

2. *Théodicée*, I, § 7, GPVI, 106 : « ce monde qui existe, étant contingent, et une infinité d'autres mondes étant également possibles et également pretendans à l'existence, pour ainsi dire, aussi bien que luy, il faut que la cause du monde ait eu égard ou relation à tous ces mondes possibles, pour en determiner un ».

3. *Id.*, § 9, p. 107 : « Dieu y a tout reglé par avance une fois pour toutes, ayant preveu les prieres, les bonnes et les mauvaises actions, et tout le reste ».

l'acte créateur. Celui-ci ne peut être l'acte irraisonné et arbitraire du Dieu cartésien. Mais la précession des vérités éternelles n'enlève rien au fait que cet acte est *premier* : il fait arriver du non-nécessaire. Rien n'oblige Dieu à créer. L'acte créateur fait au contraire origine et modèle, sur lequel on prendra exemple et on réfléchira indéfiniment, sans en épuiser le sens.

Rien ne peut, sinon logiquement, précéder la création. Que Dieu, qui ne se crée pas. Nous pouvons alors être heureux à un double titre. Que quelque chose soit donné à penser à Dieu, qu'il y ait quelque chose *à penser* ; et que Dieu ait décidé de mener à l'existence, dans cet être de pure pensée, dans ce produit du concevable, une organisation des choses la meilleure possible. Sous ces deux aspects, c'est la contingence qui est saluée, non pas la nécessité.

Cette conception de la contingence frôle sans doute le spinozisme : les choses ne sauraient être autrement qu'elles ne sont, et Dieu ne pourrait pas ne pas agir comme il agit, soit suivant la souveraine perfection. Il fallait donc rétablir, pour le seul geste créateur, un espace séparant, en droit, sinon en fait, l'être en puissance du concevable d'une part, et la volonté réalisatrice d'autre part. La contingence est ainsi sauvée, puisqu'une fois créé, l'univers se déroule infailliblement, sans rien qui le distingue apparemment de l'univers spinoziste : que ce mince écart originaire, par où l'absurde et l'incohérence auraient pu émerger, si Dieu n'était pas là pour mener à *bien* les possibilités du concevable ; par où aurait pu avoir lieu l'absence de tout, le repos éternel et le non-événement.

L'acte créateur a donc déchiré le silence de l'infini. Il a fait advenir du nouveau, du fini. L'unique substance divine se suffisait à elle-même. Aucun manque n'a pu la déterminer à la création. Il faut que la volonté de Dieu désire précisément *autre chose*, pour que la création ait lieu, c'est-à-dire qu'il sorte de Dieu autre chose que lui [1].

Leibniz concilie ainsi la mise au premier plan de l'acte de Dieu (l'*energeïa* est première par rapport à la *dynamis*) et sa rationalité (cet acte n'est pas sans raisons, mais s'appuie sur un *logos*). La proportion entre une puissance de penser et une puissance d'agir n'est pas comme

1. < *Réfutation inédite de Spinoza* >, *op. cit.*, p. 217 : « Il <Spinoza> soutient par ce motif que les choses finies et temporelles ne sauraient être produites immédiatement par une cause infinie, mais qu'elles le sont (prop.28) par d'autres causes singulières et finies. *Mais comment sortiront-elles enfin de Dieu ?* ». Souligné par nous.

chez Spinoza une donnée. L'accord entre la volonté et les meilleures des possibilités est le fait de cette volonté, elle est de l'ordre de l'acte. Dire alors qu'il y a une *certaine* actualisation dans la création divine ne contrevient nullement à la dignité et à la célébration de l'acte : sans lui, les possibilités élues seraient éternellement restées en puissance. Autant la notion d'être-en puissance n'a pas droit de cité dans l'univers, autant elle retrouve un sens au niveau de la création. Ce qui permet de restaurer la condition de possiblité de l'amour de Dieu, que sapaient cartésianisme et spinozisme. Entre la seule prise en considération de la rationalité, et la mise en avant de la seule volonté, Leibniz fraye un chemin médian : l'utilisation au mieux de ressources présentées par l'entendement. Conciliation permise précisément par une certaine conception du passage à l'acte, qui fait droit à une *dynamis meta logou.*

2.3 : Création et « Poïèsis »

L'univers créé relève d'une double origine : d'un côté, le matériau logique, considéré à part de Dieu abstraitement, et de l'autre, l'acte concret de Dieu. L'originalité de Leibniz par rapport aux mythes et aux philosophies qui invoquent une double origine ou une dualité de principes, réside dans l'intégration leibnizienne du matériau au sujet créateur. Intégration qui n'est pas pure résorption, et préserve un écart entre volonté et entendement. Cet écart permet de comprendre le scénario leibnizien de création à partir du concept aristotélicien de *dynamis meta logou.* Et nous autorise à poser que la création ne se fait ni selon la *phusis* ni selon une *technè* pure et simple.

Si l'actualisation créatrice était simple déploiement des possibilités recélées par la pensée divine, on pourrait dire que la création se fait selon la *phusis*. Les possibles se développeraient d'eux-mêmes vers l'existence substantielle, comme des graines s'épanouissant en plantes sous l'action naturelle et involontaire du soleil. L'action de Dieu ne serait pas un acte, mais l'expression de son propre épanouissement spontané. Sans choix, la création serait semblable à la productivité nécessaire de la puissance du « Deus sive Natura. »

Mais si le *faire* de Dieu devait être pensé selon la *technè*, voire comme une action *technique*, alors se poserait le problème de l'indépendance ontologique du matériau. Problème qui peut prendre plusieurs formes : celui des limites de l'action de Dieu, contrainte par ce donné primordial ; celui de la dépendance de la volonté de Dieu aux possibilités présentées par l'entendement ; celui enfin de la conciliation entre la présence d'un incréé coéternel à Dieu, et la théologie chrétienne.

Trois formes du même problème, qui pourrait bien être un faux problème, si Leibniz reconsidère la notion de *toute-puissance sans règles,* en montre l'absurdité, et la pense plutôt comme une puissance infinie. En examinant le « faire » de Dieu, nous pouvons déjà voir qu'il n'est *technè* que comme *poïèsis*. Ce qui supprime déjà en grande partie les objections qui s'appuieraient sur une identité entre l'acte créateur et une simple technique. Et qui explique comment Leibniz peut à la fois parler de son Dieu comme d'un « grand ouvrier », tout en raillant le caractère besogneux du Dieu newtonien.

Dire de l'action créatrice qu'elle est *poïèsis*, c'est mettre l'accent sur deux points :

— sur l'autosuffisance de l'œuvre, qui se distingue de son auteur. Les newtoniens ont précisément méconnu cet aspect essentiel de la création comme œuvre divine. Cette autonomie permet à Leibniz de ne pas retomber dans les philosophies, sur ce point voisines, de Malebranche et de Spinoza.

— sur l'insuffisance du modèle technique humain pour comprendre les êtres créés. Les êtres fabriqués par une *technè* humaine ont en un autre l'*archè* de leur mobilité : ils doivent donc attendre de cet autre qu'il les « remonte » continuellement.

La technique humaine doit bien plutôt se référer à la *poïèsis*. divine. A leur différence correspond la distinction leibnizienne de la « machine artificielle » et de la « machine naturelle » [1]. Chez Leibniz la « machine naturelle » est machine divine, et en témoigne par « la subtilité de son artifice qui va jusqu'à l'infini » : chacune de ses parties est elle-même machine et ainsi de suite. Au contraire, la composition de nos machines, dites « machines artificielles », s'arrête dès la première décomposition en parties : les parties des machines faites de main humaine ne sont pas elles-mêmes des machines, elles n'ont pas d'organisation interne : raison pour laquelle Leibniz peut en parler comme de simples « aggrégats ». La complexité irréductible des machines naturelles ou divines symbolise avec celle des vérités qui s'énoncent de l'existant : leur analyse est interminable. Elle signe l'ouvrage divin, et marque la puissance infinie de son auteur [2]. Loin

1. <*Opuscule de Mai 1702*>, § 6, GPIV, 396. Voir trad. française de J. Moreau dans *Les Etudes Philosophiques*, 1971, N°1. Trad. L. Prenant, LP, p. 367. Cf. aussi *PNG*, § § 64-65, GPVI, 618 ; lettre *à Lady Masham*, 30 Juin 1704, (10), GPIII, 356.

2. *Id.*, GPIV, 396 : « infiniti autoris exhibens ».

donc qu'il faille comprendre le « faire » divin sur le modèle de notre *technè* si fruste, c'est à notre technique d'imiter, plus ou moins maladroitement, le « merveilleux » artifice de Dieu, bien heureuse si elle peut seulement en donner des échantillons en certaines rencontres.

Il est par conséquent oiseux de demander s'il s'agit de *phusis* ou de *technè*, comme l'expression de « machine naturelle » en avertit au reste suffisammment. Le POIEIN de Dieu est précisément le dépassement de la distinction aristotélicienne entre *phusis* et *technè* .

La création consiste à doter des êtres possibles, dépourvus de principe propre de mobilité (et qu'on peut considérer à cet égard comme *en puissance*), d'une force ou puissance primitive qui fait ce principe intérieur [1]. Issues de l'art divin, les créatures peuvent alors se comporter comme des êtres de nature automoteurs, et développer les virtualités qui font partie de leur nature. Mais comme leur définition n'est pas faite par Dieu, qui la trouve « toute faite » dans son entendement, on peut parler de *poïèsis* ou d'action transformatrice, en ce qu'elle part d'un matériau préalable, et l'organise tout en laissant un reste. Soit : les possibles qui n'existent pas et n'existeront jamais. Plus proche en cela de l'artisan qui sélectionne que du jardinier heideggerien [2], Dieu ne se borne pas à *accomplir* des possibles en leur donnant l'occasion de mener à bien leur destin. Il organise des prédicats en séries, groupe certaines séries entre elles, élimine les incompatibles, compare les différents ensembles, et produit ainsi une œuvre originale. Le passage à l'acte ou à l'existence, que permet le *fiat* créateur, est le passage décisif, mais il est préparé par toute cette mise en œuvre qui a éliminé les occasions de conflit meurtrier : répartition en divers univers possibles de tous les êtres possibles incompatibles entre eux.

Ne retenir que le passage à l'existence conduit à privilégier l'élément naturel de la création. Ne prendre en compte que l'aspect organisateur qui y prélude sert à mettre en valeur l'aspect artificieux et architectonique. Mieux vaut à notre sens parler d'une *poïèsis*, qui conjugue les deux aspects dans la notion d'*oeuvre*.

Reste que l'oeuvre implique bien quelque matériau, même si c'est de soi que l'on fait œuvre, ou si ce matériau est, comme ici, pris à

1. *Id.*, § 5, § 8 : « Nam dicere Deum in creatione corporibus agendi Legem dedisse, nihil est nisi aliquid dederit simul per quod fiat ut Lex observetur ; <...>. Quin potius lex ejus efficax est, et corporea reddidit efficacia, id est vim insitam ipsis dedit. », GPIV, 395, 396-397.

2. Cf. M. Heidegger, « La question de la technique », trad. A. Préau, in *Essais et Conférences*, Paris, 1958.

l'intérieur de soi-même. On peut résoudre les difficultés que l'on oppose à la doctrine leibnizienne en montrant qu'elles proviennent d'une vue simplificatrice de la création comme faire *technique*. La *poïèsis* est sublime *technè*, mais elle n'est pas assimilable à l'œuvre géniale créée en se passant de règles qu'on pense à partir du XVIIIe siècle et dont témoigne la *Critique du Jugement*. Leibniz doit donc admettre quelque chose comme un *incréé* : sous la forme des possibles, bien sûr, mais aussi de règles qui correspondent aux vérités éternelles. Comment le comprendre ?

E. Bréhier a montré que la physique cartésienne rendait philosophiquement insoluble le problème de la création, et ne laissait plus au philosophe chrétien que la référence à l'autorité de la révélation [1]. Leibniz ne pouvait pas se contenter d'une croyance aveugle : il remet la question sur le métier. Il maintenait avec force les thèses traditionnelles de la puissance infinie de Dieu. Mais il refusait tout aussi vigoureusement la thèse cartésienne de la création des vérités éternelles [2]. La solution leibnizienne se trouve dans une interprétation originale de la tradition chrétienne platonisante, selon laquelle Dieu « a créé les choses sur le modèle des essences immuables qui se trouvent en son entendement » [3].

Car, E. Bréhier le note comme en passant, les théologiens avaient fait en sorte que le thème platonicien ne puisse donner la moindre force « soit à la thèse d'une réalité antérieure et supérieure à Dieu, soit à la croyance en une pluralité d'essences distinctes en Dieu ». Comment Leibniz résout-il ce même problème ?

Notons d'abord que Leibniz ne peut être un radical créationniste. Avec E. Gilson, on peut parler d'une « horreur innée de la raison pour tout ce qui, prétendant à un degré de nouveauté quelconque, refuse de se laisser intégralement inclure dans la catégorie du *déjà-là* » : le refus du dogme créationniste défère à cette « horreur innée » [4]. On pouvait donc attendre du philosophe du principe de raison, exprimé notamment dans le principe de l'inclusion des prédicats dans le sujet, un refus du créationnisme. D'autant que la théorie cartésienne, toujours combattue, pouvait donner de Dieu l'image d'un souverain

1. E. Bréhier, Matière cartésienne et création, Conclusion, *op. cit.*, p. 99.

2. Sur cette question, voir G. Rodis-Lewis, *Idées et Vérités éternelles chez Descartes et ses successeurs*, Paris, Vrin-Reprise, 1985, et J.L. Marion, *Sur la théologie blanche de Descartes*, Paris, 1981.

3. Voir E. Bréhier, Matière cartésienne et création, *op. cit.*, p. 90.

4. E. Gilson, *L'Etre et l'Essence*, Paris, 1948, p. 70.

despotique ou fou qui agit sans règles. Mais comment éviter le spinozisme dans de telles conditions ? Et en particulier l'interprétation péjorative qu'il donne d'un Dieu qui créerait en se soumettant à des règles ? Il fallait un Dieu créateur, sans quoi Spinoza aurait absolument raison pour lui. Et pourtant ce Dieu ne pouvait tout créer sans contrevenir au principe de raison.

La position d'un *donné* ou d'une *donne* incréée, à partir de laquelle il y a création : telle est la réponse leibnizienne au problème. La réponse elle-même produit certaines difficultés, qu'on peut lever en considérant le travail de Leibniz sur la notion de puissance divine.

Les difficultés d'abord : la solution leibnizienne semble mettre en péril l'unité et la simplicité de Dieu. Ou bien le donné logique est dans une certaine position d'extériorité par rapport à Dieu, et l'on parle de Dieu sous deux aspects, l'un d'entendement, l'autre de volonté : on en arrive à une dualité en Dieu. Ou bien le donné est interne à Dieu, et c'est sa simplicité qui semble mise à mal, puisque l'unité de Dieu comprend en elle de la multiplicité.

M. Gueroult suppose que les premiers possibles sont « originellement indivis dans l'unité divine suprême », et recourt à la conception de Malebranche pour expliquer la distinction « ultérieure » des attributs primitifs [1]. Pour judicieuse que soit l'analogie, les textes ne l'imposent nullement. Tirant la leçon des conséquences catastrophiques de la philosophie spinoziste sur la consistance ontologique du créé, Leibniz ne veut pas *à tout prix* maintenir la simplicité de Dieu. Il ne semble jamais horrifié par l'idée d'un donné multiple, formé de différences, interne à Dieu lui-même. Bref, la synthèse de l'unité et de la multiplicité ne lui paraît pas impossible. Comment se fait-elle ? Une fois n'est pas coutume, Leibniz préfère se réfugier dans l'incompréhensibilité de Dieu pour ne pas avoir à préciser le statut de cette différenciation originelle :

> il n'y a point de systeme, qui puisse faire comprendre une telle chose. Nous ne pouvons pas comprendre l'incommensurable et mille autres choses, dont la verité ne laisse pas de nous être connue, et que nous avons droit d'employer pour rendre raison d'autres, qui en sont dependantes. Quelque chose d'approchant a

1. M. Guéroult, « La constitution de la substance chez Leibniz », *op. cit.*, p. 215.

lieu dans toutes les substances simples, où il y a une varieté des affections dans l'unité de la substance. [1]

Ce qui insiste en revanche dans les textes, c'est la présence de toujours du multiple en Dieu, présence qui évite toute intervention d'un principe distinct de Dieu, en-deçà ou opaque par rapport à l'entendement divin, pour engendrer la pluralité des choses. A en croire certains fragments, montre M. Fichant,

> cette pluralité des *êtres* possibles présuppose en Dieu même la pluralité des *attributs positifs*, et donc déjà le partage du positif et la rupture de son unité primitive dans l'unité de Dieu. Autrement, toute combinaison permettant de distinguer les choses possibles serait impossible [2].

Leibniz nous montre d'ailleurs la voie à suivre pour résoudre ce problème, en indiquant qu'il y a quelque chose d'approchant dans les substances, qui fait l'unité à travers la variété des affections. Nous pouvons trouver dans la *puissance* de Dieu le principe de son unité. Celle-ci est le « sujet commun de la bonté et de la sagesse, qui est la source des changemens ou actions » [3]. Si la puissance primitive d'une substance finie fait son unité en tant qu'elle est son principe d'action, de la même manière, la puissance de Dieu est l'*acte* qui fait son être et son unité. Unité d'action, pourrait-on dire, qui fonde l'unité de la notion même de puissance. En effet, l'analyse pourrait la scinder en deux acceptions, à répartir entre deux pôles : celui de la puissance-*sujet* agissant, qui est analogue à la notion leibnizienne de « moy », source des actions, et unité de la multiplicité ; et celui de la puissance-*matériau*

1. Analyse et commentaire d'un jugement de Locke sur Malebranche, GPVI, 576, ou A. Robinet, *Malebranche et Leibniz. Relations personnelles*, p. 400. Voir *Remarques sur la lettre de M. Arnaud* (sic), GPII, 44 : « sans entrer dans ces difficultés dont M.Arnaud fait mention, comme est celle de comprendre comment la simplicité de Dieu est conciliable avec ce que nous sommes obligés d'y distinguer ».

2. M. Fichant, *art. cité*, p. 50, montre que la pluralité originelle est seule à pouvoir expliquer l'origine de la négation, si l'on comprend que Leibniz veut d'abord éviter la position d'un principe de négation distinct de Dieu.

3. Fragment inédit, in J. Baruzi, *Leibniz*, *op. cit.*, p. 304. On se reportera à l'analyse par L. Guillermit de la puissance de Dieu comme source de tout ce qui est en tant qu'elle est ce qui fait être, in L. Guillermit, « Puissance de Dieu et base de la monade selon Leibniz », *Archives de Philosophie* 51, 1988, pp. 401-411.

de l'acte, pure pensabilité. Le travail de la notion de puissance divine permet de lever les difficultés.

L'aspect *matériau* de la puissance est considéré à part de la puissance-sujet par abstraction : la pensée est toujours en même temps pensée du pensable, et la volonté est aussi ce qu'elle veut. Cette abstraction est ce qui nous a permis de parler d'*être-en-puissance*. Mais, à la condition de savoir qu'il n'y a pas en Dieu d'altérité réelle (puisque la création est précisément l'avènement de cette réelle altérité), on peut distinguer en Dieu divers aspects de sa puissance, dans la mesure où cette puissance, qui est éternellement agissante, fait l'unité des divers aspects. L'usage que nous avons proposé de la notion aristotélicienne de *dynamis meta logou* indique assez que la priorité ontologique est à donner à l'acte. La transformation poïètique de l'acte divin n'implique aucune précession réelle de son matériau, qui n'est *autre* que Dieu, mais un aspect de sa puissance. L'acte de pensée fait l'organisation du pensable, et *suppose* les éléments de la concevabilité : à la manière dont nous supposons des infinitésimaux pour reconstituer un mouvement. La dualité ne correspond à aucun dualisme ontologique, puisque le pensable est l'étoffe même de la pensée de Dieu ; elle correspond à la dualité du point de vue qui les considère. A ce point de vue, on peut dire que Dieu agit sur lui-même « en tant qu'autre ». De ce point de vue, l'on peut dire qu'il fait une *œuvre*, puisqu'à partir de ce matériau interne, il produit des réalités véritablement autres que lui-même.

*
* *

La question posée par le caractère incréé du pensable est donc un faux problème : parler d'une unité de Dieu, qui se scinderait ultérieurement en premiers possibles, n'a de sens que dans une perspective de préservation d'une représentation religieuse ou théologique. Philosophiquement, il n'est pas choquant d'admettre une multiplicité interne à Dieu. Quant à la dualité que cette conception emporterait, elle paraît purement relative au point de vue fini qui distingue la pensée comme *acte*, de la pensée comme *matériau*. La notion d'une puissance agissante qui fait l'unité d'une substance, parce qu'elle est acte, et parce qu'elle fait le sujet commun des différences, paraît répondre à la question posée. Le scandale lié à certaines conceptions de Dieu, y compris la spinoziste, vient de ce qu'elles contreviennent à des représentations traditionnelles. Ici : celle qui montre un Dieu un, simple et pour tout dire dans le repos de son accomplissement. Mais Leibniz, sans critiquer ouvertement de telles conceptions, en fait peu de cas, et lui substitue un

Dieu agissant, producteur, développant au mieux ce qu'il trouve en lui-même, jusqu'à passer à un acte inouï : produire des sujets à son image. Passer d'une multiplicité interne à une multiplicité réelle, *sans que rien ne l'impose*. Il n'est donc pas faux de parler, comme le fait Y. Belaval, d'une « certaine » actualisation : dans le contexte d'une ontologie non-aristotélicienne, celle-ci n'emporte aucune imperfection, mais au contraire passage à une perfection supérieure.

Le modèle du passage à l'acte a une certaine validité en ce qu'il met l'accent sur la contingence de l'acte créateur, et de là sur l'action de grâces qu'il commande. L'utilisation des notions aristotéliciennes de *poïèsis*, et de *dynamis meta logou*, sert aussi à éviter les alternatives cartésiennes, qui sont meurtrières pour le leibnizianisme. Toutefois, pour utiles que soient ces références aristotéliciennes pour penser l'acte créateur, elles sont insuffisantes. Un aspect essentiel de cet acte, en effet, différencie la puissance infinie de Dieu de la puissance finie, mieux que ne peut le faire la distinction entre l'art humain et l'art divin : il est, comme l'écrit Leibniz, *existentificans*[1]. Examinons ce dernier point avant d'en venir à ce qui semble bien constituer une disqualification de la toute-puissance sans règles.

2.4 : La Parole divine

Concevoir l'Acte créateur comme décision, c'est interdire la conception spinoziste d'un univers découlant naturellement de la puissance divine. L'entendement peut bien préparer cette décision en montrant le meilleur et le souhaitable ; elle est ontologiquement première. L'Acte créateur est le modèle de tout acte, parce qu'il est le seul à faire venir à l'existence ce qui n'existait pas. Le passage à l'existence est plus que le passage à l'acte de la tradition, même selon la *dynamis meta logou*. Il y a un écart incommensurable entre l'univers prêt à exister et l'univers existant. Un fossé que les actes humains ne peuvent qu'imiter en franchissant quelque barrière symbolique, comme César le Rubicon.

Dieu pense *tout* ce qui est pensable, et établit les préférables. Il pouvait se complaire dans la considération du meilleur des mondes possibles. Il pouvait ne pas laisser sortir de soi ce qui était en lui. La

1. <*Résumé de Métaphysique*>, § 4, GPVII, 289 : « Est ergo causa cur existentia praevaleat non-Existentiae, seu Ens necessarium est *Existentificans* ». Souligné dans le texte.

décision de création, fondée par des motifs puissants et raisonnables, en exhibe d'autant plus son caractère irréductible à de tels motifs. Autrement dit : rien dans sa nature ne prescrit à Dieu de créer. Incliné à le faire, il faut encore qu'il en *décide*. Il fallait que la puissance de Dieu fût bien généreuse pour ne pas en rester là, soit au pensable, et pour transformer les objets de sa pensée en êtres véritables, autres que Dieu. Il fallait que Dieu formât précisément le dessein de procurer à d'autres ses perfections, que sa puissance aimât à se communiquer. Telle apparaît, à travers l'acte inaugural de la création, la puissance de Dieu : gratuitement donatrice. Non pas dispendieuse comme dira Nietzsche, car Leibniz veut préserver la rationalité de la décision créatrice. Mais généreuse : Leibniz a bien mis en avant, et tout autant bien qu'autrement que Spinoza, la générosité de l'être : le pensable se laisse penser, mieux, se donne à penser ; Dieu dispense ses perfections en communiquant une expression de sa puissance.

Mais comment Dieu peut-il communiquer l'être de sa puissance et de ses perfections, sans tenir en lui-même ce qu'il produit ? Comment peut-il y avoir une création véritable ? Comment les créatures peuvent-elles sortir de Dieu ?

Nous proposons de comprendre la modalité de l'acte créateur comme un Acte de Parole, et nous appuierons pour ce faire sur le texte du *De Ipsa Natura*.

* * *

Leibniz donne une version inédite de l'acte créateur, également opposée à une vision religieuse d'un Dieu faisant surgir les choses du néant, que d'une vision naturaliste où les choses se produisent selon l'expansion nécessaire de la substance divine. Ces deux visions opposées ont en effet le point commun de méconnaître ce que *peuvent* les choses créées, et donc de sous-estimer la puissance de Dieu, capable d'inaugurer une puissance *autre* que la sienne ; dans un cas, le créateur est tout et l'univers n'est encore rien, quand il n'est pas un obstacle à son action ; dans l'autre, il n'y a pas de solution de continuité entre Dieu et l'univers, qui n'est (pas) autre que lui. Elles refusent également l'autonomie du créé, et ne rendent donc pas justice à la capacité créatrice de Dieu. Leibniz montre que le créateur œuvre effectivement, donne *puissance* et *existence* à ce qui en était dépourvu. La transformation de rien en quelque chose eût été insensée. Mais la création est transformation d'essences en sujets existants. S'il y a passage de rien à quelque chose, c'est non pas absolument, mais du seul point de vue de l'existence.

A l'occasion de son plaidoyer pour l'existence d'une force « créée, active, inhérente aux choses »[1], Leibniz est amené à reprendre à sa manière le récit biblique, forgeant peut-être sans le vouloir un mythe moderne, donnant pour le moins une lecture moderne du mythe biblique. A partir du moment où l'on convient avec Sturm, comme avec Leibniz, que ce qui se produit dans l'univers arrive « par la force d'une loi éternelle », décrétée en une fois par Dieu[2], on admet que l'univers est le fait, non pas d'une émanation naturelle, mais d'un acte volontaire. Plus précisément encore, que cet acte a la forme d'un *commandement*.

Cela suffit à Leibniz. Car, ou bien l'on voudra que Dieu continue d'agir en tout temps, et commande les mouvements d'un univers qui n'aura dès lors aucune autonomie et sera bien plutôt manœuvré par Dieu. Ce dont Sturm se défend d'ailleurs

> comme d'un sentiment que son adversaire lui impute à tort, de penser que Dieu meut les choses comme le charpentier sa hache et comme le meunier dirige son moulin en arrêtant les eaux ou en les lançant sur la roue[3].

Ou bien ce commandement doit être perpétuellement efficace, ce qui est plus conforme à la dignité de Dieu, et à la rationalité universelle[4]. Autrement dit, il n'a pas à être réédité. Un seul suffit : c'est l'acte créateur lui-même[5].

1. *De Ipsa Natura*, (2), GPIV, 505 : « Sed nec consequi inde nec rationi consentaneum puto, ut omnem vim creatam actricem insitam rebus denegemus ».
2. *Id.*, (5), *op. cit.*, 506 : « Concedit cap. 4. §. 2, 3, et alibi passim, motus qui nunc fiunt, consequi *vi aeternae legis* semel a Deo latae, quam legem mox vocat volitionem et *jussum* ». Souligné dans le texte.
3. *Id.*, (5), *op. cit.*, 506 : « nec opus esse novo Dei jussu, nova volitione, nedum novo conatu, aut laborioso quodam negotio d. § .3. et a se repellit tanquam male imputatam ex adverso sententiam, quod Deus moveat res ut faber lignarius bipennem, et molitor dirigit molam arcendo aquas, vel immitendo rotae ».
4. *Id.*, (6), *op. cit.*, 507 : « et qui secus sentit, *omni*, si quid judico, *distinctae rerum explicationi renunciat*, quidvis ex quovis consequi pari jure dicturus, si id quod loco temporeve est absens, *sine interposito*, hic et nunc operari potest ». Souligné par nous.
5. *Id.*, (6), *op. cit.*, 507 : « Itaque satis non est dici, *Deum initio res creantem voluisse*, ut certam quandam legem in progressu observarent, si voluntas ejus fingatur ita fuisse inefficax, ut res ab ea non fuerint affectae, nec durabilis in iis effectus sit productus ». Souligné par nous.

En effet, le commandement de Dieu doit laisser dans les choses « une sorte d'empreinte persistante »[1], qui fait durer le commandement initial de Dieu. Cette empreinte est le relais entre le commandement divin et les actions ponctuelles. Elle constitue pour la créature une *loi* interne. Autrement dit, la parole divine fait *texte*. Le commandement divin a fait impression, a marqué pour toujours la créature. Cette trace « gravée » dans les choses leur donne une « construction » propre à leur faire accomplir leur destinée[2], les *forme*. La créature peut, le sachant ou non, lire le texte qui la soutient : nous reconnaissons ici ce que Leibniz appelle la puissance des créatures, *force* ou *tendance* d'où découlent les phénomènes, parce qu'elle est en même temps leur structure agissante en tant qu'elle fait l'unité de la multiplicité des prédicats compris dans leur essence.

Telle est, selon Leibniz, l'origine de la « nature des choses ». La parole divine

> « Que la terre produise, que les animaux se multiplient »[3]

imprime son commandement dans les choses sous forme d'une « nature de laquelle découle la série des phénomènes »[4].

Or, nous savons que la série des phénomènes d'une substance est conforme ou répond à la série des prédicats de la notion qui représentait à Dieu cette substance comme possible. C'est ainsi que Dieu a pu envisager toutes les actions de la substance sous forme de simples possibilités. Si donc la *nature* d'où découle la série des phénomènes est l'empreinte ou la trace du commandement divin lors de la création, on doit comprendre que l'acte créateur est transformation de la notion en substance réelle ; et qu'une substance est réelle, ou qu'il y a un sujet, de par la puissance d'agir que le commandement créateur lui a conférée. C'est la puissance, comme effet du commandement divin, qui fait la différence entre une substance possible et une substance existante. *C'est la puissance qui fait un sujet*, de ce qui n'était aupara-

1. *Id.*, (5), *op. cit.*, 507 : « impressionem creatam in ipsis perdurantem ».
2. *Id.*, (6), *op. cit.*, 507 : « expressum in rebus vestigium ».
3. *Id.*, (6), *op. cit.*, 507 : « *producat terra, multiplicemini animalia* ». Souligné dans le texte.
4. *Id.* : « Sin vero lex a Deo lata reliquit aliquod sui expressum in rebus vestigium, si res ita fuere formatae mandato, ut aptae redderentur ad implendam jubentis voluntatem, jam concedendum est, quandam inditam esse rebus efficaciam, formam vel vim, qualis *naturae* nomine a nobis accipi solet, ex qua series phaenomenorum *ad primi jussus praescriptum* consequeretur ». Souligné par nous.

vant qu'un objet de pensée. La définition de la puissance nous en avait averti depuis longtemps, mais le *De Ipsa Natura* ajoute à cette définition l'origine de la puissance, soit l'acte créateur lui-même, interprété par Leibniz comme un commandement qui s'inscrit dans les créatures. Leibniz reprend d'ailleurs du texte de la *Genèse* ce qui constitue un impératif de fécondité ou de productivité, pour le placer en guise de loi inhérente dans chaque substance.

C'est dire que l'impératif, en laissant une trace écrite (« impressum vestigium ») dans les notions, leur donne un principe de mobilité qui leur permet d'engendrer les prédicats de leur notion, lesquels sont désormais leurs actions ou passions. Car nous savons que le contenu des actions, conçues comme possibles, n'est pas changé par le décret créateur [1]. Il faut donc que le commandement fasse dans les notions loi de mise en acte des prédicats. Il faut qu'appelées à produire par l'impératif de fécondité, les notions cèdent la place aux sujets possibles que ces notions représentaient, se muant ainsi sans transition en sujets. Il y a là *un effet de discontinuité* qui ne se trouvait pas dans le schéma aristotélicien, et qui nous semble correspondre à la notion même de création, absente de l'aristotélisme, comme production d'existants. Sans doute la continuité est-elle préservée par l'identité du contenu notionnel, mais ce qui fait la notion de création, c'est la discontinuité, qui répond à la notion d'*acte* créateur.

L'interprétation leibnizienne concilie donc la continuité nécessaire pour qu'il y ait une rationalité, et que tout ne surgisse pas de rien, et la discontinuité sans laquelle il n'y aurait qu'actualisation, et non pas seulement *une certaine* actualisation. Le leibnizianisme est souvent dans ces « pour ainsi dire », ou « en quelque manière ». La notion est transformée en loi agissante d'une substance : c'est le versant de la continuité. Quant à la substance, on peut dire qu'elle advient alors qu'elle n'existait pas. Existent désormais d'autres sujets que Dieu, qui était seul sujet : c'est le versant de la discontinuité, qu'autorise la puissance créatrice.

1. *Théodicée*, I, § 52, GPVI, 131 : « et puisque le decret de Dieu consiste uniquement dans la resolution qu'il prend, apres avoir comparé tous les mondes possibles, de choisir celuy qui est le meilleur, et de l'admettre à l'existence par le mot tout-puissant de *Fiat*, avec tout ce que ce monde contient ; il est visible que ce decret ne change rien dans la constitution des choses, et qu'il les laisse telles qu'elles étoient dans l'état de pure possibilité, c'est à dire qu'il ne change rien, ny dans leur essence ou nature, ny même dans leurs accidens, representés déjà parfaitement dans l'idée de ce monde possible ».

Leibniz reste peu précis sur la question de savoir ce qui est marqué par le commandement. Mais ce ne peut être la créature, la substance créée, qui n'existe pas sans ce commandement. Cela peut donc être la notion qui représente à Dieu la substance possible. Cela peut être – mais est-ce si différent ? – le sujet possible auquel Dieu s'adresse, alors même qu'il n'existe pas encore. Ce serait alors l'interpellation divine qui transformerait le sujet possible en sujet véritable, et la notion en loi agissante de la substance qui est représentée par cette même notion. Quelque chose de nouveau, la puissance, se produirait à partir de cette conjugaison : un contenu notionnel, et l'impératif de fécondité. Soit : une définition devenue opératoire. Un sujet réel de la notion.

Cette interprétation de l'origine de la puissance qui fait les créatures réelles et autonomes, atteste du caractère *logique* et même *dialogique* de l'acte créateur. L'acte inaugural par excellence, l'acte qui fait advenir non pas de simples objets, mais de nouveaux sujets, l'acte proprement dit, par rapport auquel on pourra mesurer ce qu'il y a d'acte dans les actions, doit se lire comme un acte de langage. Le récit de création interprété par Leibniz ne fait rien d'autre, en effet, que mettre en avant la nécessaire inscription dans l'être de la parole divine. Le « Dieu dit » du premier récit biblique de la Création fait loi écrite dans les êtres.

La « nature des choses » provient de l'efficace de la parole divine, soit de son caractère prescripteur. Inscription, prescription, la parole divine fait loi. Le dit de Dieu agit : il est de l'ordre du *faire* puisqu'il laisse une trace agissante, qui est précisément la puissance finie. Les notions, qui étaient de nature *logique* au sens de l'objet de pensée, sont « empreintes » (ou « imprimées ») de cette puissance, qui prend le relais de la puissance divine ; désormais ce n'est pas la puissance divine qui agit directement, mais cette trace de son commandement informant des notions au contenu déterminé. La notion de puissance finie répond donc à la nécessité de placer un intermédiaire [1] entre la puissance divine et l'univers des choses créées. Le récit d'origine montre que cette puissance finie est l'effet d'une intimation primitive, exigeant des notions, ou plutôt des sujets (possibles) de cette notion, qu'ils soutiennent l'ensemble des prédicats qui forment la notion et les rapportent à eux-mêmes ; c'est ce que signifie agir par soi-même.

1. *De Ipsa Natura*, (6), *op. cit.*, 507 : « quidvis ex quovis consequi pari jure dicturus, si id quod loco temporeve est absens, *sine interposito*, hic et nunc operari potest ». Souligné par nous.

Existe désormais « une chose qui dure » [1], et pas seulement une rhapsodie d'actions qui pourraient être rapportées à Dieu comme à leur sujet.

Leibniz lit le récit de création à travers une représentation implicite de la puissance du discours. Les paroles de Dieu ne volent pas comme celles du proverbe, elles laissent, mieux, elles font trace. L'impératif divin marque ceux à qui elle s'adresse. Mieux : *elles font ceux à qui elle s'adresse.* Elles suscitent les destinataires de leur message. C'est dans la mesure où un texte s'est inscrit que les lecteurs en sont suscités.

L'action divine est pensée sur le modèle d'un art sublime, d'une « merveilleuse » imprimerie. Les substances, on le sait, expriment tout ce qui arrive dans l'univers. Mais cette expression se rapporte, comme à sa condition, à une impression primordiale. La substance peut bien, alors, déployer dans le temps les marques imprimées en elle par l'art divin du discours. Elle obéit à la consigne divine : *Croissez et multipliez,* dont le contenu a valeur exemplaire. Mais ce qui fait acte, c'est le dit lui-même, comme l'indiquent les deux exemples suivants

> il est, au contraire, conforme à la raison d'admettre que, de même que le mot *fiat* a laissé après lui un certain effet, à savoir une chose même qui dure, de même le mot non moins *mirifique* de *bénédiction* a imprimé aux choses la tendance féconde à produire leurs actes, à opérer, tendance de laquelle l'opération découle, si rien ne fait obstacle. [2]

Le commandement divin est un *bene dicere*, qui produit une fécondité métaphysique, la force ou puissance, grâce à laquelle une substance est constituée. Entre les actions observables dans l'univers et la puissance de Dieu s'interposent les substances finies. Grâce à la parole divine, le discours des notions peut être tenu par des sujets, en leur nom, dans la mesure où ils en font lecture, ce qui correspond à la spontanéité perceptive. La puissance du discours est en effet expressive : Dieu, en parlant aux sujets possibles des notions, ne leur

1. *Id.*, (8), *op. cit.*, 508 : « rem ipsam persistentem ».

2. *Id.*, (8), *op. cit.*, 508 : « cum tamen consentaneum sit, quemadmodum verbum *fiat* aliquid post se reliquit, nempe rem ipsam persistentem ; ita verbum *benedictionis* non minus *mirificum* aliquam post se in rebus reliquisse producendi actus suos operandique foecunditatem nisumve, ex quo operatio, si nihil obstet, consequatur ». Souligné par Leibniz. Voir *G.W. Leibniz. Opuscules philosophiques choisis*, traduits du latin par P. Schrecker, Paris, 1978, p. 100.

donne pas une partie de sa puissance [1] ; il la leur exprime, et leur permet ainsi de s'exprimer à leur tour, en la lisant de leur point de vue. La Parole divine crée donc ses interlocuteurs en instituant un dialogue, là où il y avait un seul sujet.

Dieu parlant à ceux qui sont de ce fait des créatures : tel est le rapport inaugural entre Dieu et d'autres. La puissance de la parole institue une relation. Le texte de l'entendement divin s'anime : les personnages de pensée qui le tissaient comme texte virtuel, font par eux-mêmes ce que le créateur se représentait qu'ils feraient si occasion (existence) leur était donnée. Dieu fait par sa parole ce que les créateurs de romans rêvent : que les produits de leur pensée prennent vie. Le texte virtuel devient réel dès lors qu'il peut être lu. Le Ciel et la Terre périront, rappelle d'ailleurs Leibniz, plutôt que la Parole divine [2], qui est ici à la fois cause et promesse.

L'opposition faite par J. Derrida entre un *logos* comme ressource vivante, relevant de la *phusis*, et l'écriture disqualifiée par la métaphysique occidentale en tant qu'elle relève de la *technè* [3], ne semble pas ici pertinente, pour trois raisons au moins. D'abord, on l'a vu, l'artifice divin chez Leibniz intègre et dépasse *phusis* et *technè*. D'autre part, la parole divine peut bien être comparée à une maïeutique qui ensemence les notions ; mais cela n'est possible que grâce au tissage syntaxique des prédicats en séries, puis en univers de compossibles, soit en textes. La prise de sens suppose une coordination. Et la voix divine s'inscrit dans les substances possibles : l'âme ou la puissance finie est donc de l'ordre de l'écriture et de la mémoire. Enfin les âmes pourvues de raison par l'inscription en elles des vérités éternelles imitent l'acte créateur, non pas en rééditant la parole divine, mais en inventant des moyens sensibles et grossiers tels que l'écriture pour retrouver, par ces détours, un équivalent fini de l'infinie puissance.

Il y a donc une étroite conjonction de ce qui relève de la Parole et de ce qui relève de l'Ecrit. Conjonction responsable des choses créées.

1. Cf. *Id.*, § 16, GPIV, 515 : « Alicubi fassus mihi est, posse, imo quoddammodo etiam debere, quandam *divinae virtutis particulam* (id est, ut opinor, expressionem, imitationem, effectum proximum, nam ipsa divina vis in partes utique secari non potest) velut rebus propriam et attributam intelligi ». Souligné dans le texte.

2. *DM*, XXXXVII, GPIV, 463 : « le ciel et la terre periront plustost que la parole de Dieu ».

3. J. Derrida, *De la Grammatologie*, Paris, 1967.

Nul privilège de la voix ne semble ici à retenir : ce qui est efficace et qui inaugure, c'est l'acte divin franchissant la pure possibilité pour décider de réaliser ; c'est l'affirmation de la puissance, donatrice d'être, affectant et altérant : *existentificans*.

Se dessine en revanche dans le leibnizianisme une certaine incommensurabilité de l'essence et de l'existence [1]. Le cordon ombilical n'est certes pas coupé entre elles, puisque l'être existant prolonge l'être possible éternellement pensé par Dieu. Mais l'identité même du contenu notionnel indique que l'existence est en plus : non un complément de ce qui manquerait de détermination, mais un supplément qui change tout. Leibniz annonce peut-être là les futures distinctions kantienne et frégeenne entre l'essence et l'existence, car si l'existence n'est pas un prédicat ou, comme dit G. Frege, un *caractère* du concept, on peut la comprendre comme une propriété [2] donnée par Dieu à la notion, une marque qui lui permet d'engendrer ses prédicats en son nom propre et ainsi de « faire un sujet ». Non pas sans doute la *propriété* frégeenne, puisqu'il ne s'agit pas de subsumer un individu, même unique, sous ce concept, mais peut-être quelque chose comme son embryon ou son ébauche. Le sujet individuel est ce qui vient soutenir la notion, laquelle agit désormais en lui comme une essence active : une puissance.

***

La puissance créatrice opère par la puissance poïétique de la parole, et produit une œuvre accomplie : « opus vel *apotelesma* » [3]. L'acte créateur produit ce qu'on pourrait déjà appeler une œuvre exemplaire. Mais au nom de quoi prétend-on souvent que le dieu

1. Ce que reconnaît en quelque manière E. Gilson quand, rangeant Leibniz parmi les philosophes de l'essence, il admet que l'on trouve chez lui un sentiment « encore vif » (?) de la spécificité de l'existence. Cf. *L'Etre et l'Essence*, *op. cit.*, p. 132.

2. Cf. G. Frege, *Les fondements de l'arithmétique*, trad. C. Imbert, Paris, 1969, pp. 180-181.

3. *De Ipsa Natura*, § 6, GPIV, 507 : « Et pugnat profecto cum notione divinae potentiae voluntatisque, purae illius et absolutae, velle Deum et tamen volendo producere aut immutare nihil, agereque semper, efficere nunquam, neque *opus vel apotelesma* relinquere ullum ». Souligné dans le texte.

leibnizien est contraint, limité dans son action et sa puissance [1] ? S'agit-il d'une mauvaise lecture des textes ? Ou ne s'agit-il pas plutôt d'une lecture qui utilise des instruments conceptuels inadéquats, soit les notions de *libre-arbitre*, et de *toute-puissance* de type cartésien?

1. M. Gueroult, par exemple, in *Leibniz-Dynamique et Métaphysique*, 2e éd., Paris, 1967, p. 45, fait remarquer à propos de la notion de « masse », qu'« au point de vue théologique, ce principe limitatif <...> exprime la limitation dans laquelle se trouve enfermée l'activité créatrice de la divinité qui ne peut pas tout créer, mais seulement un maximum, et voit ainsi l'épanouissement de son activité dans le monde de l'existence, soumis à une condition restrictive analogue à celles que dictent à un architecte les dimensions du terrain mis à sa disposition ». Souligné par l'auteur. Y. Belaval, plus justement selon nous, parle seulement d'un « problème très délicat ».

SECTION 3 :

TOUTE-PUISSANCE ET PUISSANCE INFINIE

On dit très justemement que le Dieu de Leibniz ne peut pas tout créer. Très justement : c'est par là que Leibniz cherche à faire la différence avec Spinoza, et même Descartes. De dire que Dieu peut tout, ou de dire qu'il ne peut rien, d'ailleurs, remarque Leibniz, cela revient au même [1].

Cela revient en effet à l'absence d'une décision raisonnée qui fasse le choix, qui tranche entre les desseins possibles (créer ? ne pas créer ?), et les différents mondes possibles (quel monde créer ?). Si tout découle *également* de la puissance divine, cette puissance est de l'ordre de la productivité nécessaire ou aléatoire de la *phusis*. Pour qu'il y ait un Dieu qui soit un sujet réel, et non un simple Dieu de nom, il faut que son acte fasse décision, et ne fasse pas *tout* advenir indifféremment.

Parler des limites qui enferment l'activité divine, en pensant sous ce terme de limites d'une part le matériau de pensabilité sur quoi agit l'acte créateur, et à partir de quoi il y a choix, et d'autre part les règles d'organisation et de choix qui président à la décision, c'est alors supposer acquise une représentation de la puissance divine, comme toute-puissance sans règles ni matériau préalable, qui *peut tout*. Quelque accommodant que fût Leibniz, il n'aurait pas admis de telles expressions, qui contreviennent à toute sa théorie de la puissance.

1. *A Philippi*, Janvier 1680, GPIV, 285 : « il faudra concevoir Dieu à la façon de Spinosa comme un estre qui n'a point d'entendement ny de volonté, mais qui produit tout indifferemment bon ou mauvais, étant indifferent à l'égard des choses et par consequent nulle raison l'inclinant plustost à l'un qu'à l'autre. Ainsi ou il ne fera rien ou il fera tout. Mais de dire qu'un tel Dieu a fait les choses, ou de dire qu'elles ont esté produites par une nécessité aveugle, l'un vaut l'autre, ce me semble ».

Précisons en quoi Leibniz disqualifie la notion de toute-puissance sans règles, liée aux conceptions récusées du libre-arbitre interprété comme liberté d'indifférence ; et quelle conception de la puissance infinie il lui substitue.

3.1 : Détermination de la puissance

La leçon leibnizienne concernant la puissance est brève : sans détermination ni orientation, il n'y a pas de puissance. L'acte divin est d'ailleurs *modèle* pour les « enfants » de Dieu, issus de cet acte originel et exemplaire : ils l'imiteront dans la mesure de leur puissance (finie). Sans orientation ni détermination, la puissance ne serait pas plus toute-puissance que la colombe de Kant n'atteindrait dans le vide, par suppression de toutes les résistances réelles, une vitesse infinie. La notion de toute-puissance indéterminée, ne rencontrant aucun réel à œuvrer, s'apparente au même vide. Elle doit lamentablement échouer, comme la colombe, dans le vide de l'*amentia*. Tel doit être le sort du dieu cartésien à qui rien n'est impossible et qui pourrait donc créer le vide, ou même, pourquoi pas ?, une montagne sans vallée[1].

Comme l'étendue matérielle cartésienne, indéfinie et homogène, tout ce qui est dépourvu de déterminations et d'activité singularisante n'est pas substantiel, mais proche du non-être. Une puissance qui ne serait pas celle d'un *sujet déterminé* qui se détermine et se décide dans son acte – c'est-à-dire qui exclut et choisit, et renvoie aux purs possibles le concevable écarté, alors qu'il promeut et réalise ce qui est élu – ne serait puissance de rien ni de personne. Sans rien en elle qui puisse rendre les raisons de son orientation, la puissance, ployée au gré des courants rencontrés, ne serait plus puissance, mais moyen prenant la couleur de divers desseins ; elle s'identifierait au *nihil* qui, justement, n'a pas de propriétés. La définition d'un Dieu imaginairement omnipotent, dépourvu de règles d'action, ne risquait-elle pas de se rapprocher de celle du vide ? On l'a craint, car, comme l'indique Y. Belaval,

1. Descartes, *Sixièmes Réponses*, AT.IX-1, p. 236. Sur cette question, voir E. Bréhier, *La philosophie et son passé*, ch. IV : La création des vérités éternelles dans le système de Descartes. Cf. Leibniz, *Entretien de Philarete et d'Ariste, suite du premier entretien d'Ariste et de Théodore*, GPVI, 589 : « Par le même droit de faire des fictions que la seule toute-puissance miraculeuse de Dieu pourroit rendre possibles, il seroit permis de soutenir que je suis seul au monde, et que Dieu produit tous les phenomenes dans mon ame ».

> Dire : le vide est réel, incorporel, un, simple, infini, n'est-ce pas se rapprocher dangereusement de la définition de Dieu ? [1]

Au contraire, la puissance leibnizienne, comme sa sœur spinoziste, est passage infini à un degré supérieur de puissance. Leibniz emprunte à Spinoza la notion d'une productivité infinie, qui est cause et non moyen ; mais il maintient et exalte la notion d'*acte* créateur pour qu'il n'y ait pas de lien nécessaire entre la plénitude de la substance et la réalité de l'univers ; pour que le monde créé soit une œuvre délibérée. Leibniz fait la différence avec Spinoza en orientant la puissance, en la finalisant et en la mettant en équivalence avec le sujet de l'acte. Nous nous sommes servis de la notion aristotélicienne de *dynamis meta logou* : On pourrait poursuivre en disant que la puissance spinoziste agit en pure *phusis*, alors que la puissance leibnizienne agit en utilisant les ressources d'un *logos*, ce *logos* formerait-il l'être de Dieu. Mais la puissance chez Leibniz est proportionnée aux ressources qu'elle utilise, elle est puissance de ce qu'elle fait, elle est puissance par cela qu'elle met en œuvre : il n'y a pas d'un côté une énergie indifférenciée, purement potentielle, et de l'autre des directions, des occasions d'agir, et des finalités. C'est pourquoi la puissance n'est nullement subordonnée à la sagesse ou à la volonté, puisqu'elle en est au contraire la source commune, le *sujet* : elle est *ce qui peut* à travers les orientations de la sagesse et de la volonté. Pas de puissance sans figure, à laquelle adviendraient les contours de la sagesse et de la volonté : sans de tels contours, la puissance n'est rien.

Leibniz refuse une puissance indéterminée lorsqu'il critique une notion cartésienne de potentialité, reçue comme un être réel. La puissance n'est pas une réalité sans frontières, que viendraient limiter les règles de la concevabilité, puis les règles du meilleur. Autant vaudrait de dire que Dieu agit d'abord, et qu' ensuite il produit telle ou telle réalisation. Agir, c'est produire un résultat déterminé, c'est faire œuvre. Agir ne se sépare pas des fins et des moyens. Leibniz, on le voit, n'a pas tort de considérer que Descartes, avec sa conception d'une potentialité réelle mène au nécessitarisme, puisqu'il n'y a plus aucune raison que la puissance, assimilée à une potentialité réelle, ne produise pas tout, et donc n'importe quoi [2].

1. Y. Belaval, « L'horreur du vide », in *Nouvelle Revue de Psychanalyse*, N° 11, Printemps 1975, pp. 190-191.

2. Leibniz, *Reponse aux reflexions qui se trouvent dans le 23 Journal des Sçavans de cette année touchant les consequences de quelques endroits de la*

Leibniz évite cet abîme en *déterminant* la notion de puissance. La détermination, loin d'écorner son domaine en la cernant, représentation qui soutient la conception de la toute-puissance sans règles, constitue bien plutôt la puissance comme puissance, force active, acte maximisant et organisateur. On ne saurait donc dire que Dieu peut créer *seulement* un *maximum* [1], puisque la puissance consiste précisément à faire le maximum, dans un langage quantitatif, ou l'optimum, dans un langage qualitatif. Il n'y a *pas mieux*. Il n'y a donc pas de place pour une réclamation qui équivaudrait à souhaiter un autre Dieu : on ne pourrait mieux faire. Il n'y a pas de puissance supérieure à la puissance infinie : la toute-puissance miraculeuse n'est même pas une puissance, elle correspond à *rien*. Leibniz répète, sans être toujours compris, que la puissance correspond à ce qui, dans la substance finie ou monade, est *sujet* ou *base* : or l'on sait bien qu'il n'y a de base que soutenant un édifice, ou, dans un langage métaphysique plus vrai que la métaphore architecturale, qu'il n'y a de sujet que de tels prédicats précis.

La notion de puissance chez Leibniz n'a donc de sens que par les réalités singulières qu'elle soutient et fait advenir. non par de vagues potentialités non réalisées dont on la croirait susceptible : les possibles eux-mêmes sont organisés et déterminés ; ils n'ont rien d'informe. Une puissance informe serait une sorte de *nihil*, un *vide* qu'on pourrait remplir indifféremment : toute chose inconcevable. La puissance a toujours un visage : celle du sujet agissant.

On ne saurait donc non plus admettre la manière dont Spinoza récuse d'avance une conception de la création de type leibnizien comme témoignant d'une sorte d'infirmité de Dieu, d'une impuissance :

> cette doctrine détruit la perfection de Dieu, car si Dieu agit pour une fin, il appète nécessairement quelque chose de quoi il est

philosophie de des Cartes, Beilage, GPIV, 344 : « en ôtant à Dieu sa sagesse et sa justice, on ne laisse qu'une certaine puissance démesurée dont tout emane, qui merite plustost le nom de la nature que celui de Dieu ».

1. M. Gueroult, *Leibniz. Dynamique et Métaphysique*, *op. cit.*, p. 45 : « la limitation dans laquelle se trouve enfermée l'activité créatrice de la divinité qui ne peut pas *tout* créer, mais *seulement* un *maximum* ». Souligné par l'auteur. Cf. plus haut, p. 80, note 2.

privé. <..> ils sont donc contraints aussi de reconnaître que Dieu était privé de tout ce pour quoi il a voulu procurer des moyens et le désirait, comme il est clair de soi [1].

Le dynamisme ontologique de Spinoza serait à cela une suffisante réponse : la puissance est chez Leibniz *existentifiante*, elle est majorante, elle fait passer la perfection à une perfection supérieure, elle est intensification, croissance ; il n'est pas besoin d'invoquer un manque pour fonder le désir de croissance, qui ferait la puissance. Comment comprendre alors qu'on applique à Leibniz la critique de Spinoza ? En ceci que la conception leibnizienne fait de la puissance une réalité *personnelle*, qui se manifeste dans l'*acte* d'un *sujet*. Spinoza a bien la notion d'une puissance comme positivité et croissance vers une perfection supérieure, mais il ne peut prêter à un Dieu-personne qu'un désir fini fondé sur un manque, et c'est pourquoi son Dieu est impersonnel, du moins quand il ne s'agit pas de la transposition imaginaire qu'on peut en donner pour le vulgaire.

Mais il suffit de conjuguer la doctrine leibnizienne de la création comme acte d'un sujet personnel, avec la conception d'une puissance comme infinie positivité, pour pouvoir rejeter les critiques courantes : elles reposent sur un contre-sens quant à la puissance. Une productivité infinie n'est pas la production de *tout*. La relation du *tout* aux *parties* convient à une représentation spatiale, géométrique, finie, qui ne voit dans la limite que ce au-delà de quoi il peut y avoir quelque chose. Aussi la représentation commune de la toute-puissance rejette-t-elle la position de limites, qui enfermeraient la puissance de Dieu et lui interdiraient de les franchir. Dans une telle image, tout ce qui est au-delà des limites est l'infini interdit à Dieu. Représentation inadéquate au leibnizianisme. Cet infini qui serait hors de la portée de Dieu est un mauvais infini, c'est l'*apeïron* des Grecs. Leibniz sans doute a prêté à cette interprétation erronée en usant de comparaisons spatiales ou anthropomorphiques pour faire comprendre la création divine. Ainsi

1. Spinoza, *Ethique* I, Appendice, AP, p. 105. Une des raisons invoquées par Spinoza pour justifier son interprétation par le manque ne joue d'ailleurs pas quand il s'agit de Leibniz. Spinoza écrit en effet : « Quia nihil ante creationem praeter Deum assignare possunt, propter quod ageret ». Or Leibniz admet une antériorité logique (mais bien entendu non chronologique) des possibles sur la création. Cf. *à Philippi*, GPIV, p. 285 : « l'entendement estant necessairement avant la volonté (je parle *de prioritate naturae, non temporis*) ». Souligné dans le texte.

quand il compare le calcul divin au jeu du solitaire [1]. Mais comprendre la comparaison, au demeurant ambiguë en ce qu'elle utilise la métaphore spatiale, n'oblige pas à prêter à Dieu notre « horreur du vide » [2], laquelle est enracinée dans notre finitude, et nourrie d'imaginaire : si le réel venait à manquer à notre appel, la terre se dérober sous nos pas, le rien prendre forme... Vertige et terreur.

Le créateur, en s'orientant vers la réalisation du meilleur des mondes possibles, ne s'arrache pas à un vide horrifiant : il intensifie la réalité de simples possibles en les disposant en unités existentiables ; il fait passer ces êtres de pensée à un degré supérieur de réalité, en leur imprimant une puissance d'agir propre, ce qui est les faire passer à l'existence. Mais *pas tous.* Pas le pire à côté du meilleur, et bien sûr pas d'incompatibles, ce qui diminuerait ou détruirait l'œuvre. Le choix du meilleur garantit au contraire la perfection de l'œuvre, qui est croissance continuelle ; ce qui va aussi dans le sens de la puissance comme activité majorante :

> Bien que beaucoup de substances aient déjà atteint une grande perfection, la divisibilité du continu à l'infini fait que toujours demeurent dans l'insondable profondeur des choses, des éléments qui sommeillent, qu'il faut encore réveiller, améliorer, et, si je puis dire, promouvoir à un degré supérieur de culture. C'est pourquoi le progrès ne sera jamais achevé. [3]

Or, comme les maxima, le meilleur *peut se déterminer.* La puissance infinie est alors celle qui peut atteindre ou produire le maximum, le meilleur. Qu'elle puisse le moins va de soi, au sens du concevable,

1. *De rerum originatione radicali*, GPVII, 303-304 : « Et sese res habet ut in ludis quibusdam, cum loca omnia in Tabula sunt replenda secundum certas leges, ubi nisi artificio quodam utare, postremo spatiis exclusus iniquis, plura cogeris loca relinquere vacua, quam poteras vel volebas. Certa autem ratio est per quam repletio maxima facillime obtinetur ». Trad. P. Schrecker, *op. cit.*, p. 85.

2. Y. Belaval, « L'horreur du vide », art. cit., pp. 181-193.

3. *De rerum originatione radicali*, GPVII, 308 : « Et quod objici posset : ita oportere ut Mundus dudum factus fuerit Paradisus, responsio praesto est : etsi multae jam substantiae ad magnam perfectionem pervenerint, ob divisibilitatem tamen continui in infinitum, semper in abysso rerum superesse partes sopitas adhuc excitandas et ad majus meliusque et ut verbo dicam, ad meliorem cultum provehendas. Nec proinde unquam ad Terminum progressus perveniri ». Trad. P. Schrecker, *op. cit.*, p. 92. M. Serres, *Le système de Leibniz et ses modèles mathématiques*, 1968, t. I, p 253, précise : « *Ce progrès n'a évidemment pas de limites et c'est strictement cela être fini* ». Souligné par l'auteur.

soit du possible d'entendement. Mais quelle raison avoir de vouloir le moins ? Or *tout*, c'est toujours du côté de l'impossible, de ce qui annule la perfection de l'ensemble. Et *autrement,* correspondrait en fait à moins, *tout compte fait*. C'est pourquoi il n'est pas question d'admettre une puissance qui, comme la matière cartésienne, se prêterait à tout, et recevrait « toutes les formes dont elle est capable » [1].

La puissance de Dieu est modèle pour la puissance finie, parce qu'elle enseigne à se déterminer, à choisir et se concentrer, et non à s'égailler en n'importe quelle direction. Il importe précisément au Dieu de Leibniz que *n'importe quoi* n'advienne pas. Sa puissance s'affirme dans son orientation rationnelle, et dans la stratégie que celle-ci commande. Au regard de Dieu, qui est vérité, rien n'est quelconque, rien ne s'équivaut. Seul un entendement grossier comme le nôtre peut user de techniques si imprécises qu'elles comptent pour des unités égales ce qui est en fait réellement différent. Dieu *peut* sans doute créer le pire des univers, conformément au modèle de la *dynamis meta logou* mais il ne le *veut* pas ; sa puissance s'oriente vers le meilleur. Elle n'est pas être-en-puissance, capacité ou potentialité pliable en tous sens : elle est cette puissance unique qui peut le plus, le mieux. Il est donc plus juste de dire que Dieu peut créer tous les univers possibles, *selon* les différents desseins qu'il peut avoir. C'est-à-dire l'un *ou* l'autre. Ce qui est dire que sa puissance est en relation avec un dessein, un projet. Comme le meilleur est meilleur relativement à la fin visée. Mais on ne doit pas dire qu'il *peut* tout créer, l'un *avec* l'autre, car cela contredit la raison, et revient à dire que Dieu peut faire les cercles carrés, ou encore que Dieu délire. La notion de toute-puissance comprise comme capacité à tout créer indépendamment de règles de choix est expression de la démence : il n'y a que des rêves ou des délires de toute-puissance, signes de réelle finitude. Dieu, lui, œuvre effectivement, et produit le meilleur. Sa puissance est effective. Acte.

Leibniz ne peut donc admettre que la volonté de Dieu soit « de toute éternité indifférente à toutes les choses qui ont été faites ou se feront jamais » [2]. Car une « entière indifférence », que Descartes donne pour « une preuve très grande de sa toute puissance », ressemble trop à la fiction d'une étendue matérielle lisse et inerte : ces notions

1. « formas omnes quarum est capax », cité par Leibniz *à Philippi*, janvier 1680, GPIV, 283

2. Descartes, *Sixièmes Réponses*, AT.IX-1, pp. 232-233.

manifestent le caractère fantastique de la conception qui les engendre. C'est bien plutôt la puissance de Dieu qui se volatilise ici, dans la mesure où elle est privée de ce qui seul lui donne un sens : une causalité de sujet pensant. On est alors logiquement conduit à supprimer toutes ces chimères [1], et par suite à forger une puissance de Dieu sans entendement ni volonté. Les fictions cartésiennes mènent au spinozisme.

Tout et *rien* sont donc équivalents : ils ne sont pas, également, quelque chose. La puissance de Dieu, au contraire est réelle. Elle fonde *en réalité* les opérations de l'entendement et de la volonté. Elle part de quelque chose, et va quelque part. Rien à voir avec une puissance chimérique, flottant à la dérive, sans rien pouvoir effectuer, puisque nulle raison ne peut lui faire désirer ceci plutôt que cela ; ou, si tout se vaut, ceci avant cela. Leibniz reprend à son compte l'ironie spinoziste concernant la liberté d'indifférence, qui voue l'âne de Buridan à mourir de faim, comme le fou à se pendre. Autres images de l'insensé. Et comme il n'est pas question qu'une telle volonté irrationnelle soit même possible, la vérité de cette fiction est dans la velléité ou le caprice, l'impuissance ou le despotisme humains.

La puissance divine est donc la puissance de son acte, soit de son projet agissant. Elle est infinie en ce qu'elle effectue le meilleur, tandis que l'être fini ne fait que le vouloir. Infinie donc par l'absence de tout défaut en elle, qui pourrait être issu d'un entendement fini, ou d'une volonté égarée. Par sa totale positivité. Et c'est la puissance spinoziste, au contraire, qui est, selon Leibniz, menacée en ce qu'elle admet le *rien* en elle, dans la mesure où elle peut *tout* produire. Et qui, parce qu'elle utilise le modèle de la relation entre le tout et les parties, menace les êtres de l'univers d'irréalité [2].

La substitution (effective même lorsque Leibniz utilise encore l'expression de *toute-puissance*, alors vidée de son sens commun) de la notion de puissance infinie à celle de toute-puissance sans règles, interdit de faire des puissances créées les parties morcelées de la toute-

1. *A Philippi*, janvier 1680, GPIV, 285 : « On voit bien que la volonté de Dieu même ne sera qu'une fiction mise en jeu pour éblouir ceux qui ne s'attachent pas assez à approfondir ces choses ».

2. A. Robinet (« Hobbes : structure et nature du 'conatus' » in *Thomas Hobbes, Philosophie première, théorie de la science et politique,* sous la direction d'Y. C. Zarka, Paris, PUF, 1990, pp. 139-151) montre bien comment une dialectique du tout et de la partie peut correspondre à un « sépulchre conceptuel de l'infini ».

puissance [1]. Les puissances créées seront finies en tant que créées, c'est-à-dire séparées de Dieu. Mais, n'étant pas des parties de la puissance de Dieu, elles ne courront plus le risque d'une résorption en son sein. Faites à l'imitation de Dieu, elles l'imiteront, elles feront ressortir ce que la puissance divine aura imprimé en elles, elles l'exprimeront. Seule la puissance infinie est à la hauteur du projet de création : faire du nouveau, produire de l'altérité.

Il semble clair que la puissance leibnizienne correspond au pari de conjuguer une infinie productivité en acte de type spinoziste, avec la causalité d'un *sujet pensant*. En conséquence : Leibniz refuse non seulement, comme Spinoza, la liberté d'indifférence, mais la notion de toute-puissance sans règles, porteuse des mêmes dangers, ceux de la potentialité conçue comme réelle. Tout se passe comme si Leibniz, qui avait suivi Spinoza dans sa critique de la potentialité et du libre-arbitre, n'en tirait pas argument pour chasser de la puissance toute causalité de sujet ; bien plus, comme s'il reprochait au contraire à Spinoza d'avoir laissé dans sa philosophie des traces de cette potentialité réelle en assimilant la puissance et une puissance produisant *tout*. La solution leibnizienne réside donc dans une nouvelle conception de la puissance, rendue équivalente à la puissance d'un *sujet*.

3.2 : Le Dieu leibnizien

Leibniz renouvelle ainsi profondément la notion de Dieu. Sans doute reprend-il à son compte toute une conception traditionnelle. Dieu est le Dieu de l'onto-théologie, la Ratio ou Prima Causa qui soutient à la fois les choses et leur représentation. Etre éminent, plénitude d'être, il est source de l'être de toutes choses, condition nécessaire et suffisante de tout ce qui est, comme de tout ce qui peut être dit. Mais, à ce seul titre, son Dieu n'aurait pas de quoi faire la différence avec la substance spinoziste, et la puissance divine apparaîtrait comme un fondement total qui rend inutiles les considérations de la sagesse ou de la bonté. Il faut donc aller plus loin pour saisir la nécessité des thèses leibniziennes. Sous peine d'avaliser l'interprétation paresseuse qui n'y voit que prudence ou préjugé religieux, maquillant un spinozisme foncier.

1. *De Ipsa Natura*, (16), GPIV, 515 : « Alicubi fassus mihi est, posse, imo quoddammodo etiam debere, quandam *divina virtutis particulam* (id est, ut opinor, expressionem, imitationem, effectum proximum, nam ipsa divina vis in partes utique secari non potest) velut rebus propriam et attributam intelligi ». Souligné par l'auteur.

3.2.1 : En faisant rentrer dans la définition de Dieu non seulement le fondement des choses, mais du discours sur elles, Leibniz fait rentrer le *savoir* et le *concevoir* dans la définition même de l'être. Dieu n'est plus seulement l'ensemble de toutes les perfections, celui dont les attributs comprennent, au superlatif, toutes les qualifications d'un être positif et supérieur [1]. Il est désormais l'ensemble des prédicats simples ou notions primitives, qui sont comme les éléments de la positivité [2].

On retient souvent de cette modification le problème qu'elle pose à propos de la compatibilité en Dieu du simple et du multiple. Soulignons ici un autre aspect : Dieu peut être conçu comme le lieu *logique* lui-même. Mais cette conception d'un lieu logique est indissociable de celle d'un lieu de la vérité, qui suppose un sujet qui sait, et soutient ainsi de son acte pensant l'ensemble des vérités.

Dieu est l'ensemble des prédicats simples, non pas comme un réceptacle abritant des réalités disparates, ou comme une surface où viendraient s'inscrire toutes les vérités ; mais comme l'acte de leur combinaison, de leur organisation, de leur comparaison, de leur répartition. Cet acte soutient une réalité qui est de l'ordre du savoir, en tant qu'elle est tissée de concevabilité, organisée par des règles, prête à être énoncée.

Il n'y a pas d'un côté une région où cohabiteraient paisiblement notions et vérités, et de l'autre un acte qui dispense la substantialité, c'est-à-dire qui crée. Dieu est un *sujet* qui pense tout le concevable et sait toutes les vérités, qu'elles soient éternelles comme les règles de la sagesse, ou contingentes comme celles qui énoncent des évènements singuliers. Il sait, parce qu'il produit l'organisation de toutes choses, et parce qu'il met en rapport les règles qui président à un univers possible, et toutes les vérités qui énoncent ce qu'il en est dans cet univers. Or une vérité contingente contient en elle tout ce qui peut être énoncé de l'univers en question : elle recèle donc un savoir total, qui ne peut être su, saisi comme un, que par une puissance infinie. Leibniz savait que la notion de contingence pouvait attaquer celle de vérité : sa

1. PNG, § 9, GPVI, 602 : « Cette substance simple doit renfermer éminemment les perfections, contenues dans les substances derivatives qui en sont les effects. Ainsi elle aura la puissance, la connoissance et la volonté parfaites, c'est à dire elle aura une toutepuissance, une omniscience, et une bonté souveraine ».

2. « Quod Ens Perfectissimum existit », éd. M. Fichant, *Les Etudes Philosophiques*, art. cit., p. 52 : « Demonstrationem reperisse videor <perfectionem> quod Ens perfectissimum, seu quod omnem Essentiam contineat, seu quod omnes habeat qualitates <simplices> <affi>, seu omnia attributa affirmativa, sit possibile (...) ».

riposte théorique consiste en la prescience de Dieu, qui sait de toujours parce qu'il produit l'agencement logique qui préside à l'événement.

Il faut un *sujet* pour voir d'une seule vue toutes les raisons et tous les énoncés. « Tous les raisonnements sont éminemment en Dieu » [1]. Un sujet soutient de son savoir toute la réalité créée, qui est faite de cette étoffe. C'est ce qui permet aux créatures raisonnables de rattacher, en droit sinon en fait, puisque nous n'avons pas cette intelligence intuitive, l'empirique à l'a priori. Car nous savons que pour Dieu, l'empirique ou le contingent est fait de la même étoffe que l'a priori éternel, qu'il est seulement plus compliqué que lui, en ce qu'il synthétise une infinité de déterminations. La vérité de ce qui est, c'est-à-dire de ce qui est produit, réclame donc un savoir, et ce savoir ne peut pas être le savoir de personne : il faut appeler Dieu celui qui, de son activité pensante, de son savoir, tisse les choses.

Dieu n'est donc pas seulement un lieu d'hébergement pour des contenus de savoir, mais un sujet dont l'acte est le savoir total de ces contenus. La solidarité entre un sujet et les vérités est tout aussi étroite chez Leibniz que chez Descartes. Mais elle est d'une autre nature. Le discours cartésien implique en effet un sujet qui n'est pas en rapport avec des vérités, puisqu'il les fait surgir de rien. Double absurdité selon Leibniz, puisque, sans fondement, les vérités ne sont qu'arbitraires, et non pas vraies. Dire que Dieu les fonde comme vraies n'est admissible que si Dieu est *déjà* défini comme un lieu de vérité, ce que fait Leibniz en appelant *région* des vérités éternelles l'entendement de Dieu. En refusant que les vérités soient purement subjectives, Leibniz ne nie pas qu'il faille à ces vérités un sujet activement pensant. Il refuse seulement de séparer ce sujet de l'objectivité du pensable. Le pensé et le penseur sont indissociables. La substance de toute chose est alors en même temps sujet, ce que Hegel mit au crédit de Leibniz, mais en reconnaissant cet acquis leibnizien dans les monades créées plutôt que

1. *Théodicée*, II, § 192, GPVI, 230 : « toute idée distincte est par là même conforme avec son objet ; et il n'y en a que de distinctes en Dieu : outre que d'abord l'objet n'existe nulle part, et quand il existera, il sera formé sur cette idée. <...> Tous les raisonnemens sont eminemment en Dieu, et ils gardent un ordre entre eux dans son entendement, aussi bien que dans le nostre ; mais chez lui, ce n'est qu'un ordre et une priorité de nature, au lieu que chez nous il y a une priorité de temps. Il ne faut donc point s'étonner, que celuy qui penetre toutes les choses tout d'un coup, doit tousjours rencontrer du premier coup ; et on ne doit pas dire qu'aucune connoissance le dirige. Au contraire, c'est parce que sa connoissance est parfaite, que ses actions volontaires le sont aussi ».

pour l'Absolu [1]. C'est ainsi que Leibniz se démarque radicalement de Spinoza.

Dieu n'est pas seulement la Rationalité de toutes choses : il garantit pour les créatures humaines l'assurance que la science recherchée est *déjà là*, non seulement déposée en quelque sorte en un lieu de vérité, mais plutôt déjà pensée activement par celui qui la trame de tout temps. A ce titre, Dieu est garant de la consistance de l'être, puisque sans son acte, il n'y aurait rien de réel, non seulement eu égard à l'existant, mais encore quant aux possibilités elles-mêmes, qui tiennent leur être-concevable de son acte pensant. C'est donc un sujet, et non une simple instance, qui garantit un savoir dans lequel le matériau notionnel et la forme ne sont pas dissociables, et que nous approchons avec nos moyens finis, en distinguant les contenus significatifs et les formes. Seul un sujet peut ainsi se porter garant du *sens* de l'univers existant, soutenu par les vérités éternelles. Leibniz reconnaît bien mal sur ce point sa dette à l'égard de l'apport cartésien. Car, loin de rejeter Descartes parce qu'il mènerait à Spinoza, il fait ici profit des deux grandes philosophies en essayant de les conjoindre : seul un sujet peut être un réel garant, et en même temps il faut une objectivité du Rationnel. *Il faut donc remanier la notion de sujet.*

Autrement dit : il faut un sujet, mais le sujet ne peut être pure forme, il doit avoir un contenu déterminé, qui ait de la réalité. La séparation de la forme et du contenu ne correspond qu'à notre finitude, et c'est le tort des tenants de la potentialité réelle que d'imaginer une puissance séparée de ce qu'elle peut.

La notion de toute-puissance sans règles correspond donc à la représentation mutilée propre à un être fini. Elle n'a pas de sens en Dieu, dont la puissance s'exprime intégralement dans l'acte. Pouvoir faire, puissance d'agir, la puissance infinie est la puissance d'un acte supérieur à tout ce qu'on peut concevoir, tandis que l'acte de tout produire indifféremment est un acte inférieur et autodestructeur. L'acte d'un sujet vaut donc mieux qu'une nature productrice. Et la puissance de ce sujet est nécessairement la plus grande puissance.

3.2.2 : Une puissance indifférente, non rapportée à un sujet, aurait produit tout le concevable. Elle n'aurait donc pas créé, et en serait restée aux possibilités. Elle n'aurait pas fait la différence entre l'exis-

1. Hegel, *Science de la Logique*, trad. Jankelevitch, 1969, t. III, pp. 191-196, Note : La philosophie spinoziste et la philosophie leibnizéenne.

tence des essences, et l'existence des substances [1]. Elle n'aurait produit aucune discontinuité, franchi aucun seuil, fait aucune démarcation. Elle n'aurait pas été de l'ordre de l'*acte*. Car si Dieu est chez Leibniz le sujet du *logique*, c'est précisément parce que Dieu n'en est pas resté là, qu'il a été au-delà de lui-même, qu'il a créé en harmonie avec le caractère infini de sa puissance, qu'il a généreusement fait advenir du nouveau au lieu de rester en lui-même. Il est sorti de l'infini pour faire advenir autre chose que lui. Dieu est sujet parce qu'il crée : à partir de cet aboutissement de l'acte, nous pouvons poser Dieu comme sujet du logique lui-même, et pas seulement comme espace des possibilités.

Il y a un sujet parce qu'il y a de l'acte. C'est ainsi que Leibniz interprète l'axiome *actiones sunt suppositorum*. On peut remonter de l'acte créateur à l'acte d'organisation des possibles *en vue* de la création. C'est pourquoi on peut parler d'existentiable. Leibniz a donc très bien vu comme Descartes, et sans doute à sa suite, la dépendance de toute chose et de toute vérité à Dieu comme sujet. Il n'a pas voulu comprendre cette dépendance à un acte, comme celle d'esclaves qui peuvent *tout* attendre et *tout* craindre. Il fallait donc que cet acte soit garanti par la vérité de Dieu lui-même, et qu'aucun vide ne puisse se glisser à travers le passage à l'existence. D'où la proportion exacte entre l'existant et la notion, mais aussi entre la puissance et l'acte. Alors même que la puissance de Dieu, nous l'avons vu plus haut, peut être conçue comme une puissance des contraires. Concilier la possibilité de faire le contraire avec l'orientation réelle vers le meilleur, soit le sans visage de la puissance des contraires avec la figure déterminée de la puissance réglée, cela contraint Leibniz à faire la différence entre agir nécessairement et agir immanquablement. Dieu ne choisit pas nécessairement de créer le meilleur des mondes possibles, mais il le choisit infailliblement tel, *une fois supposé* le projet de création. Ce qui signifie que la puissance est puissance d'un *sujet*, et non puissance anonyme.

Concevoir la puissance comme celle d'un sujet agissant et déterminé résout le problème des rapports entre entendement et volonté.

1. S'il est vrai que les essences sont chez Spinoza des réalités « physiques » actuelles, qu'elles ont une existence en tant que telles (Cf. G. Deleuze, *Spinoza et le problème de l'Expression*, Paris, 1968, p. 174), on peut dire que Spinoza utilise le terme d'existence de manière équivoque, sans distinguer clairement l'existence qui convient aux essences, de l'existence qui est le fait des substances créées. C'est bien en admettant des substances créées que Leibniz peut faire la différence entre la réalité de l'essence et l'existence des créatures. Cf. G. Huan, *Le Dieu de Spinoza*, Paris, 1914.

L'entendement est la condition de la volonté, et la volonté fait la décision qui donne son sens à l'acte organisateur de l'intelligence. On ne croit tourner en rond que si l'on oublie que la puissance est le sujet commun, et que c'est elle qui fait qu'un sujet sait, et qu'un sujet décide. Le sujet-dieu est d'abord le sujet de son acte. Ce qui exprime bien la proposition leibnizienne selon laquelle la puissance fait le sujet. La puissance du sujet doit donc se lire comme *la ville de Rome*. Dans une foncière identité.

Pour la clarté de la reconstitution humaine, on sépare l'acte d'intelligence d'une part, organisateur du logique, et l'acte de volonté, d'autre part, qui projette la création du meilleur des mondes possibles. L'acte de Dieu fait *un* de cette multiplicité d'aspects. Ressaisit comme sien le concevable, fait sien le projet de création : tout cela à travers le passage à l'acte de la création, par lequel Dieu se fait advenir comme Père et Providence, puisque sans créatures, il ne serait ni l'un ni l'autre. Dieu, en créant de l'être-autre, se fait advenir comme sujet, là où on pouvait le concevoir seulement comme être. L'infini manifeste sa puissance en se faisant sujet qui engendre d'autres sujets.

Il y a identité entre la puissance et l'*acte d'un sujet*, puisque c'est à cet acte qu'on peut imputer l'efficacité. Cette efficace propre peut se lire à tous les niveaux que nous découpons dans l'acte de Dieu, pour le reconstituer en scénario de création. Au niveau abstrait de la constitution des séries de prédicats ; de la coordination des individus possibles en univers possibles moyennant certaines règles universelles de fonctionnement ; au niveau imaginaire de la compétition entre les possibles, qui n'est jamais que la comparaison divine eu égard à un projet de création ; enfin au niveau de la décision et du don de puissance qui fait l'acte créateur. Comme il est clair que tout ceci est reconstitution humaine, faisant intervenir un ordre de succession alors qu'il s'agit de l'acte éternel de Dieu, nous ne voyons plus de raison sérieuse de parler d'une dépendance de la volonté à l'entendement, ou d'une limitation de l'acte créateur par des possibilités qui auraient leur propre logique de passage à l'existence. Les critiques adressées à la notion leibnizienne de puissance sont tributaires d'une représentation chimérique de la toute-puissance informe et potentielle ; elles ne comprennent pas que *la puissance chez Leibniz est l'acte d'un sujet*.

On peut dire que la puissance ou l'efficace de Dieu tient à ce qu'il est, à sa perfection propre ; mais sans oublier que chez Leibniz l'être est activité : c'est pourquoi l'être de Dieu réside précisément dans ce qu'il fait, soit se fait être. Dieu fait donc être les possibilités logiques qui forment un aspect de sa nature, même s'il n'en décide pas au sens de la création d'un univers extérieur à lui. On dira que chez Leibniz Dieu ne crée pas sa propre nature. Il est vrai que créer signifie *donner de la puissance*, ce qui ne peut se dire de Dieu à l'égard de soi-même. Mais si Dieu ne se crée pas, il est bien *par soi*. Leibniz n'admet pas que l'essence de Dieu et son existence soit la même chose [1]. Tenir son existence de soi, ce n'est pas la tenir de son essence conçue comme simple possibilité logique, cela ne peut être que la tenir de son acte propre, de sa puissance. La plupart des difficultés qui résultent de ces positions subtiles, viennent de ce que Leibniz rattache sa conception de la puissance, considérée comme l'acte d'un sujet, à la théorie de l'essence en acte ; et cela de façon à éviter toute gratuité, tout arbitraire, tout vide qui puisse introduire une potentialité. Mais Leibniz ne sous-estime pas pour autant le caractère fondamental de l'acte d'un sujet, sans lequel même les essences ne sauraient être pensées. Si les vérités ne dépendent pas de la volonté de Dieu comme de simples créatures, elles dépendent bien de son acte pour être des vérités, et non pas de simples relations entre contenus notionnels.

On a trop pensé Leibniz à travers la conceptualité cartésienne, qui oppose la volonté active et l'entendement réceptif. Cela crée de faux problèmes quand il s'agit de lire Leibniz, si la puissance est chez lui le sujet commun de l'intelligence et de la volonté. Ce qui donne à l'acte de Dieu comme sujet une priorité de nature, et empêche de subordonner l'intelligence à la volonté, comme de faire l'inverse, puisque toutes deux sont fondées dans leur sujet commun. Ainsi Leibniz pense-t-il éviter à la fois l'arbitraire d'une création que des vérités ne peuvent règler si elles sont elles-mêmes des créatures, et le nécessitarisme de vérités s'imposant d'elles-mêmes, sans qu'un sujet en décide. L'éternelle Raison du spinozisme est reprise dans l'acte du sujet dont le nom est Dieu, acte qui assume et affirme l'« enchaînement inviolable des vérités » [2] qu'elle est. Cet acte est le fondement de la certitude des

1. Annotations de Leibniz sur l'Ethique de Spinoza, GPI, 146. Trad. Foucher de Careil, in *Leibniz, Descartes et Spinoza*, *op. cit.*, p. 240.

J. Jalabert, dans *Le Dieu de Leibniz*, Paris, 1960, pp. 126-127, explique que Leibniz donne comme équivalentes les théories positive ou négative de l'être par soi, ou aséité. Mais il interprète en fin de compte cette aséité comme relevant d'une priorité de nature de l'essence de Dieu. Nous pensons que Leibniz n'entre pas dans ces « épines » scolastiques, parce que l'important n'est effectivement pas là. Mais dans l'acte du sujet, difficile à penser à travers l'usage habituel des concepts.

2. *Théodicée*, Discours de la conformité de la foy avec la raison, § 23, GPVI, 64.

vérités éternelles [1], comme si Dieu à titre de sujet s'adressait à ses créatures et leur garantissait ces vérités.

Subtilité, sans doute, mais qui fait le leibnizianisme, s'il est vrai que cette philosophie n'a de sens que pour avoir bien compris, peut-être trop bien, qu'il y avait dans les philosophies opposées des vérités qu'il fallait tenir ensemble. Leibniz s'y est essayé inlassablement. Sans jamais céder sur l'inséparabilité du versant objectif des vérités et du versant subjectif de la puissance agissante.

3.3 : Pour conclure

Il faut dire et soutenir à la fois : que Dieu n'est assujetti à aucune loi, et que les essences existent en tant que telles en vertu de la pensée de Dieu, dont l'acte est le fait de la puissance, sujet commun de l'entendement et de la volonté. Reprise originale du parallélisme spinoziste, qui fait droit à la notion de sujet à travers une notion de puissance héritée de Spinoza.

En conséquence : pas de puissance comme énergie indifférenciée, plastique et malléable, pliable à toutes fins ; pas de puissance contenue ou enfermée par des règles qui la cerneraient et la limiteraient. Mais une puissance qui est l'acte même du sujet-Dieu, soit la suprême puissance, indissociable de l'être infini, de ses desseins, et de sa manière d'agir. Une puissance personnifiée, subjectivée. Dont les règles expriment la manière d'agir.

La question de la dépendance de l'acte créateur à l'entendement qui présente à Dieu les possibilités est donc, selon nous, un faux problème, parce que la puissance, comme acte qui fait un sujet, est le fondement commun tant de l'acte d'intelligence que de l'acte de volonté. Le *logicisme*, ou le *panlogisme*, assez fréquemment imputé à Leibniz, est alors une caractérisation peu éclairante, puisque l'élément *logique* reçoit deux acceptions au moins : la logique de la contradiction est subordonnée à une logique immanente à l'acte de Dieu, qui enveloppe le principe du meilleur, et dans laquelle l'être et la valeur ne sont pas séparés.

En rejetant la théorie de la création des vérités éternelles, Leibniz rend la puissance non pas dépendante, mais solidaire des règles qui expriment son action : elles expriment son choix de la cohérence,

1. NE, IV, ch. XI, § 13, GPV, 429 : « on demandera en repliquant où seroient ces idées si aucun esprit n'existoit, et que deviendrait alors *le fondement reel de cette certitude* des verités éternelles ? » Souligné par nous.

plutôt que du gaspillage et de l'éparpillement qui seraient les fruits de la toute-puissance déréglée ou anarchique. Le Dieu leibnizien conforme son acte aux règles de la sagesse parce qu'il le *veut bien*. Et c'est parce qu'il veut le *bien*, autrement dit c'est pour produire le plus grand degré de puissance, que la puissance divine refuse la toute-puissance auto-destructrice. Le plus grand bien correspond chez Leibniz à la plus grande puissance.

On aurait donc tort de séparer de Dieu son entendement, ou les règles de sa sagesse. Certes, l'élément purement logique, envisagé à part de la puissance qui le met en œuvre, est région calme des lois et des essences. Mais une fois repris par la puissance d'un sujet, le *logique* est la méthode de l'existant, l'âme du concret, la manière d'agir de la puissance divine. C'est pourquoi les créatures finies sont incapables de saisir dans son détail l'ordre qui préside à l'existant dans sa complexité : elles tentent seulement de l'approcher grâce à une mathématique de l'infini, dont la logique leibnizienne est un échantillon. La logique du concret est une logique de la puissance : une stratégique des sujets. Ce sens de *logique* est trop éloigné du sens contemporain de la logique formelle, pour ne pas rendre inadéquates les appellations de logicisme, ou de panlogisme. Loin de s'objectiver dans des formes vides, cette logique est *la méthode d'un sujet agissant*, et son sens pourra paraître désuet aux modernes partisans des structures sans sujets, des textes sans auteurs, et autres machines sans *ego*. La signification de sujet agissant nous paraît en effet unifier les différentes déterminations de la notion de puissance.

Une telle signification de la puissance comme acte d'un sujet modifie donc radicalement la représentation du Dieu créateur :

— Elle éclaire l'utilisation leibnizienne, très particulière, du schéma aristotélicien du passage de la puissance à l'acte : il est utilisé dans la mesure où il met en vedette la liberté de choix du créateur.

— Elle modifie le sens de l'acte en en faisant non un accomplissement ou un mûrissement continus, mais un changement de registre, un franchissement.

— Tout en faisant droit à l'incréé pour interdire les conceptions absurdes d'une création *ex nihilo*, et d'une toute-puissance miraculeuse et indéterminée. Le soupçon que Spinoza faisait peser sur la liberté de Dieu, se transforme chez Leibniz en soupçon de la notion de toute-puissance elle-même, et en son remplacement « de facto » par celle de puissance infinie, alors que Descartes et Spinoza employaient indifféremment l'une et l'autre formule.

* * *

Mais si Leibniz préfère l'expression de puissance infinie, parce qu'elle permet de faire une place réelle à des puissances finies qui ne soient pas des *parties* d'une puissance *totale*, alors il s'agit d'étudier la place faite à ces puissances non infinies, à ces sujets prétendus réels. Quel est le rapport des créatures et du créateur ? L'imitation qui leur est dévolue leur permet-elle ce franchissement qu'est l'acte ? Peuvent-elles, à l'instar de la puissance divine, *poser* quelque chose de nouveau dans l'être, faire passer la puissance à un degré supérieur en changeant de registre, en franchissant des seuils ? Sont-elles des sujets réels ou des sujets *pour ainsi dire* ? Que penser enfin de la différence de nature entre certaines créatures et d'autres qui bénéficient de la raison : n'introduit-elle pas une discontinuité réelle, là où Leibniz pose une continuité des créatures ?

On sera tenté, là encore, d'introduire des paliers : entre la puissance infinie et les puissances finies, certes ; mais aussi entre les sujets raisonnables et les autres, qui ne peuvent guère prétendre à poser un acte quelconque. Dès lors, qu'en est-il de la puissance de ces sujets créés, si l'acte leur est refusé ? Nous examinerons les rapports entre la puissance d'une créature et la notion objective que Dieu en a, pour savoir s'il y a, dans la notion leibnizienne de puissance finie, une place pour l'acte, ou du moins pour l'imitation de l'acte créateur.

Nous pourrons ainsi *déployer* la notion de puissance finie. Il faut relier la puissance à des sujets déterminés, puisqu'une puissance est indissociable de son mode d'exercice, de sa méthode. La notion, analysée jusqu'à présent sans préciser de quel sujet il s'agit, doit se spécifier dans son déploiement effectif, qui donne à la puissance un usage ou une stratégie particulière. Nous choisirons de le faire principalement dans l'élément des esprits pour plusieurs raisons :

— d'abord, parce que la notion de puissance a souvent été examinée exclusivement dans sa traduction en langage dynamique ; cela donne un modèle à la notion, mais on reste au niveau des puissances dérivatives, des phénomènes des corps.

— ensuite, parce que la notion métaphysique de puissance primitive prend son plus grand développement chez les créatures raisonnables ; leur puissance, même finie, bénéficie d'une certaine proximité à la puissance divine qu'il faudra préciser. Toute puissance fait sans doute un sujet réel, mais chez les esprits, soit chez les créatures dont la puissance est raisonnable, elle fait des sujets non seulement réels, mais réels pour eux-mêmes. Ces sujets peuvent se représenter toutes les substances, et, de plus, leur lien à la Cause divine.

La situation des esprits, plus compliquée que celle des autres substances, donne occasion à la puissance d'un déploiement plus large.

— enfin, parce que déterminer la notion de puissance dans l'élément des esprits, c'est mettre en lumière une notion de sujet inédite, qui est encore à promouvoir, ou, comme disait Leibniz, à mettre dans un plus grand jour. Notion de sujet inédite parce que la tradition cartésienne a mis en avant un sujet indéterminé, doué de libre-arbitre, et que l'imaginaire commun ne peut, dirait-on, s'en représenter un autre. Leibniz oppose à cette notion mystérieuse une notion plus cohérente, celle d'un sujet *de ses œuvres*, qui n'est rien au-delà ou en-deçà de ses opérations.

CHAPITRE II

EXISTENCE ET SUJET
(Discours moral)

> « C'est en cela qu'il s'humanise, qu'il veut bien souffrir des anthropologies, et qu'il entre en société avec nous, comme un Prince avec ses sujets ».
>
> *Discours de Métaphysique*

Déployons à présent la notion de puissance finie en précisant les sujets qu'elle concerne, s'il est vrai que la puissance fait toujours un sujet individuel, qui se différencie des autres par sa stratégie singulière. Quelle place fait le système leibnizien à des puissances finies, c'est-à-dire qui soient *autres* que la puissance infinie de Dieu et non pas des parties d'une puissance unique et totale ?

Lorsque Leibniz emploie, sans réserve ni connotation péjorative, l'expression de *toute-puissance*, il lui donne comme sens celui de la dépendance de toutes les créatures à Dieu [1], quand Dieu est au contraire indépendant de tout autre être. En quoi consiste cette dépendance ? Est-elle compatible avec la notion de puissance, même finie ? Il s'agit de préciser ce que peuvent des êtres ontologiquement dépendants, de savoir si leur puissance peut être réellement distinguée de celle de Dieu.

Pour ne pas être une partie de la puissance de Dieu, il faut qu'une puissance créée soit une active imitation de la puissance divine, un miroir qui lui réponde. De quel *acte* sont alors susceptibles les puissances créées, acte qui puisse imiter l'acte créateur, et quelles sont les modalités de leur opération, soit en quoi consiste leur puissance, ou comment elle *répond* à celle de Dieu, telles sont les questions à poser.

1. *Théodicée*, Causa Dei (4), GPVI, 439 : « Omnipotentia complectitur tum Dei Independentiam ab aliis, Cum omnium Dependentiam ab ipso ».

La question de savoir ce que peuvent les créatures, quelle est leur puissance, particulière ou singulière selon qu'on les considère en tant qu'exemplaires d'une espèce ou en tant qu'individus, est d'abord un problème métaphysique, avant d'être une question existentielle.

Sans puissance propre, en effet, les créatures resteraient au sein de Dieu. Il n'y aurait pas de création. Leibniz n'aurait pas fait la différence voulue avec le spinozisme. Si les créatures au contraire étaient douées de libre-arbitre, à l'image du Dieu cartésien, elles seraient autant de petits despotes imprévisibles, et il n'y aurait aucun ordre dans l'univers. A moins de procéder précisément comme Descartes, de faire rentrer les créatures au sein d'un univers mécaniquement ordonné, et d'en excepter les seules créatures pensantes. Mais alors, il n'y aurait de sujets que pensants. Et l'on devrait admettre une notion de puissance miraculeuse et incompréhensible.

Pour Leibniz qui refuse toute exception à l'ordre général, il s'agit de produire une notion claire compatible avec la dépendance ontologique des créatures, sans revenir à la notion de puissance infinie. La marge de manœuvre est étroite. La spontanéité des puissances finies, qui engendre les évènements décrits de tout temps par les prédicats des notions, fait-elle en effet autre chose que de représenter sur la scène de l'univers ce qui est éternellement présent à la pensée de Dieu ? Soit ce que Dieu se représente à lui-même ? Qu'est-ce qui nous permet, alors, de dire que les créatures *sortent* effectivement de la puissance divine ?

Pour éviter de retourner au spinozisme par des voies plus sinueuses, Leibniz doit distinguer les cas des substances brutes et des substances raisonnables, sans pour autant retomber dans le dualisme cartésien. Notre examen des rapports entre le créateur et les créatures eu égard à leur puissance, sera ainsi l'occasion d'étudier la manière dont Leibniz « négocie » un trajet susceptible d'éviter tous ces écueils.

Comment il produit de ce fait des problèmes nouveaux, comme la nécessité de concilier la continuité substantielle avec le recours à deux discours, le discours métaphysique qui concerne toutes les substances et le discours moral qui ne concerne que les créatures raisonnables.

Comment il produit aussi des notions nouvelles, comme celle de *sujet* individuel, irréductible à la notion cartésienne.

Problèmes nouveaux, notions nouvelles, nous les aborderons à travers l'examen du mode d'opération des puissances finies. Et tout d'abord ce qui est commun à toutes, et fait la continuité des substances créées : ce qui est en elles *nature*, sur quoi peut s'élever le règne de la Grâce. En ressort un premier sens de la puissance finie, le moins original sans doute, puisque Leibniz ne s'y écarte guère de ce qu'il appelle souvent « l'opinion du genre humain » : la puissance est la source des moyens dont dispose un sujet pour effectuer ses actions. Mais d'une part, nous verrons que Leibniz interprète ce sens courant de manière originale, puisque la puissance est aussi *stratégie d'usage* et pas seulement *ensemble de moyens* d'action. D'autre part, ce sens, le plus courant et le plus traditionnel, rend possible un second sens, réservé aux créatures raisonnables, qui les place dans un état de droit et donne à la notion de puissance des connotations juridique et morale.

SECTION 1 :

LA SPONTANÉITÉ, RESSOURCES ET STRATÉGIE

Examinons d'abord le premier sens, qui est commun à toutes les substances, et sur lequel s'étaye le second sens, réservé aux substances raisonnables. C'est un sens plein : il ne peut apparaître comme abstrait que si l'on considère les créatures intelligentes chez lesquelles il ne constitue qu'un aspect, solidaire d'un point de vue : le point de vue métaphysique.

La notion métaphysique de substance individuelle enferme que les actions d'une créature découlent de son propre « fonds », soit de sa puissance ou nature, et non de contraintes extérieures : cela définit la *spontanéité* des individus créés, d'où dérivent les phénomènes de chacun [1]. Une spontanéité exacte « nous est commune avec toutes les substances simples » [2]. Il faut décrire cette puissance comme nature productrice d'effets déterminés, pour saisir à quel point ce premier sens aurait été insuffisant pour faire sortir Leibniz de l'ornière spinoziste. Les sujets créés, à en rester là, ne seront que des « sujets pour ainsi dire », dont les actions ont Dieu pour sujet réel. Il faut donc faire ressortir, sur ce fonds commun, le supplément de ressources qui permet à certaines créatures un usage spécifique de leurs ressources spontanées. Toute puissance est spontanément orientée, mais les puissances pourvues de raison ont un type d'orientation qui leur permet une stratégie individuelle complexe.

L'agir des substances raisonnables peut pourtant se lire dans la continuité substantielle. Mais un autre discours est possible sur leur puissance, qui la situe dans sa position par rapport aux vérités éter-

1. *Id.*, III, 290, GPVI, 289 : « Pour ce qui est de la spontaneité, elle nous appartient entant que nous avons en nous le principe de nos actions, comme Aristote l'a fort bien compris ».

2. *Id.*, III, 291.

nelles : c'est là que nous pointerons la *position de sujet,* qui inaugure effectivement de l'altérité ; elle permet de parler d'une autre puissance, et ainsi de sortir de la puissance divine.

1.1 : Percevoir, vouloir, penser

La création a doué de puissance des notions impuissantes à faire exister leur contenu. Elle a ainsi suscité les sujets de ces notions, les a fait passer de la possibilité à l'existence. Ils peuvent mettre en acte ce qui est décrit de tout temps par les prédicats de la notion, maintenant devenue puissance d'agir. Les sujets advenus font passer à l'état développé ce qui est en eux enveloppé, ce qui est en leur puissance, et qui, dans la notion était simple *être* concevable.

La puissance finie ne peut en aucun cas être un capital d'actions quelconques, une énergie indifférenciée utilisable à toutes fins. La puissance finie est la loi de l'agir de ces sujets, loi qui enveloppe toutes leurs actions dans un ordre de succession – puisque chaque action découle de l'état précédent de la substance – comme la notion contient tous les prédicats *sub specie aeternitatis.* Les créatures ne peuvent agir autrement que selon leur puissance, qui est la loi de leur être. Il n'y a là rien que de très sensé, le lion ne pouvant être que lion, et agir en lion, si la nature est bien ordonnée. Mais il faudra chercher en quoi Leibniz peut prétendre ici se démarquer de Spinoza. Ce qui oblige à être plus précis, et à expliquer *comment* la substance met en acte le contenu de la notion.

Les créatures ont été appelées à l'existence, non comme sujets quelconques, mais comme sujets possibles des séries de prédicats appelées « notions ». Le commandement divin a créé ces sujets en marquant les notions, en leur laissant une empreinte : la force d'agir ou puissance, expression en elles de l'impératif, de ce fait naturellement orientée. Or ces notions qui représentent à Dieu des substances possibles correspondent à des « points de vue » singuliers et irréductibles. Les sujets qui naissent de l'appel à l'existence vont donc s'orienter spontanément vers ce qui leur paraît bon selon ce point de vue ; soit le développement de leur état présent. Et le bien du lion ne sera pas le bien du cheval. L'appel à l'existence est donc une sorte d'aimantation qui fait la puissance : appel à faire ce qu'on trouve bon, selon ce point de vue qui définit chacun. Toute substance s'oriente ainsi spontanément vers ce qui lui plaît le plus.

Les substances créées mettent donc en évidence des points de vue de Dieu en développant ce que ceux-ci impliquent, en faisant progresser ce qu'elles trouvent en elles. Ce progrès spontané fait le bien-être des créatures : Dieu, en créant, a comme établi un univers gouverné par une loi de plaisir, chaque être faisant toujours ce qui lui plaît le plus, étant donnée cette *nature*, ou *point de vue*, qui fait son être. En ce sens, il est difficile de faire des puissances finies des parties de la puissance infinie, puique celle-ci, affranchie de tout point de vue, s'oriente non vers ce qui lui semble bon, mais vers le véritablement meilleur. La puissance finie semble bien une imitation de la puissance infinie, qui vise plus ou moins clairement le bien-être, plutôt que le bien. Elle ressemble plutôt au désir chez Aristote qu'à une bonne volonté de type kantien. Le mouvement spontané des êtres vivants est en effet chez Aristote désir, soit une sorte d'acte (*énergéïa*) [1].

Mais il n'est pas encore clair que la dépendance ontologique de chaque créature à Dieu permette de parler de puissance autrement que de manière métaphorique, car cette puissance peut être comprise comme une dégradation de la puissance infinie, du fait qu'elle est limitée à un point de vue borné. Chaque puissance serait alors un éclat obscur tombé de la fulguration divine. Et chaque substance faite par cette puissance ne pourrait que s'orienter obscurément vers ce qui lui paraît bon. Marque d'infirmité. C'est pourquoi seule la puissance des sujets raisonnables pourrait faire des sujets réels, et donc une puissance réellement autre. Pour saisir la nécessité de cette élaboration leibnizienne, il faut considérer la nature commune des substances créées.

Qu'est-ce qui fait qu'une créature, ver de terre ou génie, trouve bon quelque chose ? On doit répondre par la puissance ou nature de cette substance. Sa puissance ou activité continuelle fait d'elle un point de vue actif, ce que Leibniz appelle un « miroir actif » [2], un être percevant. La loi des actions d'une substance est la loi de ses perceptions, qui correspondent à ce point de vue, et donnent un contenu à la notion de point de vue. La puissance ou force d'agir d'un individu est d'abord une suite d'actes perceptifs caractérisant son point de vue. Actes, parce que les perceptions sont des efforts, des passages à un degré supérieur de distinction ; et actes aussi parce que, exprimant le multiple de

1. Aristote, *De l'Ame*, III, 10, 433 b 17-18, BL, Paris, 1980, p. 92 : « καὶ ἡ ὄρεξις κίνησίς τίς ἐστιν ἢ ἐνέργεια », et plus loin : « ᾗ ὀρεκτικὸν τὸ ζῷον, ταύτῃ αὑτοῦ κινητικόν » (433 b 27-28).

2. PNG, (3), GPVI, 599 : « chaque monade est un Miroir vivant, ou doué d'action interne, représentatif de l'univers, suivant son point de veue, et aussi reglé que l'univers luy même ».

l'univers dans l'unité d'un point de vue, les perceptions sont des synthèses actives [1].

La perception est donc le mode d'agir de la puissance créée, ce qui fait *un* être d'une multiplicité. L'activité de la puissance est essentiellement une activité perceptive ou représentative. Cette activité est un progrès spontané, ce qui se traduit par un effort continuel vers un mieux-être [2]. La puissance, toujours perceptive, est donc à la fois « fonds » inné et stratégie spontanée de développement. La perception de la substance est déploiement de ce qu'elle contient en elle, comme un éventail qui se déplierait progressivement, par impulsions successives [3]. C'est dire en même temps que la perception n'est pas muette représentation, mais effort vers le développement, qu'elle est appétition. Perception et appétition sont les deux versants d'une *même réalité active* qui travaille au développement au cœur de toute substance : la puissance. La puissance est également représentative, appétitive ou désirante. C'est ce qui fait son orientation naturelle. Les perceptions d'une créature sont aussi bien de petites « impulsions », qui trament sa spontanéité heureuse, tissent sa vitalité, soutiennent sa volonté de progrès [4] lorsque le sujet s'aperçoit de son propre mouvement. Comme si la substance, tel un nourrisson au berceau, hallucinait [5] ce qui correspond à un état meilleur, à un degré supérieur de sa puissance : l'âme, ou ce qui en tient lieu dans les simples monades, produit des mouvements internes vers le bien-être, vers des représentations plus plaisantes.

La théorie leibnizienne de la perception, comme activité à la fois représentative et appétitive, nous met sur la piste du « fonds » inné, de la spontanéité, qui produit toutes les actions comme autant de manières d'être de cette activité fondamentale. C'est pourquoi s'orienter, cher-

1. *Monadologie,* § 14, GPVII, 608 : « L'état passager qui enveloppe et représente une multitude dans l'unité, ou dans la substance simple, n'est autre chose que ce qu'on appelle la *Perception* ». Souligné dans le texte.

2. NE, II, ch. XXI, § 36, GPV, 174 : « nous ne sommes jamais sans quelque action et mouvement, qui ne vient que de ce que la nature travaille tousjours à se mettre mieux à son aise ».

3. Depuis l'écriture de la thèse qui est à l'origine de cet ouvrage, G. Deleuze a fait du « pli » leibnizien un véritable concept, et évoqué cette image d'un éventail.

4. NE, II, ch. XXI, § 5, GPV, 158 : « la *Volition* est l'effort ou la tendance (*conatus*) vers ce qu'on trouve bon et contre ce qu'on trouve mauvais, ensorte que cette tendance resulte immediatement de l'apperception qu'on en a ». Souligné dans le texte.

5. On pourrait ici faire un rapprochement avec les spéculations freudiennes de l'*Esquisse d'une psychologie scientifique*. Voir S. Freud, *La naissance de la psychanalyse,* trad. fr. A. Berman, Paris, 1956.

cher, désirer, vouloir, et même penser, sont à concevoir comme des activités dérivées de l'activité perceptive fondamentale. Pour le comprendre, il faut approfondir la théorie de la perception, ce que fait Leibniz avec sa théorie des perceptions insensibles. Bien connue, elle est parfois comprise de manière partielle, comme si elle donnait la théorie du seul psychisme humain. Elle convient au contraire à toutes les substances, et constitue le fond de chacune.

Comme série des actes perceptifs correspondant à un point de vue singulier sur l'univers entier, la puissance représente plus ou moins distinctement toutes les actions qui ont lieu et font l'univers. C'est pourquoi elle produit constamment des perceptions insensibles, actes embryonnaires, petites impulsions, petites secousses, petits échos, de tous les événements du monde. La théorie des perceptions insensibles convient à toutes les créatures :

– parce que les perceptions ne peuvent être toutes claires et distinctes, sinon elles formeraient un savoir total, affranchi de tout point de vue, qui définit précisément l'omniscience de Dieu.

– parce qu'il n'y a de perceptions claires que faites de perceptions insensibles, qui sont comme les infinitésimales dont elles sont les intégrales.

– parce qu'il n'y a de passage d'une perception à une autre, soit d'appétition, que grâce à ces multitudes de petites impulsions qui travaillent au progrès et au mieux-être de la substance. Les petites perceptions sont les composantes inassignables de la tendance.

La perception, activité spontanée de toute créature, et s'exerçant continuellement, doit être la plupart du temps insensible : c'est ainsi qu'elle forme le « fonds » d'où proviennent toutes les inclinations des substances [1].

Les actions d'une substance dérivent de sa puissance en tant que la puissance est la synthèse et la source des actes perceptifs. Et quand on ne peut trouver la raison de ce qui fait agir dans un sens plutôt que dans un autre, il faut en appeler aux perceptions insensibles [2].

C'est dire que les actions humaines ne proviennent pas d'un « fonds » différent en nature de celui des autres substances. La théorie des perceptions insensibles est là pour nous rappeler cette nature

1. *A Rémond*, 4 Novembre 1715, GPIII, 657 : « c'est dans les perceptions insensibles que se trouve la raison de ce qui se passe en nous, comme la raison de ce qui se passe dans les corps sensibles, consiste dans les mouvemens insensibles ».

2. NE, II, ch. XXI, § 29, GPV, 169 : « C'est souvent une perception insensible qu'on ne sauroit distinguer ny demêler qui nous fait pancher plustost d'un costé que de l'autre, sans qu'on puisse en rendre raison ».

spontanée qui nous est *commune* avec toutes les substances simples. La même théorie des perceptions insensibles sert à définir l'identité individuelle objective de toutes les substances, indépendamment de la conscience qu'elles peuvent en avoir. Ici nous mettons l'accent sur la *continuité métaphysique des substances* que cette théorie assure. La perception insensible est à la puissance, en langage pneumatique, ce que le *conatus* est à la force dérivative en langage dynamique. Un réquisit du changement interne.

La théorie des perceptions insensibles explique pourquoi la perception est en même temps appétition, passage à une autre perception plus satisfaisante ; elle explique pourquoi le désir et la volonté ne sont que des suites plus élaborées de la perception qui déjà se dirige vers un *plus*. Comme la puissance est activité continuelle, il lui faut, comme au mouvement matériel, des transitions insensibles que seule notre infirmité peut méconnaître. C'est une thèse métaphysique sur l'activité de l'être qui réclame cette théorie, plus que l'expérience [1]. La perception insensible est une notion corollaire de la notion de puissance : elle en explicite la trajectoire. La puissance finie se monnaie en petites perceptions, virtualités qui amorcent les actions de chaque substance, sollicitations qui inclinent et font ses penchants ou ses dispositions. La puissance finie est donc ressource active qui entraîne, mobilise le sujet, et le pousse à un degré supplémentaire de bien-être.

Les perceptions insensibles recèlent les effets de l'univers entier sur une substance ; elles marquent chacune de son accord congénital avec toutes les autres ; elles sont l'écho de tous les autres individus, répercuté d'une manière unique, selon ce point de vue qui fait une substance [2].

Impression de l'infini sous un point de vue déterminé, le tempérament de chaque substance, ou son orientation propre vers un meilleur état perceptif, sont quelque chose d'insaisissable autrement que grâce à un entendement infini [3]. C'est pourquoi toutes les substances s'ache-

1. *Id.*, Préface, GPV, 16 : « Mais quand l'experience ne le confirmeroit pas, je crois qu'il y en a demonstration. C'est à peu près comme on ne sçauroit prouver absolument par les experiences, s'il n'y a point de vuide dans l'espace, et s'il n'y a point de repos dans la matiere ».

2. *Id.*, p. 48 : « Ce sont elles qui forment <...> ces impressions que des corps environnans font sur nous, qui enveloppent l'infini, cette liaison que chaque estre a avec tout le reste de l'univers ».

3. *Id* : « Dans la moindre des substances, des yeux aussi perçans que ceux de Dieu pourroient lire toute la suite des choses de l'univers ». Cf. aussi *Théodicée*, III, § 403, GPVI, 357 : « mais il est impossible que l'ame puisse connoître distinctement toute sa nature, et s'appercevoir comment ce nombre innombrable de

minent plus ou moins instinctivement vers leur mieux-être. Ce en quoi elles diffèrent, c'est par la clarté de leurs représentations de ce qui leur plaît.

A ce titre d'activité représentative ou appétitive, il y a des différences de degré entre les substances, mais pas de discontinuité. Car percevoir est l'activité essentielle de toute substance, qui correspond à l'activité constante de la puissance primitive, tandis que la « puissance d'apercevoir et de penser » n'est, elle, qu'une manière d'être de l'activité fondamentale, soit une puissance dérivative. Percevoir n'est pas une activité parmi d'autres. C'est l'opération de toute puissance finie, indissociable du sujet : il n'est de perception que d'un sujet, et il n'est de sujet que percevant. On peut dire qu'une puissance créée est une représentation de l'univers, en même temps qu'une tendance à développer ce qui est impliqué dans cette représentation. Il y a un statut métaphysique commun à toutes les perceptions. Il n'empêche pas les variations, qui obéissent au principe de continuité. La puissance d'apercevoir et de penser, qui spécifie l'activité percevante essentielle, ne rompt donc pas la continuité.

Le principe de continuité a plusieurs acceptions chez Leibniz [1]. Au nom de la continuité des existences actuelles, on peut affirmer que dans la série progressive des statuts perceptifs, toutes les places sont occupées. On peut toutefois distinguer grossièrement trois cas :

— le cas des substances brutes, dont la puissance n'est qu'analogue à une âme, et va vers le mieux-être comme le tournesol se tourne obscurément vers la lumière.

— celui des créatures dont la puissance est une âme qui ressent certains états perceptifs comme bons ou mauvais, et se dirige d'après ces sentiments. Lorsque les impressions sont vives, la créature peut même s'apercevoir de l'événement, et pas seulement le percevoir [2].

— enfin le cas particulier des êtres dont la puissance est âme pourvue de raison : ils ont *de quoi* s'apercevoir de leur mouvement spontané, ce qui signifie qu'ils s'en aperçoivent virtuellement, qu'ils

petites perceptions, entassées ou plustost concentrées ensemble, s'y forme : il faudroit pour cela qu'elle connût parfaitement tout l'univers qui y est enveloppé, c'est à dire qu'elle fût un Dieu ».

1. Cf. B. Russel, *La philosophie de Leibniz, Exposé critique*, Trad. J. Ray et R. Ray, Paris, 1908, réimp. Londres, 1970, p. 71.

2. NE, II, ch. XXI, § 5, GPV, 159 : « le sanglier s'apperçoit d'une personne qui luy crie et va droit à cette personne, dont il n'avoit eu déjà auparavant qu'une perception nue, mais confuse ». Pour une discussion détaillée de la question de l'aperception chez les bêtes, voir M. Kulstad, *Leibniz on Apperception, Consciousness and Reflection*, Analytica, München, Hamden, Wien, 1991.

ont toujours un commencement d'aperception, sans pour autant que cette aperception soit développée clairement. C'est pourquoi, dans les trois quarts de nos actions, nous agissons comme des êtres animés non pourvus de raison.

Nous éclairerons plus loin en quoi consistent ces moyens ou ressources naturelles qui font la raison, car nous voulons d'abord insister sur la continuité des perceptions des substances.

Les perceptions s'échelonnent entre une représentation minimale à peine différenciée, comme celle que nous devons avoir lors d'un profond sommeil sans songes, presqu'analogue à la représentation qu'un lac fait du paysage environnant, (soit celle d'un miroir presque inactif), à un maximum de clarté et d'organisation, volontaire ou non [1]. Les substances diffèrent entre elles par le degré de clarté qu'elles peuvent atteindre dans leur perception. Ou, ce qui revient au même, par l'étendue de leur gamme perceptive. Les êtres raisonnables, en effet, peuvent être dans l'état de quasi-évanouissement des simples monades, et, la plupart du temps, se fient, comme des animaux, à leurs impressions présentes et aux associations de perceptions qu'elles fondent [2]. C'est dire que les simples monades n'ont qu'un seul degré de perception, tandis que les êtres raisonnables ont toute la gamme des perceptions possibles, c'est-à-dire compatibles avec leur point de vue, qui comporte toujours et nécessairement une part d'obscurité.

Toute perception, même la plus obscure, est déjà *effort* orienté, et c'est sur ce fond de tendance que prennent formes toutes les figures de l'appétit ou de la pensée. Mieux : cet effort se prolonge dans de telles figures, qui s'enracinent en lui.

La perception n'est jamais nue, elle est toujours début d'appétit, et produit incessamment des mouvements indistincts qui parfois deviennent plus nets, prenant chez la créature raisonnable qui s'en aperçoit la forme d'humeurs, d'appétits, de songes flous, de rêves articulés, voire

1. Car « bien souvent on ne pense pas distinctement à ce que l'on fait en raisonnant, non plus qu'à ce qu'on fait en marchant et en sautant » (NE, I, ch.I, § 19, GPV, 69). Sans parler des « merveilles des songes, où nous inventons sans peine (mais aussi *sans en avoir la volonté*) des choses auxquelles il faudroit penser longtemps pour les trouver quand on veille <...> ». (PNG, § 14, GPVI, 604.) Souligné par nous.

2. PNG, (5), GPVI, 600 : « C'est ainsi, qu'un chien fuit le bâton, dont il a été frappé, parce que la memoire luy représente la douleur, que ce bâton luy a causée. Et les hommes en tant qu'ils sont empiriques, c'est à dire dans les trois quarts de leurs actions, n'agissent que comme des bêtes ».

de pensées. Leibniz reprend un des sens cartésiens de la pensée, qui désigne toute activité de l'âme. En prenant au sérieux comme Spinoza le caractère actif de cette âme et, partant, de la pensée qui en est la modalité, ou la manière d'être. Percevoir, c'est en ce sens déjà penser, et c'est en même temps agir, changer de perception, développer son état présent, le déployer vers une plus grande lumière, un plus grand plaisir.

Les monades brutes, avec leurs représentations grossières, et leurs mouvements embryonnaires, sont semblables aux virtualités dans l'âme des êtres animés supérieurs, chez qui les représentations peuvent être des sentiments clairs, voire des intentions. Chez la créature raisonnable elle-même, la volonté découle de ce qu'on trouve bon spontanément, avant toute réflexion [1]. Nous sommes orientés par ces petites impulsions qui, dans la monade brute, ne débouchent pas sur autre chose. Autrement dit, les perceptions claires sont comme l'aboutissement des perceptions obscures, et cette clarté (relative) produit la décision volontaire, quand nous savons ce que nous voulons.

Les perceptions insensibles sont le concept explicatif d'une volonté fondée sur cette puissance. C'est l'action de la puissance qui explique la volonté, non la volonté comme faculté qui utiliserait la puissance comme moyen de réalisation. Nous sommes loin de la conception critiquée par Spinoza quand il parlait de ces facultés ou « autres semblables » qui ne sont que « de pures fictions » ou alors ne « sont rien que des Etres Métaphysiques, c'est-à-dire des universaux » [2].

Leibniz a perfectionné la conception spinoziste de la puissance, en expliquant le *conatus* grâce à l'analogie entre la petite perception et

1. NE, II, ch. XXI, § 39, GPV, 178 : « Plusieurs perceptions et inclinations concourent à la volition parfaite, qui est le resultat de leur conflit. Il y en a d'imperceptibles à part, dont l'amas fait une inquietude, qui nous pousse sans qu'on en voye le sujet ; il y en a plusieurs jointes ensembles, qui portent à quelque objet, ou qui en éloignent, et alors c'est desir ou crainte, accompagné aussi d'une inquietude, mais qui ne va pas tousjours jusqu'au plaisir ou deplaisir. Enfin il y a des impulsions, accompagnées effectivement de plaisir et de douleur, et toutes ces perceptions sont ou des sensations nouvelles ou des imaginations restées de quelque sensation passée (accompagnées ou non accompagnées du souvenir) (...) Et de toutes ces impulsions resulte enfin l'effort *prevalant* qui fait la Volonté pleine. (...) Ainsi il est aisé de juger que la volition ne saura gueres subsister sans desir et sans *fuite* ; car c'est ainsi que je crois qu'on pourroit appeller l'opposé du desir ». Souligné dans le texte.

2. Spinoza, *Ethique* II, Prop. XLVIII, Scolie, AP, pp. 220-221 : « Il n'y a dans l'âme aucune volonté absolue ou libre ; mais l'âme est déterminée à vouloir ceci ou cela par une cause qui est aussi déterminée par une autre, et cette autre l'est à son tour par une autre, et ainsi de suite ».

l'infinitésimale. Dans les deux conceptions, nous trouvons une auto-organisation spontanée des êtres finis, qui tendent à progresser dans leur être propre. La direction prise par les appétits est le résultat de cette activité continuelle. Avec sa théorie des perceptions insensibles, Leibniz a monnayé la thèse spinoziste selon laquelle

> nous ne nous efforçons à rien, ne voulons, n'appétons ni ne désirons aucune chose, parce que nous la jugeons bonne ; mais au contraire, nous jugeons qu'une chose est bonne parce que nous nous efforçons vers elle, la voulons, appétons et désirons[1] .

Il est clair, en effet, que l'orientation perceptive, en tant qu'elle concerne toutes les substances, ne peut être le fruit d'un jugement, mais que c'est bien au contraire le jugement des êtres raisonnables qui sera porté et conduit par ce mouvement spontané vers un mieux-être.

Mais que devient alors l'autonomie des puissances créées par rapport à la puissance divine, si elles produisent leurs perceptions et appétitions avec la même spontanéité que celle de la productivité divine dans le spinozisme, si leur activité se fait selon le modèle de la *phusis* ?

* * *

On pourrait refuser une telle question avec son objection sous-entendue en arguant qu'elle fait bon marché de la raison humaine : lors même que nous raisonnons sans y penser, nous n'en jugeons pas moins de manière pré-réflexive de ce qui est bon. L'objection qui pointerait chez Leibniz un spinozisme, ou du moins une parenté avec le spinozisme, ne serait alors valable que pour les créatures non raisonnables. Mais le sujet est-il plus pour quelque chose dans ses productions quand elles sont accompagnées de raison que quand elles en sont dépourvues ? Il est permis d'en douter. Qu'en est-il de la raison ?

Posons d'abord qu'il s'agit d'une *modalité* rationnelle de la puissance chez les êtres raisonnables, non d'une faculté, conçue comme une sorte de substance ou de sujet venu se mettre au service du sujet réel. La raison nous permet de penser, de produire des idées à partir de virtualités innées. Mais il ne s'agit jamais que d'une activité perceptive particulière. La puissance primitive est production ininterrompue de mouvements vers ce qui plaît, qui sollicitent et poussent à l'action. De

1. *Id.*, III, Prop. IX, Scolie, AP, pp. 264-265 : « Constat itaque ex his omnibus, nihil nos conari, velle, appetere, neque cupere, quia id bonum esse judicamus ; sed contra, nos propterea aliquid bonum esse judicare, quia id conamur, volumus, appetimus, atque cupimus ».

là naissent les pensées involontaires et les pensées volantes qui viennent, comme les songes, sans être « appelées » [1].

Mais plus généralement nous ne formons pas nos pensées parce que nous le voulons : « elles se forment en nous, par nous, mais non pas en conséquence de notre volonté » [2] ; naturellement donc (« suivant nostre nature et celle des choses »). La puissance accompagnée de raison fait l'*automate spirituel* [3]. Les représentations humaines ne se distinguent pas des perceptions qui sont le lot commun de toutes les substances par une production rationnelle d'idées. La formation des idées est présentée comme analogue à des phénomènes naturels. Commentant le passage du *Traité pour la réforme de l'entendement* où Spinoza parle d'une âme agissant suivant des lois déterminées, Leibniz ajoute que ce n'est pas l'âme seule, mais aussi la raison qui agit comme automate spirituel[4]. La rationalité n'est que la manière d'agir de l'âme et l'on ne peut les séparer. Cette manière d'agir se fait, comme pour toute manière d'agir de la puissance, « suivant les lois du bien », soit selon la tendance au meilleur.

La raison ne fait donc pas exception dans le règne des âmes où tout se passe selon la loi des motivations, des tendances ou des désirs, qui ne sont que des variétés dans le même genre. La volonté, comme les pensées, est produite par cette activité incessante qui provient de notre *fonds*, ou contenu de la puissance individuelle. A Bayle qui voit dans cette productivité la preuve que nous ne sommes pas la cause efficiente de nos actions, Leibniz répond qu'on n'a pas besoin de savoir comment cela se fait en nous pour en être cause, et il invoque des phénomènes imputables non seulement à des substances non raisonnables, mais même à des êtres « pour ainsi dire », simples agrégats, pour les comparer à la production d'idées [5]. La puissance fait le sujet véritable, la

1. NE, II, ch. XXI, § 12, GPV, 163.

2. *Théodicée*, III, § 403, GPVI, 356 : « Et comme le foetus se forme dans l'animal, comme mille autres merveilles de la nature sont produites par un certain *instinct* que Dieu y a mis, c'est-à-dire en vertu de la *preformation divine* (...) ; il est aisé de juger de même que l'ame est un automate spirituel, encor plus admirable ; et que c'est par la préformation divine qu'elle produit ces belles idées, où nostre volonté n'a point de part, et où nostre art ne sauroit atteindre ». Souligné dans le texte.

3. *Id.*

4. < *Réfutation inédite de Spinoza* >, *op. cit.*, pp. 212-213 : « Je dis que l'âme agit, et cependant qu'elle agit comme un automate spirituel, et je soutiens que cela n'est pas moins vrai de la raison ».

5. *Théodicée*, III, 403, GPVI, 356 : « Quelle necessité y a-t-il qu'on sache tousjours comment se fait ce qu'on fait ? (...) Faut-il qu'une goutte d'huyle ou de graisse entende la Geometrie, pour s'arrondir sur la surface de l'eau ? ».

cause de nos pensées et de nos actions, sans que la volonté (qui en résulte plutôt) ait à intervenir. Le sujet est sujet agissant avant d'être sujet voulant. La puissance raisonnable agit selon le modèle de la *phusis*. La réminiscence aristotélicienne était d'ailleurs patente dans la comparaison avec l'embryon : l'art merveilleux de Dieu est sans doute dépassement de l'opposition entre *phusis* et *technè*, mais l'activité des substances humaines ressemble, elle, à la productivité naturelle, que l'art chez Aristote ne saurait qu'imiter [1].

Le discours purement métaphysique ne permet pas de rompre la continuité substantielle en arguant d'une particularité des substances raisonnables. La productivité perceptive naturelle semble en effet se prolonger purement et simplement dans la prise de décision et dans la pensée. La raison ne serait-elle qu'un degré supplémentaire de puissance ? Est-ce par cette conception quasiment naturaliste de la raison que Leibniz comptait faire la différence avec Spinoza ? Question plus importante encore : comment Leibniz pouvait-il soutenir que les créatures sont des substances réelles si elles sont le sujet de leurs actes (dont les pensées sont des espèces) à la manière dont un pommier produit des pommes ? Est-ce que, pour éviter de feindre une fausse substance, la substance pensante, qui ferait double emploi avec les sujets raisonnables, Leibniz n'a pas été contraint d'adopter, *volens nolens*, le point de vue spinoziste ? Pour faire voler en éclats le dualisme cartésien et sa thèse des animaux-machines, Leibniz n'est-il pas revenu à l'unité de la Nature, à la seule puissance de l'unique substance spinoziste ?

Nous devrons en appeler à la pratique leibnizienne de discours différents pour saisir comment la raison peut être à la fois un degré supplémentaire de puissance et de perfection, et le lieu d'un passage radical : celui de l'ordre de la Nature à l'ordre de la Grâce.

1.2 . La raison : continuité et discontinuité

Comme fonds inné qui est en même temps poussée vers le développement, la perception est l'activité constante de tout sujet, raisonnable ou non. Cette activité peut prendre chez certains le visage particulier de l'aperception et de la pensée : telles sont les créatures raisonnables. Quel est le statut de cette faculté ou « puissance d'apercevoir et de penser » qu'on appelle raison ou entendement ? Transforme-t-elle la puissance de ceux qui en sont doués ?

1. Aristote, *Physique* II, 8, 199 a 15-25, *op. cit.*, p. 77 : « Ὅλως τε ἡ τέχνη τὰ μέν ἐπιτελεῖ ἅ ἡ φύσις ἀδυνατεῖ ἀπεργάσασθαι, τὰ δὲ μιμεῖται ».

Précisons d'abord que nous ne parlons avec Leibniz de *puissance* de la raison que conformément à la coutume : en toute rigueur, seule l'âme est *puissance*, et la raison n'est pour elle qu'une modalité, une manière d'être, soit une puissance dérivative [1]. La raison correspond à la manière d'agir propre aux êtres raisonnables. Elle est une *modification* de la puissance primitive. Leibniz refuse d'en faire une substance, une âme autonome. Elle ne peut être qu'une perfection supplémentaire, qui confère à une âme sensitive une forme supérieure d'activité [2].

L'âme sensitive est ainsi élevée [3] à la raison. Elle ne perd pas pour autant sa nature première, mais acquiert la « qualité d'animal raisonnable » [4]. Dieu fait ainsi émerger certaines âmes, leur donne un relief particulier. La question est de savoir si la nature commune aux bêtes et aux créatures raisonnables est munie d'une *faculté* d'une autre nature, sans rapport avec la première, comme c'est le cas dans la conception cartésienne de la substance pensante, ou si cette *nature* est transformée par une raison qui lui donne une « attention » [5] à ce qui est en elle, qui met les substances en rapport avec leur nature agissante ou puissance. La raison est-elle, elle-même, nature ?

Leibniz, c'est clair, entend préserver la continuité métaphysique des substances en refusant le statut de substance à la puissance de penser : il en fait une sorte d'apposition à la nature animale commune. On pourrait toutefois penser que les âmes *élues* et *promues* à la dignité d'êtres raisonnables franchissent une limite, passent à un ordre plus élevé de réalité. Comme la langue mathématique, au reste, en avertit : l'âme élevée à la raison passe à une puissance supérieure [6], comme une

1. NE, II, ch. XXI, § 6, GPV, 160 : A Philalèthe qui craint qu'en disant que « l'entendement et la volonté sont deux facultés de l'Ame », on ne fasse « venir à plusieurs personnes l'idee confuse d'autant d'*agens* qui agissent distinctement en nous », Théodore refuse de s'enfoncer dans un débat de type scolastique, mais pose, en accord avec lui, que même si les facultés étaient des êtres réels, elles ne seraient pas des « agens » réels : « ce ne sont pas les facultés ou qualités qui agissent, mais les Substances par les facultés ». Souligné dans le texte.

2. Leibniz, en *Théodicée*, I, § 91, GPVI, 153, expose sa théorie, qui consiste à « donner à l'âme, déjà corrompue *physiquement* ou animalement par le péché d'Adam, une nouvelle perfection qui est la raison ».

3. PNG, § 4, GPVI, 599-600.

4. NE, III, ch. VI, § 13, GPV, 288.

5. NE, Préface, GPV, 45.

6. Leibniz emploie souvent le terme d'*élévation*, même lorsqu'il pèse les mérites respectifs des deux hypothèses que sont l'élévation de l'âme ou la transcréation. Cf. *Théodicée*, I, § 91, GPVI, 153, *au P. des Bosses*, 8 Septembre 1709, GPII, 389, *Monadologie*, § 82, GPVI, 621.

ligne devenant surface, ou un point accédant à l'état de ligne. Peut-on concilier la continuité substantielle avec une certaine discontinuité ?

Le texte de la *Monadologie* emploie deux expressions qui renvoient, l'une à la continuité, l'autre à la discontinuité :

> dès que ceux, qui sont élûs, pour ainsi dire, parviennent par une actuelle conception à la nature humaine, leur ames (*sic*) sensitives sont elevées au degré de la raison et à la prerogative des Esprits [1].

« Degré de la raison » convient à la continuité substantielle, à l'échelonnement des degrés d'activité perceptive ; en revanche, « prérogative des esprits » marque un privilège, des droits particuliers, bref indiquent un statut à part. Il faut développer chacun de ces deux aspects, en déployer le contenu, pour examiner s'ils peuvent et dans quelle mesure ils peuvent être conjugués.

1.2.1 : Le « degré » de la raison

La raison apparaît d'abord essentiellement comme une force, une puissance dérivative, irréductible aux autres figures de la tendance primitive ou puissance. Manière d'être d'une puissance essentiellement active et orientée de manière déterminée, la raison ne saurait être une « capacité de recevoir » des connaissances, une puissance passive « aussi indéterminée que celle qu'a la cire de recevoir des figures et la table rase de recevoir des lettres » [2]. Elle doit être orientée, comme la puissance dont elle dérive.

Elle est mise en œuvre du « fonds inné », « disposition » à tirer de ce fonds enseignements et connaissances, et par là source de vérités [3]. Elle est la figure précise prise par la puissance des êtres raisonnables, et non structure d'accueil ou être-en-puissance : certes la cire ne peut recevoir que des tracés, et manifeste ainsi une certaine orientation, comme le voit clairement Aristote ; mais elle peut recevoir l'un ou l'autre de ces dessins *indifféremment*. Chez Leibniz au contraire, quand un être est pourvu de raison, qu'il a un entendement ou une puissance d'apercevoir et de penser, il s'oriente spontanément vers des principes déterminés, tels que le principe de contradiction. Il les met spontanément en pratique, avant même d'y avoir pensé ou réfléchi. Les

1. *Monadologie*, § 82, GPVI, 621.
2. NE, I, ch. I, § 5, GPV, 76.
3. NE, I, ch.II, § 3, GPV, 82 : « Les *instincts* aussi ne sont pas tousjours de practique ; il y en a qui contiennent des verités de théorie, et tels sont les principes internes des sciences et du raisonnement, lorsque, sans en connoistre la raison, nous les employons par un instinct naturel ». Souligné dans le texte.

êtres raisonnables sont des êtres qui raisonnent sans même le savoir [1], qui possèdent une sorte de *méthode naturelle*. Leibniz invoque l'expérience de l'enfant, du sauvage, et de l'idiot, pour mettre en évidence des attirances et des répugnances spontanées : attirance pour ce qui s'accorde ou se ressemble, répugnance pour ce qui boîte, ce qui est dissonant, ce qui se contredit [2].

Leibniz échelonne les degrés de mise en action de ces principes : de la simple sensibilité pratique à la règle, à l'observation du principe sans même le savoir ; de la saisie du principe encore enveloppé dans des exemples vulgaires, à une claire démonstration qui signifie qu'on a fait sortir le principe de notre fonds inné. Fonds comparable à un capital de ressources, qui porte naturellement des fruits, mais rapporte encore davantage si on s'y applique. La puissance rationnelle, en tant qu'elle est dérivée de la puissance primitive, n'est pas seulement orientée de manière déterminée, elle est encore *productivité de ce vers quoi elle s'oriente*. Elle prolonge la tendance spontanée vers le meilleur, au même titre que la volonté qui veut toujours ce que l'on trouve naturellement bon. La même poussée de la tendance s'exprime dans la volonté et dans la raison. Comme en Dieu, la puissance est *le sujet commun* de la volonté et de l'entendement. L'entendement est cette force qui exprime le penchant et le traduit en *précepte* ou *vérité de pratique*, que cela soit ou non formulé sciemment. La raison doit donc être le développement d'un instinct qui déjà porte les êtres non raisonnables au bien et à l'harmonie.

Il faut alors se demander si les êtres non raisonnables sont de réels sujets, puisqu'ils observent instinctivement une traduction grossière des règles divines. Seuls les êtres raisonnables peuvent peut-être se dire source de leurs règles, puisqu'ils peuvent les tirer de leurs fonds pour leur propre compte. A ce titre, ils pourraient plus légitimement prétendre au titre de sujets. Mais nous n'en déciderons pas avant

1. *Id.*, I, ch. I, § 26, GPV, 72 : « j'ajouteray encor que dans le fonds tout le monde les connoist et qu'on se sert à tout moment du principe de contradiction (par exemple) sans le regarder distinctement, et il n'y a point de barbare qui dans une affaire qu'il trouve serieuse, ne soit choqué de la conduite d'un menteur, qui se contredit ».

2. *Id.*, I, ch. II, § 3, GPV, 82 : Philalèthe admet qu'il y a des principes de pratique véritablement innés, comme « l'envie d'estre heureux, et une forte aversion pour la misere ». Mais ce sont là inclinations naturelles de l'âme. Théodore ne le contredit pas, et s'appuie au contraire sur cette reconnaissance partielle de sa thèse, ou ce qu'il estime être tel, pour bousculer la frontière que met Philalèthe entre l'inclination et l'entendement. Car « le penchant, exprimé par l'entendement, passe en *precepte* ou *verité* de pratique ». Souligné dans le texte.

d'avoir exploré la puissance de la raison, qui différencie les êtres raisonnables des autres, et fait donc différence spécifique.

Les instincts, explique Leibniz, contiennent des vérités à l'état enveloppé. Les êtres raisonnables sont ceux chez qui ces instincts travaillent presque à ciel ouvert, si clairement qu'ils se proposent à l'attention [1] et à la formulation. Un *esprit* est un être raisonnable, c'est-à-dire capable d'attention à l'égard de cette nature qui le constitue : il peut y prendre garde, et l'amener à la pleine lumière de l'énonciation, de la déclaration [2]. La raison est donc la mise en œuvre, naturellement enracinée, du fonds inné de l'âme. Elle est *méthode de la puissance*. Elle est cet ouvrier qui découvre les figures dessinées dans le marbre intérieur et mobile de la puissance. Quand la puissance qui fait un sujet l'oriente vers des objets, et qu'il ressent pour eux penchant ou sympathie, la modalité rationnelle permet à ce sujet de se déchiffrer lui-même comme désirant ou prêt à aimer. Il pourra trouver, dans la poursuite du même mouvement de la raison, quels accords ou ressemblances fondent de telles attirances. En allant plus loin encore, il pourrait énoncer les principes qui régissent les rapports entre les substances [3].

C'est que la rationalité, donnée aux âmes « sous la forme d'un acte scellé portant effet ultérieurement » [4], enferme toute une gamme

1. *Id.*, Préface, GPV, 45 : « la reflexion n'est autre chose qu'une attention à ce qui est en nous ».

2. *Id.*, I, ch. II, § 4, GPV, 83 : « C'est ainsi qu'on se sert des loix des consequences suivant une connoissance confuse, et comme par instinct, mais les Logiciens en demonstrent la raison, comme les Mathematiciens aussi rendent raison de ce qu'on fait sans y penser en marchant et en sautant. Quant à la regle qui porte qu'on ne doit faire aux autres que ce qu'on voudroit qu'ils nous fissent, elle a besoin non seulement de preuve, mais encor de declaration ». Nous éclairerons plus loin ce dernier point, qui dépend d'un discours non plus seulement métaphysique, mais moral.

3. La philosophie de Leibniz pourra alors se présenter comme le débouché logique de la puissance, qui met au jour l'ordre harmonieux de l'univers. Nous avons développé cet aspect dans le chapitre V de notre thèse *La notion de puissance chez Leibniz*, Section III, L'office de la philosophie, Atelier National de Reproduction des thèses, Lille, 1989, pp. 669-696.

4. *Causa Dei*, § 82, GPVI, 451 : « censeri tamen posse, in praeexistentibus praestabilita jam divinitus et praeparata esse proditura aliquando, non organismum tantum humanum, sed et ipsam rationalitatem, signato, ut sic dicam, actu exercitum praeveniente ». J. Brunschwig, in *Théodicée*, éd. Garnier-Flammarion, Paris, 1969, traduit « acte désigné » en précisant en note (p. 494, note 581) que « Leibniz fait ici usage d'une distinction employée par divers logiciens du XIVème siècle ; suivant cette distinction, certains mots servent à *désigner* une opération quelconque (la négation, l'exclusion, la prédication, etc.) tandis que d'autres servent à *effectuer* cette même opération ».

d'actions à l'état d'ébauches ou de virtualités, qu'il appartient au sujet de mener plus ou moins loin. La rationalité est donc une *disposition* à développer, mettre au jour, déployer, déterrer, tout ce qui est en la puissance d'un sujet. A cet égard, elle est un perfectionnement de la puissance la plus simple, celle de la monade brute, puisque la puissance est toujours tendance à déployer son propre contenu.

Si Leibniz parle de « degré supérieur », c'est qu'il ne fait pas de la puissance au sens mathématique un simple homonyme de la puissance métaphysique : la puissance mathématique est une formule de ce qui, métaphysiquement, déploie et fait passer à un degré supérieur. La puissance rationnelle, en langage mathématique, c'est donc la puissance primitive, se multipliant elle-même, se faisant passer au carré. Elle est, dans le fonds inné, cette ressource supplémentaire qui permet de faire fructifier toutes les ressources. Aucune continuité n'est ici ni rompue, ni même distendue, puisque toutes les puissances enveloppent des stratégies plus ou moins claires. La raison est ce qui permet aux sujets raisonnables de mettre en œuvre des stratégies plus claires que d'autres.

Leibniz enracine ainsi les arts et les techniques dans des dispositions naturelles à telle ou telle action, que la raison permet d'exercer méthodiquement ; il enracine la culture dans une nature qui se dispose à cette culture. Les arts et techniques sont autant de manières pour les sujets de cultiver leurs puissances naturelles. Culture des puissances qui n'est possible que pour l'une d'entre elles, alors que toutes sont dérivées d'une âme, nature ou puissance primitive.

La rationalité permet en outre de développer l'organisation interne de la puissance, dont on sait qu'elle est déjà activité synthétique. Pourvue de raison, une âme ou puissance exerce méthodiquement ses ressources intérieures : elle les *gouverne*.

La puissance tend à l'unité active de la multiplicité intérieure : la rationalité, mode d'agir spécifique, précise les moyens qu'a la puissance pour obtenir l'intégration des diverses inclinations et le dépassement des conflits. Ce mode d'agir est révélateur : la rationalité n'agit pas en dehors de l'état des forces intérieures, comme le ferait un maître commandant à ses esclaves. Un modèle despotique conviendrait à une conception de la maîtrise des passions et des désirs par une instance supérieure, une volonté absolue non concernée par les inclinations. Le modèle leibnizien est plutôt de type républicain : il met en évidence une force qui cherche à organiser les autres par un jeu d'alliances, en montrant que son projet représente au mieux les désirs de la collectivité. Leibniz évoque d'ailleurs les stratégies spontanées, employées

« le plus souvent sans dessein formé et sans y penser » [1], grâce auxquelles un sujet ruse avec tel ou tel désir, fait prévaloir en lui une inclination sur une autre en lui donnant l'avantage par l'alliance avec d'autres inclinations. Mais *qui* agit ainsi, et avec quelle force ? Leibniz, insatisfait comme Spinoza des réponses qui invoquent la volonté comme une faculté mystérieuse [2], répond par le désir de rationalité, ou plutôt par la rationalité comme désir.

Invoquer une faculté qui irait contre ou sans les penchants, serait revenir à la liberté d'indifférence, pure fiction qui suppose un équilibre toujours absent de la nature [3], et forger une puissance mystérieuse capable de faire prévaloir n'importe laquelle des inclinations en balance. La rationalité au contraire est l'expression d'une inclination majeure, qui est capable de synthétiser toutes les autres : le *penchant à l'harmonie*. Celle-ci correspond à ce qui nous plaît le plus, partout et toujours. Leibniz indiquait cette voie dès sa première lettre à Arnauld de 1671 [4]. Le choc des corps donne une image grossière et caricaturale de cette synthèse subtile, toute en souplesse, et qui n'a pas besoin d'efforts prémédités. Le sujet rationnel aperçoit les accords et les dissonances : il rallie, isole, ruse avec ses inclinations pour faire prévaloir celle qui se satisfait de l'harmonie, soit d'une conjugaison heureuse. A la question *qui ?*, il faudra répondre par *le sujet rationnel*, sans que le sujet puisse être séparé de son mode d'action. Par exemple,

> On s'attache aux personnes, aux lectures et aux considerations favorables, à un certain parti, on ne donne point attention à ce qui vient du parti contraire, et par ces adresses et mille autres qu'on employe le plus souvent sans dessein formé et sans y penser, on

1. *Id.*, II, ch. XXI, § 22, GPV, 168.

2. Spinoza, *Ethique*, II, Prop. XXXV, Scolie : « Nam quod aiunt, humanas actiones a voluntate pendere, verba sunt, quorum nullam habent ideam ». Trad. C. Appuhn, AP, p. 191 : « Pour ce qu'ils disent en effet : que les actions humaines dépendent de la volonté, ce sont des mots auxquels ne correspond aucune idée ».

3. NE, II, ch. XXI, § 36, GPV, 174 : « nous ne sommes jamais sans quelque action et mouvement, qui ne vient que de ce que la nature travaille tousjours à se mettre mieux à son aise. Et c'est ce qui nous determine aussi avant toute consultation dans *les cas qui nous paroissent les plus indifferens*, parce que nous ne sommes jamais parfaitement en balance et ne saurions estre mi-partis exactement entre deux cas ». Souligné dans le texte.

4. *A Arnauld*, GPI, 73 : « in mente etiam quoad gradum velocitatis ut corpus in motuum tractu, ita mentem in conatuum harmonia consistere ; motum corporis praesentem oriri ex praecendentium conatuum compositione, conatum mentis praesentem, id est voluntatem, ex compositione harmoniarum praecedentium in unam novam seu voluptate, cujus harmoniam si quid aliud conatu impresso turbat, facit dolorem ».

> reussit à se tromper ou du moins à se changer, et à se convertir ou pervertir selon qu'on a rencontré. [1]

Ou encore :

> Un voyage entrepris tout exprès guérira un amant. <...> A des sensibilités dangereuses, on opposera quelque autre sensibilité innocente, comme l'agriculture, le jardinage ; on fuira l'oisiveté, on ramassera des curiosites de la nature et de l'art, on fera des experiences et des recherches ; on s'engagera dans quelque occupation indispensable, si on n'en a point, ou dans quelque conversation ou lecture utile et agréable. [2]

La raison n'est pas en dehors du jeu des inclinations. Elle peut apparaître comme un arbitre en tant qu'elle éclaire la situation, et fait prévaloir le projet inné de la substance ; mais elle joue le jeu qu'elle arbitre si elle est elle-même inclination, aspiration à l'unité, et fonde les diverses aspirations à l'harmonie [3]. Car la puissance primitive fait le sujet, qui est donc *constitué* par le jeu de ses inclinations, et non pas séparé d'elles par un vide qui lui permettrait de les maîtriser et de les commander de l'extérieur. Que serait d'ailleurs un tel sujet, sans le contenu que lui donnent les puissances dérivatives [4] ?

La raison, expression de la puissance des êtres raisonnables, est en effet à la fois une force (dérivative), et une « lumière naturelle » capable de guider la stratégie de l'âme. Ce qui nous paraît bon est en effet ce que nous ressentons avec le plus d'intensité comme bon [5]. Cela entraîne un risque : celui de sacrifier l'avenir, senti moins intensément, au présent qui nous touche et nous tient pour l'instant. L'inconvénient de notre spontanéité heureuse, c'est qu'on n'y regarde que

1. NE, II, ch. XXI, § 22, GPV, 168.

2. *Id.*, § 31, GPV, 173.

3. *Id.*, § 41, GPV, 180 : « il y a des inclinations distinctes, que la raison nous donne, dont nous sentons la force et la formation ; et les plaisirs de cette nature qui se trouvent dans la connoissance et la production de l'ordre de l'harmonie sont les plus estimables ».

4. Ce problème sera examiné précisément dans la section 2 du présent chapitre.

5. NE, II, XXI, § 31, GPV, 171 : « Cependant je ne voudrois pas qu'on crût pour cela qu'il faille abandonner ces anciens axiomes, que la volonté suit le plus grand bien, ou qu'elle fuit le plus grand mal, *qu'elle sent* ». Souligné par nous. Ou : *Id.*, p. 172 : « et les plus beaux preceptes de morale avec les meilleures regles de la prudence ne portent coup, que dans une ame, qui y est *sensible* ». Souligné dans le texte.

le présent [1]. Une considération distincte pourrait bien être momentanément plus faible, parce que moins vive, moins « touchante », qu'une inclination momentanée, et alors « autant en emporte le vent ! » [2]. S'il fallait se résoudre à la diète pour préserver bonheur et santé, et qu'on ne sût résister à l'odeur des viandes ! [3]

L'intervention rationnelle est alors décisive : elle rend *sensible* l'objet ou l'objectif qui doit être fui ou recherché, accompagne les pensées de « quelque chose de vif », évite les « cogitationes caecas » [4], réduites aux caractères qu'on a employé pour les transmettre ; car ces « caractères », utiles quand il faut faire l'économie du sentiment et alléger la pensée, deviennent nuisibles là où il faut agir, et donc sentir fortement. La rationalité de la puissance est ce qui organise le combat des tendances [5]. Leibniz emploie le vocabulaire de la guerre et de la politique pour décrire ces « adresses » par lesquelles la stratégie naturelle se prolonge en emploi délibéré de ruses et de tactiques [6].

1. *Id.*, § 36, *op. cit.* 175 : « Ces *appetitions*, petites ou grandes, sont ce qui s'appelle dans les écoles *motus primo primi* et ce sont veritablement les premiers pas que la nature nous fait faire, non pas tant vers le bonheur que vers la joye, car on n'y regarde que le présent : mais l'experience et la raison apprennent à regler ces appetitions et à les moderer pour qu'elles puissent conduire au bonheur ». Souligné dans le texte.

2. *Id.*, 172 : « et si nous ne prenons point de mesures pour y remedier, autant en emporte le vent, comme j'ay deja remarqué cy dessus chap. 2 §. 11 ».

3. *Id.* : « J'ay connu un homme, considerable dans l'Eglise et dans l'estat, que ses infirmites avoient fait se resoudre à la diete, mais il avoua de n'avoir pû resister à l'odeur des viandes qu'on portoit aux autres en passant devant son appartement. C'est sans doute une honteuse foiblesse, mais voilà comme les hommes sont faits. Cependant si l'esprit usoit bien de ses avantages, il triompheroit hautement ».

4. *Id.*, 171 : « On raisonne souvent en paroles, sans avoir presque l'objet même dans l'esprit. Or cette connoissance ne sauroit toucher, il faut quelque chose de vif pour être emû ».

5. *Id.*, 172 : « Ce combat <entre la chair et l'esprit> n'est autre chose que l'opposition des differentes tendences, qui naissent des pensees confuses et des distinctes ».

6. *Id.*, § 40, GPV, 179 : « Comme le resultat de la balance fait la determination finale, je croirois qu'il peut arriver que la plus pressante des inquietudes ne prevale point ; car quoyqu'elle prevaudroit à chacune des tendences opposees, prise à part, il se peut que les autres jointes ensemble la surmontent. L'Esprit peut même user de l'adresse des *dichotomies* pour faire prevaloir tantost les unes, tantost les autres, comme dans une assemblée on peut faire prevaloir quelque parti par la pluralite des voix, selon qu'on forme l'ordre des demandes. Il est vray que l'esprit doit y pourvoir de loin ; car dans le moment du combat, il n'est plus temps d'user de ces artifices ; tout ce qui frappe alors pese sur la balance, et contribue à former une *direction composée* presque comme dans la mecanique, et sans quelque promte diversion on ne sauroit l'arrester ». Souligné dans le texte.

Organisation des forces armées, diversion, voire retraite quand le salut est dans la fuite [1], rien n'y manque.

La rationalité est bien une *méthode* qui prolonge la stratégie naturelle pour en tirer le meilleur parti. A une methode naturelle qui va droit devant elle, sans user de médiations, et ne prévoit pas les obstacles qui peuvent faire la ruine du sujet, elle substitue le calcul prudent des ressources, la sage gestion des forces en présence. Car

> les appetitions sont comme la tendence de la pierre qui va le plus droit mais non pas tousjours le meilleur chemin vers le centre de la terre, ne pouvant pas prevoir qu'elle rencontrera des roches où elle se brisera, au lieu qu'elle se seroit approchée davantage de son but, si elle avoit eu *l'esprit et le moyen* de se detourner.[2].

Inclination elle-même vers l'harmonie, la rationalité fait prévaloir son intérêt, qui est celui de la synthèse et du concours, en retournant la force de certaines inclinations contre elles-mêmes, et en détournant l'attention vers d'autres inclinations. Ainsi accroît-elle la puissance de l'ensemble, soit du sujet lui-même, lui donnant une liberté qui n'est pas pouvoir magique indéterminé, mais liberté de fait, ou plus précisément encore *liberté de faire* [3]. Les degrés de liberté correspondent aux moyens d'agir, à la levée des obstacles [4].

Chez Leibniz, la puissance primitive s'exprime dans le jeu des puissances dérivatives, que chercherait à diriger un musicien dont l'objectif essentiel serait la conjugaison de tous les instruments. C'est pourquoi le *sujet*, qui est fait par la puissance, et donc par ce jeu interne, peut s'identifier à la *raison*, inclination vers la concertation, inclination qui a une vocation de chef d'orchestre, mais qui doit

1. *Id.*, § 31, GPV, 173 : « une retraite nous tirera des compagnies, qui entretiennent quelque mauvaise inclination ».

2. *Id.*, § 36, GPV, 175. Souligné par nous.

3. *Id.*, § 8, GPV, 160 : « Le Terme de *Liberté* est fort ambigu. Il y a liberté de droit et liberté de fait. Suivant celle de *droit* un esclave n'est point libre, un sujet n'est pas entièrement libre, mais un pauvre est aussi libre qu'un riche. La liberté *de fait* consiste ou dans la puissance de faire ce qu'on veut, ou dans la puissance *de vouloir*, comme il faut. C'est de la liberté *de faire* que vous parlés, et elle a ses degrés et varietés ». Souligné dans le texte.

4. *Id.* : « *Generalement* celuy qui a plus de moyens, est plus libre de faire ce qu'il veut : mais on entend la liberté *particulierement* de l'usage des choses, qui ont coûtume d'estre en nostre pouvoir et sur tout de l'usage libre de nostre corps. Ainsi la prison et les maladies, qui nous empechent de donner à nostre corps et à nos membres le mouvement que nous voulons et que nous pouvons leur donner ordinairement derogent à nostre liberté : c'est ainsi qu'un prisonnier n'est point libre, et qu'un paralytique n'a point l'usage libre de ses membres ». Souligné dans le texte.

compter avec le jeu spontané de tous les instrumentistes. Tel est aussi le résultat de la métaphore politique : à gouverner les inclinations, la rationalité est identifiée au succès de l'ensemble. Comme dans un régime d'assemblée, c'est le rapport des forces intérieures qui fonde le gouvernement des unes ou des autres. Et le maintien à cette situation de pouvoir exige ruse et fermeté. Comme l'a dit plus tard Nietzsche, la classe dominante s'identifie aux succès de la collectivité. Ce qui en résulte, c'est *moi* [1].

Grâce à la rationalité conférée à leur puissance, les créatures raisonnables bénéficient, chez Leibniz, d'un *avantage* sur toutes les autres. Car elle leur donne des moyens supérieurs d'unification, et ainsi facilite leur progrès, leur avancée naturelle. Or agir et être un, ce sont les caractéristiques des êtres véritables. La rationalité permet donc à certains êtres d'être *plus* que les autres, plus uns, plus sujets de leurs actes, plus libres donc. On retiendra pourtant de ce premier aspect de la rationalité, comme degré supérieur, qu'elle donne peut-être la condition d'un statut de sujet libre, mais sans le faire apparaître d'elle-même. Car la raison ne rompt pas la continuité substantielle : elle prolonge l'activité caractéristique de toutes les puissances, s'étaye sur elle, même lorsqu'elle la conduit. A cet égard, Leibniz semble emprunter à la démarche stoïcienne qui intègre le privilège *logique* à la continuité naturelle.

On trouve chez les Stoïciens une sorte de balancement entre continuité et discontinuité, mais en faveur de la continuité. Tous les êtres de l'univers stoïcien sont en effet animés par un même principe vital, qui s'appelle *psychè* chez les vivants. A ce principe s'ajoute chez l'homme le *logos* qui l'apparente aux dieux [2]. Ce dernier privilège tisse un lien de parenté entre les hommes et les dieux, fait participer l'homme à « cette image des choses qu'est le son » et lui prescrit de chanter l'œuvre de Zeus en un discours articulé, parce que c'est ce type de discours qui manifeste le *logos*, et qui nous distingue des autres êtres [3]. Plusieurs rapprochements d'importance sont possibles entre ce

1. Nietzsche, *Par delà Bien et Mal,* I, § 19, éd. Colli et Montinari, Paris, 1971, p. 37 : « il se passe ici ce qui se passe dans toute collectivité heureuse et bien organisée ; la classe dirigeante s'identifie aux succès de la collectivité ».

2. *Les Stoïciens*, éd. P.M. Schuhl, Trad. E. Bréhier, Paris, 1962, Préface, pp. XIX-XX.

3. *Id.*, pp. 7-8 : « laisse-nous participer A cette sagesse sur laquelle tu te fondes pour gouverner toutes choses avec justice, Afin qu'honorés par toi, nous puissions t'honorer en retour En chantant continuellement tes œuvres comme il sied A des mortels ; car il n'est point, pour des hommes ou des dieux, De plus haut privilège que de chanter à jamais, comme il se doit, la loi universelle ».

texte et la philosophie leibnizienne. Nous retiendrons seulement que la *psychè* est analogue à l'âme ou puissance chez Leibniz, et que la rationalité leibnizienne a beaucoup d'une participation au *logos* divin : c'est, comme lui, un honneur qu'il convient de rendre en célébrant l'ordre établi dans l'univers. Or on sait que les Stoïciens faisaient comprendre la conciliation du privilège et de la continuité grâce à la métaphore de la *commendatio*. Partis des tendances premières de la nature, nous passons à la sagesse, à l'amour de l'humanité, à la conduite raisonnable. L'*ormè* naturelle pousse précisément vers son dépassement, qui est aussi réalisation et effectuation. Le dépassement est donc en même temps un déploiement de la tendance initiale et son accomplissement [1]. Ainsi la continuité est-elle sauvée malgré les apparences de discontinuité.

* * *

Le sentiment que Leibniz, en parlant de la Raison comme d'un privilège, ne rompt pas la continuité substantielle plus que ne le font les Stoïciens quand ils parlent de la participation humaine au *logos*, ce sentiment devient perplexité quand nous examinons les actes rationnels proprement dits, en dehors de la stratégie de la puissance. Quand il s'agit de gouverner les inclinations et de produire leur unité synthétique de la manière la plus harmonieuse possible, en sorte qu'elle donne satisfaction à la tendance générale au mieux-être, la raison apparaît elle-même comme un effort, qui prolonge les divers aspects de la tendance fondamentale. Mais lorsqu'elle exerce des « actes raisonnables », quand elle se « fait paraître » en tant que telle, ne se détache-t-elle pas de l'ordre naturel ? Ou le met-elle plutôt en relief ?

1.2.2 : La « prérogative » des esprits

Observons d'abord que le « trait de rationalité » [2], qui forme le trait distinctif des substances raisonnables se marque moins dans la simple pensée (action qui n'est pas essentiellement différente des actions perceptives et représentatives des autres âmes), que dans l'acte proprement *réflexif*. Dire que la pensée spécifie les substances raisonnables serait risquer une confusion avec un sentiment qui

1. Cf. V. Goldschmidt, *Le système stoïcien et l'idée de temps*, Paris, 1953, pp. 55-60 et 125-132.

2. Pour employer une expression de C. Imbert à propos de la *phantasia logikè* des Stoïciens. Cf. C. Imbert, « Théorie de la représentation et doctrine logique dans le Stoïcisme ancien », in *Les Stoïciens et leur logique*, Paris, 1978, p. 227.

n'accorde qu'une pensée de type réflexif, quand Leibniz veut au contraire que l'âme humaine ne soit jamais sans penser, qu'elle le sache ou non. En mettant en vedette l'acte réflexif comme caractéristique des substances raisonnables, Leibniz s'oppose au préjugé cartésien qui refuse la possibilité d'une pensée qui ne s'apercevrait pas comme telle. L'acte réflexif transforme en effet la perception en « aperception virtuelle ». Il transforme le miroir vivant en *celui qui voit*[1]. Car il accompagne l'action interne continuelle de l'âme, et en fait une « expérience immédiate interne » qui est mise au compte de ce que l'on appelle « moy ». L'acte réflexif est donc très proche de l'unité originairement synthétique de l'Aperception de Kant : celle-ci est en effet un pouvoir de l'âme, qui ne signifie pas que j'unis mes représentations effectivement dans une conscience actuelle, mais que *je puis* les y unir[2].

Virtualité, car l'aperception est toujours là de manière embryonnaire, prête au développement et pressant un tel développement : elle transforme les autres ressources ou efforts en moyens d'action pour la puissance, ce qui fait la stratégie du sujet. Nous sommes toujours virtuellement en train de savoir *ce que nous sommes* et *ce que nous faisons*[3], alors que les substances auxquelles manque cette ressource *logique* (au sens stoïcien du terme), ne peuvent le savoir, et ne mettent en œuvre qu'une stratégie instinctive et plus ou moins grossière. Comment cela est-il possible ?

La réponse à cette question est décisive quant au problème que nous posons à propos de la puissance. Car si la rationalité est la *manière d'être* de la puissance des créatures intelligentes, c'est son mode d'action qui la définit : c'est lui qui permettra en fin de compte de décider si la puissance créée est un fragment de la puissance divine, mutilé comme tout fragment, ainsi que l'établit Spinoza ; ou si, au moins dans ce cas particulier des intelligences, elle est une puissance réellement autre.

1. DM, art. XXXV, GPIV, 460 : « et la difference *entre les substances intelligentes et celles qui ne le sont point,* est aussi grande que celle qu'il y a entre le miroir et celuy qui voit ». Souligné dans le manuscrit.

2. E. Kant, *Critique de la Raison Pure*, Déduction Transcendantale, 2ème édition, § 16, TP, p. 110 : « Le *Je pense* doit *pouvoir* accompagner toutes mes représentations ». On peut considérer que Kant emploie ici implicitement la notion leibnizienne de *virtualité.*

3. DM, XXXIV, GPIV, 459.

Comment la raison permet-elle de « faire des reflexions » ? Rappelons que la rationalité d'une âme tient à ce qu'elle porte, gravée en elle, l'impression du commandement primitif qui porte à la productivité et à la fécondité, et cela sous une forme propre aux êtres raisonnables : sous forme de marques lumineuses [1]. Ce sont ces marques qui font « la lumière naturelle » [2], elles qui contribuent à attirer l'attention en quoi consiste la réflexion.

Or, ces « marques » ou « caractères » lumineux sont autant de « germes », ou « dispositions » qui, développés, donnent les vérités éternelles dont l'original fait l'entendement divin [3]. Le vocabulaire du *germe* comme celui de la *disposition* indique qu'il s'agit de virtualités, de commencements d'action, non de simples tracés. Doués de ces virtualités, les êtres raisonnables peuvent être dits intelligents, d'une manière qui imite l'intelligence divine. Ressemblance qui doit tenir compte de la disproportion entre le fini et l'infini. En effet, de ce qui précède, on peut tirer que la créature raisonnable est finie en deux sens :

1. Elle recèle le contenu de l'entendement divin sous la forme de simples virtualités, qui poussent à découvrir, mettre en œuvre ou énoncer les vérités. Elle ne les *possède* donc pas au sens strict d'une jouissance, comme le fait Dieu. Mais comme des sources actives, irréductibles à de simples *facultés*.

2. A cette logique naturelle embryonnaire, elle associe un « point de vue » déterminé, alors que l'entendement divin, qui comprend tous les points de vue, n'est assigné à aucun.

Ressemblance et disproportion, cela plaide en faveur de la thèse de la puissance créée comme expression et non comme partie de la puissance infinie.

Au lieu de la disproportion interne entre l'entendement et la volonté qu'on peut trouver dans le cartésianisme, disproportion responsable de nos infirmités et de nos erreurs, Leibniz, pour expliquer la finitude humaine, met en évidence l'association d'un point de

1. NE, I, ch. II, § 20, GPV, 91 : « ces caractères de lumière interne seroient toujours eclatans dans l'entendement, et donneroient de la chaleur dans la volonté, si les perceptions confuses des sens ne s'emparoient pas de nostre attention ».

2. *Id.*, 90 : « car les verités innées prises pour la *lumiere naturelle* de la raison, portent leurs caractères avec elles comme la Géométrie ». Souligné dans le texte.

3. *Id.*, I, II, § 20, GPV, 91, et IV, XI, GPV, 429 : « C'est là où je trouve l'original des idées et des verités qui sont gravées dans nos ames, non pas en forme de propositions, mais comme des sources dont l'application et les occasions font naistre des enonciations actuelles ».

vue singulier sur l'univers, et de dispositions rationnelles qui mettent l'homme en prise sur l'universalité.

Grâce aux germes des vérités universelles et nécessaires, la créature raisonnable peut rapporter ce qu'elle ressent non seulement à un « moy », mais à d'autres sujets et à l'ensemble des sujets, c'est-à-dire à l'univers. Un accès objectif à l'universel et à l'infini est ainsi donné aux créatures raisonnables, mais sous forme non développée : c'est dire que nous sommes d'un côté dans la nature, de l'autre dans le divin ; sur le seuil qui mène d'une dimension à une autre, à l'endroit où la Nature se transforme en règne de la Grâce [1]. Car l'impression dans des puissances singulières de vérités objectives et universelles, peut se lire aussi bien sur le versant de la nature que sur celui de la grâce.

D'un côté, les vérités objectives, qui ne sont pas possession inerte, poussent elles-mêmes à un usage, réfléchi ou non, des principes, qu'ils soient de pratique ou de connaissance. Elles nous disposent par exemple à l'humanité à la fois « par instinct parce que cela nous plaist » et « par raison parce que cela est juste » [2]. Dès lors que nous réfléchissons à notre spontanéité, nous découvrons sa profonde justesse : les « vérités éternelles » éclairent et justifient nos instincts.

Elles agissent donc tant pour nous faire connaître nos penchants spontanés que pour nous en révéler la rationalité [3]. La condition, c'est que la spontanéité soit, dans sa nature, elle-même raison, et que les instincts nous portent sans raisonnement à ce que la raison ordonne. Tel est précisément le cas selon Leibniz : la « réflexion » n'est autre chose qu'une « attention » à ce qui est en nous, attention alertée et soutenue par les caractères lumineux innés. Le raisonnement est une manifestation de la raison, et non sa condition [4]. Sur ce versant, on peut

1. PNG, § 15, GPVI, 605 : « la nature même mene à la grace, et (...) la grace perfectionne la nature en s'en servant ».

2. NE, I, ch. II, § 4, GPV, 83 : « il y a des verités innées, que nous trouvons en nous de deux façons, par lumière et par instinct. Celles que je viens de marquer, se démonstrent par nos idées, ce qui fait la lumiere naturelle. Mais il y a des conclusions de la *lumière naturelle*, qui sont des principes par rapport à l'*instinct*. C'est ainsi que nous sommes portés aux actes d'humanité, par instinct parce que cela nous plaist, et par raison parce que cela est juste ». Souligné dans le texte.

3. *Id.*, § 3, GPV, 82 : « et si le penchant est inné, la verité l'est aussi, n'y ayant rien dans l'ame qui ne soit exprimé dans l'entendement, mais non pas tousjours par une consideration actuelle distincte, comme j'ay assés fait voir ».

4. Ce qui fonde l'optimisme leibnizien en ce qui concerne les fous ou les débiles : leur nature rationnelle se manifeste autrement, ou de manière insensible, mais elle ne peut pas ne pas agir, au moins sourdement. Un jour ou l'autre, en ce monde-ci ou dans l'autre, ils raisonneront.

dire que la nature, obscurément ou clairement logique selon les créatures et les occasions, exhibe sa rationalité à travers la créature raisonnable, qui perfectionne ce qui, chez d'autres, était en germe (et le restera faute du don originaire). Le don de rationalité expresse est donc un atout, une arme décisive, qui offre à certaines créatures le moyen d'être attentives à *la rationalité qui agit comme une nature* dans tout l'univers.

A partir de cet éclairement naturel, se constitue pourtant un ordre autre, l'ordre de la Grâce.

Dans cette nouvelle dimension, les créatures raisonnables ne sont plus considérées comme des substances comme les autres, simplement plus perfectionnées ; mais comme des êtres véritables, alors que les autres substances leur servent d'instruments. Une bipartition dans la nature remplace l'échelonnement continu, et on met en avant la disproportion entre l'homme et la bête.

Nous mettions l'accent sur la ressemblance et la disproportion des créatures rationnelles par rapport à la puissance infinie de Dieu. Maintenant, c'est l'incommensurabilité entre l'être raisonnable et l'animal qui reçoit l'accent. On se demandera si le statut exceptionnel réservé aux créatures raisonnables dans l'univers ne plaide pas en faveur de la thèse de la puissance créée comme *expression* et non comme *partie* de la puissance infinie. Car les puissances dépourvues de raison sont utilisées par les autres, comme si elles étaient des parties ou des organes animés, alors que les créatures raisonnables seules sont considérées comme des *personnes*.

1.3. Vérités et langage : L'homme et la bête

Rappelons d'abord en quoi consiste l'ordre de la Grâce. Celui-ci est un ordre inter-personnel, celui de la « societas » entre Dieu et certaines créatures [1] : la Grâce, explique J. Baruzi,

> ne désigne pas seulement le monde de la finalité justifiant et pénétrant le monde du mécanisme. Elle signifie aussi les rapports spéciaux de l'homme et de Dieu. [2]

1. *A l'Electrice Sophie*, 12 Juin 1700, GPVII, 554 : « Les ames capables de raisonnemens sont appellées des Esprits et on peut dire d'elles avec justice qu'elles sont faites à l'image de Dieu, et qu'il y a une société entre Dieu et elles : de sorte que Dieu est à leur égard non seulement ce qu'un Architecte est à son bastiment, mais encore ce qu'un Prince est à ses sujets ».
2. J. Baruzi, *Leibniz*, *op. cit.*, p. 91.

Entrant en société avec Dieu, les êtres raisonnables n'occupent pas seulement des places plus élevées dans l'échelle graduée des substances : ils jouissent d'un autre *statut*. La continuité substantielle fait place à une dichotomie : les créatures sont soit des « enfants de Dieu », soit des « instruments pour les Esprits » [1]. A cet égard, comme condition de « rapports spéciaux » avec Dieu, la rationalité fait césure : l'élévation de certaines âmes au « degré de la raison » suscite une race nouvelle et privilégiée ; car « les seuls esprits sont faits à son image et quasi de sa *race* ou comme enfans de la maison » [2].

Vivants complexes sur un plan purement physique ou métaphysique, les êtres raisonnables sont sur le plan moral comme des partenaires de Dieu, avec qui il « entre en conversation » [3]. Leibniz emploie alors des expressions qui désignent l'incommensurabilité :

> Et toute la nature, fin, vertu et fonction des substances n'estant que d'exprimer Dieu et l'univers, comme il a esté assez expliqué, il n'y a pas lieu de douter que les substances qui l'expriment avec connoissance de ce qu'elles font, et qui sont capables de connoistre de grandes verités à l'egard de Dieu et de l'univers, *ne* l'expriment mieux sans comparaison que ces natures qui sont ou *brutes* et incapables de connoistre des verités, ou tout à fait destituées de sentiment et de connoissance [4].

Ou encore :

> il est aisé de juger, que les Estres avec lesquels il peut pour ainsi dire entrer en conversation et même en société, en leur communiquant ses sentimens et ses volontes d'une maniere particuliere, et en telle sorte qu'ils puissent connoistre et aimer leur bienfaiteur, le doivent toucher *infiniment plus* que le reste des choses, qui ne *peuvent* passer que pour les instrumens des Esprits [5].

1. *A l'Electrice Sophie*, 1696, GPVII, 541 : « Nos ames sont capables de sçavoir et de gouverner, et elles font quasi dans le petit monde ce que Dieu fait dans le grand. Elles sont comme de petits Dieux qui font des mondes qui ne perissent pas moins que l'Univers dont elles sont l'image. De même que le grand monde, elles tendent aussi à leur but. D'où il s'ensuit que les autre ames et les corps *doivent servir à celles qui ont quelque rapport avec la divinité*, pour achever leur félicité... ». Souligné par nous.
2. DM, XXXVI, GPIV, 461. Souligné par nous.
3. *Id.*, XXXV, *op. cit.*, 460. Cf. éd. H. Lestienne, 5e éd., Paris, 1967, p. 89.
4. *Id.* Souligné dans le manuscrit
5. *Id.*, XXXV, GPIV, 460-461. Nous soulignons *infiniment plus*.

La compatibilité du Monde naturel, continu et démocratique si l'on peut dire, et du Monde moral, sélectif et aristocratique, est assurée par le discours, ses passages et ses niveaux. Le discours moral n'invalide pas, en effet, les vérités naturelles métaphysiques, qui restent toujours en vigueur, même si elles ne peuvent pas rendre compte de certaines dimensions qui leur échappent. Le discours moral correspond à un niveau d'intelligibilité plus profond et plus fin que le discours métaphysique, dont il est le couronnement. Mais nous savons que la pensée divine prend en compte tous les niveaux dans l'unité de son acte intellectuel intuitif. C'est pour nous seulement qu'il y a difficulté à penser ensemble :

a) que les êtres raisonnables sont des êtres vivants dont la puissance est seulement perfectionnée par la raison,

et

b) qu'ils constituent sous un autre rapport, une noblesse destinée à chanter les louanges de Dieu.

A nous de « joindre la morale à la Métaphysique » [1].

* * *

A cette étape de notre analyse, le statut ambivalent de la raison ne suffit pas à décider si la puissance créée est différente d'une simple partie de la puissance divine, et donc si les créatures sont de véritables substances plutôt que des modes de la substance unique. La ligne de démarcation entre Leibniz et Spinoza n'apparaît pas encore au grand jour.

L'accent mis par Leibniz sur le *mode* de présence en nous des vérités éternelles, ainsi que sur la *manière* dont la raison se fait connaître, autorise peut-être une réponse plus nette, puisque cela fait comprendre *comment* la puissance est subjectivée, et produit ainsi un effet de discontinuité. Il faut montrer le processus par lequel un sujet métaphysique (une substance) devient un sujet pour lui-même, ce qu'il était appelé à devenir depuis l'acte créateur. Un sujet pour lui-même fait-il alors une réelle altérité pour la puissance divine ? C'est ce que nous voulons établir en étudiant la manière dont Leibniz fait la différence entre l'homme et la bête.

Si nous pouvons mettre en évidence que la rationalité produit non seulement un perfectionnement ou un éclairement de la stratégie spontanée des substances, mais un changement de *type* de cette stratégie, alors on pourra concevoir que la puissance, ainsi *rationalisée*, puisse

1. *Id.*, XXXV, *op. cit.*, p. 460.

être effectivement *autre* que la puissance native des substances non intelligentes. Et que la liberté dont on crédite ces créatures ne soit pas un vain mot, une façade pour une simple spontanéité. Car si les substances raisonnables produisaient leurs actions comme elles engendrent leurs pensées, ou comme le cylindre roule sur une surface plane, alors il serait permis de douter que l'acte de Dieu ait inauguré d'autres êtres, d'autres puissances ; on en serait resté à la puissance infinie de Dieu.

Il s'agit donc maintenant d'expliquer

— d'abord, comment la ressource logique qu'est la « réflexion », caractéristique de notre puissance comme âme raisonnable, permet de convertir les autres ressources en moyens d'action ; d'expliquer le sens stratégique de la puissance qui agit « selon la raison ». Et cela, sous peine de retrouver, dans l'acte réflexif, le pouvoir magique congédié par Leibniz en même temps que la notion de faculté.

— il faut montrer ensuite ce qui, dans l'acte réflexif, transforme un être individuel qui, sans lui, n'eût été que miroir vivant et actif de l'univers, en agent libre ou *personne*. En quelqu'un capable non seulement de « connaître le système de l'Univers et d'en imiter quelque chose par des échantillons architectoniques »[1], mais encore de répondre de ses actions, dans un dialogue virtuel ou effectif, où la dimension de la loi est essentielle. Soit : comment des sujets métaphysiques de leurs actions (comme le sont toutes les substances individuelles en tant que spontanées) sont aussi des Esprits, des sujets pour eux-mêmes dans la mesure même où ils sont sujets pour un Autre, où ils sont sujets de Dieu[2].

Première réponse possible : c'est par la connaissance des vérités nécessaires, ce fonds inné de l'âme raisonnable, « que nous sommes élevés aux *Actes réflexifs*, qui nous font penser à ce qui s'appelle moy, et à considerer que ceci ou cela est en *Nous* »[3].

1. *Monadologie*, § 83, GPVI, 621 : « Entre autres differences qu'il y a entre les Ames ordinaires et les Esprits, dont j'en ay deja marqué une partie, il y a encore celle cy, que les Ames en general sont des miroirs vivans ou images de l'univers des creatures, mais que les Esprits sont encor des images de la Divinité même, ou de l'Auteur même de la Nature, capables de connoitre le systeme de l'Univers et d'en imiter quelque chose par des echantillons architectoniques, chaque esprit étant comme une petite divinité dans son département ».

2. *Id.*, § 84, GPVI, 621 : « C'est ce qui fait que les Esprits sont capables d'entrer dans une maniere de Societé avec Dieu, et qu'il est à leur égard non seulement ce qu'un inventeur est à sa Machine (comme Dieu l'est par rapport aux autres creatures) mais encor ce qu'un prince est à ses sujets et même un pere à ses enfans ».

3. *Id.*, § 30, GPVI, 612. Souligné dans le texte.

Leibniz l'écrit lui-même. Mais la réponse est trop rapide, et elle semble circulaire : il s'agit en effet de savoir comment nous pouvons connaitre « ce que nous sommes » et « ce que nous faisons », et par conséquence faire des réflexions qui nous permettent de découvrir les vérités nécessaires et universelles. Car Leibniz pose comme principale différence entre les âmes des bêtes et les Esprits « qu'elles ne connoissent pas ce qu'elles sont, ny ce qu'elles font, *et par consequent* ne pouvant faire des reflexions, elles ne sçauroient decouvrir des verités necessaires et universelles »[1]. Pour sortir du cercle, si les vérités nécessaires sont à la fois la condition et la conséquence des actes réflexifs, il faut considérer que les vérités nécessaires agissent *déjà* en nous, à titre de virtualités, *avant* que nous ne les ayions découvertes. Leur action engendre la réflexion, laquelle est elle-même la condition de leur découverte et de leur énonciation. Ainsi sortons-nous d'un cercle apparent, puisque les vérités éternelles sont déjà là, dans la logique naturelle, avant que nous ne les énoncions comme règles. Elles forment des manières d'instincts *logiques*, adjuvants de la raison, et qui sont perçus confusément par l'âme, toute âme raisonnable déchiffrant ce qui est en elle. Elles nous donnent la « disposition » à les tirer de notre « fonds »[2].

C'est pourquoi les pensées sont des actions : elles mettent en œuvre les dispositions innées qui, pour peu qu'on y prenne garde, s'offrent à être déchiffrées comme des caractères gravés[3]. Les dispositions rationnelles sont la logique qui tient à la nature propre aux âmes raisonnables, elles soutiennent le trait de rationalité qui fait un esprit. Elles se manifestent à tous les niveaux, celui de la pensée du sentiment, qui est toujours perception d'une vérité[4], comme celui d'une pensée

1. DM, XXXIV, GPIV, 459. Souligné dans le manuscrit : voir éd. H. Lestienne, *op. cit.*, p. 88.

2. NE, I, ch. I, § 5, GPV, 76 : « L'esprit n'est pas seulement capable de les connoistre, mais encor de les trouver en soy, et s'il n'avoit que la simple capacité de recevoir les connoissances ou la puissance passive pour cela, aussi indeterminée qu'a la cire de recevoir des figures et la table rase de recevoir des lettres, il ne seroit pas la source des verités nécessaires, comme je viens de monstrer qu'il l'est ».

3. NE, I, ch. II, § 2, GPV, 81 : « Et c'est ainsi que ces loix sont gravées dans l'ame, savoir comme les consequences de nostre conservation et de nos vrais biens ».

4. *Id.*, I, ch.II, § 9, GPV, 86 : « j'ai déjà répondu que tout sentiment est la perception d'une verité, et que le sentiment naturel l'est d'une vérité innée, mais bien souvent confuse, comme sont les experiences des sens externes ».

logicienne, capable de déchiffrer les « caractères » de la lumière naturelle [1], et donc d'énoncer le principe de contradiction.

La rationalité n'est pas seulement l'éclairement de stratégies instinctives. Action qui rapporte la perception aux vérités gravées, elle peut ainsi engendrer des énoncés ou des propositions enchaînées en suivant un ordre : elle explique, coordonne, reconnaît, énonce *je vois*, ce qui différencie cette perception de celle d'un simple miroir. Elle se fait connaître en déchiffrant, en produisant au grand jour les vérités enveloppées, en exprimant le logique qui l'habite et l'anime. Cette modalité discursive et logique de la puissance, qui ne cesse d'agir à tous les niveaux, serions-nous débiles ou endormis, fait la différence entre les Esprits et les Animaux dépourvus de raison. Car la raison est essentiellement « enchaînement des vérités » [2].

Nous correspondons avec la raison objective et son enchaînement inviolable des vérités, en enchaînant à notre tour les propositions, et donc en retrouvant activement la raison universelle. Ainsi l'être raisonnable, soit qu'il témoigne dans son langage de ses capacités de raisonnement, soit qu'il fasse preuve grâce à ses actions qu'il a su enchaîner silencieusement des propositions et en tirer des conséquences, fait connaître sa qualité d'esprit.

On ne peut assimiler à de tels enchaînements les simples associations d'images auxquelles accèdent les animaux supérieurs et qui leur fournissent un succédané de la raison [3]. Les animaux – et les hommes dans les trois quarts de leurs actions – associent des « impressions » [4].

1. *Théodicée*, Discours préliminaire de la conformité de la foy avec la raison, § 63, GPVI, 86.

2. *Id.*

3. *Monadologie*, § 26, GPVI, 611 : « La mémoire fournit une espèce de *Consécution* aux Ames, qui imite la raison mais qui en doit être distinguée ». Souligné dans le texte.

4. PNG, § 5, GPVI, 600-601, ou éd. A. Robinet (texte plus lisible), pp. 39-40 : « Il y a une *liaison* dans les perceptions des Animaux, qui a quelque ressemblance avec la Raison : mais elle n'est fondée que dans la mémoire des faits ou *effets* et nullement dans la connoissance des *causes*. C'est ainsi qu'un chien fuit le bâton, dont il a été frappé, parce que la mémoire lui représente la douleur, que ce bâton lui a causée. Et les hommes en tant qu'ils sont empiriques c'est-à-dire dans les trois quarts de leurs actions, n'agissent que comme des bêtes. Par exemple, on s'attend qu'il fera jour demain, parce qu'on l'a tousjours expérimenté ainsi : il n'y a qu'un Astronome qui le prevoye par raison ; et même cette prédiction manquera enfin, quand la cause du jour qui n'est point éternelle, cessera. Mais le *raisonnement véritable* dépend des vérités nécessaires ou éternelles, comme sont celles de la Logique, des Nombres, de la Geometrie, qui font la connexion indubitable des idées, et les consequences immancables. Les animaux où ces consequences ne se remarquent point, sont appelés *bêtes* ; mais ceux qui connoissent ces vérités néces-

Les êtres raisonnables, eux, relient des effets à des causes, ou des conséquences et des principes. L'assimilation leibnizienne des deux formes de connexion montre qu'il s'agit de lien entre des *propositions*. Le brouillon du manuscrit de Hanovre, édité par A. Robinet, précise d'ailleurs la dépendance du raisonnement aux vérités nécessaires en nous gravées, en écrivant qu'il est fondé sur un *enchaînement de vérités*.

La condition du raisonnement comme enchaînement d'énoncés, c'est donc l'inscription en nous de *formes de connexions* : soit entre idées, soit entre propositions. L'acte de penser consiste alors à utiliser de telles formes de connexions pour relier entre eux des contenus, produire des propositions qui relient des termes, et des raisonnements qui relient des propositions. Produire en retrouvant, encore une fois. Ce qui indique assez, selon Leibniz, que les vérités nécessaires sont en nous sous forme de virtualités, puisque nous sommes orientés vers leur découverte.

Toute perception, on le sait, est lecture du « fonds inné » de l'âme, mais toute âme ne recèle pas de tels enchaînements virtuels : c'est de les contenir que l'âme des humains est raisonnable, et se distingue par là des âmes des autres vivants supérieurs. Ce qui fait césure dans l'échelle des êtres substantiels, c'est une nature *logique* qui anime certaines âmes en leur fournissant des modes de raisonnements, des schémas de connexions qu'elles peuvent employer, soit instinctivement, soit plus ou moins délibérément. Chez l'animal ou l'homme, l'association de représentations ne fait qu'attester de la durée et du retentissement de la perception. Tandis que raisonner, c'est apercevoir les liaisons, les connexions « immancables » [1]. Le bénéfice de la raison

saires sont proprement ceux qu'on appelle *animaux raisonnables*, et leurs Ames sont appelées *esprits* ». Souligné dans le texte, sauf *liaison*, qui est souligné par nous.

1. NE, IV, ch. XVII, § 3, GPV, 457 : « la faculté qui s'apperçoit de cette liaison des verités, ou la faculté de raisonner, est aussi appellée *Raison*, et c'est le sens que vous employés icy. Or cette faculté est veritablement affectée à l'homme seul icy bas, et ne paroist pas dans les autres animaux icy bas ; car j'ay déja fait voir cy dessus, que l'ombre de la raison qui se fait voir dans les bestes, n'est que l'attente d'un evenement semblable dans un cas qui paroist semblable au passé, sans connoistre si la même raison a lieu. Les hommes mêmes n'agissent pas autrement dans les cas où ils sont *empiriques* seulement. Mais *ils s'elevent au dessus des bestes, en tant qu'ils voient les liaisons des verités, les Liaisons, dis-je, qui constituent encor elles-mêmes des verités nécessaires et universelles* ». Cette dernière proposition est soulignée par nous.

se manifeste dans une stratégie propre aux esprits, qui connaissent « à force de conséquences »[1]. Cette stratégie les distingue

— d'une part de Dieu qui « seul a l'avantage de n'avoir que des connaissances intuitives »[2],

— d'autre part des animaux, où l'on ne voit que l'« ombre de la raison »[3], et qui passent d'une image présente à une impression dont l'effet subsiste encore, sans l'intermédiaire des liaisons objectives, et donc « sans connoistre si la même raison a lieu ».

L'immédiateté de la connaissance de Dieu, comme l'immédiateté de la liaison des perceptions animales, s'opposent de part et d'autre à la stratégie des esprits : ceux-ci *interposent* entre les perceptions des connexions véritables, et réfèrent ces perceptions à une logique a priori. C'est ainsi qu'ils découvrent des causes, parce que « la cause dans les choses répond à la raison dans les vérités »[4].

Le privilège des animaux raisonnables correspond au don de Dieu qui a marqué leur puissance de connexions : celles-ci sont autant de propositions virtuelles par rapport auxquelles les créatures peuvent situer leur action. Sans le relais *rationnel*, les puissances produisent irrésistiblement leurs actions, comme des machines dont Dieu serait l'inventeur. Tous les Esprits se ressemblent par le caractère architectonique de leur âme, mais ils sont les seuls à pouvoir utiliser leurs ressources innées en une stratégie individuelle qui fait leur être propre. La différence spécifique des Esprits fonde leur capacité à produire de manière individuée des changements et des ordonnances dans l'univers, comme des petits dieux qui imitent le grand Architecte[5].

1. *Id.*, § 16, GPV, 472.
2. *Id.*
3. NE, IV, ch. XVII, § 3, GPV, 457 : « la faculté qui s'apperçoit de cette liaison des verités, ou la faculté de raisonner, est aussi appellée *Raison*, et c'est le sens que vous employés icy. Or cette faculté est veritablement affectée à l'homme seul icy bas, et ne paroist pas dans les autres animaux icy bas ; car j'ay déja fait voir cy dessus, que l'ombre de la raison qui se fait voir dans les bestes, n'est que l'attente d'un evenement semblable dans un cas qui paroist semblable au passé, sans connoistre si la même raison a lieu. Les hommes mêmes n'agissent pas autrement dans les cas où ils sont *empiriques* seulement. Mais ils s'elevent au dessus des bestes, en tant qu'ils voient les liaisons des verités, les Liaisons, dis-je, qui constituent encor elles-mêmes des verités nécessaires et universelles ». Souligné par nous.
4. *Id.*, § 3, GPV, 457.
5. *Id.*, IV, ch. III, § 27, GPV, 370 : « Cela paroist par les changemens, que les hommes ont faits, pour embellir la surface de la terre, <...> quoyque ce ne soit que par l'employ des corps et de leurs loix. Que ne peut-on pas conjecturer de cette multitude des Esprits qui nous passent ? ».

En faisant « profit » de ce qu'ils trouvent en eux, soit les germes des connexions « immancables », c'est-à-dire les raisonnements et les schémas d'inférence trouvés en eux à l'état de virtualités, les êtres raisonnables ne sont plus, comme les bêtes, directement en rapport avec leurs impressions et leur bien-être du moment. Ils sont situés *latéralement* par rapport à ce qui les constitue, ils sont en rapport indirect avec ce qui est en eux, parce qu'ils trouvent toujours entre eux et leurs impressions l'élément *tiers* des vérités gravées. C'est pourquoi un individu peut se référer en lui-même à une *loi* qui ordonne par exemple de ne pas se contredire, loi vers laquelle il est d'ailleurs naturellement porté, et qu'il a un penchant à observer. Cela ne l'empêchera pas de mentir délibérément si cela lui paraît avantageux : mais il faudra pour cela un *calcul des conséquences* dont l'animal est incapable, faute d'être en rapport avec une instance de vérité intérieure. Il faudra donc que cet individu ait rusé avec l'instinct qui porte à éviter le mensonge, en faisant valoir un « autre bien » dont la force attractive puisse l'emporter sur la sincérité naturelle. La stratégie des puissances raisonnables n'est plus simple prolongement de la spontanéité, comme l'est la ruse animale : elle est *oblique*, parce qu'elle use de médiations objectives et objectivables.

L'action raisonnable, issue de la *phusis*, passe ainsi du côté de la *technè*, à l'image de la Divinité et de son art sublime. Car c'est la *technè* divine qui a créé des machines naturelles ou organismes qui produisent naturellement leurs effets, et ce comme en ligne droite. C'est elle aussi qui a créé les êtres complexes qui ont à leur disposition (sous formes de virtualités) les règles qui président à son action et qui sont à l'œuvre dans l'univers.

Ainsi les *natures* sont les produits d'un art. Mais les natures animales ne peuvent pas comme les natures raisonnables ressaisir l'art qui préside à leur nature. C'est la raison pour laquelle « Dieu a plus d'égards à la moindre des âmes intelligentes qu'à toute la machine du monde »[1]. En mettant à leur disposition des marques de son entendement, soit de la Raison universelle, Dieu ne peut plus traiter les êtres raisonnables comme de simples vivants spontanés : il doit (infailliblement, parce que c'est la meilleure attitude, la plus conforme à l'ordre des choses) les privilégier et les préférer. D'où vient une telle certitude ?

1. DM, XXXVII, GPIV, 463.

Leibniz invoque le sentiment commun, qui trouve normal et juste qu'un Roi préfère conserver la vie d'un homme plutôt que du « plus pretieux et du plus rare de ses animaux » : nous devons penser que « le plus éclairé et le plus juste » des Monarques sera dans le même sentiment à notre égard [1]. Leibniz ne laisse pas cependant d'être embarrassé lorsqu'il s'agit de comparer des niveaux moralement incommensurables comme ceux des simples âmes et des âmes raisonnables, surtout si l'on fait intervenir la différence entre l'individu isolé et l'espèce : une espèce entière ne ferait-elle pas la balance avec un Esprit ? Comment choisir entre la supériorité et la quantité [2] ?

Tant qu'on en reste à ce qui fonde le privilège des Esprits en y lisant une supériorité, un atout supplémentaire, on reste sur le lieu de passage de la Nature à la « societas » avec Dieu. La Nature peut encore réclamer ses droits. L'incommensurabilité n'a de sens qu'au niveau de la Grâce. Or, on sait que le Monde moral ne bouleverse pas le Monde naturel, mais le couronne : il est « ce qu'il y a de plus élevé et de plus divin dans les ouvrages de Dieu » [3]. La continuité substantielle peut ici faire valoir ses droits. Si tout est question de degré de perfection, « aucune substance n'est absolument meprisable ny pretieuse devant Dieu » [4]. Dans le discours purement physique ou métaphysique, la continuité est sauvegardée. Leibniz ne cède pas sur la compatibilité des deux niveaux de discours : dans le rapport à Dieu, les êtres raisonnables sont « sans comparaison » avec les natures brutes. Mais, pris absolument, ils valent seulement plus, parce qu'ils ont plus de perfection.

La sagesse de Dieu doit donc tenir compte des deux aspects, continuité et discontinuité. J. Baruzi voit dans la réticence de Leibniz à admettre une pure et simple discontinuité entre les créatures raisonnables et les autres une marque de pessimisme [5]. Nous préférons y lire

1. *Id.*, XXXV, GPIV, 461.

2. *Théodicée*, II, § 118, GPVI, 169 : « Dieu fait plus de cas d'un homme que d'un lion ; cependant je ne say si l'on peut assurer que Dieu prefere un seul homme à toute l'espèce des lions à tous égards ».

3. *Monadologie*, § 86, GPVI, 621-622. In éd. A. Robinet, Paris, 1954, pp. 122-123.

4. *Théodicée*, II, § 118, GPVI, 169. L'opinion que combat Leibniz est présentée par Bayle comme source de difficultés. Leibniz y voit « un reste de l'ancienne maxime assés decriée, que tout est fait uniquement pour l'homme ».

5. J. Baruzi, *Leibniz*, *op. cit.*, p. 96 : « Ces textes, qui signifient un des pessimismes humains les plus accentués que jamais philosophe ait conçus, expriment-ils la pensée constante de Leibniz ? C'est un lieu commun d'affirmer que la *Théodicée* figure l'optimisme de Leibniz ; <...> Or, il serait curieux de constater que la *Théodicée* représente une doctrine violente et sombre, qui ailleurs, en des

l'exigence leibnizienne d'avoir en chaque occasion le discours qui convient. Ici : soit le discours *métaphysique* de la continuité, soit le discours *moral* de la discontinuité. Tout en sachant que Dieu sait les concilier.

L'homme est, du premier point de vue, le premier vivant dans notre Monde (bien que nous puissions supposer une multitude d'êtres raisonnables plus perfectionnés et plus avancés dans d'autres mondes existant dans l'Univers). Ce premier point de vue suffit à préférer un homme à un lion, non à sacrifier toute l'espèce des lions à un seul homme.

Le discours moral dépasse, mais n'annule pas le discours métaphysique. Il faut donc rendre raison du privilège, et ne pas admettre aveuglément, parce que cela viendrait de Dieu, ce qui pourrait apparaître comme soit injuste, soit au moins arbitraire. Autre manière pour Leibniz de rappeler que la puissance de Dieu est accordée à la sagesse, et que son bon plaisir s'accorde à la Nature des choses.

* * *

Qu'est-ce qui dans la rationalité rend possible les rapports personnels entre Dieu et les Esprits, et ne laisse aux créatures qui en sont dépourvues qu'un statut purement instrumental ? Le perfectionnement de la puissance, l'intelligence et le caractère oblique de la stratégie que produit la Rationalité sont-ils des avantages suffisants pour fonder le privilège que Dieu accorde aux Esprits ?

* * *

Il faut revenir à la différence qui sépare deux miroirs quand il ne s'agit plus du degré de clarté de l'un ou de l'autre, mais de ce qui sépare « le miroir et celuy qui voit». Car il n'est pas question ici d'une supériorité, ou d'un perfectionnement dans l'ordre de la perception. La créature raisonnable, en tant que percevante, ne voit *guère mieux* que les bêtes : sa différence dans ce registre ne serait que du plus au moins. La différence que marque Leibniz ne consiste pas dans la qualité ou la quantité de l'action perceptive, susceptibles de degré, mais dans une *modalité* : la position relative à cette perception.

C'est cette *position* qui fait le sujet pour lui-même : *celui qui* voit. La bête ne peut être que ce qu'elle perçoit, elle ne se différencie pas de

ouvrages qu'on eût cru pourtant tout dégagés d'intentions religieuses, s'adoucit et se conforme davantage à l'espérance chrétienne d'une supériorité infinie des Esprits ».

ce qui est perçu ou de ce qu'elle perçoit (expressions à son égard équivalentes). Elle vit au seul niveau de sa perception : elle n'est donc que miroir, sans les moyens (au titre de ressources de sa puissance) d'être aussi autre chose. L'être raisonnable, en revanche, utilise ce qui est perçu, met en rapport sa perception avec les règles que sa puissance contient virtuellement : il peut ainsi mettre la perception *en rapport* avec soi, et donc se poser comme quelqu'un par rapport à l'univers ou à Dieu. La créature raisonnable se distingue de sa perception en *se posant comme le sujet* de cette perception, même si elle ne le formule pas et n'y pense pas expressément. Car il n'est pas besoin d'un acte exprès de *cogito* :

— d'une part, « nous savons bien des choses auxquelles nous ne pensons guères » [1],

— d'autre part, « il se peut qu'un homme n'ait jamais pensé expressément » la proposition Je pense, « qui lui est pourtant innée » [2].

Entièrement dans leur acte perceptif, sans relais logique qui leur permette d'en décoller, de s'en décaler *si peu que ce soit*, les bêtes ne peuvent elles-mêmes « faire profit » de leur action ou de leur puissance : elles ne peuvent que la déployer spontanément. Dieu les dirige comme un ingénieur ses machines ou un architecte son bâtiment : s'il n'intervient pas, c'est pour la seule raison que l'œuvre est parfaite. Ce qui fait leur vocation d'instruments [3].

On voit que, sans le privilège des âmes raisonnables (l'accès aux enchaînements rationnels, aux règles des conséquences), l'univers ne serait pas *autre* que Dieu, et les créatures ne seraient pas de réelles substances. La notion de puissance des créatures ne serait qu'un vain mot, qui recouvrirait la nature spontanée d'êtres qui ne seraient sujets que « pour ainsi dire », bien proches, en fait, des *modes* spinozistes. Le type de démarcation entre l'homme et la bête est donc d'importance : c'est lui qui doit séparer Leibniz du monisme spinoziste, que les

1. NE, I, ch. I, § 18, GPV, 79.

2. *Id.*, IV, ch. VII, § 7, GPV, 392. Nous examinerons à la prochaine section ce qu'on peut appeler le *cogito* leibnizien, qui prétend se substituer au *cogito* cartésien.

3. Cf. Fragment inédit de Leibniz, cité par J. Baruzi, *Leibniz*, *op. cit.*, p. 258, ou Ak. VI, p. 509 : « Ita substantia corporis humani est unio cum mente humana ; substantia corporum *ratione carentum* est unio cum mente universali, seu Deo ». Souligné par nous. Si les bêtes sont substantiellement unies à Dieu, alors elles peuvent être les organes de sa puissance, comme le *doulos* pour le *despotès* chez Aristote, *Politique*, I, 1253 b 23-33 ; 1254 b 2-6, BL, pp. 17 et 19.

créatures animales, on le voit, n'entament guère. Et cela sans retomber dans le dualisme cartésien. Car on pourrait se demander si Leibniz, en mettant la différence entre l'homme et la bête dans une position de *sujet* qui aperçoit sa production naturelle et la rapporte à soi, ne revient pas au dualisme cartésien. L'homme n'est-il pas une sorte de machine au même titre que les « machines naturelles », seulement plus perfectionnée qu'elles, et surtout disposant de « conscienciosité » ? C'est ce que suggère la lecture de Locke, à travers le débat fictif qu'il mène avec Leibniz. La domination des animaux par les humains est fondée, dans le cartésianisme, sur le privilège que donne à l'homme le fait d'être une *res cogitans*. Mais si l'on rejette avec Leibniz cette « substance pensante », pour n'accorder que le statut de « manière d'être » à la puissance d'apercevoir et de penser, alors comment faire la différence entre un homme stupide et un animal intelligent ? Comment justifier la domination des uns sur les autres, quand la frontière entre eux est aussi arbitraire, quand elle ne repose que sur un degré de clarté ? Leibniz, pour se sortir d'affaire, reviendrait-il subrepticement à des catégories cartésiennes ?

Leibniz, dans le débat qu'il mène, lui, bel et bien avec Locke, cherche à montrer à la fois :

a) qu'il y a « connexion graduelle » des espèces,

b) que ces « espèces » ne sont pas pour autant de pures dénominations conventionnelles mais correspondent à des essences réelles,

c) que la rationalité fait ligne de démarcation entre les créatures raisonnables et les bêtes, et fonde la domination de celles-là sur celles-ci,

d) que cette rationalité ne se réduit pas à la conscience comme état mental auquel veut la réduire Locke. Bien plus, que cette *consciousness* peut faire défaut sans que la créature raisonnable cesse d'être un sujet. Ce qui par contrecoup fait voler en éclats la notion cartésienne de *sujet pensant*.

Voyons ces quatre points successivement :

a) La gradation des espèces découle du principe métaphysique de continuité :

> Tout va par degrés dans la nature, et rien par saut, et cette regle à l'égard des changemens est une partie de ma loy de la continuité [1].

1. NE, IV, ch. XVI, § 12, GPV, 455 : « Ainsi quoyqu'il puisse y avoir dans quelque autre monde des especes moyennes entre l'homme et la beste (selon qu'on

Ou encore :

> je croy qu'il n'y a point de Genie, quelque sublime qu'il soit, qu'il n'en ait une infinité au dessus de luy. Cependant, quoyque nous soyons fort inferieurs à tant d'Estres intelligens, nous avons l'avantage de n'estre point controllés visiblement dans ce globe, où nous tenons sans contredit le premier rang. [1]

On voit que cette « connexion graduelle » n'a rien qui puisse empêcher la domination humaine sur les animaux. Il faut cependant poursuivre, pour la justifier autrement que par une croyance ou une apparence constante.

b) La gradation implique des « espèces moyennes » entre l'homme et la bête. Mais elle ne remet pas en cause la notion d'espèce, soit la *différence interne spécifique*. Leibniz refuse d'abandonner le terme d'espèce aux habitudes de parler qui en feraient une simple dénomination conventionnelle. Car l'insistance de Philalèthe-Locke sur les difficultés qu'il y a à délimiter l'humanité comme telle, avec ses accents parfois pascaliens, vise à réduire les essences à de simples conventions de langage : « les genres et les espèces ne sont que des *signes* plus ou moins étendus » [2].

Ecoutons en effet Philalèthe :

> [§ 13] Il est bon encor à l'égard des substances existantes de ne se point borner aux noms, ou aux espèces, qu'on suppose etablies par les noms. Cela me fait revenir à ce que nous avons discuté assés souvent à l'égard de la definition de l'homme. Car parlant d'un *innocent,* qui a vecu quarante ans sans donner le moindre signe de raison, ne pourroit-on point dire qu'il tient le milieu entre l'homme et la beste ?
>
> [§ 16] Mais que sera cet innocent toujours intraitable ? Un defaut dans le Corps fera-t-il un Monstre, et non un defaut dans l'Esprit ? C'est retourner à la première supposition deja refutée, que

prend le sens de ces mots) et qu'il y ait apparemment quelque part des animaux raisonnables qui nous passent, la nature a trouvé bon de les éloigner de nous, pour nous donner sans contredit la superiorité que nous avons dans nostre globe.<...> ; de sorte que je croy que le plus stupide des hommes (qui n'est pas dans un estat contraire à la nature par quelque maladie ou par un autre defaut permanent tenant lieu de maladie) est *incomparablement* plus raisonnable et plus docile que la plus spirituelle de toutes les bestes, quoyqu'on dise quelquesfois le contraire par un jeu d'esprit ». Souligné par nous.

1. *Id.*, IV, ch. XVII, § 16, GPV, 473.
2. *Id.*, III, ch. VI, § 32, GPV, 303. Souligné par nous.

> l'exterieur suffit. Un innocent bien formé est un homme, à ce qu'on croit, il a une ame raisonnable, quoyqu'elle ne paroisse pas : mais faites les oreilles un peu plus longues et plus pointues, et le nez un peu plus plat qu'à l'ordinaire, alors vous commencés à hésiter. Faites le visage plus etroit, plus plat et plus long ; vous voilà tout à fait determiné. Et si la teste est parfaitement de quelque Animal, c'est un Monstre sans doute, et ce vous est une demonstration, qu'il n'a point d'ame raisonnable et qu'il doit estre *detruit.* Je vous demande maintenant, où trouver la juste mesure et les dernieres bornes qui emportent avec elles une ame raisonnable [1].

Leibniz ne peut, malgré sa loi de la continuité, emboîter le pas à Philalèthe lorsqu'il étaye son relativisme sur le caractère gradué de toutes choses et ses transitions insensibles. Car la continuité leibnizienne est la continuité des puissances, qui expriment des sujets réels correspondant aux essences de l'entendement divin, tandis que la continuité de Philalèthe-Locke est une continuité de phénomènes non fondés dans des essences réelles. Autrement dit : il y a chez Leibniz un *ordre des choses* [2], avec lequel nos opinions et nominations, quelque erronées qu'elles puissent être, restent en rapport ; elles ne peuvent donc être entièrement arbitraires.

L'ordre des choses, structure du meilleur des univers possibles, a ici deux conséquences : d'une part, la confiance que nous pouvons avoir dans certaines de nos perceptions, et d'autre part, l'élimination de suppositions extravagantes.

• Nous ne sommes pas dépourvus de tout repère, quelle que puisse être la déformation que nos perceptions font parfois subir aux essences ; car cette déformation doit pouvoir elle-même être calculée [3].

1. *Id.*, IV, ch. IV, § 13, GPV, 374, et § 16, GPV, 375. Souligné dans le texte.

2. *Id.*, III, ch. VI, § 17, GPV, 290 : « Quand il s'agit de determiner si les Monstres sont d'une certaine espece, on est souvent reduit à des conjectures.<...>. Mais nostre incertitude ne fait rien à *la nature des choses*, et s'il y a une telle nature commune interieure, elle se trouvera ou ne se trouvera pas dans le monstre, *soit que nous le sachions ou non* ». Souligné par nous.

3. *Id.*, I, ch. XXVII, § 13, GPV, 221 : « Or si les expériences internes immédiates ne sont point certaines, il n'y aura point de vérité de fait, dont on puisse être asseuré. Et j'ay déjà dit, qu'il peut y avoir de la raison intelligible de l'erreur qui se commet dans les perceptions mediates et externes, mais dans les immediates internes on n'en sçaurait trouver, à moins de recourir à la toute-puissance de Dieu ». Il faut entendre cette *toute-puissance de Dieu* au sens d'une *puissance absolue* qui pourrait être contraire à l'ordre des choses selon son bon plaisir : ce que Leibniz n'admet ni ne reconnaît.

• Quant à la puissance de Dieu, on sait qu'elle se règle selon l'harmonie et le meilleur. Il faut donc exclure les suppositions absurdes, non qu'elles soient inconcevables, mais parce qu'elles sont contraires à cet ordre qui correspond au meilleur univers choisi par la Sagesse de Dieu. Telle serait la transmigration des âmes : elle peut admettre une explication raisonnable, et elle est donc possible. « Mais tout ce qui est possible n'est point conforme pour cela à l'ordre des choses »[1], répète Théophile à Philalèthe, et « la nature n'admet point des fictions qui sont detruites par le Système de l'Harmonie »[2]. En fin de compte, puisqu'il s'agit moins des noms que « de ce qui peut y donner sujet », c'est-à-dire d'une nature intérieure qui rend telle ou telle créature digne « d'une dénomination particulière[3] », il faut dire qu'aucun cas, si aberrant paraît-il, ne peut être inintelligible. Si notre savoir présent défaille, il y a « tousjours des esprits créés qui connoissent ou peuvent connoistre ce qui en est »[4]. Assurance qui vient de la croyance en des « natures intérieures » à chaque espèce : même si l'individu est unique, « le Monstre pourra estre de sa propre espece »[5]. En revanche, si on ne se fonde pas sur la certitude qu'il y a de telles natures intérieures dans les espèces, « alors les marques exterieures seules determineroient l'espece » et « nostre peine de vouloir deviner l'espece, seroit vaine ». C'est peut-être, ajoute prudemment Leibniz, ce que Philalèthe veut dire[6].

Mais alors il devrait prouver « qu'il n'y a point d'intérieur spécifique commun, quand l'extérieur ne l'est plus »[7]. Autrement dit, les changements apparents ne sont pas une preuve de changements d'être, s'il y a des *puissances* qui forment les âmes de tous les êtres vivants. Les monstres, qui nous paraissent différents des espèces reconnues, doivent

1. *Id.*, II, ch. XXVII, § 6, GPV, 216. Il faudrait en effet, pour que cela se *puisse* naturellement, que les âmes soient indifférentes à toute sorte de matière, alors que Leibniz tient que les âmes ou puissances laissent des traces déchiffrables dans les corps auxquels ils sont liés par un accord. Cf. *Id.*, § 14, 223 : « Ainsi si elles passoient dans un nouveau corps grossier ou sensible, elles garderoient tousjours l'expression de tout ce dont elles ont eu perception dans les vieux, et même il faudroit que le nouveau corps s'en ressentit, de sorte que la continuation individuelle aura toujours ses marques reelles ».

2. *Id.*, II, ch. XXVII, § 17, GPV, 224.

3. *Id.*, II, ch. XXIX, § 7, GPV, 238.

4. *Id.*, II, ch. XXVII, § 29, GPV, 229. Et Leibniz de conclure : « il y a lieu de juger que ce qu'il y a d'indifferent à l'égard des personnes mêmes ne peut l'estre que pour un temps ».

5. *Id.*, III, ch. VI, §17, GPV, 290, 291.

6. *Id.*

7. *Id.*

pourtant relever d'une espèce, serait-elle à un seul individu. La notion de *puissance individuelle* pallie les déficiences éventuelles de notre déchiffrement de la nature.

Dans la mesure où les expressions du langage sont en rapport avec des idées dont la réalité est faite de *possibilité* ou de *cogitabilitas*, l'arbitraire des mots eux-mêmes est arrimé à une réalité archétypale [1]. De proche en proche, nos définitions sont fondées, alors même que les objets sensibles de nos idées auraient disparu ou ne seraient pas encore apparus[2]. La référence à l'entendement divin et à ses idées archétypales garantit les droits et les pouvoirs des Intelligences, nous préservant de tout nominalisme. Leibniz peut alors accorder à Locke les incertitudes de fait qui viennent de la coutume, ou de ce que la nature n'a pas partout fixé de limites claires : il préserve la certitude de droit. On pourra aller jusqu'à parler d'idées « vagues, douteuses, arbitraires, nominales », quoique dans un sens différent de celui qu'entend Philalèthe : reste que cela ne « fait rien au point dont il s'agit et ne rend point les essences nominales » [3].

L'inscription en nous des vérités éternelles nous fournit les repères nécessaires pour raisonner, et garantit que nos définitions sont « fondées sur des espèces réelles » [4] : si imparfaites soient-elles, l'appro-

1. *Id.*, II, ch. XXXI, § 3, GPV, 249 : « L'idée du *Triangle* ou du *Courage* a ses archetypes dans la possibilité des choses aussi bien que l'idée de l'or ». Même une machine inventée a un archetype dans « l'idée de l'inventeur, laquelle a elle même pour archetype la possibilité des choses, ou l'idée divine ». Souligné dans le texte.

2. *Id.*, II, ch. XXX, § 1, GPV, 245 : « une idée aussi sera reelle quand elle est possible, quoyqu'aucun existant n'y réponde. Autrement, si tous les individus d'une espèce se perdaient, l'idée de l'espèce deviendroit chimérique ». Voir aussi III, ch. IV, § 17, GPV, 279 : « je crois que l'arbitraire se trouve dans les mots et nullement dans les idées. Car elles n'expriment que des possibilités, ainsi quand il n'y auroit jamais eu de parricide et quand tous les Législateurs se fussent aussi peu avisés que Solon d'en parler, le parricide seroit un crime possible et son idée seroit reelle. Car les idées se trouvent en Dieu de toute eternité, et même elles sont en nous avant que nous y pensions actuellement ».

3. *Id.*, III, ch. IV, § § 8-9, GPV, 280-282. Citons quelques passages : « C'est la nature des choses, qui fixe ordinairement ces limites des especes, par exemple de l'homme et de la beste, de l'estoc et de la taille. J'avoue cependant qu'il y a des notions, où il y a veritablement de l'arbitraire, <...>. Mais la veritable reponse est que la nature n'a point determiné cette notion et que l'opinion y a sa part ». Ou encore : « La remarque est bonne quant aux noms et aux coustumes des hommes, mais elle ne change rien dans les sciences et dans la nature des choses ».

4. *Id.*, III, ch. VI, § 14, GPV, 289 : « Mais quand cela ne seroit point, comme si selon M. Mariotte le bleu de l'arc-en-ciel avoit tout une autre origine que le bleu d'une Turquoise, sans qu'il y eut une cause formelle commune (en quoy je ne suis point de son sentiment) et quand on accorderoit que certaines natures

fondissement prévisible du savoir humain les fera se rapprocher indéfiniment de l'ordre naturel [1]. Les vérités éternelles en nous font en effet la Raison, qui est l'« attribut fixe » [2] de l'espèce humaine.

Manifestation caractéristique de notre puissance, la rationalité comme puissance dérivative fonde l'espoir de trouver pour chaque espèce une telle nature spécifique, ou « attribut fixe ». C'est pourquoi la coutume elle-même est sauvée, comme un moment de la connaissance. Quant aux conventions utiles, elles ne sauraient servir d'argument pour une doctrine nominaliste :

> il est vray que les noms et les bornes des especes seroient quelquesfois comme les noms des mesures et des poids, où il faut choisir pour avoir des bornes fixes. Cependant pour l'ordinaire il n'y a rien de tel à craindre [3].

La volonté chez Leibniz n'est pas une force indépendante de la nature des choses. On n'invente pas au hasard, mais comme *bon* nous semble, et ce bon, on le sait est proportionné au réel bien.

c) Une fois sauvé le *principe* des essences réelles, Leibniz peut justifier l'utilisation par les hommes des puissances animales en la fondant sur la possession du trait distinctif qu'est la rationalité.

— On notera que seul l'effet de discontinuité induit par ce trait peut donner sens à la lettre du commandement biblique auquel Leibniz fait allusion dans le *De Ipsa Natura*, soit :

apparentes, qui nous font donner des noms, n'ont rien d'intérieur commun, nos definitions ne laisseroient pas d'estre fondées dans les especes reelles ; car les phenomenes mêmes sont des realités ».

1. *Id.*, GPV, 289 : « Nous pouvons donc dire, que tout ce que nous distinguons ou comparons avec verité, la nature le distingue ou le fait convenir aussi, quoyqu'elle ait des distinctions et des comparaisons que nous ne savons point et qui peuvent estre meilleures que les nostres ».

2. *Id.*, 289-290 : « Et si nous avions la penetration de quelques Genies supérieurs et connoissions assés les choses, peutestre y trouverions-nous des attributs fixes pour chaque espèce <...> comme dans la plus connue des espèces physiques, qui est l'humaine, la Raison est un tel attribut fixe, qui convient à chacun des individus et tousjours inamissiblement, quoyqu'on ne s'en puisse pas tousjours appercevoir. Mais au defaut de ces connoissances nous nous servons des attributs qui nous paroissent les plus commodes à distinguer et à comparer les choses, et en un mot à reconnoistre les especes ou sortes : et ces attributs ont tousjours leurs fondemens reels ».

3. *Id.*, III, ch. VI, § 27, GPV, 300.

> Dieu les bénit et leur dit : Soyez féconds, multipliez, emplissez la terre et soumettez-la ; dominez sur les poissons de la mer, les oiseaux du ciel et tous les animaux qui rampent sur la terre [1].

Cela permet de faire concorder l'ambition prométhéenne et la loi divine, en faisant d'une pierre deux coups : ce qui est imiter Dieu, qui a plus d'une vue dans ses projets [2].

La *dynamis* des anciens Grecs, cette force qui produit l'*avantage* dans le combat et permet de l'emporter, est définitivement assimilée à la *vertu*, en sorte de cumuler les connotations de l'efficacité et celles de la morale. Comme si les sophistes étaient enrôlés dans le bon combat. En assortissant sa notion de puissance d'une dichotomie, selon l'absence ou la présence d'un trait *logique*, la rationalité, Leibniz retrouve la ligne de partage tracée par les sophistes, et qui marque depuis lors toute notre tradition de pensée : les arts et les sciences d'une part, les ressources naturelles de l'autre ; action réfléchie d'un côté, spontanéité de l'autre. Or l'on sait que ce partage autorise l'exploitation humaine de la nature, et la domination des créatures pourvues de raison sur les autres. Cette conciliation de l'utile et du vertueux, constante chez Leibniz, permet-elle de considérer sa doctrine comme une anticipation de l'utilitarisme ? Certains interprètes chrétiens de Leibniz, comme Jean Baruzi, s'y refusent, mais en invoquant le caractère « métaphysique » des notions et principes de Leibniz [3]. Sans prendre d'option tranchée sur ce point, nous reconnaîtrons que la conciliation leibnizienne de points de vue chrétiens et païens admet au moins une double interprétation, soit qu'on considère la doctrine leibnizienne comme un pragmatisme *ad majorem gloriam Dei*, soit qu'on la juge comme une philosophie authentiquement religieuse, dont les rapports avec des positions utilitaires ou pragmatistes sont de rencontre. Nous nous contenterons de noter, sans vouloir coiffer le leibnizianisme d'une étiquette supplé-

1. *Genèse*, I, 28-30. Référence associée par P. Schrecker au passage du *De Ipsa Natura* qu'il traduit ainsi : « il est, au contraire, conforme à la raison d'admettre que, de même que le mot *fiat* a laissé après lui un certain effet, à savoir une chose même qui dure, de même le mot non moins mirifique de *bénédiction* a imprimé aux choses la tendance féconde à produire leurs actes, à opérer, tendance de laquelle l'opération découle, si rien ne fait obstacle » (*De la Nature en elle-même*, in *Opuscules philosophiques choisis*, *op. cit.*, p. 100, et note 42, p. 152).

2. *Théodicée*, II, § 119, GPVI, 169.

3. Par exemple, J. Baruzi, *op. cit.*, p. 108 : « La notion du « Bien général » sans cesse reproduite dans le leibnizianisme, et où des interprétations superficielles voient une annonce de l'utilitarisme moderne *est une notion métaphysique* ». Souligné par l'auteur.

mentaire, les nombreux avantages, tant métaphysiques qu'humains, de la notion leibnizienne de puissance [1]. Notion utile, notion féconde. La théorisation des rapports entre l'homme et la bête en constitue une bonne illustration.

Promettant à la fois le confort physique ou métaphysique du développement méthodique des ressources de l'univers, et le confort moral qui naît de l'assurance que ce développement est conforme à l'ordre des choses, ou au plan divin, la notion leibnizienne de puissance est un outil philosophique de premier plan. Elle garantit même que lorsque « les autres âmes et les corps » servent « à celles qui ont quelque rapport avec la divinité, pour achever leur félicité », ces substances tendent elles aussi, et dans le même temps qu'elles sont utilisées, « à une plus grande perfection » [2]. Tout se passe comme dans la théorie aristotélicienne de la servitude, où la domination de l'esclave par le maître est favorable à l'esclave lui-même [3].

— Mais une fois notée cette convergence de la vertu et de la force à travers la notion de puissance, qui permet à Leibniz de se réclamer du christianisme tout en prolongeant la tradition philosophique des grecs, il faut remarquer la manière dont Leibniz trouve dans la rationalité de quoi *fonder* le privilège des êtres raisonnables.

La rationalité, marque *logique* distinctive, qui se manifeste chez les Stoïciens dans l'expression parlée, se fait connaître chez Leibniz par une *expression*, au sens large de communication. Dès lors, un Esprit ou une puissance raisonnable, c'est *ce qui se fait entendre* [4]. Comme c'est ainsi que la raison se fait connaître, c'est ainsi que l'on peut *reconnaître* la puissance pourvue de raison, et donc l'Homme (ou l'Esprit, car il y a des êtres raisonnables supérieurs à l'homme), qu'on sait alors distinguer de la bête.

Car il y a, après tout, des hommes sylvestres et velus, qui ressemblent fort à des singes [5]. Il faut donc passer non pas de l'apparence à l'essence comme dans le platonisme, mais d'une partie de l'apparence, non discriminante, à une autre, qui marque la différence spécifique : à

1. Le dernier chapitre de notre thèse étudie la conciliation leibnizienne du point de vue métaphysique et du point de vue pragmatique.

2. *A l'Electrice Sophie*, GPVII, 541.

3. Aristote, *Politique* I, 1255 b 6-15. A cet égard, la relation despotique est un cas particulier de la relation de domination (*Id.*, 1254 a 21- 34).

4. NE, III, ch. I, § 2, GPV, 254 : « sans le désir de nous faire entendre, nous n'aurions jamais formé de langage ».

5. *Id.*, II, ch. XXVII, § 9, GPV, 217.

un phénomène qui témoigne de l'activité rationnelle de la puissance [1]. C'est l'expression parlée, ou plus largement la communication par signes, ce que nous appelons de nos jours le langage, qui manifeste au-dehors l'activité interne de la raison, laquelle marque la puissance des esprits. Car les singes ont « en apparence » des organes « aussi propres que nous à former la parole, cependant il ne s'y trouve point le moindre acheminement. Ainsi il faut qu'il leur manque quelque chose d'invisible » [2]. La parole est cette apparence sensible qui mène à l'activité rationnelle invisible.

La continuité des espèces affirmée par Leibniz avec Locke n'empêche donc pas la coupure et ses effets discriminants. Leibniz refuse de se régler sur les exceptions ou monstruosités invoquées par Philalèthe [3] pour corroder la ligne de partage et mettre en doute la notion d'essence réelle. Leibniz tient ferme sur deux propositions :

(1) « si nous distinguons l'homme de la beste par la faculté de raisonner, il n'y a point de milieu, il faut que l'animal dont il s'agit l'aye ou ne l'aye pas » [4].

(2) cette raison se montre ; elle s'*exprime* dans une communication, même si l'on peut citer des cas où cette (dé)monstration semble, au moins momentanément, absente [5].

A celui qui veut indéterminer les « bornes qui emportent avec elles une âme raisonnable », Leibniz répond sur deux plans : sur le plan du principe, et sur celui de la conduite à tenir.

— En droit, Leibniz exige le maintien rigoureux de la césure : elle découle du trait définitionnel, qui a été adopté pour sa conformité avec la nature des choses. L'absence ou la présence d'un trait définitionnel produit un clivage tel qu'on puisse toujours en droit répartir les individus d'un côté ou de l'autre de la frontière. Leibniz adopte implicitement l'analyse aristotélicienne de la contrariété comme

1. *Id.*, III, ch.VI, § 36, GPV, 306 : « Mais comme on connoist l'interieur essentiel de l'homme, c'est à dire la raison, qui demeure dans le même homme, et se trouve dans tous les hommes, et qu'on ne remarque rien de fixe et d'interne parmy nous, qui forme une sousdivision, nous n'avons aucun sujet de juger qu'il ait (sic) parmy les hommes, selon la verité de l'intérieur, une difference specifique essentielle, au lieu qu'il s'en trouve entre l'homme et la beste ».

2. *Id.*, III, ch. I, § 1, GPV, 254.

3. *Id.*, IV, ch.IV, GPV, 376.

4. *Id.*

5. *Id.*

différence parfaite, dont le modèle est l'opposition entre la privation complète et la possession[1].

— Lorsqu'il s'agit, non du droit, mais du fait, soit de l'appréciation des *cas* particuliers, Leibniz montre la plus grande souplesse compatible avec l'affirmation du principe. Cette souplesse s'appuie sur plusieurs considérations qui sont autant de vérités éternelles.

L'on sait que Dieu a voulu le meilleur des mondes possibles. Tout individu qui existe a donc une *raison d'être*. Tout être, même s'il nous semble exceptionnel, voire monstrueux, a de droit sa place dans l'univers.

D'autre part, il faudrait une omniscience pour décider démonstrativement de l'appartenance de certains à l'une ou l'autre des natures séparées par la ligne rationnelle de démarcation. Cela suppose en effet une analyse infinie, s'il est vrai que les vérités touchant aux cas individuels et à l'existence sont des vérités contingentes.

Le philosophe ne désespère pas pour autant de la raison, et ne se contente pas en « empirique » des ressemblances apparentes. Il calcule la probabilité la plus forte « de sorte qu'il y a demonstration alors, non pas de la verité de la chose, mais du parti que la prudence veut qu'on prenne »[2]. Il compare les coûts et les avantages de tel ou tel classement, dont on sait que, faute de démonstration présente, et non par nécessité[3], il ne saurait être certain, mais seulement plus ou moins probable. Mais on sait aussi qu'une grande probabilité fait une certitude morale. Après avoir montré, en sauvant le principe des essences réelles, que la question des monstres pouvait bien atteindre notre savoir, mais non pas les essences, qui reposent dans l'entendement de Dieu, Leibniz sauve notre savoir en faisant une place à l'analyse finie à côté de la démonstration totale. Seule une conception étroite du savoir, qui oppose à la démonstration l'ignorance et la conjecture, peut engendrer le scepticisme et le relativisme de Locke. Pour vouloir dépasser la simple connaissance des régularités, de ce qui se passe *ôs epi to polu*, Leibniz ne veut pas tomber dans l'opposition tranchée faite par les cartésiens entre le certain et le douteux. Il y a des degrés de certitude.

1. Aristote, *Métaphysique* I, 4 et 9. *Catégories*, 5, 10, 11.

2. NE, IV, ch. XVII, § 3, GPV, 457.

3. *Id.*, III, ch. VI, § 17, GPV, 291 : « quelquesfois des enfans qui ont quelque chose de monstrueux parviennent à un âge où ils *font voir* de la raison ». Souligné par nous.

Mais lorsqu'on ne sait pas quel jugement porter sur l'espèce d'un individu, il faut encore distinguer. Deux cas extrêmes peuvent être envisagés, qui correspondent à deux risques d'erreur inverses :

(I) Certains individus n'ont pas figure humaine, mais ils témoignent *en parlant à autrui* de l'activité de la raison en eux : ce sont des génies [1], des habitants (possibles) d'autres planètes [2], comme des lunaires, ou des Anges [3].

Le risque de confusion tient à ce que le discours témoigne immanquablement de la raison, mais ce n'est pas l'homme qu'il fait ; c'est l'Esprit :

> la *conversation* convient à tous les esprits, qui se peuvent entre-communiquer leurs pensées [4].

C'est que la raison, si elle est essentielle à l'humanité, ne suffit pas à définir l'homme :

> il semble qu'il faut adjouter quelque chose de la figure et constitution du corps à la définition de l'homme, lorsqu'on dit qu'il est animal raisonnable, autrement les Génies selon moy seroient aussi des hommes [5].

1. *Id.*, II, ch. XXVII, § 13, GPV, 204. Ou *à Sophie*, GPVII, 569.

2. NE, III, ch. VI, § 22, GPV, 293 : « Si quelqu'un se disoit Ange, et savoit ou savoit faire des choses bien au dessus de nous, il pourroit se faire croire. Si quelqu'autre venoit de la Lune par le moyen de quelque machine extraordinaire comme Gonzales, et nous racontoit des choses croyables de son pays natal, il passeroit pour lunaire, et cependant on pourroit luy accorder l'*indigenat et les droits de bourgeoisie avec le titre d'homme* tout etranger qu'il seroit à nostre globe ». Souligné par nous. On s'achemine ici vers une conception de l'humanité comme celle d'un titre ou d'une *qualité*, qui s'accorde en fonction de la possibilité de communiquer. Comme il ne s'agit pas pour Leibniz de reconnaître la convention comme telle, c'est que la *societas* est essentielle à l'être humain et à l'être raisonnable.

3. *Id.*, II, ch. XXVII, § 9, GPV, 217 : « rien n'empêche qu'il n'y ait des animaux raisonnables d'une espèce différente de la nostre, comme ces habitans du royaume poétique des oiseaux dans le soleil, où un perroquet venu de ce monde après sa mort sauva la vie au voyageur, qui luy avoit fait du bien icy bas ».

4. *Id.*, III, ch.VI, § 21, GPV, 292. Souligné dans le texte.

5. *Id.*, II, ch. XXVII, § 9, GPV, 218. Nouvelle pierre jetée dans la mare du dualisme cartésien. Les Génies et les Anges ont sans doute un corps différent du nôtre, mais ils n'en sont pas dépourvus : « je crois que les scavants Pères de l'Eglise ont eu raison d'attribuer des corps aux Anges ». (*Id.*, II, ch. XXIII, § 13, GPV, 204.)

C'est pourquoi, même si un être discourt raisonnablement, il n'est pas pour autant admis automatiquement dans la *société humaine* [1]. Encore moins est-il admis sans condition dans la « société » entre les hommes et Dieu, que symbolise le sacrement du baptême. Recevoir le baptême, c'est en effet être considéré comme un « enfant de Dieu », avoir part à la rédemption de Jésus-Christ. Est-ce possible quand on n'est pas de la race d'Adam ?

Tout bien pesé, Leibniz suggère de pratiquer un baptême conditionnel, en sorte que la formule soit véritable dans tous les cas, comme pour une vérité éternelle. On peut bien accorder le titre d'homme au « lunaire »,

> s'il demandoit le Baptême et vouloit estre receu Proselyte de nostre loy, je crois qu'on verroit de grandes disputes s'élever parmi les Théologiens. Et si le commerce avec ces hommes planetaires, assés approchans des nostres selon Mr. Hugens, estoit ouvert, la question meriteroit un concile universel, pour savoir si nous devrions etendre le soin de la propagation de la foy jusqu'au dehors de nostre Globe. Plusieurs y soutiendroient sans doute, que les animaux raisonnables de ces pays n'estant pas de la race d'Adam n'ont point de part à la redemption de Jesus-Christ : mais d'autres diroient peutestre que *nous ne savons pas assés* ny où Adam a tousjours esté, ny ce qui a esté fait de toute sa postérité, puisqu'il y a même eu des Théologiens, qui ont crû que la Lune a esté le lieu du paradis : *et peutestre que par la pluralité on concluroit pour le plus seur qui seroit de baptiser ces hommes douteux sous condition, s'ils en sont susceptibles* [2].

Le parti de Leibniz est une synthèse de confiance et de prudence : confiance sans restriction quand il s'agit des droits qu'on reconnaît par « le titre d'homme », confiance assortie de prudence si la société avec Dieu, et donc l'Eglise, est en jeu.

(II) Même solution, faite de hardiesse et de prudence, pour l'autre cas extrême. Ces cas sont rares, sans doute ; leur utilité est théorique, voire pédagogique : elle tient à ce qu'ils nous aident à voir clairement

1. On a eu raison de remarquer, selon Leibniz, « que si l'ânesse de Balaam eût discouru toute sa vie aussi raisonnablement qu'elle fit une fois avec son maître (supposé que ce n'ait pas esté une vision prophétique), elle aurait tousjours eu de la peine à obtenir rang et séance parmi les femmes ». (*Id.*, III, ch. VI, § 27, GPV, 300. Le récit se trouve en *Nombres*, 22. C'est Yahvé qui « ouvre la bouche de l'ânesse »).

2. *Id.*, III, ch.VI, § 22, GPV, 293-294. Souligné par nous.

ce qui fait la différence entre l'homme et la bête [1]. Ce deuxième cas extrême est celui de l'individu à forme humaine qui « ne montre pas de raison ». Alors, sans la preuve que fait le discours ou la communication, restent les présomptions. Qui n'ouvrent pas la porte à la connaissance vague, mais au calcul des probabilités :

La probabilité est très forte si la naissance à partir d'êtres humains est établie [2]. Au défaut de la preuve décisive, soit la communication par signes, il faut conjuguer les indices [3]. Leibniz accorde à Locke que la naissance, indice très probable, n'en est pourtant pas un suffisant, si une figure très différente de l'humaine fait douter de l'humanité [4]. Pourtant, l'argumentation de Philalèthe pourrait être retournée, l'apparence humaine ne suffisant pas à lever tous les doutes puisqu'on ne peut déterminer avec précision, comme nous l'avons vu, « les justes limites de la figure humaine ». Leibniz accorde donc que les apparences ne confèrent pas par elles-mêmes de la certitude. Mais il insiste

— sur la conjugaison des apparences, qui permet de réunir un faisceau de probabilités.

— sur le *crédit* qu'on peut faire à ce qui existe, dans la mesure où un choix de Dieu est à son origine.

Un tel crédit est déterminant. L'animal à figure humaine, sur la nature duquel on doute, pourra comme l'innocent et l'imbécile être accueilli dans la société humaine, et conditionnellement dans l'Eglise [5] lorsqu'on n'est pas fixé sur son cas et donc sur le statut à lui donner. Car « le défaut de l'exercice de la raison est souvent temporel, mais il ne cesse pas dans ceux où il est accompagné d'une teste de chien ». Au reste,

> si cet Animal de figure humaine n'est pas un homme, il n'y a pas grand mal à le garder pendant l'incertitude de son sort. Et *soit qu'il ait une âme raisonnable, ou qu'il en ait une, qui ne le soit pas*, Dieu ne l'aura point faite pour rien, et l'on dira de celles des hommes, qui demeurent dans un estat tousjours semblable à celuy

1. *Id.*, GPV, 294 : « Par bonheur, la nature des choses nous exempte de tous ces embarras ; cependant ces fictions bizarres ont leur usage dans la speculation, pour bien connoistre la nature de nos idées ».

2. *Id.*, ch. VI, § 22, GPV, 293.

3. *Id.*, IV, ch.IV, § 16, GPV, 376 : « la naissance et la figure humaine donnent des presomptions de ce qui est caché ».

4. *Id.*

5. *Id.*, II, ch. XXVII, § 9, GPV, 217. Ou III, ch.VI, § 23, p. 295.

> de la première enfance, que leur sort pourra estre le même que celuy des ames de ces enfans, qui meurent dans le berceau. [1]

Aucune créature de Dieu n'est à exclure, car toutes sont précieuses. D'autre part, la plus petite marque de rationalité ou d'humanité conduit à supposer tout le reste de ce qui fait la nature humaine, si rien ne vient décisivement s'y opposer.

Le crédit fait à l'existant, en tant qu'il a été créé et choisi par Dieu, conduit à *élargir notre perception de l'humain*. Au lieu de se servir de nos doutes pour indéterminer les idées elles-mêmes et réduire le savoir à des imaginations et à des préjugés, Leibniz se sert de l'incertitude pour renforcer la confiance, susciter l'espérance et repousser les bornes de notre horizon : nous ne connaissons que fort peu de ces cas douteux, alors que bien d'autres sont possibles. Même si tout ce qui est possible n'est pas pour cela conforme à la « nature des choses », ou à l'ordre de cet univers élu par Dieu, il reste que nous ignorons encore beaucoup de ce que *peut* cette nature. Nous ne connaissons pas dans le détail l'ordre de l'existant, qui est un ordre des puissances ou existences en développement. Or, comme toute créature déploie dans le temps sa perfection propre, toute créature raisonnable, même lorsqu'elle ne communique pas momentanément avec nous, montrera un jour ou l'autre de la raison.

Leibniz s'appuie sur cette certitude pour interpréter les exemples fournis par Locke, et s'en servir comme autant d'armes pour combattre le préjugé relativiste. Ce qui lui permet d'associer la ferme reconnaissance de ce qui sépare l'homme de la bête, à la plus grande tolérance pratique. Dans un univers où tout a sa raison d'être, et concourt au projet divin, il faut toujours pencher pour la présomption la plus favorable.

Leibniz maintient donc fermement la frontière entre l'homme et la bête, tout en la bougeant de manière à faire profiter un maximum de créatures des droits de l'Humanité, ou des privilèges réservés aux Esprits. En quoi il montre qu'il n'a pas de l'Humanité la définition étroite que Locke se plaît à malmener. Il faut donc garder les définitions, mais les assouplir pour qu'elles ne puissent pas fonctionner comme exclusion de certains êtres raisonnables [2], et qu'elles laissent ouverte la porte des progrès de la connaissance.

1. *Id.*, IV, ch. IV, § 16, GPV, 376. Souligné par nous.

2. L'innocent est moins stupide que nous ne le pensons. Et nous ne savons pas toujours saisir les effets réels mais subtils de la raison agissante en la puissance de chacun. Cf. NE, III, ch. VI, § 2, GPV, 284 : « J'ay dit asses cy dessus,

d) Leibniz réussit à tracer une nette ligne de démarcation entre l'homme et l'animal, sans pour autant revenir au dualisme cartésien. L'inscription de vérités éternelles dans la réalité de la puissance donne le moyen à l'homme de raisonner, de se rapporter à lui-même, et de communiquer ses pensées par signes. Et non telle qualité de l'aperception nommée « consciencìosité » : ce sentiment est une manifestation de la réalité de la puissance, non sa cause ou son fondement. Bien plus, une telle qualité, qui ordinairement sert de preuve, peut faire défaut sans que la créature raisonnable cesse pour autant d'être un *sujet*. Ce qui fait l'Esprit, c'est bien une *position* de sujet, produite par la présence des vérités éternelles, non une *conscience* venue s'ajouter on ne sait comment à une machine naturelle. Il y a là un structuralisme spontané de Leibniz, voire un primat de la relation, qui est en tension avec son substantialisme des qualités internes.

La présence des vérités éternelles, qui permet le dialogue intérieur ou avec autrui, transforme la puissance, et la rend équivalente au *sujet individuel*. Dans le débat entre Locke-Philalètre, et Leibniz-Théophile, la question pour Leibniz est moins celle des espèces, où la place son interlocuteur, que celle des individus. Ce qui l'amène à se soucier beaucoup moins de l'espèce à laquelle chacun appartient (et qui peut bien rester momentanément incertaine), que de l'*identité propre* à chacun.

Qu'importe alors si Lucius est revêtu d'une apparence d'âne. Si « dans le corps de la bête » l'âme exerce des actes raisonnables, alors on ne ferait peut-être pas de difficulté pour dire

> que *le même Lucius*, venu en Thessalie pour voir ses amis, demeure sous la peau de l'âne, où Protis l'avoit mis malgré elle, et se promena de maistre à maistre, jusqu'à ce que les roses mangées le rendirent à sa forme naturelle [1].

Pourtant, dépourvu de la figure et constitution du corps qui entrent dans la définition de l'homme, Lucius « n'est plus un homme » [2]. Mais l'essentiel, c'est qu'il soit toujours Lucius. C'est la persistance du sujet, non l'espèce à laquelle il peut appartenir, qui importe, et qui est même décisive. Ainsi de ce perroquet du pays des Fées ou de la Mère l'oye, qui était « quelque fille de Roy transformée » et « se fit connoistre pour telle en parlant. Sans doute le pere et la mere *le* carresseroient

pourquoy il paroist aux hommes que la vie et la pensée cessent quelquesfois, quoyqu'elles ne laissent pas de durer et d'avoir des effects ».

1. NE, II, ch. XXVII, § 6, GPV, 217. Souligné par nous.
2. *Id.*, § 9, GPV, 218.

comme *leur fille* et *la* croiraient avoir, quoyque cachée sous cette forme étrangère »[1]. Perroquet ou humain, qu'importe l'espèce, semblent dire les parents avec Leibniz, pourvu que le perroquet soit bien leur fille ! Non pas un exemplaire de telle ou telle espèce appartenant à l'ordre métaphysique des substances, mais *cet* individu singulier qui entre en société avec autrui par la conversation, et qui à travers le langage symbolise sa place et sa reconnaissance dans la généalogie humaine. Nul exemple mieux que cette fiction n'est propre à montrer la compatibilité d'un discours métaphysique qui ordonne objectivement les substances, et d'un discours moral qui permet une *situation respective* des sujets. En conséquence : les sujets sont sujets de se reconnaître les uns les autres dans un *colloque*. La *societas* est la condition pour qu'il y ait des sujets réels, des sujets pour eux-mêmes parce qu'ils sont en relation avec d'autres sujets qui les reconnaissent pour tels.

Dès lors, si les animaux ne sont pas admis dans la société avec Dieu, s'ils restent de purs instruments, de quasi-objets, malgré leur statut métaphysique de substances, c'est qu'ils ne montrent rien qui manifeste la raison, n'enchaînent pas de conséquences, et ne communiquent pas par signes : les « caractères » de la lumière naturelle doivent donc leur faire défaut. Ce n'est pas faute d'une « substance pensante » qui ne leur aurait pas été accordée, défaut qui les aurait laissé machines pures. Leibniz ne place pas le critère distinctif entre l'homme et la bête dans la *conscience*, mais dans une *capacité à raisonner*, c'est-à-dire à enchaîner des propositions. Celle-ci peut s'exercer sans volonté expresse : elle est fondée sur la présence silencieuse mais agissante d'une logique qui transforme la puissance primitive en puissance agissant « selon la raison », même sans l'aide de la conscience.

A Philalèthe qui constitue l'identité sur la *consciousness* de façon à la dissoudre dans le sentiment précaire de soi-même, Théophile montre que la conscience est un « apparaître à soi-même », une forme de l'aperception, qui *manifeste* qu'une âme est raisonnable, mais n'en est pas la condition. Ce sont les puissances qui font les sujets, et non pas les manières d'être, lesquelles peuvent, comme la « conscienciosité », varier, aller et venir, sans que le sujet cesse d'être le même. C'est pourquoi notre identité repose sur l'activité *constante* de la puissance, non pas sur les manifestations d'intensité *variable* de l'aperception de soi. L'activité de la puissance, comme source d'unité objective, tient

1. *Id.* Nous soulignons les termes qui marquent l'espèce, le genre et la filiation, pour mettre en relief la compatibilité, exhibée par la fiction, entre l'espèce physique et la relation morale.

lieu, si l'on peut employer ici une terminologie kantienne, d'aperception transcendantale, alors que la conscience n'équivaut qu'à une intuition empirique. Ainsi, que nous soyons malades, endormis, évanouis, ou tombés dans un état voisin de la mort (la mort n'en est d'ailleurs qu'une variante), nous restons ce que notre puissance fait impérissablement et infatigablement : un *sujet*.

La rationalité ne s'ajoute pas à la puissance comme une substance pensante mystérieusement accolée à une partie de la substance étendue. Elle est un mode d'action typique qui fait la puissance complexe en ce qu'elle lui permet un rapport interne par l'intermédiaire des vérités gravées en elle. Cette manière d'agir donne à la substance raisonnable de quoi *se poser comme sujet de sa perception* dans un colloque virtuel avec autrui où elle sera reconnue comme telle. Leibniz, en mettant en évidence ce qui sépare l'homme de la bête – non pas une *conscience* qui épouserait une machine en de barbares noces, mais un accès à une logique et par là à un *discours virtuel* –, montre bien la différence entre le point de vue moral et le point de vue métaphysique.

Tant qu'on reste à un discours physique ou métaphysique, les substances n'ont pas de réelle autonomie par rapport à la substance divine, puisque leur puissance spontanée prolonge le mouvement divin orienté vers le meilleur, limité seulement à travers leur point de vue partiel. A ce seul niveau ne peut être saisie de différence décisive avec l'univers de Spinoza, où les puissances sont des parties de la puissance infinie, et où nous sommes invités à dépasser ce point de vue mutilé pour rejoindre celui de la Totalité.

Il faut passer au discours moral, situé sur un autre plan que le discours métaphysique des substances, pour voir apparaître ce qui met une distance entre la puissance créée et la puissance divine. Car le discours moral met en évidence une relation entre les sujets, qui leur donne un statut d'interlocuteurs se reconnaissant réciproquement comme sujets. La présence des vérités éternelles dans la puissance des créatures raisonnables est la *condition métaphysique* de cet ordre, où les substances ne sont plus simplement des sujets réels de leurs actions, au sens où elles les produisent à partir d'elles-mêmes, mais ont, de plus, le titre ou la qualité qui convient à leur *place* dans une relation.

Mais c'est là passer à une nouvelle dimension de la puissance inaugurée par le discours moral : dimension qui donne à la puissance chez Leibniz des connotations juridiques et morales, et l'associe étroitement à la notion de *personnalité*.

SECTION 2 :

PUISSANCE ET PERSONNALITÉ

2.1 : Le sujet leibnizien

La rationalité à laquelle Dieu élève certaines puissances produit une transmutation de l'être de la puissance. Sans cesser d'être agissante et orientée vers le bien-être du sujet, elle devient orientation virtuellement délibérée, auto-organisation, libre engendrement des actions (ces actions qui correspondent aux prédicats de la notion que Dieu a choisi de faire passer à l'existence). La force d'agir donnée à ces notions, choisies entre toutes, comporte une sorte de circuit en dérivation, un *repli* ou une torsion interne, qui fait virtuellement l'aperception et le raisonnement, et permet aux sujets créés d'entrer en communication avec d'autres sujets, de « se faire entendre ».

Il faut montrer comment cette modalité de la puissance permet aux substances raisonnables d'engendrer leurs actions *pour leur propre compte*, et de *répondre* de leurs choix devant d'autres sujets. La puissance est la force constitutive du sujet parce qu'elle est la force d'engendrement des actions qui font ce sujet. A nous de mettre en relief ce qui distingue la liberté des Esprits de la simple spontanéité des substances, tout en évitant de la confondre avec un libre-arbitre qui tiendrait aux privilèges de la conscience. Exercice difficile pour ceux qui auraient coutume de confondre raison et conscience de soi.

* * *

Les substances créées correspondent aux sujets possibles dont Dieu a pu considérer les actions qu'ils engendreraient au cas où ils seraient créés. En leur donnant la puissance de produire effectivement de telles actions, et donc de réaliser leurs projets ou leur orientation, Dieu en a fait des sujets réels. La puissance est le *fondement réel* du sujet. Or, si les Esprits se distinguaient des autres substances par la simple conscience qu'ils prendraient d'eux-mêmes, la puissance perdrait son rôle de premier plan, et Leibniz rendrait une justice *de facto* au cogito cartésien. On sait qu'il n'en est rien. Leibniz met au premier plan une *subjectivation* et une *personnalisation* de la puissance chez les Esprits, libérées des attaches cartésiennes dans la mesure où la conscience en est une conséquence, et ne fait que les manifester.

Dans la notion qui correspond à cet Esprit, se trouve enveloppés non seulement l'univers entier, comme dans une notion quelconque, mais aussi les lois qui président à cet univers. Car Dieu laisse en certaines notions des traces de son action, qui donnent les clés du déchiffrement de l'univers. Ces traces font un discours virtuel, ou des propositions en germe. Il y a dans les Esprits un savoir virtuel à développer [1], énoncer, mettre au jour sous forme de connaissance expresse, un savoir qui met en valeur l'action spontanée de la puissance en en éclairant le fonctionnement. C'est ainsi que la puissance, toujours agissante, trouve en elle à développer des éléments des idées de ce qu'elle fait, et une notion d'elle-même qui n'est pas sans rapport avec la notion complète que Dieu en a. L'action spontanée de la puissance enveloppe chez les Esprits une connaissance virtuelle du sujet dont elle est l'action continuelle. Un savoir de soi, enveloppé dans les inscriptions divines, est là en nous, toujours agissant, même lorsque l'attention lui fait défaut. La substance raisonnable n'a pas besoin de savoir qu'elle sait pour se savoir. Elle peut alors « dire ce *moy* qui dit beaucoup » [2] : *moi* qu'elle *faisait avant de le dire*. Muni de cette ressource discursive, la marque en elle de la notion choisie par Dieu, l'individu peut se référer à une même idée de lui-même à travers toutes les transformations qui peuvent l'affecter, et toutes les vicissitudes de l'existence. Ce *moi* que Pascal cherchait vainement dans le corps ou dans l'âme, dans la substance pensante ou dans les qualités empruntées [3], Leibniz le trouve dans un rapport intérieur à une idée qui exprime l'idée de Dieu. Idée qui est elle-même insérée dans tout un réseau contextuel formant l'univers créé. C'est pourquoi, dans la situation où Pascal voit un individu égaré, à la recherche d'une identité qui perpétuellement lui échappe, Leibniz nous montre une personne qui peut bien perdre accidentellement tout souvenir actuel de ce qu'elle a été, mais qui est

1. NE, I, ch. I, § V, GPV, 74 : « Faut-il que tout ce qui est naturel à une substance qui se connoist, s'y connoisse d'abord actuellement ? »

2. DM, XXXIV, GPIV, 459-460 : « Mais l'âme intelligente connoissant ce qu'elle est, et pouvant dire ce *moy*, qui dit beaucoup, ne demeure pas seulement et subsiste Metaphysiquement, bien plus que les autres, mais elle demeure encore la même moralement et fait le même personnage ».

3. Pascal, *Pensées*, 323 : « Qu'est-ce que le Moi ? »

toujours en mesure de retrouver la trace de ce qu'elle fut [1]. Car les traces du choix de Dieu, les éléments des idées correspondant aux notions créées, se trouvent inscrites dans toutes les substances intelligentes.

Le rapport à soi, la *réflexivité*, découlent de la nature particulière des substances raisonnables. Marquée par les vérités éternelles, la substance intelligente est en torsion naturelle sur soi, en position de lire le texte que déploie sa puissance, et par là de référer son action à ce qui l'éclaire : son contexte. Ainsi peut-elle se compter comme l'*une* des substances qui composent l'univers. Ainsi peut-elle agir en *connaissance de cause*, en rapportant à soi ses actions. L'éclairement intérieur n'est pas le fait d'une conscience qui lui serait rapportée comme du dehors. C'est le résultat d'un rapport que l'on dirait objectif s'il ne faisait précisément la subjectivité. Chez les créatures raisonnables, il y a toujours une instance tierce entre soi et soi : tiers qui évite l'adhérence pure et simple à soi qui fait le sort des substances dépourvues de raison ; tiers qui fait ici médiation, autorisant le rapport de soi à soi. On est loin de l'intimité intuitive : la créature raisonnable déchiffre les phénomènes grâce aux actions de sa puissance armée de *logos*, elle est appelée à la subjectivation par ce dispositif logique qu'elle recèle naturellement. C'est-à-dire grâce à la *lisibilité* de ce qui en nous est gravé.

A travers le don de rationalité, Dieu a donc doté les créatures raisonnables des *moyens de lire* le texte que leur puissance déploie, dans le contexte des puissances conjuguées qui forment l'univers. Parce que les instruments de cette lecture sont inscrits dans la puissance elle-même comme dispositions vers les vérités éternelles, il n'y a pas de rupture entre le déploiement spontané de toute substance, et le développement d'un Esprit qui se sait lui-même, se réfléchit, et se déchiffre dans le même temps qu'il agit.

A proprement parler, il ne s'agit pas exactement d'une *saisie* de soi, comme l'évoque souvent l'expression de *conscience de soi*. Ce rapport à nous-mêmes est une action interne à laquelle nous pouvons ne pas être attentifs. Comme l'on n'a pas besoin de penser qu'on pense pour penser [2], de même la réflexivité est toujours virtuelle et embryonnaire,

1. NE, II, ch. XXVII, GPV, 220 : « le rapport d'autrui, ou même d'autres marques y peuvent suppléer ».

2. *Id.*, II, ch. I, § 19, GPV, 108 : « il n'est pas possible que nous reflechissions tousjours expressement sur toutes nos pensees ; autrement l'Esprit feroit reflexion sur chaque reflexion à l'infini sans pouvoir jamais passer à une nouvelle pensee. Par exemple, m'appercevant de quelque sentiment present, je devrois

c'est-à-dire agissant à un degré faible mais pouvant selon les sujets et les occasions se développer jusqu'à une conscience expresse, voire jusqu'à une énonciation. Tous les degrés de « consciousness » ou d'inconscience relatives sont alors parcourus. Comme si Descartes avait pris pour essence ce qui n'était que l'extrémité d'une manifestation.

Car, précisément dans la mesure où il s'agit d'un rapport à soi enveloppé dans la nature de la puissance, on ne saurait trouver la transparence à soi-même qui prétend faire l'évidence instantanée du *cogito* cartésien [1]. Chez Leibniz, le cogito ne peut être que l'aperception d'une activité constamment soutenue par la puissance raisonnable. Ce ne peut pas être un cogito-constat. C'est un acte de reconnaissance de son activité comme propre [2]. L'esprit déchiffre des idées et des vérités innées, et dans cette action les prend *à son compte*, les développe en les portant au langage [3]. Il y a un travail de la puissance, qui fonde l'affirmation leibnizienne selon laquelle l'Esprit se fait la source des vérités nécessaires. Il les *produit*, les tire de leur état embryonnaire, et les amène dans un jour plus ou moins clair : il les fait naître. Le sujet raisonnable peut faire *siennes* les vérités qu'il « déterre », les reconnaître comme procédant de la nature de l'esprit (et non d'une invention singulière). Il se reconnaît ainsi soi-même

tousjours penser que j'y pense, et penser encor que je pense d'y penser, et ainsi à l'infini ».

1. Je dis *prétend*, car la véhémence ou l'insistance des interrogations cartésiennes, quelque rhétoriques qu'on veuille les considérer, indique à tout le moins une difficulté. Cf. Descartes, *Meditatio* II, A.T VII, pp. 28-29 : « Sed quid igitur sum ? Res cogitans. Quid est hoc ? Nempe dubitans, intelligens, affirmans, negans, volens, nolens, imaginans quoque, & sentiens.

Non pauca sanè haec sunt, si cuncta ad me pertineant. Sed quidni pertinerent ? *Nonne ego ipse sum qui jam dubito* ferè de omnibus, qui nonnihil tamen intelligo, qui hoc unum verum esse affirmo, nego caetera, cupio plura nosse, nolo decipi, multa vel invitus imaginor, multa etiam tanquam a sensibus venientia animadverto ? (...) Nam quod ego sim qui dubitem, qui intelligam, qui velim, tam manifestum est, ut nihil occurrat per quod evidentius explicetur. Sed vero etiam *ego idem sum* qui imaginor ; (...) *Idem denique ego sum* qui sentio, (...) ». Souligné par nous. La substance pensante peut-elle tenir lieu d'*identité* ?

2. Cf. la définition de la *conscientia* dans la Table de définitions des années 1702-1704, C, p. 495 : « *Conscientia* est reflexio in actionem, seu memoria actionis nostrae, ita ut cogitemus, nostram esse. Involvit hoc ipsam substantiam veram seu *to* ego ».

3. Nous ne pensons pas seulement aux diverses langues naturelles, mais aux langues correspondant aux différents niveaux de déchiffrement de l'univers, telles la langue dynamique, la langue mathématique, la langue juridique, voire même la langue affective ou émotive de celui qui est *choqué* par le mensonge ou la contradiction.

comme esprit ou intelligence active. Dépositaire d'un savoir virtuel sous la forme des caractères du langage dans lequel l'univers a été écrit, un Esprit les traduit dans son langage et s'en reconnaît l'auteur *à titre* d'esprit. Il est alors près de découvrir sa parenté avec l'Esprit suprême, près de découvrir son accès à l'élément tiers des vérités éternelles, qu'il a en partage avec les autres esprits, et qui fonde leur *société* ou leur communication. Ce sera à la philosophie leibnizienne de développer ce savoir virtuel [1] et de poursuivre la découverte des vérités par tous les esprits ; éclairant l'action spontanée de la puissance raisonnable, la philosophie leibnizienne montre que l'aperception ou saisie attentive de son action, est possible quand un être agissant peut *interposer*, entre cette action et lui-même, un univers de discours (nous dirions aujoud'hui un univers symbolique) auquel il peut épingler chacun de ses faits et gestes : ce qui lui permet de s'y reconnaître comme un des *sujets* de tout ce qui a lieu. La philosophie leibnizienne mène à saisir le caractère divin des instruments de pensée et de déchiffrement, et leur rôle fondateur : le rapport à soi qui fait les sujets est fondé dans une triangularité qui relie Dieu, les Esprits et les Vérités.

L'erreur des philosophies de la conscience est par là dénoncée d'avance : elle correspond à une étroitesse perceptive, attentive à la seule conscience émergée, oublieuse des conditions qui permettent à chacun de dire *Je suis*. Leibniz nous les rappelle : la référence toujours possible aux vérités éternelles nous permet

— de nous repérer dans « le mélange des effets de l'infini environnant » [2] en distinguant les considérations,

— de « réduire les effets aux raisons autant qu'il nous est possible, et en prévoir quelques suites » [3].

C'est donc elle qui nous fait produire les enchaînements de causes à effets et de principes à conséquences. Grâce à quoi le sujet raisonnable peut se mettre lui-même *en cause*, parmi d'autres causes qui produisent d'autres effets.

Référence à un univers de discours, repli interne à la puissance qui renvoie au sujet les clefs de son action et l'autorise à l'exprimer de mille manières, la rationalité, ou présence des germes de vérité dans la puissance, est la condition du *sujet* leibnizien, compris comme sujet pour lui-même.

1. Cf. le chapitre V, Puissance et Action philosophique, de notre thèse *La notion de puissance chez Leibniz*, *op. cit.*, pp. 625-806.
2. NE, Préface, GPV, 50.
3. *Id.*

La puissance des sujets raisonnables, quand elle se manifeste dans l'aperception, n'emporte aucune connotation contemplative. Le sujet se rapporte à soi par son activité, ce qui le rapproche de son auteur divin. Mais là où la puissance infinie produit de manière fulgurante, la puissance finie est besogneuse. Elle est *travail*. Comme le montre l'exemple suivant.

Si un père de famille veut de l'or, explique Leibniz, il ne peut s'en procurer par simple décret de sa volonté, pas plus que par un geste magique, comme le fit le roi Midas [1]. Tout cela est également chimérique, et ressemble aux puissances « horodéictive » et « fractive » qui ont été dénoncées ailleurs comme autant d'opérations magiques de petits lutins ou de génies. L'acquisition, la satisfaction d'un désir, demandent à l'être raisonnable de l'adresse : il faut travailler à obtenir ce que l'on veut en cherchant à *connaître* la constitution de l'objet recherché, et à adapter le procédé d'acquisition à cette structure. La puissance intelligente invente un chemin détourné pour obtenir satisfaction, là où la puissance brute va droit à l'objet, sans crainte des précipices ou des obstacles [2]. En se référant au modèle des règles de l'action divine, elle peut inventer des règles d'action, et devenir méthode « de sorte que tout consiste dans le *pensés y bien* et dans le *memento* ; le premier pour se faire des loix, et le second pour les suivre, lors mesme qu'on ne pense pas à la raison qui les a fait naistre » [3]. La puissance des esprits est mise en œuvre méthodique, elle est art. Or, « en travaillant sur soy, il faut faire comme en travaillant sur autre chose ; il faut connoistre la constitution et les qualites de son objet et y accommoder ses opérations » [4]. Cet aspect opératoire et besogneux de la puissance finie interdit d'en faire une simple *partie* de la puissance divine, qu'on pourrait sans façon réintégrer dans la totalité. Seules les puissances dépourvues de raison peuvent être justiciables d'une logique du tout et de la partie, parce que leur spontanéité se tourne aveuglément dans le sens du projet divin, et parce que Dieu les assiste et leur « prête » de la sensibilité.

Mais cet aspect opératoire est en même temps la condition du rapport à soi des créatures raisonnables, la condition de la réflexivité agissante qui distingue un sujet réel d'un sujet qui ne sait ni ce qu'il est ni ce qu'il fait. Car le sujet raisonnable reconnaît ce qu'il fait comme *son œuvre* en le rapportant grâce aux règles innées à une notion de soi.

1. *Théodicée*, III, § 328, GPVI, 310.
2. NE, II, ch. XXI, § 36, GPV, 175.
3. *Id.* Souligné dans le texte.
4. *Théodicée*, III, § 328, GPVI, 310.

Sa position relative aux règles qui président à son action l'autorise à connaître qu'il agit et donc à dire *je suis*, dans la mesure où l'être et l'agir sont équivalents. Mais il faut ajouter que ces mêmes règles lui permettent de savoir *comment* obtenir satisfaction à ses vœux, comment se diriger vers ce qu'il ressent comme son bien : c'est à travers ce *procédé* qu'il peut reconnaître ce qu'il fait comme son œuvre. Le sujet se reconnaît dans les objectifs qu'il vise et dans l'adresse qu'il met à parvenir à ses fins.

Lorsque le sujet dit *je suis*, il se compte au nombre des sujets agissants, mais ce *je suis* n'est pas une proposition nécessaire comme le serait l'énonciation divine. Car Dieu seul est cause et raison de soi. Le sujet se produit comme tel, mais grâce au système dans lequel il est inséré, et qui n'est pas son œuvre.

Pour les créatures, la proposition *je suis* est une vérité solidaire de toutes les vérités qui énoncent chacune des existences ainsi que de celles qui énoncent les lois qui président à la création et qui font les lois naturelles. Un tel *je suis* est l'affleurement de tout le système de l'univers et de son lien au Créateur. Il faudrait donc déployer un savoir infini pour le fonder en raison : cette proposition, que chacun a en lui virtuellement sans même l'énoncer, exprime donc une expérience première, c'est une proposition *de fait* [1].

Mais, quelque partielle qu'en soit la vérité, l'énonciation *je suis*, adossée au système entier des vérités, enveloppe la reprise de ce système par un sujet. Ce qui exalte la gloire de Dieu, qui se plaît à la multiplication du texte universel par sa reprise dans tous les registres et par toutes les voix. Ce qui justifie d'autre part l'entreprise leibnizienne : développer en clair cette reprise virtuelle, déjà agissante dans l'expérience immédiate, et jusque dans les philosophies qui inaugurent la réflexion sur elle. Car Descartes, même sans l'apercevoir, a saisi dans le Cogito quelque chose de la raison de son existence, soit de ce pourquoi il a été élu par Dieu : en effet, s'il saisit l'être de la substance pensante, c'est à travers un procès singulier dont témoigne le texte très précis des *Méditations* qui l'énonce et qui signale un point de vue irréductible [2]. Mais Descartes n'a mis en lumière qu'un aspect de notre

1. NE, IV, ch. VII, § 7, GPV, 391-392 : « c'est une proposition de fait, fondée sur une expérience immédiate, et ce n'est pas une proposition nécessaire ».

2. Descartes, *Méditatio* II, AT VII, pp. 28-29. Le lien entre la substance pensante et l'*ego* est *dans* le texte sans être thématisé (« *ego* sum qui jam dubito... ego idem sum qui imaginor, *ego* sum qui sentio... »).

accès à l'universalité ou à la pensée, laissant dans l'ombre le lien entre un moi et l'existence qui fonde tout *je suis* [1].

Chacun, dans son « Je suis, j'existe », qu'il reste virtuel ou soit formulé et interprété comme chez Descartes, peut lire le signe que Dieu l'a élu, et élevé à la dignité d'être qui déchiffre l'univers et qui peut l'énoncer expressément, jusqu'à philosopher. Même s'il s'en défend, Descartes montre ainsi qu'il est « pour ainsi dire du Conseil de Dieu » [2]. Le *je suis* exprime un savoir qui peut ignorer son fondement, soit la connaissance que Dieu avait de cet individu possible et de sa place dans l'univers (possible) lorsqu'il a résolu de le créer [3]. En se rapportant à soi-même, le sujet reconnaît l'*être* auquel Dieu a bien voulu acquiescer. Un tel acte de reconnaissance est enveloppé dans toute action de la puissance raisonnable, à la manière dont le « Je pense » kantien doit pouvoir accompagner toutes mes représentations [4].

C'est ce qui fait notre différence spécifique avec les bêtes, c'est ce qui fait que nos actions sont nôtres pour nous, et pas seulement pour Dieu ; c'est donc ce qui transforme notre spontanéité en liberté. Quelles que soient en effet nos raisons d'avoir une volonté, bonne ou mauvaise, « c'est nous tousjours qui la produisons, bonne ou mauvaise, car c'est nostre action » [5].

Pourquoi sommes nous, comme êtres raisonnables, des sujets véritables ? Parce que :

— nous nous reconnaissons à travers notre action. César peut dire : « Je suis celui qui... » passe le Rubicon. Descartes pourrait dire : « Je suis celui qui... » pose « Cogito, Sum ».

— notre puissance n'est pas un pouvoir extérieur à l'agir, telle une maîtrise de la volonté : elle est causalité du sujet par rapport à ses actions [6].

La notion devenue puissance d'engendrement de son contenu est motrice : cela fonde la spontanéité, mais pas encore la liberté. La

1. NE, IV, ch. VII, § 7, GPV, 392 : « il n'y a que Dieu qui voye comment ces deux termes, *moy* et l'*existence*, sont liés, c'est à dire pourquoy j'existe ».

2. *à Basnage*, GPIII, 121 : « je fais une différence infinie entre ceux qui ne donnent que des expériences et ceux qui en déchiffrent les raisons secrètes et sont pour ainsi dire du Conseil de Dieu ».

3. *Remarques sur la lettre de M. Arnaud* (sic), GPII, 39 : « la connoissance que Dieu en a eue lorsqu'il a resolu de la créer ».

4. E. Kant, *Critique de la Raison Pure*, Déduction Transcendantale des concepts purs de l'entendement, 2e éd., § 16, TP, p. 110.

5. *Théodicée*, III, § 298, GPVI, 293.

6. *Id.*, § 301, GPVI, 296 : Et c'est ainsi que nos actions et nos volontés dépendent entièrement de nous. Il est vray que nous ne sommes pas les Maîtres de nostre volonté directement, quoyque nous en soyons la cause ».

liberté se fonde, elle, sur le contenu d'une notion qui comporte tout ce qui permet à un individu, à condition qu'il soit créé, qu'il existe, de savoir qu'il est une *personne*, celle-là même qu'il peut être, celle que sa puissance contient à l'état virtuel. La médiation des vérités nécessaires est bien la ressource fondamentale qui permet une *subjectivation* de la puissance. L'appel de Dieu ne se fait pas en direction de *n'importe* quelle créature, mais bien de celles qui peuvent être des sujets pour elles-mêmes parce qu'elles peuvent reconnaître leurs actions pour leurs. Toutes les substances les engendrent, mais les substances raisonnables sont seules à avoir les moyens qui font qu'elles les reconnaissent en sachant qu'elles les tirent activement de leur « fonds ».

Telle est la *position de sujet.* Notion doublement originale par rapport à celle de Descartes.

1) Le caractère universel du sujet leibnizien lui vient des vérités innées qui opèrent à titre d'incitations et de dispositions, en lui comme en toutes les intelligences. Il ne suffit pas de dire comme Descartes qu'il est substance pensante. Il faut dire *comment* on est une intelligence, comment cela permet de dire *je*. Ce que montre Leibniz, qui ne se satisfait pas du seul appel à l'évidence ou à l'expérience intérieure.

2) Le sujet leibnizien, d'autre part, est individué. Il est le modèle existant, et unique par définition, d'une notion qui le représente à Dieu, notion à laquelle répond en lui une idée de soi (le « *moy* »). Cette idée joue le rôle d'une référence invariante à travers les incessantes métamorphoses qu'entraîne l'existence. Là encore Leibniz ne se suffit pas du simple sentiment de soi pour individualiser le sujet. Il faut qu'il y ait du réellement identique pour fonder ce sentiment vacillant.

Dieu a lui-même *rapporté* les notions à des sujets, puisqu'il a pensé les organisations sérielles de prédicats comme représentant des sujets possibles. La création, en leur conférant la puissance d'agir, a transformé ces sujets simplement possibles en sujets existants, qui rapportent *à eux-mêmes*, à l'instar de Dieu, ce qui les constitue individuellement. La conception leibnizienne de la puissance en éclaire le mécanisme. Elle est tout à la fois la force qui oriente vers ces actions qui sont comprises dans la notion sous forme de prédicats, parce que celles-ci lui apparaissent comme les meilleures ; la force de réalisation des actions ; les ressources qu'elle peut mobiliser ; la force différenciante, accroissant le bien-être, et distinguant le sujet de tous les autres si peu que ce soit. C'est dire que la puissance est à la fois mobilisatrice et mobilisée, différenciante et différenciée.

B. Russell explique très clairement le lien entre l'activité de la puissance et la perception de ce qui paraît bon :

> La raison suffisante qui fait qu'un changement a lieu plutôt qu'un autre doit être trouvée dans la nature de l'activité. (...) Mais en aucun cas la connexion entre deux états n'est en elle-même nécessaire ; elle résulte toujours de la perception, soit en Dieu, soit dans la créature (si celle-ci est libre) que ce changement est bon [1].

Or, si l'on garde à l'esprit que la perception est l'activité d'une puissance singulière, qui développe un point de vue individuel et différencie chaque substance de toute autre, on comprend qu'une substance qui reconnaît son mouvement propre

— peut revendiquer son action comme *sienne* et l'énoncer en première personne,

— peut reconnaître son action comme ce qui la *différencie* de toute autre substance.

Ce n'est pas exactement une logique universelle qui fait le sujet chez Leibniz : c'est un rapport singulier, irréductible, entre la substance individuelle et les vérités universelles et nécessaires. Ce rapport contient virtuellement les actions que produit dès lors le sujet, qu'elles soient passées, présentes ou futures.

On pourra trouver ambigüe une notion de sujet qui ne distingue pas entre une production des actions à titre individuel, et une reconnaissance comme « de chez soy » des vérités qu'il développe, explicite, met en œuvre, mais qu'il ne nie non plus que Dieu. Cette ambiguïté semble le prix à payer pour ne pas retomber dans la notion de *puissance* mystérieuse ou magique qu'il faut associer à celle de « libre-arbitre ».

On ne trouve pas chez Leibniz un sujet dans l'absolu, mais un sujet *de* ses actions (que la notion enferme comme prédicats). Parce qu'il s'agit de ce sujet précis, et de nul autre. De ce sujet qui pose ces fins déterminées que la puissance, en se mobilisant, cherche à atteindre. Autrement dit, cette ambiguïté, que nous ne dissimulons pas, est indissociable de la notion même de *sujet individuel* à laquelle notre époque est si attachée. Seul un sujet universel pourrait engendrer aussi bien une action que son contraire. Il ne serait pas alors tel sujet, mais

1. B. Russell, *op.cit.*, p. 52. Cf. *Remarques sur la lettre de M. Arnaud*, GPII, 38 : « ce principe de morale, que tout esprit se portera à ce qui luy paroist le meilleur », et NE, II, ch. XXI, § 19, GPV, 166 : « on ne sauroit vouloir que ce qu'on trouve bon ».

un sujet quelconque, venant à soutenir telles actions, mais qui penserait pouvoir tout aussi bien en soutenir d'autres.

Or ceux qui prennent au sérieux la formule cartésienne *Sum res cogitans*, débouchent sur des perspectives désespérantes : aucune des déterminations qui les différencient d'un autre individu ne sont essentielles, et ils se voient toujours attachés à de l'inessentiel et du fugitif [1]. Les partisans du sujet cartésien doivent s'accommoder d'un divorce entre la *Théôria* et l'existence. Ce qui dit la vérité essentielle ne sert de rien dans le commun des jours, et les affections nous attachent à ce dont l'entendement nous détache.

Le sujet leibnizien, dont l'identité repose dans la loi de *toutes* ses actions, ne court pas les mêmes dangers : rien en lui n'est inessentiel, et tout détail infime, jusqu'au pied dont il se lève, concourt à le faire ce qu'il est.

Que toutes les substances raisonnables aient la raison en partage n'empêche donc nullement qu'elle ait en chacune *un contenu singulier, qui fait précisément sa puissance*. La notion de puissance est, on le voit clairement, subjectivée quand il s'agit de créatures raisonnables. Elle est non seulement puissance individuelle, mais puissance qui fait un sujet, qui réalise la nature d'une personne. Elle est puissance personnelle. Même si le projet individuel, comme le sujet qui le promeut, n'est pas détaché du système d'univers auquel il est accordé. La causalité immanente qu'est la puissance agit en première personne.

La manière dont Leibniz décrit l'activité de connaissance ou l'opération des affects, montre comment agit cette causalité :

— le travail de connaissance combine l'expérience et les vérités nécessaires en sorte de déchiffrer cette expérience et de produire des propositions mixtes, ou bien il tire les vérités nécessaires du « fonds » de l'esprit à l'occasion de l'expérience [2], ou bien encore il utilise des principes généraux pour apercevoir des vérités particulières [3].

1. Pascal, *Pensées,* § 323, Qu'est-ce que le Moi ? : « celui qui aime quelqu'un à cause de sa beauté, l'aime-t-il ? Non : car la petite vérole, qui tuera la beauté sans tuer la personne, fera qu'il ne l'aimera plus.

Et si on m'aime pour mon jugement, pour ma mémoire, m'aime-t-on moi ? Non, car je puis perdre ces qualités sans me perdre moi-même ».

2. NE, IV, ch. XI, § 14, *op. cit.*, p. 428 : « Il y a enfin des *propositions mixtes* qui sont tirees de premisses, dont quelques-unes viennent des faits et des observations, et d'autres sont des propositions necessaires : et telles sont quantité de conclusions Geographiques et Astronomiques sur le Globe de la terre et sur le cours des Astres, qui naissent par la combinaison des observations des voyageurs et

De toute façon, l'œuvre intellectuelle est marquée de la singularité de son auteur qui exprime son attention et son ordre dans un matériau qui tient, lui, à l'universel parce qu'il tient à l'univers entier et à Dieu.

C'est ainsi que Leibniz distingue lui-même ses productions intellectuelles de celles d'un autre : il a déterré ou déniché des matériaux inédits, il n'a pas opéré la même sélection, et, quand il s'agit vraiment des mêmes matériaux, il a disposé les choses autrement. Telle est la raison profonde de son refus de reconnaître comme sien un *Codex Diplomaticus* que les « Libraires » de Hollande voudraient ranger dans un autre ordre que celui qu'il donne [1]. C'est que l'œuvre est *recueil* : elle se manifeste dans ce qu'elle élit, sélectionne, mais aussi dans ce qu'elle laisse de côté, et dans l'ordre qu'elle confère à ce qui devient ses matériaux. La conception qu'a Leibniz du *Codex Diplomaticus* est révélatrice : l'œuvre de connaissance manifeste un sujet individuel.

Mais ce qui est vrai de l'activité intellectuelle l'est plus encore d'autres registres. En travaillant à obtenir ce qui plaît, on reconnaît son désir et l'objet qu'il dessine ; nous portant spontanément vers ce que nous trouvons bon, nous nous efforçons, avant même de le savoir, vers ce qui nous met à l'aise et nous donne des impressions agréables. L'attention et l'examen de nous-mêmes nous apprendront donc à reconnaître ce que nous aimons, ce qui nous est favorable, en un mot ce que nous voulons. Nous n'en décidons pas, car nous ne décrétons pas ce que nous sommes [2].

Même si nous pouvons ruser avec nous-mêmes, et en user de biais avec cette puissance qui fait que nous sommes ce que nous sommes, une telle stratégie *oblique* est toujours celle qui convient au projet d'une personne, projet dont elle n'est pas toujours nécessairement consciente. Ainsi la liberté des intelligences ne réside pas dans une *indépendance* à l'égard de ce qu'elles sont, mais plutôt dans la puissance qui les fait et

des Astronomes avec les Theoremes de Geometrie et d'Arithmetique ». Souligné dans le texte. Voir aussi I, ch. I, *op. cit.*, p. 76.

3. *Id.*, § 20, *op. cit.*, p. 69 : « Il est vray que nous commençons plustost de nous appercevoir des verités particulières, comme nous commençons par les idees les plus composées et plus grossières : mais cela n'empeche point que l'ordre de la nature ne commence par le plus simple, et que la raison des verites plus particulieres ne depende des plus generales (...) ».

1. Basnage *à Leibniz*, 21 juin 1696, GPIII, 126 : « comme vous persistez à ne point consentir que vôtre *Codex* Diplomaticus soit demembré, et que de l'autre côté les libraires s'obstinent a vouloir disposer et arranger leur recueil selon l'ordre chronologique, je ne voi nul expedient d'accommodement ».

2. NE II, XXI, § 23, GPV, 167 : « Nous ne voulons point vouloir, mais nous voulons faire ».

leur permet de réaliser ce qu'elles sont, d'aller jusqu'au bout d'elles-mêmes.

On relèvera peut-être à nouveau que cette liberté n'est jamais qu'une production active, et *à titre individuel,* du contenu de la notion. On pourra dire que cette liberté n'est pas celle qu'on souhaite ou qu'on imagine. Mais Leibniz dirait que la liberté à laquelle nous faisons allusion n'est qu'un vain fantôme, qui enveloppe contradiction[1]. Plutôt que de regretter cette toute-puissance absurde qui n'est pas même le fait de Dieu, mieux vaut mettre en lumière l'*enjeu moral* attaché à la notion leibnizienne de liberté[2]. En effet, si nous nous reconnaissons comme sujets et causes de nos actions, nous ne pouvons pas simplement souffrir ou tirer du contentement de ce que nous faisons. Dépassant les simples perceptions agréables ou douloureuses, nous les rapportons à nous-mêmes comme sujets. Nous pouvons comparer ce qui nous arrive aux maximes innées qui sont gravées en nous « par une espèce d'instinct »[3] : c'est ainsi que nous nous *félicitons* de notre sort ou de nos actions, ou au contraire nous *tourmentons*, anticipant, que nous le sachions clairement ou non, la récompense ou le châtiment qui viendra du jugement de Dieu. Ces sentiments ne sont pas seulement plus vifs, plus intenses que les affects du plaisir ou de la peine. Ils sont d'une autre nature car ils enveloppent des *jugements*, ceux-là mêmes par quoi nous nous reconnaissons *responsables* de ce qui est arrivé[4]. Notre pensée, ou dialogue intérieur, est alors un dialogue virtuel entre nous et Dieu : si nous nous considérons comme responsables, c'est implicitement devant lui, et si nous nous félicitons ou nous tourmentons, c'est

1. Cf. *à Malebranche*, 22 juin 1679, GPI, 331 : « je me souviens d'avoir monstré un jour un petit dialogue à Mons. Arnaud (sic) et à Mons. des Billettes, qui alloit fort avant, et qui, à mon avis, ne laissoit plus de doute sur la liberté, si ce n'est qu'on en veuille établir une notion absurde et contradictoire. *Quidquid agit, quatenus agit, liberum est* ». Souligné dans le texte.

2. *Théodicée*, I, § 67, GPVI, 139 : « quelque dépendence qu'on conçoive dans les actions volontaires, (...) il ne s'ensuivroit pas qu'il n'y auroit pas autant de liberté qu'il en faudroit pour rendre les recompenses et les peines justes et raisonnables ».

3. NE, I, chap. I, § 4, GPV, 68.

4. *Théodicée*, III, § 25, GPVI, 266 : « je crois qu'à proprement parler, la perception ne suffit pas pour causer la misere, si elle n'est pas accompagnée de reflexion. Il en est de même de la felicité : sans reflexion, il n'y en a point ». Cf. DM, XXXVI, GPIV, 462 : « car la felicité est aux personnes ce que la perfection est aux estres ».

en occupant imaginairement sa place de juge. Comme lorsque nous nous admonestons « tel un moniteur étranger » [1].

On comprend pourquoi selon Leibniz l'idée de Dieu est innée. C'est qu'il n'est pas besoin d'avoir une claire conception de Dieu pour en avoir l'idée. Il suffit du sentiment de responsabilité, car la responsabilité suppose une instance devant laquelle on *répond* de ses actes, instance dès lors en mesure de rendre quelqu'un heureux ou malheureux ici bas, par la seule considération de ses propres actions. Du fait que cette fonction agit, produit des effets, Leibniz ne peut pas concevoir qu'une telle place puisse être vide. Etre et agir sont équivalents : il doit correspondre un *être* à cette fonction. C'est à cet être que nous devons le nom de *Dieu.*

Mais dès lors la notion leibnizienne de puissance prend une couleur tout à fait originale. La puissance est force qui engendre le contenu d'une notion individuelle. Elle fait un sujet réel quand le sujet *peut* (a les moyens de) reconnaître ce qui lui arrive comme son œuvre, quand il répond de soi devant Dieu.. C'est pourquoi la puissance du sujet n'a de sens qu'à travers le *rapport à Dieu*, que rendent possible les inscriptions divines.

Il n'est donc de sujet véritable – de sujet dont la puissance soit autre que celle de Dieu – que d'un souverain être. Et les Esprits sont *sujets pour eux-mêmes parce qu'ils sont sujets de Dieu* : capables de se reconnaître, parce qu'ils sont reconnus par Dieu. Telle est la *personnalité*, inscrite dans un dialogue virtuel avec Dieu que tout jugement, sur autrui ou sur soi-même, fait clairement advenir. La puissance marquée de la rationalité fait l'identité juridique-théologique des sujets.

La puissance fait le sujet parce qu'elle produit activement pour le compte d'une personne les prédicats inclus dans la notion que cette personne fait exister : le sujet peut se déclarer – et cette déclaration implique toujours un *autre*, un dialogue, virtuels [2] – comme « celui

1. *Animadversiones in partem generalem Principiorum Cartesianorum*, trad. P. Schrecker, in *Opuscules philosophiques choisis*, *op. cit.*, p. 28 : « Ainsi l'esprit s'habitue (...) à conserver sa faculté critique ou (...) son pouvoir de faire retour sur lui-même, de manière à pouvoir *tel un moniteur étranger*, se dire sans cesse à lui-même vois ce que tu fais, pourquoi le fais-tu actuellement ? Le temps passe ! Les Allemands appellent cela très justement *sich begreifen* ; les Français disent non moins bien *s'aviser*, comme si l'on se faisait des recommandations et se donnait des conseils à soi-même ». Nous avons souligné « tel un moniteur étranger », pour marquer la place de Dieu dans notre dialogue intérieur.

2. On se souvient qu'il y a des règles morales qui ont besoin de *déclaration* : c'est qu'elles supposent toujours une réciprocité qui indique « que la place d'autruy

qui » voit, pense, est; Leibniz annonce sur ce point la réflexion hégelienne puisque c'est dans le travail de cette production active que le sujet se saisit comme producteur, auteur, et responsable des œuvres produites : il se définit par la production de ses actions, et, dans l'effort pour obtenir ce qu'il trouve bon, il reconnaît ses actions comme les siennes. Il reconnaît qu'il ne serait pas ce qu'il est, s'il ne travaillait et ne s'efforçait pas précisément dans cette direction qu'il trouve bonne, et qui est comme l'axe ou l'orientation de son être; comme César se saisit en tant que sujet du franchissement du Rubicon, parce que cette action est celle qui est nécessaire pour obtenir l'objet de ses vœux.

La puissance fait toujours le sujet. Mais elle fait un sujet *personnel* quand elle produit activement pour le compte d'une personne les actions et les événements qui correspondent aux prédicats inclus dans la notion qui représente à Dieu cette personne comme possible. La personne, ou sujet pour lui-même, est celle qui peut *se déclarer* (à soi-même ou à un autre, qu'importe, puisqu'il s'agit toujours d'un dialogue virtuel) *comme celui qui* voit, celui qui pense la proposition « Je suis, j'existe », ou encore celui qui franchit le Rubicon.

Leibniz décrit un sujet qui se saisit dans la production active de ses œuvres, et s'en déclare auteur et responsable. Dans l'*effort constant* de sa puissance pour obtenir ce qu'il trouve bon, et passer à un degré supérieur de perfection, il reconnaît son mouvement propre : il sait qu'il ne serait pas ce qu'il est sans cet effort précis dans la direction qu'il trouve bonne, qui forme l'axe orienté de sa puissance. César sait qu'il est César, *celui qui* franchit le Rubicon, et non tel César rêvé par d'autres ou par lui-même : car ce franchissement est la condition de la réalisation de son être.

Là se situe la grande originalité du sujet leibnizien au regard du sujet cartésien. Le sujet n'est pas seulement celui qui revendique son activité en la sanctionnant d'un *je*. Car cette activité pourrait ne pas être individualisante; et dire *je*, comme Hegel l'a montré pour le mouvement de la Certitude Sensible, est précisément une opération équivalente à toute autre action de dire *je* [1]. Leibniz refuse nettement toute

est le vray point de vue pour juger equitablement lorsqu'on s'y met » (NE, I, ch. II, § 4, GPV, 84).

1. Hegel, *La Phénoménologie de l'Esprit*, trad. J. Hyppolite, Paris, 1939, t.I, p. 86 : « En disant *ceci, ici, maintenant*, ou un *être singulier*, je dis tous les *ceci*, les *ici*, les *maintenant*, les *êtres singuliers*. De même lorsque je dis *moi*, ce moi

conception du sujet qui reviendrait à poser un support indifférencié, un sujet ou substrat *quelconque*, susceptible d'accueillir indifféremment telle ou telle détermination opposée. Un tel sujet serait un vide ou un abstrait, au sens où nous aurions séparé, dans l'idée d'un sujet réel, un support et des attributs. Il serait le produit d'un découpage qui aurait vidé le sujet de tout son contenu [1].

Leibniz donne *de facto* congé à la notion traditionnelle de sujet comme un *substratum*, au sens d'un être indifférencié. Ce « pur sujet en général » comme le « pur Estre » en général, ou la « pure substance » en général, ne sont rien. Car il n'y a de sujet, d'être ou de substance que précis et singuliers, enfermant un contenu dans leur puissance d'agir. Par où Leibniz se rapproche encore une fois des positions nominalistes de Hobbes et surtout de Spinoza. En revanche, si l'on définit le sujet par sa puissance propre, par son activité de déploiement du contenu de cette puissance, alors le sujet *soutient effectivement* les actions et les événements qui découlent de sa puissance, ce pourquoi, encore une fois, la puissance fait le sujet.

Comme l'écrit Leibniz dans un texte elliptique où E. Boutroux ne voit qu'effort pour ménager dans son système une fausse fenêtre qui ne répondrait qu'à un souci de symétrie, le *sujet* dans les créatures correspond à la *puissance* en Dieu :

> Il y a en Dieu *la Puissance*, qui est la source de tout, puis la *Connoissance* qui contient le détail des idées, et enfin la *Volonté*, qui fait les changemens ou productions selon le principe du meilleur. Et c'est ce qui, dans les monades creées fait le *sujet* ou la base, la Faculté perceptive et la Faculté Appétitive. [2]

singulier-ci, je dis en général *tous les moi* ; chacun d'eux est juste ce que je dis : ce moi singulier-ci ». Souligné dans le texte.

1. NE, II, ch. XXIII, § § 1-2, GPV, 202 : « En distinguant deux choses dans la Substance, les attributs ou prédicats et le sujet commun de ces prédicats, ce n'est pas merveille, qu'on ne peut rien concevoir de particulier dans ce sujet. Il le faut bien, puisqu'on a déjà séparé tous les attributs, où l'on pourroit concevoir quelque détail ».

2. *Monadologie*, GPVI, 615. Souligné dans le texte, sauf « sujet » qui est souligné par nous. Cf. édition annotée par E. Boutroux, Paris, 1978, p. 168. L. Guillermit a montré clairement dans le dernier article qu'il ait écrit (« Puissance de Dieu et base de la monade selon Leibniz », in *Archives de Philosophie* 51, 1988, 401-411), que les notions de puissance de Dieu et de base de la monade venaient conjointement à émerger dans la *Monadologie*. Toutes les deux, en effet, correspondent à ce qui *fait* l'être et l'unité, c'est-à-dire au pouvoir de la cause, qui fait le sujet dans les monades créées. Nous remercions Elisabeth Schwartz de nous avoir signalé cet article.

Ce *sujet* ou base, qui correspond à la *puissance* en Dieu, paraît à E. Boutroux bien mystérieux, dans la mesure où on peut croire y lire ce que refuse toujours Leibniz, soit un sujet sans aucune détermination ; quand il faut bannir les « êtres abstraits » et « ne parler ordinairement que par concrets » [1].

Que serait alors une telle base ? demande E. Boutroux : « une matière (...) indéterminée, une sorte de liberté d'indifférence ? Mais ce ne peut être là, pour Leibniz, qu'une abstraction creuse » [2]. Si Leibniz reprenait purement et simplement la notion aristotélicienne de *dynamis*, les questions d'E. Boutroux seraient pertinentes, et compréhensible de ce fait son refus de prendre au sérieux l'assertion de Leibniz (« le *sujet* ou la *base* de la monade paraît ne figurer ici que par une raison de symétrie » [3]). Une puissance mystérieuse nommée *libre-arbitre*, force qui pourrait *indifféremment* tendre à n'importe quelle fin, voilà qui a toujours été refusé par Leibniz. Il y voyait, non sans raisons, une force occulte, irrationnelle, inexplicable : si certains l'accordent aux hommes comme un privilège qui imiterait celui de la puissance divine, Leibniz refuse que la puissance de Dieu elle-même puisse être mobilisée sans raison [4]. La puissance est une organisation active, singulière : celle qui fait tel sujet ; c'est pourquoi il n'est pas question de revenir à un support indifférencié, à une *hylè prôtè*, comme le craint E. Boutroux.

Notre analyse de la notion de puissance, et en particulier de la puissance propre aux êtres raisonnables, nous permet au contraire de donner un sens au texte de Leibniz : le sujet correspond à la puissance, c'est-à-dire à ce qui *advient* par la création, là où il n'y avait qu'une notion représentant un sujet possible. On ne doit donc pas dire le sujet *de* la monade, mais bien le sujet *qu'est* la monade. Et comme la puissance fait le sujet, on dira aussi bien : la puissance qui fait la substance, grâce à laquelle il y a un sujet réel, à quoi se rapportent bien les prédicats qui conviennent au sujet possible, mais qui, une fois créé, *rapporte à lui-même* les actions qu'il produit. Les actions ne sont donc pas rapportées à un sujet indifférencié, mais au même sujet qui agit et

1. NE, II, ch. XXIII, § § 1-2, GPV, 202 : « ce sont les abstractions, qui font naistre le plus de difficultes, quand on les veut éplucher, comme sçavent ceux qui sont informés des subtilités des Scolastiques, dont ce qu'il y a de plus epineux tombe tout d'un coup si l'on veut bannir les Estres abstraites (sic) et se resout à ne parler ordinairement que par concrets et de n'admettre d'autres termes dans les demonstrations des sciences, que ceux qui représentent des sujets substantiels ».

2. Leibniz, *La Monadologie*, éd. E. Boutroux, Paris, 1978, p. 168, note (2).

3. *Id.*

4. *Théodicée*, III, § 304 (citant Bayle), GPV, 297. Et III, § 320, GPVI, 306.

qui se reconnaît. Rapport à soi en miroir. Il n'y a de problème quant à la nature de sujets des substances créées, que lorsque des substances, non intelligentes, ne peuvent rapporter à soi les productions ou événements : il faut en effet passer par l'intermédiaire des esprits qui *font l'attribution.* C'est l'acuité du regard divin qui distingue alors individuellement les substances brutes que confond la perception humaine.

La puissance fait le sujet, mais la puissance raisonnable fait un sujet réel s'il n'est pas besoin d'en appeler à un autre sujet pour que les actions d'une substance lui soient rapportées comme à leur cause.

Le sujet est ainsi pensé dans une unité indissociable avec la notion de « point de vue individuel ». Le sujet leibnizien a un contenu individuel, il est la puissance qui met en vigueur ce contenu individuel qui définit complètement quelqu'un.

* * *

En ce dernier sens, la notion leibnizienne de sujet annonce la *doxa* contemporaine de sujet individuel, unique et irréductible. Mais la *doxa*, moins rigoureuse que Leibniz, maintient avec cela l'indétermination qui est associée au libre-arbitre cartésien : c'est que la *liberté*, même au sens absurde que dénonce Leibniz [1], lui tient aussi à cœur que l'individualité. Descartes avait maintenu l'universalité indispensable à la fonction de connaissance dévolue au sujet, et avait abandonné à la morale les questions touchant à la personne individuelle. Leibniz, tout aussi cohérent, maintient, avec l'individualité du sujet, sa nécessaire et précise détermination. Et il confie la possibilité de la connaissance à la présence des vérités universelles au sein du sujet raisonnable. Sans doute le sentiment commun voudrait-il avoir les avantages imaginaires liés à l'illusion du libre-arbitre, tout en confortant son assurance d'être un individu hors du commun. La philosophie leibnizienne, si conciliante soit-elle, ne permet pas, sur ce point, de cumuler les avantages. Elle invite à choisir, à peser les avantages des hypothèses. On ne peut placer son identité à la fois dans la pure universalité de la substance pensante, et dans la notion complète qui fait un individu précis, différent de tous les autres.

Or Leibniz, rappelons-le, congédie le privilège de la *conscience* à fonder cette individualité :

— D'une part, toutes les substances, même celles qui n'ont jamais de conscience claire, sont individuées. Ainsi

1. *Id.*, § 320, GPVI, 306.

ce que saint Thomas assure sur ce point des anges ou intelligences QUOD IBI OMNE INDIVIDUUM SIT SPECIES INFIMA est vray de toutes les substances [1].

— d'autre part, Leibniz ne veut pas confier l'identité personnelle au fragile sentiment de soi qu'est la conscience. Sommeil, défaillances, troubles divers empêchent d'y trouver un garant. Leibniz ne se borne pas à corriger un Descartes coupable de ne faire place qu'à la conscience claire, et incapable d'expliquer les évanouissements de la substance pensante. Il répond à la question latente d'Elisabeth qui, en substance, demande à Descartes : que suis-je quand je ne suis pas, ou pas encore, ou quand je ne suis plus [2] ? La réponse de Leibniz consiste à *délier* le sort des notions de conscience et de sujet. Il fonde le sujet sur une puissance d'agir constante, qu'il y ait ou non claire aperception. Le sujet n'est pas dépendant d'une gardienne consciente, au reste bien peu fiable. Il subsiste, hors d'elle, par le *réel* de la notion de lui-même ou *moy* qui est en rapport avec la notion que Dieu a de lui. Transformée par la création en réalité active et productrice, la notion réelle fonde la personne, qui échappe ainsi aux vicissitudes et à la précarité de sa conscience d'elle-même.

Dès lors, le *cogito* de ce Sujet individuel n'est plus dans la transparence de la conscience à elle-même. Il s'énonce comme : je suis celui qui agit ainsi, celui qui franchit le Rubicon, celui qui écrit *Cogito, sum* comme premier principe, ou même encore celui qui viole Lucrèce,... La saisie de soi comme personne singulière équivaut chez Leibniz à la relecture d'un texte qui a été écrit d'un mouvement spontané. Après relecture, le sujet ratifie son action d'un : *c'est bien moi qui ai écrit cela.* Il se donne un aval.

Le sujet leibnizien, quand il est un esprit, une créature spirituelle, c'est celui qui *persiste et signe* de son nom propre.

2.2 : Reconnaissance et Identité juridique

Les sujets raisonnables soutiennent et revendiquent activement comme leur l'ensemble des prédicats qui les caractérise comme sujets

1. DM, IX, GPIV, 433. Souligné dans le texte.

2. Elisabeth *à Descartes*, La Haye, 16 mai 1643, in R. Descartes, *Lettres sur la Morale,* éd. J. Chevallier, Paris, 1955, p. 4 : « Pourquoi je vous demande une définition de l'âme plus particulière qu'en votre Métaphysique, c'est-à-dire de sa substance, séparée de son action, de la pensée. Car encore que nous les supposions inséparables (qui toutefois est difficile à prouver dans le ventre de la mère et les grands évanouissements), comme les attributs de Dieu, nous pouvons, en les considérant à part, en acquérir une idée plus parfaite ».

possibles. Ils reprennent à leur compte des actions qui auraient pu, dans le cas de substances brutes, être mises indirectement au compte de Dieu lui-même comme sujet. Car les êtres non raisonnables semblent bien constituer des instruments au service du dessein de Dieu : ils se dirigent obscurément vers leur bien, ce qui convient au plan divin. Mais ont-ils légitimement le droit de porter le nom de substances ?

La consistance de l'univers leibnizien exige qu'il y ait des êtres autres que les animaux dépourvus de raison. On risque en effet la résorption au sein de Dieu de tous ces êtres dépourvus de personnalité. Car c'est Dieu qui, dans la succession des apparences ou phénomènes des bêtes, perçoit la subsistance des mêmes âmes, puissances ou formes substantielles. *Elles* ne le peuvent pas. Et « c'est autant pour la morale ou practique, comme si on disoit qu'elles perissent, et on le peut mêmes dire physiquement, comme nous disons que les corps perissent par leur corruption » [1].

Suffit-il alors comme le prétend Leibniz de parler de leur puissance d'agir, pour éviter de les confondre avec la divine substance ? [2]. Leibniz a peut-être cru devoir ajouter à la puissance pure et simple d'engendrer ses phénomènes à partir de sa nature propre, un trait qui pût garantir l'altérité réelle de certaines substances créées. Telle nous semble être la *reconnaissance* par Dieu des créatures raisonnables, fondée sur la marque rationnelle de leur puissance, l'inscription en elles des vérités éternelles. La mutation décisive de la puissance a lieu grâce à cette marque logique ou discursive. Les esprits, ainsi marqués d'une trace de l'entendement divin, portent, plus parfaitement que les autres substances, le caractère de la divinité [3]. La « qualité » de Dieu, qu'il a « d'estre Esprit luy même, va devant toutes les autres considerations qu'il peut avoir à l'egard des creatures » [4] : elle lui permet de reconnaître les Esprits créés comme « de sa race ou de sa maison ».

La reconnaissance des esprits comme « enfants » de Dieu, peut être comparée à celle qui, dans la Grèce ancienne, était indispensable à toute

1. DM, XXXIV, GPIV, 459.

2. *Epistola de rebus philosophicis ad Frid. Hoffmannum*, traduite et commentée par F. Courtès, in *Les Etudes philosophiques*, jan-mars 1971, n° 1, p. 13 : « ademta rebus vi agendi, non posse eas a divina substantia distingui, incidique in Spinosismum ».

3. DM, II, GPIV, 428 : « c'est par la consideration des ouvrages qu'on peut découvrir l'ouvrier. Il faut donc que ces ouvrages portent en eux son caractère ». Et XXXV, GPIV, 460 : « car asseurement les Esprits sont les plus parfaits, et qui expriment le mieux la Divinité ».

4. *Id.*, XXXVI, GPIV, 461.

existence socialisée : on sait en effet que la naissance biologique ne conférait à l'enfant que le droit d'attendre la reconnaissance paternelle qui pouvait en faire un sujet *de droit*. De la même façon, l'élection des possibles, que Dieu leur signifie comme à des sujets réels, leur donne la reconnaissance qui leur permet une existence réelle, insérée dans un ordre de coexistence. L'être notionnel n'était qu'une condition, inefficace en tant que telle. C'est la volonté de Dieu qui rend agissants les êtres de pensée : en les tissant ensemble, et en les reconnaissant. La nature des choses tient donc d'une part à leur notion, d'autre part à la volonté de Dieu. L'être de pure pensée correspond à l'existence des enfant dits *naturels*, tandis que l'existence effective correspond à l'existence socialisée des enfants reconnus par l'instance paternelle. Comme si la parole divine, ou le commandement divin, *mobilisait* des personnages de pure pensée en les rendant capables d'engendrer leur partie dans le texte d'univers choisi par Dieu. Et ce, en les insérant dans une *societas* avec lui-même qui suppose, et même pose, des destinataires de sa parole.

La reconnaissance a lieu à deux niveaux :

— A un premier étage, il y a une reconnaissance qui permet à toute substance d'*exister*, c'est-à-dire d'être *extérieurement* par rapport à la réalité de pure pensée qui est la sienne dans l'entendement divin.

— Mais il a fallu à Leibniz faire un pas de plus, passer à un autre niveau, le rapport *inter-personnel* de la Grâce, pour rompre radicalement avec le spinozisme.

La reconnaissance tacite enveloppée dans le commandement créateur s'assortit alors d'une alliance explicite entre le créateur et les Esprits. L'appel à l'existence se double d'un traitement de faveur pour les Esprits, appelés à être *personnellement* liés à Dieu. Leibniz a dû hésiter à faire de ceux-ci les seules substances, comme en témoignent certains états primitifs des textes, tel celui-ci, qui indique, selon H. Lestienne :

> les Esprits sont (ou les seules substances qui se trouvent au monde, en cas que les corps ne sont que des phénomènes (réels) veritables) ou bien ils sont au moins les plus parfaites [1].

A ne faire de substances que les seuls Esprits, on ne rompait pas suffisamment avec le cartésianisme. Mais à n'admettre que la puissance

1. DM, XXXV, éd. H. Lestienne, p. 89, note (d). Cf. A. Robinet, *Arch. disj.*, en particulier 1.1 La disjonction amputée : le *Discours de Métaphysique*, pp. 14-16.

d'agir des substances dépourvues de raison, on ne rompait pas suffisamment avec le spinozisme. La notion de puissance raisonnable, adaptée au règne de la Grâce, permet de s'écarter des deux écueils philosophiques. Mais pour cela, il fallait mettre en avant le dialogue entre Dieu et les Esprits qui produit une *relation* privilégiée. Cette *societas* donne à chacun une « qualité morale » (et pas seulement un *être* métaphysique). Elle confère un *statut*. La notion leibnizienne de puissance est alors pensée sur un double modèle : sur celui d'une action de parole, telle qu'une promesse ou un serment ; et sur celui d'une instauration, d'un établissement de type juridique, d'une fondation de type politico-religieux, relevant de la pensée du droit [1]. La parole de Dieu qui reconnaît les Esprits comme ses enfants les engage dans une alliance qui leur donne le statut de sujets réels, de personnes morales, pourvues de droits et de responsabilités.

La notion leibnizienne de puissance, mise au niveau de la Grâce, prend alors une *connotation juridique*, qui facilite le rapprochement effectué par Leibniz entre la puissance et la loi. En s'adressant à d'autres êtres comme à des personnes elles-mêmes, la personne divine les engage dans une « conversation » qu'elles ont à soutenir : Dieu ne parle pas tout seul. Les créatures deviennent personnes à part entière, se séparent de Dieu grâce à la parole reçue qui s'inscrit en elles, et qui forme l'élément tiers entre elles et Dieu. Examinons à présent le dialogue virtuel qu'autorise le discours inscrit dans certaines créatures.

* * *

Le récit leibnizien de création place Dieu dans la position de l'orateur-philosophe chez Platon, qui écrit un discours dans l'âme de ceux auxquels il s'adresse [2]. Comme le discours philosophique fait lever des disciples ou des fils, la parole divine s'inscrit dans les sujets raisonnables possibles, constituant leur puissance en âme qui saura raisonner, se souvenir, discourir pour son propre compte. En transmettant quelque chose qui exprime sa sagesse et sa puissance (les dispositions aux vérités), Dieu inaugure des sujets véritablement autres que lui en ce que leur puissance en usera tout *différemment* de la sienne. Les âmes raisonnables imitent, sans doute, la puissance infinie de Dieu, mais pas en progressant vers une connaissance intuitive, comme le croyaient Descartes et Spinoza. Elles multiplient plutôt les relais et les médiations, méthode spécifique de la puissance finie

1. Cf. L. Gernet, « Droit et prédroit en Grèce ancienne », in *Anthropologie de la Grèce antique*, Paris, 1968, p. 177.
2. Platon, *Phèdre*, 276 a, BL p. 90.

raisonnable, pour retrouver, *par d'autres voies*, un équivalent fini de l'infinie puissance. La puissance finie des Esprits est invention de ruses et de moyens obliques, là où la puissance de Dieu aurait agi directement. Elle est effort, travail, et technique, alors que Dieu *effectue* immédiatement. Temps et non Eternité. La puissance finie veut des délais et des relais, sans quoi elle ne peut rien. Tout ce qui a été ici et là étudié chez Leibniz sous le chef de la pensée symbolique, de la Caractéristique, de l'Art d'inventer, tous les moyens susceptibles de faire avancer la « science générale », tout cela peut être considéré comme autant de manifestations de la puissance *caractéristique* des Esprits. Puissance qui s'exprime dans le travail progressif et concerté, puisque la sommation des multiples approches de la réalité infinie peut seule nous donner une vue équivalente de celle de la puissance infinie. Mais qu'en est-il de la puissance de Dieu, celle qui précisément opère dans le dialogue ou la reconnaissance ?

* * *

L'efficacité dévolue à la puissance de Dieu [1] ne peut pas être efficace au sens premier des forces mobilisables ou des moyens d'action sans lesquels une volonté humaine serait pure velléité. Il serait absurde de demander à la volonté de Dieu de prendre les moyens de ce qu'elle veut. La puissance de Dieu ne peut qu'être *immédiatement* efficace. Ce qui nous oblige à recourir à un deuxième niveau de sens, dégagé dans l'étude de la puissance des Esprits.

* * *

Posons que l'efficacité de la volonté de Dieu lui vient de sa puissance entendue comme celle d'une *personne*. Le « Fiat » créateur est un mot tout-puissant [2] non par quelque pouvoir magique attaché aux mots que Dieu profère, mais par la puissance inhérente à la parole qu'une personne adresse à une autre personne : Dieu en appelle aux créatures. Hegel mettra en lumière une puissance analogue lorsqu'il démasquera l'illusion de la maîtrise : croire que son désir se réalise par la seule puissance de son vœu, alors que c'est d'en appeler à un autre qu'il doit sa satisfaction. Mais Hegel mettra moins alors la relation en cause qu'une causalité inconsciente et aliénée, celle de la

1. *Théodicée*, I, § 7, GPVI, 106 : « Et c'est la *puissance* de cette substance, qui en rend la volonté efficace ». Souligné dans le texte.
2. *Théodicée*, I, § 52, GPVI, 131.

servitude [1]. Leibniz, quant à lui, met l'accent sur la relation qui unit Dieu à ses sujets, fondement de la République des Esprits [2].

Dans cette relation aux créatures raisonnables, Dieu prend une « qualité morale » nouvelle : celle de « Seigneur ou Monarque des Esprits », qu'il ne peut avoir que si les Esprits sont des substances réellement autres que lui, si une relation est instaurée. Comme l'expliquent Arnauld et Nicole grâce à une fiction correspondant au moment solipsiste du Cogito [3]. Toutes proportions gardées, Dieu, pas plus que l'homme seul de la Logique, environné d'automates, ne pouvait mettre sa gloire dans des créatures qui auraient eu un statut purement instrumental.

Comment comprendre l'action de la parole de Dieu ? Selon les deux niveaux dégagés, on pourra distinguer :

— la parole de Dieu agissant immédiatement, sans relais, chez les substances brutes ; elle forme leur nature, d'où leur phénomènes découlent.

— la parole de Dieu se déposant dans la puissance des Esprits, où elle joue le rôle de *normes* ou de *références* logiques et morales qui se proposent au déchiffrement et permettent aux sujets raisonnables d'agir relativement à elles, qu'elles s'y conforment ou non.

Les marques lumineuses sont les symboles d'une « alliance » entre Dieu et les Esprits qui les élève au-dessus du règne de la Nature et indique aux Esprits une destination supérieure. La création est fondation : elle instaure les sujets dans une relation fondatrice qui donne à chacun droits et devoirs. La puissance finie s'origine là : dans ce lien que Dieu contracte, ou plutôt institue librement, avec certaines de ses

1. Hegel, *La Phénoménologie de l'Esprit*, *op.cit.*, pp. 161-166.

2. DM, XXXVI, GPIV, 462 : « c'est pourquoy cette qualité morale de Dieu, qui le rend le Seigneur ou Monarque des Esprits, le concerne pour ainsi dire personnellement d'une manière toute singulière. C'est en cela qu'il s'humanise, qu'il veut bien souffrir des anthropologies, et qu'il entre en société avec nous, comme un Prince avec ces sujets ». Cf. éd. H. Lestienne, *op.cit.*, p. 92.

3. Arnauld & Nicole, *La Logique ou l'Art de penser*, I, X, éd. critique Clair et Girbal, Paris, 1965, p. 79 : « s'il n'y avoit au monde qu'un homme qui pensât, & que tout le reste de ceux qui auroient la figure humaine ne fussent que des statues automates, & que de plus, ce seul homme raisonnable sachant parfaitement que toutes ces statues qui lui ressembleroient exterieurement, seroient entierement privées de raison & de pensée, sût neammoins le secret de les remuer par quelques ressors, & d'en tirer tous les services que nous tirons des hommes ; on peut bien croire qu'il se divertiroit quelquefois aux divers mouvemens qu'il imprimeroit à ces statues : mais certainement il ne mettroit jamais son plaisir & sa gloire dans les respects exterieurs qu'il se feroit rendre par elles ; il ne seroit jamais flaté de leurs reverences, & même il s'en lasseroit, aussitôt que l'on se lasse des marionnettes ».

créatures. La puissance des Esprits créés est fondée métaphysiquement sur le trait distinctif de cette puissance, soit la rationalité, et à ce titre elle est une puissance supérieure à celle de la multitude des substances non raisonnables. Mais, exprimée dans le discours moral, elle ne se réfère plus seulement à Dieu comme

> le principe et la cause de toutes les substances et de tous les Estres, mais encore comme chef de toutes les personnes ou substances intelligentes, et comme le Monarque absolu de la plus parfaite cité ou République, telle qu'est celle de l'univers composée de tous les esprits ensemble [1].

Elle s'infléchit, ou plutôt s'« enrichit » de façon à signifier une « personnalité » individuelle, sujet de droits et de devoirs. C'est ce qui constitue la *personne*, notion qu'il faut bien distinguer de la simple *individualité* métaphysique qui nous est commune avec les bêtes et tous les êtres de l'univers.

La Perception, activité permanente de toute substance, s'exprime, on le sait, en perceptions insensibles chez tous les êtres de l'univers. Ajoutons que ces perceptions insensibles constituent un individu défini, différent de tous les autres, en recélant l'univers entier sous un point de vue singulier [2]. Elles marquent en chacun l'accord avec toutes les autres substances composant l'univers ; elles sont l'écho de tous les autres individus, écho unique, à la fois parce que la puissance primitive unifie toutes ces marques en un tempérament ou « je ne sais quoy » [3] individuel, et parce que cet écho différencie chacun de tous. Chaque substance étant constituée par son rapport différentiel à toutes les autres, elle ne peut être exactement semblable à nulle autre. Cet enveloppement de l'infini fait que « dans la moindre des substances, des yeux aussi perçans que ceux de Dieu pourroient lire toute la suite des choses de l'univers » [4]. Seul un entendement infini peut déchiffrer ce qui est enveloppé dans les perceptions insensibles, et donc discerner réellement et complètement un individu d'un autre. Chaque individu se définit donc objectivement par une trajectoire à nulle autre pareille, scandée par les minuscules impulsions qui poussent chacun à aller toujours plus loin dans son développement intérieur, en fonction des rencontres qui en sont le contexte. C'est ainsi que chaque individu tend

1. DM, XXXV, GPIV, 460.
2. NE, Préface, GPV, 48 : « Ce sont elles qui forment (...) ces impressions que des corps environnants font sur nous, qui enveloppent l'infini, cette liaison que chaque estre a avec tout le reste de l'univers ».
3. *Id.*
4. *Id.*

à maximiser son être et son plaisir [1]. Cela explique pourquoi un individu s'oriente dans un sens plutôt que dans un autre. Cela correspond à l'activité caractéristique qui différencie chacun de tous les autres.

La puissance, cette activité continuelle, fait donc l'individualité réelle. Mais cette identité est objective et convient à toutes les substances. Elle est seulement *compliquée* par l'apport de rationalité à la puissance.

Leibniz ne pouvait en rester à cette simple persistance d'une activité continuelle distinguant chaque individu. Si c'est notre sort éternel qui fait un des enjeux essentiels de la philosophie de Leibniz [2], on comprend qu'il n'ait pu se contenter du sort que le spinozisme semblait réserver aux Ames : un retour à une « sorte d'éternité », qui appartient aux essences en tant qu'elles sont contenues en Dieu [3]. On touche peut-être là ce qui pousse Leibniz à distinguer, *serait-ce par une différence évanouissante*, l'existence de l'essence. Car persister sans le savoir, à quoi bon ? Quelle différence avec le sort de la chenille qui se change en papillon, et qui n'est le même individu que pour la lecture divine ?

Le discours moral prend alors le relais du discours métaphysique. Les Esprits, en tant qu'ils sont admis et pris dans une relation avec Dieu, acquièrent une personnalité juridique, une « qualité morale » par laquelle ils ne demeurent pas seulement et subsistent « *métaphysiquement* », mais demeurent encor les mêmes « *moralement* » et font « le même personnage » [4].

On objectera que les Esprits font « le même personnage » parce que l'individu est le même non seulement pour Dieu mais pour lui-même. La chenille ne restait la même que pour Dieu : changée en

1. Car la félicité ne consiste jamais dans la possession d'un bien extérieur, mais dans l'intensification continuelle de soi, conception qui pourrait être rapprochée des thèmes égotistes de Stendhal, et que pour notre part nous aimerions un jour comparer avec l'art du chant de Rossini. Citons A. Arnaud, « Quelques propositions sur le chant rossinien », in *L'Avant-Scène Opéra* 37, nov.-déc. 1981 : « les voix s'y meuvent sur guère plus d'un octave-et-demi, dans une continuité ignorant toute rupture brusque et décrivent, sur leur parcours, arabesques, sinuosités, broderies rapides et serrées <...> relevant d'une écriture microscopique dans laquelle les cellules s'enroulent et s'imbriquent ».

2. *A Arnauld* (1671 ?) GPI, 71 : « Ego inter tot distractiones vix alteri me argumento vehementius incubuisse arbitror quantulocunque tractu hujus vitae meae, quam quod *me securum redderet de futura*, et *hanc unam mihi multo maximam fuisse fateor etiam philosophandi causam* ». Souligné par nous.

3. Spinoza, *Ethique* V, Prop. XXIX, Demonstration, AP, pp. 216-217.

4. DM, XXXIV, GPIV, 459-460. Souligné par nous.

papillon, tout se passait comme si elle périssait, et qu'un papillon lui succédait. Cela est juste : sans la connaissance de ce que nous sommes, et le souvenir de ce que nous fûmes, nous ne pourrions être pour nous la même personne. Et, à supposer

> que quelque particulier doive devenir tout d'un coup Roy de la Chine, mais à condition d'oublier ce qu'il a esté, comme s'il venoist de naistre tout de nouveau ; n'est-ce pas autant dans la practique, ou quant aux effects dont on se peut appercevoir, que s'il devoit estre aneanti, et qu'un Roy de la Chine devoist estre créé dans le même instant à sa place ? [1]

Mais cette connaissance de soi et ce souvenir, indispensables, ne doivent pas pour autant être interprétés comme signes d'un retour subreptice de Leibniz à une différenciation entre l'homme et l'animal fondée sur la conscience de soi. Leibniz ne se satisfait pas d'une immortalité qui équivaut à l'éternité des essences, et qui nous offrirait le même sort que celui de sujets possibles qui n'ont jamais été créés : cela reviendrait à la doctrine de « l'Ame universelle, seule capable de subsister pendant que les ames particulieres naissent et perissent » [2]. Il ne pouvait se fier au fragile sentiment de soi pour garantir l'identité personnelle, et sa survivance.

C'est en invoquant justement l'exemple crucial de l'amnésique que Leibniz peut préciser ce qui fonde la personnalité, et dont la « consciencïosité », le souvenir, la connaissance de soi, sont des manifestations. Car se souvenir de ce qu'on a été, c'est relier son activité passée et son activité présente, c'est établir une liaison dont nous savons que, faute de « connexions », de formes de liaison inscrites en elles, les bêtes n'en sont pas capables. L'Esprit peut au contraire relier toutes ses perceptions à une notion confuse de soi-même, écho ténu de la notion qui le représente à Dieu. Ainsi change-t-il tout en restant le même.

Mais qu'est-ce à dire ? En se référant à une notion de soi, l'individu raisonnable ratifie le choix que Dieu a fait de cet individu singulier ; il acquiesce à un univers qui porte, dans tous les êtres qui le composent, une marque de cet individu. En sorte que, sa « consciencïosité » serait-elle affaiblie ou même suspendue jusqu'à l'évanouissement par la maladie ou l'accident, resteraient bien d'autres témoignages de son identité :

— d'une part le savoir virtuel enclos dans la notion de soi continue d'agir et de faire effet, ce qui augure bien du souvenir ultérieur,

1. *Id.*, 460.
2. *Théodicée*, Discours § 8, GPVI, 54.

— d'autre part, « la conscience n'est pas le seul moyen de constituer l'identité personnelle, et le rapport d'autrui, ou même d'autres marques y peuvent suppléer »[1].

La personne tient à son être reconnu, c'est-à-dire à sa place dans une *societas*. C'est pourquoi le rapport d'autrui peut pallier certaines déficiences : la personne garde ses droits et ses devoirs, son identité relationnelle, même lorsque son sentiment de soi semble presque éteint ; elle reste fils ou parent de quelqu'un, héritier, ou propriétaire. Membre d'une société de droit. Bref : le réseau de relations juridiques dans lequel chacun est situé garantit son identité personnelle. Leibniz soutient les témoignages variables des consciences multiples en les faisant reposer sur les contrats qui unissent les personnes.

Ce n'est pas pour mettre en avant un primat du social sur l'individuel, mais un primat de l'*ordre constituant* sur le sentiment intérieur. L'ordre constituant n'est pas, comme le voudrait Locke, conventionnel. Il est garanti par Dieu qui fonde toute organisation juridique et donc tout lien entre les personnes : la cité de Dieu est présente invisiblement dans la cité humaine.

C'est pourquoi un embryon et un homme âgé, un fou et un sage peuvent être la même personne sans que l'homme âgé garde vif le souvenir de l'embryon[2], et sans que le fou se souvienne de l'homme sage qu'il était. Et il ne s'ensuit pas de cette proposition, quoi qu'en dise Philalèthe, qu'il soit possible « que Seth, Ismael, Socrate, Pilate, St Augustin sont un seul et même homme »[3]. La même âme s'atteste dans une « connexion de souvenance » minimale, mais qui ne paraît pas toujours à une attention troublée. C'est là qu'intervient, pour suppléer à ce défaut d'attention, la place réelle dans un ordre juridique.

> Ainsi, si une maladie avoit fait une interruption de la continuité de la liaison de consciençiosité, en sorte que je ne sçûsse point comment je serois devenu dans l'estat présent, quoyque je me souviendrois des choses plus éloignées, le temoignage des autres pourroit remplir le vuide de ma reminiscence. (...) Et si je venois à oublier toutes les choses passées et serois obligé de me laisser enseigner de nouveau jusqu'à mon nom et jusqu'à lire et écrire, je pourrois tousjours apprendre des autres ma vie passée dans mon

1. NE, II, ch. XXVII, GPV, 220.

2. *Id.*, II, XXVII, § 9, GPV, 219 : « Je ne voudrois point dire (...) que l'identité personnelle et même le soy, ne demeurent point en nous et que je ne suis point ce moy, qui ay esté dans le berceau, sous pretexte que je ne me souviens plus de rien de tout ce que j'ay fait alors ». Souligné par nous.

3. *Id.*, II, XXVII, § 6, GPV, 215.

> precedent estat, comme j'ay *gardé mes droits*, sans qu'il soit necessaire de me partager en deux personnes, et de me faire *heretier de moy même*. Et tout cela suffit pour maintenir l'identité morale qui fait la même personne [1].

On notera que le témoignage de la conscience n'est pas disqualifié : ce qui est mis en vedette, c'est le lien nécessaire entre cette conscience et la réalité morale et juridique qui la soutient. C'est pourquoi Leibniz ne saurait accepter que des *consciences* puissent être séparées des *personnes* pour être transférées à d'autres, grâce à la toute-puissance de Dieu. Leibniz corrige d'abord Philalèthe en apportant des précisions [2]. Puis il refuse cette supposition elle-même comme contraire à la puissance de Dieu qui n'est pas toute-puissance sans règles et ne fait pas n'importe quoi. Un divorce entre les réalités intelligibles et les apparences sensibles seroit un miracle, comme « lorsqu'on suppose que Dieu fait du vide ; car j'ai dit cy dessus pourquoy cela n'est point conforme à l'ordre naturel » [3]. Le garant ultime, c'est en effet Dieu lui-même. Leibniz admet, – mais seulement à titre de fiction car notre monde ne saurait être aussi mauvais que partiellement ou momentanément –, que les autres pourraient conspirer

> à me tromper (comme je pourrois même estre trompé par moy même, par quelque vision, songe ou maladie, croyant que ce que j'ay songé me soit arrivé), l'apparence seroit fausse ; mais il y a des cas où l'on peut estre moralement certain de la verité sur le rapport d'autruy : et auprès de Dieu, *dont la liaison de societé*

1. *Id.*, II, XXVII, § 9, GPV, 219. Souligné par nous.

2. *Id.*, § 23, GPV, 227 : « si toutes les apparences estoient changées et transférées d'un esprit sur un autre, ou si Dieu faisoit un echange entre deux esprits, donnant le corps visible et les apparences et consciences de l'un à l'autre, l'identité personnelle au lieu d'estre attachée à celle de la Substance suivroit les apparences constantes, que la morale humaine doit avoir en veue : mais ces apparences ne consisteront pas dans les seules consciences, et il faudra que Dieu fasse l'echange non seulement des aperceptions ou consciences des individus en question, mais aussi des apparences qui se presentent aux autres à l'egard de ces personnes, autrement il y auroit contradiction entre les consciences des uns et le temoignage des autres, ce qui troubleroit l'ordre des choses morales ».

3. *Id.*, p. 227. Cf. aussi § 9, pp. 218-219 : « Il semble que Vous tenés, Monsieur, que cette identité apparente se pourroit conserver, quand il n'y en auroit point de reelle. Je croirois que cela se pourroit peutestre par la puissance absolue de Dieu, mais suivant l'ordre des choses, l'identité apparente à la personne même, qui se sent la même, suppose l'identité réelle à chaque *passage prochain*, accompagné de reflexion ou de sentiment du *moy* ». Souligné dans le texte.

> *avec nous fait le point principal de la moralité*, l'erreur ne sauroit avoir lieu [1].

La conscience ne saurait être naturellement détachée de l'identité morale et juridique. Dans les cas exceptionnels où cette conscience s'atténue et semble disparaître, l'identité est inscrite

— dans le nom propre, qui témoigne de mon état civil, et donc dans la mémoire personnelle ;

— dans les relations qui lient une personne aux autres, et donc dans la mémoire des hommes ;

— en dernière instance, dans la relation avec Dieu, dont la mémoire ne peut faire défaut.

Le sujet leibnizien est d'abord une personne juridique et morale, avant d'être un *moi* psychologique. Le souvenir prend appui sur les structures qui relient entre eux les hommes, lesquelles sont fondées en dernier ressort sur le lien entre les hommes et Dieu. La Reconnaissance de Dieu fonde la puissance des êtres raisonnables en garantissant qu'ils sont des personnes. Dieu est lui-même concerné *personnellement* et de manière singulière par sa qualité de Seigneur des Esprits. C'est en cela, dit Leibniz, qu'il « s'humanise », et « entre en société avec nous » [2]. La relation entre Dieu et les Esprits introduit du nouveau pour les créatures comme pour Dieu lui-même. Elle garantit la réalité personnelle des esprits, et donc leur être-autre, que la simple réalité métaphysique des choses s'épuisait à fonder [3].

* * *

La notion cartésienne de sujet défini par un attribut essentiel vole ici en éclats. Les fictions proposées par Philalèthe n'auraient de sens que « si l'homme pouvoit n'estre que machine et avoir avec cela de la

1. *Id.*, II, ch. XXVII, § 9, GPV, 219. Souligné par nous.

2. DM, XXXVI, GPIV, p. 462 : « C'est pourquoy cette qualité morale de Dieu, qui le rend Seigneur ou Monarque des Esprits, le concerne pour ainsi dire personnellement d'une maniere toute singuliere. C'est en cela qu'il s'humanise, qu'il veut bien souffrir des anthropologies, et qu'il entre en societé avec nous, comme un Prince avec ses sujets ».

3. Notre lecture semble proche de la conception d'un *dialogisme transcendantal* où la relation interlocutive suscite les termes corrélatifs, les personnes, dont les individus déjà constitués avec leur identité ne sont que les supports. Cf. le commentaire par J. Greisch de F. Jacques, *Différence et subjectivité*, in « Du dialogue référentiel au dialogisme transcendantal », *Revue de Métaphysique et de morale*, 1990, N°1, p. 84.

consciencíosité »[1]. Elles sont solidaires d'une conception dualiste, et d'une fiction de toute-puissance opérant par miracles. Car seule une puissance extra-ordinaire pourrait faire s'accorder, ou dissocier, un fragment de matière étendue, et une substance pensante immatérielle.

Au contraire, dans sa notion de puissance individuelle et personnelle, Leibniz pense une liaison naturelle entre la puissance primitive de quelqu'un, les puissances subalternes dont elle fait l'unité (et qui font un corps à ce sujet), et les lois de l'agir des autres puissances avec lesquelles cette puissance primitive se conjugue. C'est pourquoi les traces de l'agir d'une personne sont inscrites partout, aussi bien dans la machine naturelle qui fait son corps, (même s'il change continuellement, car ce sont précisément les marques de la puissance unificatrice qui le font être *son* corps), que dans le « témoignage conspirant » des autres. Au point que s'il y avait transmigration, et qu'une même âme passât dans les corps de Nestor, de Socrate et de quelque moderne, cette nature identique se ferait connaître « à cause des impressions ou caractères qui y resteroient de tout ce que Nestor et Socrate ont fait, et que quelque génie assés penetrant y pourroit lire »[2].

La puissance, personnalisée par la Relation avec Dieu, produit continuellement des marques de cette personne, qu'elle inscrit dans le corps qu'elle unifie et domine : c'est ainsi qu'elle en fait ce qu'on appelle déjà un « corps propre », même si les parties en changent continuellement. Passée au niveau moral de la personne, la *puissance* continue de faire le sujet individuel comme elle le ferait si elle n'était pas raisonnable, mais jusqu'à *soutenir la personnalité* de celui dont la conscience de soi vacille, dont le souvenir se trouble et se noie. On peut donc gager qu'il y aura « restitution du souvenir », car « les perceptions insensibles » servent « encor icy à en garder les semences »[3].

La puissance peut avoir ce rôle de soutien réel de la personnalité, parce que la reconnaissance de Dieu est passée par et dans la puissance : parce que Dieu a conféré à certaines créatures une expression de son entendement qui a fait la puissance raisonnable.

* * *

Les avantages de la conception leibnizienne sont considérables. Elle évite l'arbitraire divin, le désordre naturel, et l'incertitude personnelle. Dieu ne se plaît point à conférer de la conscience à

1. NE, II, ch. XXVII, GPV, § 9, 219 : « Si l'homme pouvoit n'estre que machine et avoir avec cela de la consciencíosité, il faudroit estre de vostre avis, Monsieur ».
2. *Id.*, § 14, GPV, 222.
3. *Id.*

n'importe quel être, sans rime ni raison. Nous pouvons donc nous *fier* au sentiment naturel. Nous n'avons pas à nous demander si nous ne sommes pas un autre, si l'on ne nous trompe pas, si nous ne pourrions pas en agir tout différemment de ce que nous faisons. Leibniz, pas plus que Spinoza, n'a à passer par un moment de doute qui ferait apparaître la fiction d'un *malin génie*.

Au-delà de cette sécurité ontologique, les enjeux moraux sont clairs : la conception leibnizienne justifie le sentiment de responsabilité, sans en faire pour autant le *seul* juge. C'est à Dieu de savoir ce qu'il en est, et ce n'est pas à nous de nous charger, ce que nous pourrions faire abusivement. Comme la conscience de soi ne saurait être le seul témoignage de la personnalité, le sentiment de responsabilité ne saurait être la seule preuve de la culpabilité [1]. Le Savoir de Dieu fait notre garantie et notre sécurité.

2.3 : Puissance personnelle et Loi

Leibniz ne disqualifie pas le *sentiment* de soi qu'est la conscience, comme témoignage de l'identité personnelle. Il le relativise en le plaçant à côté d'autres témoignages valides même au cas où elle aurait faibli, et il montre sa dépendance au garant ultime : Dieu, fondement de toute légalité. Parallèlement, Leibniz montre que seule l'identité morale rend un individu susceptible de recevoir et de sentir les châtiments et les récompenses. Sans cela, on pourrait punir un individu de fautes qui, en toute rigueur, ne lui appartiendraient pas si, au regard du sentiment de soi, il n'etait plus *le même* que celui qui a agi, ou s'il n'était pas *lui-même* dans le temps qu'il commettait son crime, conséquences de la thèse fondant l'identité sur la conscience. Inversement, faute de concevoir l'identité comme Leibniz, on pourrait bien punir un individu qui se *sent* coupable, alors même qu'il n'a pas commis les crimes dont il pourrait s'accuser. De telles éventualités sont à écarter dans le système de Leibniz, car *il y a* une identité morale, que manifeste la conscience sans la constituer. Leibniz en appelle ainsi du sentiment intérieur à un savoir absolu et universel, celui de Dieu, seul habilité à prononcer en vérité.

1. *Id.*, § 22, GPV, 226 : « On pourroit former une fiction, peu convenable à la verité, mais possible au moins, qui seroit qu'un homme au jour du jugement crût avoir esté mechant, et que le même parût vray à tous les autres esprits crées, qui fussent à portée pour en juger, sans que la verité y fût : osera-t-on dire que le supreme et juste juge, qui sauroit seul le contraire, pourroit damner cette personne et juger contre ce qu'il sait ? Cependant il semble que cela suivroit de la notion que vous donniés de la personalité morale ».

La théorie de la *personnalité* ou de la « puissance personnelle », qui couronne l'*individualité* réelle, ou métaphysique, faite par les perceptions insensibles, montre ici sa dépendance à une conception de l'ordre [1]. La puissance des personnes créées s'origine dans une relation qui constitue la position *respective* des termes qu'elle unit : c'est de cette position, et dans cette position, que chaque personne doit répondre de ses actions. C'est l'identité de cette position qui fonde les droits, les devoirs, et donc la responsabilité de chacun. Non pas l'appréciation subjective de la personne elle-même ou d'autrui, qui d'ailleurs lui est naturellement accordée. Cette identité de position fonde donc la puissance, ou ce que *peut* chacun, par rapport à quoi seul il peut y avoir appréciation d'un devoir ou d'une responsabilité.

Si les personnes sont les créatures qui, parce qu'elles sont engagées dans un rapport avec Dieu, peuvent rapporter à elles-mêmes leurs actions, les déclarer, les reconnaître, et donc en répondre devant Dieu, c'est que, dans la responsabilité, c'est la position de sujet qui est en question. Position qui permet de prendre sur soi ses actions sans les mettre au compte de l'extérieur, qui permet de savoir ce qu'on a fait sans rien oublier, sans rien mettre sur le compte d'autrui. L'oubli psychologique ne tient pas en face de cet enregistrement réel que fait la puissance, et qui peut toujours donner lieu à souvenirs. La position de sujet est pour les créatures la contrepartie de la « qualité morale » de Dieu lui-même. Cette position nous permet d'escompter légitimement de Dieu les récompenses qui correspondent à nos actions [2]. Grâce à Dieu, le compte est toujours bon. Il n'y a pas seulement des lois et des conventions sociales. Il y a une légitimité garantie par Dieu. La personne responsable est comptable devant des instances qui représentent cette légitimité. La justice humaine vient représenter, dans l'ordre fini, cette loi transcendante qui supporte les droits et les personnes individuelles.

Il apparaît alors clairement, et peut-être paradoxalement si l'on songe à certaines déclarations expresses de Leibniz, comme au sentiment commun concernant sa philosophie, que la puissance des esprits

1. *Id.*, § 9, GPV, 218 : « il est conforme aux règles de la divine providence que l'ame garde encor l'identite morale et apparente à nous-mêmes, pour constituer la même personne, capable par consequent de sentir les chatimens & les recompenses ». Cf. aussi DM, XXXIV, GPIV, 460, et *Extrait du Dictionnaire de M. Bayle, article Rorarius p. 2599 sqq. de l'Edition de l'an 1702 avec mes remarques*, GPIV, 527.

2. Cf. *Monadologie,* § 90 : « Enfin sous ce gouvernement parfait il n'y aurait point de bonne Action sans récompense, point de mauvaise sans châtiment ».

est soutenue par une *relation* ou un *ordre* qui institue les sujets comme sujets agissant personnellement. La relation paraît donc précéder (logiquement) les termes de cette relation. En l'occurence, l'être de Dieu, et même les êtres créés ne sont pas en cause : ils s'expliquent suffisamment par le seul discours métaphysique. Mais que les Esprits soient reconnus comme fils de Dieu, que Dieu lui-même ait une « qualité morale » de « Seigneur des Esprits », cela tient à la relation que Dieu établit avec certaines de ses créatures. L'acte de reconnaissance, qui fait la filiation légitime, donne à chacun sa « qualité morale » : Dieu se fait père en reconnaissant des fils, ce qui est d'un tout autre ordre que celui du lien métaphysique entre Dieu-principe et cause, et ses créatures-effets [1].

La puissance des Esprits, puissance personnelle, concerne donc au premier chef l'engendrement et la filiation. Tout se passe comme si Leibniz avait élaboré la notion commune de *puissance génératrice*, l'avait conjuguée avec la notion juridique de *puissance paternelle*, et l'avait ainsi élevée à la dignité d'une notion juridique, morale et, par là, philosophique. Ce qui est mis en pleine lumière, c'est le modèle juridique de la puissance paternelle. Une telle mutation de la notion de puissance, de cette force d'agir qui est en même temps *loi*, est essentielle à la démarcation de Leibniz par rapport au spinozisme, trop unilatéral, resté sur l'unique versant de la nature.

Lorsqu'il s'agit de l'origine de la puissance créée, il est clair que la puissance de Dieu est seule responsable de l'institution du lien de société avec des créatures. Sans cela, y aurait-il même une *responsabilité* ? L'acte divin est l'unique origine du statut de *fils de Dieu*. Il est non moins clair que, sans l'acte de Dieu, initiative qui fait césure dans la continuité des essences, Dieu serait la seule substance : il ne pourrait entrer en société avec quiconque à titre de personne. L'acte de reconnaissance fait donc à la fois qu'il y ait des personnes, et qu'il y ait d'autres (personnes) que Dieu. Là se situe la véritable frontière avec le spinozisme.

On pourrait, en pensant à la générosité que Nietzsche donne à la puissance comme une caractéristique essentielle [2], dire que la puissance

1. *Id.*, § 86 : « Cette Cité de Dieu, cette Monarchie véritablement universelle, est un Monde Moral, dans le monde Naturel, et ce qu'il y a de plus élevé et de plus divin dans les ouvrages de Dieu : et c'est en lui que consiste véritablement la gloire de Dieu, puisqu'il n'y en aurait point, si sa grandeur n'étaient pas connues et admirées par les esprits, c'est aussi par rapport à Cette cité divine qu'il a proprement de la Bonté, au lieu que sa sagesse et sa puissance se montrent partout ».

2. Nietzsche, *Ainsi parlait Zarathoustra*, III : « Vertu qui donne– c'est ainsi que Zarathoustra appela jadis cette chose inexprimable ». Cf. G. Deleuze, *Nietzsche*

de Dieu est donatrice parce qu'elle veut qu'il y ait de l'*autre* ou d'*autres* que lui. Mais la générosité de la puissance ne suffirait pas à faire la démarcation entre Leibniz et Spinoza si on n'y ajoutait une certaine lecture qui doit être faite de cette générosité : expansion spontanée de son être chez Spinoza, la puissance de Dieu chez Leibniz est volonté d'instaurer un ordre au sein duquel des personnes peuvent entrer en relation, parce qu'elles y trouvent les droits et les devoirs qui les relient. La puissance des esprits, ou puissance des personnes, est donc d'institution divine, institution qui ne contredit pas au naturel, mais l'élève à un niveau supérieur.

Faut-il alors croire qu'on a eu tort de regarder Leibniz comme le philosophe des seules substances, qui congédierait la relation ou plutôt la relèguerait, en en faisant « une chose purement idéale dont la considération ne laisse pas d'être utile » [1] ?

Lorsqu'on examine le statut des relations dans la philosophie de Leibniz, on ne peut nier une tentative de réduire les propositions de relation à des propositions prédicatives. De plus, c'est pour des raisons explicitement métaphysiques, non pour de simples raisons techniques, que Leibniz fait des relations des « modes » des choses, fondées en elles [2]. Les relations reposent sur la perception de Dieu. Leur réalité est purement spirituelle [3]. Mais on ne doit pas pour autant oublier

— d'une part que c'est pour ne pas en faire un simple « accident, qui aurait alors », dit drôlement Leibniz, « une jambe dans un sujet et l'autre dans l'autre » [4], que Leibniz fait dépendre la relation de l'esprit divin. Cela lui donne la *réalité* qui tient à l'acte de pensée divin, soit le réel de la *cogitabilitas*.

— d'autre part, que la philosophie de la connaissance de Leibniz ne peut être séparée d'une conception de l'univers où la puissance divine est l'origine de toutes les puissances créées dans la mesure précise où elle est puissance ordonnatrice en même temps que génératrice. Autrement dit, si l'ordre ou la relation ne précède pas plus la

et la philosophie, Paris, 1962, p. 97 : « la volonté de puissance est essentiellement créatrice ».

1. *Quatrième Réponse* à Clarke, GPVII, 401.

2. *Au P. des Bosses*, 29 mai 1716, trad. C. Frémont, in *L'Etre et la Relation*, avec Trente-cinq lettres de Leibniz au R.P. Des Bosses, traduites du latin et annotées, Paris, 1981, p. 205 : « Les ordres, donc, ou les relations qui joignent deux monades ne sont pas dans l'une ou dans l'autre de ces monades, mais dans les deux simultanément, c'est-à-dire au vrai, dans aucune, mais dans l'esprit seulement ». Texte original : GP II, 517.

3. *Id.*

4. *Id.*, On trouvera chez B. Russell, *op. cit.*, I, 10, l'examen de ce point.

puissance, que la sagesse ne la gouverne, il reste que cet ordre, comme cette sagesse, sont toujours déjà là, éternelles comme la puissance de Dieu qui les maintient. La relation de priorité précède donc bien les monades créées, qui viennent remplir la place subordonnée qui revient de tout temps aux produits comme aux fils. Précession analogue à celle des vérités nécessaires par rapport aux vérités contingentes. Cette relation relève de la Logique éternelle incréée.

Mais dans le lien entre la puissance originaire et les puissances qu'elle inaugure, il reste que c'est un terme qui contient tout : Dieu, en qui sont et la logique éternelle et la puissance. A ce niveau, il est vain de chercher une dénivellation entre substance et relation : cela reviendrait à pratiquer une analyse de l'unité de Dieu, alors que l'acte de Dieu unifie précisément tout ce qui, en lui, peut être pensé par nous selon différents registres. Il ne faut pas s'enfoncer sans nécessité dans ces difficultés, précise Leibniz à Arnauld [1].

Tout ce que nous pouvons dire de certain tient en ceci : Dieu est l'origine de la paternité elle-même, parce qu'il maintient les vérités éternelles et donc les relations logiques, et parce qu'il est le sujet de l'acte créateur. Il est l'origine de la relation qui prescrit à tous leurs droits et leurs devoirs, et donc leur existence de sujets. La puissance réside dans ce lien, que Dieu contracte, ou plutôt institue librement avec certaines de ses créatures, alliance qui confère les droits et les devoirs, et qui met chaque partie en position de rendre compte de ses actes. L'alliance est ce qui communique la puissance raisonnable, qui dès lors est inséparable de la responsabilité.

* * *

Examinons le modèle de la paternité juridique. Leibniz, lorsqu'il explique à Philalèthe sa conception des relations morales, qui enrichissent les relations naturelles, le fait précisément à partir de cet exemple.

Philalèthe citait le patron et le client, ou bien le général et le soldat, pour distinguer les relations volontaires ou contractuelles, des relations naturelles. Théophile indique alors, sur l'exemple paradigmatique de la paternité, que l'institution ne s'oppose pas à la nature, mais l'enrichit, en donnant des droits aux uns, et des privilèges aux autres [2]. Il admet que la paternité humaine a un caractère de probabilité plutôt que de certitude, puisque la loi générale qui porte que « pater est quem

1. Cf. *Remarques sur la lettre de M. Arnaud*, GPII, 44.
2. NE, II, ch. XXVIII : De quelques autres Relations et surtout des Relations Morales, § 3, GPV, 231.

nuptiae demonstrant » peut être interprétée ou reçue différemment : soit comme présomption, à moins que le père présumé n'en démontre la fausseté en prouvant son *alibi*, soit comme relayant la simple génération naturelle et s'y substituant, lorsque c'est le père légal et non le père biologique qui est le seul à être reconnu père [1]. Mais c'est pour montrer la supériorité de la véritable loi, fondée en nature, sur la convention, qui peut être arbitraire mais commode [2].

C'est dire

— d'une part, que la source de puissance est paternelle, en ce que chez Leibniz c'est d'un père que tous les esprits tiennent leur efficace, parce que c'est d'un père qu'ils tiennent et leur existence et leur statut de sujets.

— mais d'autre part, que le modèle de la paternité n'est pas exactement le modèle humain : ni le modèle biologique, ni le modèle de la filiation légitime, qui ont le tort de pouvoir être parfois séparés. La filiation humaine doit plutôt se régler sur le modèle divin.

Ce qui ne saurait nous étonner, puisque

— une société ne précède pas l'acte de la puissance divine qui inaugure la relation père-fils : elle est au contraire instituée par cet acte.

— les fils ne deviennent jamais pères dans la relation de Dieu à ses sujets : ils semblent rester dans un perpétuel état d'enfance (comme « enfans de Dieu ») : rien de comparable à ces droits et devoirs temporaires des personnes jeunes et des personnes âgées dont parle Leibniz [3], puisque les esprits sont toujours dans la position des « personnes jeunes » qui, à ce titre, ont certaines sujétions [4]. Rien chez Leibniz ne peut se comparer à la place faite par les mythes grecs au meurtre de dieux par des fils qui prennent ensuite leur place [5].

1. *Id.*

2. *Id.*, § 5, *op. cit.*, p. 232 : « Le bon est, que ce qui est de l'institution generale de Dieu, est conforme à la nature ou à la raison ».

3. *Id.*, § 3, *op. cit.*, p. 231 : « Les personnes jeunes ont certaines sujétions, et les âgées ont certaines immunités ».

4. On a vu plus haut que ces « sujétions » font les « sujets ».

5. Si ce n'est, peut-être, le curieux appendice « sur la résurrection des corps » à la lettre *à Jean-Frédéric* du 21 mai 1671, où Leibniz explique que Thyeste peut manger ses enfants, parce que la dispersion des éléments du corps n'en empêchera pas la résurrection, LP, 100-101. Resterait à interpréter ce passage, ce qui serait d'autant plus délicat qu'il s'agit d'un texte de jeunesse, qui témoigne de croyances abandonnées plus tard par Leibniz comme ne donnant pas satisfaction à la raison. Cependant il est vrai que la première partie du scénario mythique s'y trouve expressément, mais sous forme inversée. Ce sont les fils qui sont dévorés, non les pères. Et Zeus ne prend pas sa revanche sur Kronos.

L'exemple de la paternité est donc paradigmatique. Pour autant, il n'exclut pas d'autres modèles, notamment le modèle politique de la royauté, puisque Dieu est Monarque des Esprits. On peut d'ailleurs comparer le lien de société que Dieu institue avec ses sujets, et qui est la source de leur puissance à titre personnel, avec la communauté politique qui, selon Aristote, unit le roi à ses sujets, ou le père à ses fils encore enfants [1]. L'analogie qu'effectue Aristote est valable chez Leibniz : il compare en effet la relation de Dieu à ses créatures soit à la Royauté, soit à la Paternité. Cela indique que la relation *naturelle* de supériorité passe au second plan et s'efface devant une supériorité *de droit*, constante parce qu'elle est fondée sur « la nature des choses » et non pas la convention. Le cycle naturel passe après une relation qui tient à l'*ordre* des choses. C'est ce qui fait comprendre que la relation de Dieu aux Esprits soit toujours celle du père à ses fils encore jeunes enfants. La relation, asymétrique, le restera, car il n'y a pas de passage de la puissance finie à la puissance infinie. Aucune croissance des puissances finies même conjuguées ne saurait franchir le fossé de l'incommensurabilité.

Pourtant, la relation juridique assure, par la répartition des droits et devoirs, comme une manière d'échange : ce que les Esprits doivent à Dieu est balancé par des avantages et des garanties. Nous n'y perdrons rien. Nous gagnons, si l'on peut dire, au change. La paternité, relation morale, garantit la puissance des termes qu'elle unit : pour les esprits, leur capacité à être sujets de leurs actes et à en répondre. C'est ainsi que les « enfans de Dieu » sont assurés de compter chacun pour Dieu, comme une personne singulière, différente de toute autre, et assurés d'être pris en compte, tenus au nombre de ses enfants : nous savons ainsi que Dieu pourvoit avec « une extrême exactitude », à tout ce qui nous touche [2]. Le lien de société entre Dieu et les Esprits fait leur

1. Aristote, *Politique* I, 1259 b 10-17.

2. DM, XXXVII, GPIV, 462-463 ; éd. H. Lestienne, pp. 93-94 : « il (J.C.) nous a donné à connoistre *le royaume des cieux ou cette parfaite république des esprits qui mérite le titre de cité de Dieu*, dont il nous a découvert les admirables loix : luy seul a fait voir (...) que tous les cheveux de nostre tête sont comptés ; que le ciel et la terre periront plustost que la parole de Dieu et ce qui appartient à l'oeconomie de nostre salut soit changé ; que Dieu a plus d'egards à la moindre des ames intelligentes qu'à toute la machine du monde ; que nous ne devons point craindre ceux qui peuvent détruire les corps mais ne sçauraient nuire aux ames, puisque Dieu seul les peut rendre heureuses ou malheureuses ; et que celles des justes sont dans sa main à couvert de toutes les révolutions de l'univers rien ne pouvant agir sur elles que Dieu seul ; qu'aucune de nos actions est oubliée ; que tout est mis en ligne de compte, jusqu'aux paroles oisives, et jusqu'à une cuillérée d'eau

puissance personnelle, indissociable de leur responsabilité, mais il leur confère en contrepartie le savoir des « admirables lois » de la cité de Dieu où ils ont été admis. Or ces lois leur assurent, et nous assurent en tant qu'esprits « que tout est mis en ligne de compte », que rien touchant à notre existence ne peut se perdre puisque « tous les cheveux de nostre teste sont comptés »[1], enfin que les incessants progrès de notre puissance d'agir ne peuvent qu'aboutir et porter leurs fruits.

Si nous devons rendre compte de toutes nos actions (c'est la responsabilité), nous sommes par là même assurés que Dieu tient bien compte de tout. Que, inscrit au grand livre des comptes, rien ne s'efface ni n'est perdu[2]. L'assurance donnée par ce système de protection paternelle, qui nous met à couvert du temps et de ses changements, vaut peut-être largement le sacrifice de cette place de père à la vaine prétention de laquelle l'homme renoncerait pour être enfant à vie, ou plutôt à jamais. Pour ce prix qu'il paye à Dieu comme une dette infinie, l'homme obtient la réussite à coup sûr. Confiance en termes psychologiques, et efficience au point de vue ontologique en découlent.

La comptabilité est stricte et bonne : c'est que Dieu est le lieu des vérités, mais aussi la surface d'inscription de toutes les actions. Toutes choses peuvent alors changer, du moment que le registre ne varie pas.

La rationalité de Dieu peut être alors lue comme bonté : les errances sont comptabilisées, mais Dieu comme point fixe en donne la mesure[3] et permet le retour du fils prodigue. Le Devenir est ainsi sauvé : à la syntaxe des Idées qui jouait ce rôle chez Platon, correspond ici l'acte rationnel d'un sujet divin.

Les substances spirituelles doivent leur puissance, qui est capacité à rendre compte de leurs actions, c'est-à-dire à être sujets, à une syntaxe universelle à quoi elles peuvent se référer pour comprendre le fonctionnement de l'univers et leurs positions respectives. Elle leur sert donc de point de repères et de référentiel. Elle intervient comme ordre tiers entre un père et ses enfants, réglant leur relation et par là leur puissance.

bien employée ; enfin que tout doit réussir pour le plus grand bien des bons ». Souligné dans le manuscrit.

1. *Id.*, p. 463.

2. Sur le thème du registre, cf. NE, II, ch. XIII, § 7, GPV, 136 : « Et s'il n'y auroit rien de fixe dans l'univers, le lieu de chaque chose ne laisseroit pas d'estre determiné par le raisonnement, s'il y avoit moyen de tenir registre de tous les changemens, ou si la memoire d'une creature y pouvoit suffire... ».

3. Sur le thème du point fixe, cf. M. Serres, *Le système de Leibniz et ses modèles mathématiques,* 3ème partie, Le point fixe, *op. cit.*, pp. 645-820.

L'ordre des vérités joue un rôle fondamental, mais comme médiateur entre des sujets : il est objet de Dieu, et norme de l'action. Leibniz pense ainsi fonder un ordre interpersonnel au lieu d'une pure et brute nécessité, et éviter en même temps que le rapport de Dieu aux créatures, non réglé par cet ordre, ne sombre dans l'arbitraire. Il cherche à se situer clairement entre Descartes et Spinoza : le modèle de la paternité fait droit à la puissance du sujet divin, et le modèle juridique de la légalité vient éviter l'arbitraire du caprice, comme la fatalité du nécessaire [1].

Conclusion à tirer : *il y a* une légalité, qui est plutôt légitimité si elle est légalité transcendante, dont Dieu se fait le soutien. Cette légalité règle toute puissance. Le parallélisme entre puissance et sagesse est en Dieu éternel. Son retentissement sur les créatures fait la puissance, à ne pas comprendre comme une puissance naturelle, de l'ordre de celle du torrent ou de la floraison, à laquelle s'ajouterait le *plus* d'une raison conçue de manière instrumentale. La raison n'est pas fondamentalement, comme dans la tradition aristotélicienne, un super-organe qui gèrerait au mieux les ressources du vivant en lequel elle résiderait... Elle ne l'est que de manière dérivée, comme conséquence. Elle est d'abord l'effet ou la marque du lien instauré par la parole de Dieu, parole agissante parce que parole de reconnaissance qui *effectue par elle-même ce qu'elle dit*, comme le ferait une promesse.

L'acte divin privilégie certaines des créatures et fait de la raison un produit d'*institution*. Au sens que Leibniz donne à ce terme : soit, non pas l'imposition d'un ordre conventionnel, étranger à la nature, mais la fondation ou l'exaltation de l'ordre qui est la nature même des choses. L'institution divine se fait dans l'ordre des choses, et le met en relief.

La distinction entre le sens conventionnel de l'institution, et le sens métaphysique ou moral que lui donne Leibniz est d'importance. Leibniz ne peut accepter de faire dépendre la différence entre le Bien et le Mal de l'action de quelque législateur humain. Il ne peut accepter de définir comme Philalèthe la « relation morale ». Car « la convenance ou disconvenance qui se trouve entre les actions volontaires des hommes et une règle qui fait qu'on juge si elles sont *moralement bonnes* ou mauvaises » [2] ne suffit pas en effet à sauver le

1. NE, IV, ch. III, § 6, GPV, 362-363 : « Et quant au bon plaisir du Createur, il faut dire qu'il est reglé selon les natures des choses (...). Ce bon plaisir ne serait pas même *bon* ni *plaisir*, s'il n'y avoit un parallelisme perpetuel entre la puissance et la sagesse de Dieu ». Souligné dans le texte. Cf. *Théodicée*, Discours préliminaire, § 37, GPVI, 71-72.

2. *Id.*, II, ch. XXVIII, § 4, GPV, 231-232. Souligné dans le texte.

Bien et le Mal de l'arbitraire. Il suffirait que le législateur change pour que la règle de l'action change elle aussi, et qu'une action mauvaise soit déclarée vertueuse. Leibniz préfère donc « prendre pour la mesure du bien moral et de la vertu », non pas *une* règle, mais *la* règle invariable de la raison, « que Dieu s'est chargé de maintenir » [1].

L'institution divine, qui se confond avec l'ordre des choses, n'est pas une convention qu'on superposerait à cet ordre [2]. Partant, la raison humaine, marque de l'alliance entre Dieu et les esprits, d'institution divine, est passage de la puissance naturelle, qui est déjà raison inconsciente d'elle-même, à un degré supérieur où elle est capable de se déchiffrer elle-même, de lire l'ordre de l'univers pour ainsi dire à haute voix, et non plus silencieusement comme toute substance, et enfin de compter à la manière de Dieu, c'est-à-dire en se comptant elle-même, ou en tenant compte d'elle-même. Elle est le fruit de l'alliance effectuée dans la reconnaissance.

Une telle conception de la raison tend à se détacher si peu que ce soit de la tradition aristotélicienne : elle est promotion du naturel à travers une légitimité supposée de sa structure, sans pour autant se diriger vers une raison pratique qui répudierait le souci de la vie. Elle fait apparaître la frontière entre la nature et l'institution comme factice et non pertinente : c'est sur l'échelle graduée des êtres vivants et substantiels qu'apparaissent, sans solution de continuité, des êtres raisonnables. Du point de vue de la nature, ils bénéficient d'un supplément et se présentent comme plus complexes : la raison est à ce niveau une sorte de dérivation de la puissance qui en permet la régulation. Si nous pouvons parler de discontinuité, c'est du seul point de vue moral : car ce qui apparaît comme complexification ou trait supplémentaire au niveau naturel, se montre ici comme tenant en fait à un *statut*. La rationalité exprime une position dans un ordre, position où certains ont été placés, où on leur a fait l'honneur de les placer.

1. *Id.*, II, ch. XXVIII, § 4, GPV, 232 : « Aussi peut-on estre assuré, que par son moyen tout bien moral devient physique, ou comme parloient les anciens, tout honneste est utile ; au lieu que pour exprimer la Notion de l'Auteur, il faudroit dire que le Bien ou Mal moral est un *bien* ou *mal* d'imposition ou *institutif*, que celuy qui a le pouvoir en main tache de faire suivre ou éviter par les peines ou recompenses. Le bon est, que ce qui est de l'institution générale de Dieu, est conforme à la nature ou à la raison ». Souligné dans le texte.

2. Cf. *Parallèle entre la Raison originale ou la Loi de Nature, le Paganisme ou la Corruption de la Loi de la Nature, la Loi de Moïse ou le Paganisme réformé et le Christianisme ou la Loi de la Nature rétablie*, in J. Baruzi, *op. cit.*, pp. 352-355, ou G, t. I, pp. 46-61.

La puissance des sujets est nécessairement raisonnable parce qu'accéder à l'ordre des vérités, c'est pouvoir (se) rendre compte et se situer dans une relation. Effet de position ou de structure, fruit d'une élévation : ces deux langages disent le statut de l'être raisonnable en insistant l'un sur sa nécessité, l'autre sur le don que Dieu nous en fait. Deux lectures possibles de Leibniz en découlent, et qu'il faudrait conjoindre, car elles sont toutes justes, et aucune séparément : l'une plus spinoziste qu'il ne le faudrait, l'autre plus religieuse.

Mais la puissance des êtres raisonnables n'est jamais que ce qu'elles peuvent en tant que raisonnables, en vertu de ce statut. Autrement dit, leur puissance est cet *Acte permanent* que Dieu, en les appelant en qualité de fils, a conféré aux notions individuelles comme une dignité. L'*Acte permanent*, c'est la puissance primitive ou entéléchie, déterminée par structure à des actes réfléchis, dès lors que la puissance agit, et que les marques rationnelles lui permettent la réflexion. La *puissance* perd ainsi tout caractère de force occulte, pour devenir chez Leibniz la force de l'ordre qui organise les personnes, soit la force d'une institution divine qui fait de l'un un Pere et des autres des Fils. La puissance de cet ordre moral est inaugurée par la parole divine qui fait loi pour tous. Elle n'agit pourtant pas de même en eux, mais correspond à leurs natures : la puissance de Dieu, source de tout, précède l'instauration créatrice, au moins logiquement ; elle est « l'acte pur et universel de la suprême substance »[1] : la puissance des créatures raisonnables est en acte de manière permanente, mais elle n'est que tendance toujours active à accomplir des actions réfléchies.

La différence entre les puissances est différence de statut : elle tient à l'asymétrie de la relation, où l'un est en position de beaucoup donner, quand les autres sont en position de beaucoup recevoir. L'ordre qui découle de cette organisation est responsable de la nature des puissances, soit du type d'exercice qu'elles font de leur causalité. Lorsque les créatures ne peuvent pas se référer, à travers des symboles ou « caractères », aux lois qui président au fonctionnement de l'univers, et notamment à leur activité, elles ne peuvent agir en connaissance de cause, et ne sont que les sujets apparents des actions dont elles mettent en branle la série articulée. Les esprits en revanche comptent et se comptent dans leur relation à un ordre de vérités qui leur permet précisément ces opérations, ordre qui légitime la puissance paternelle dont ils héritent à travers une expression.

1. NE, IV, ch. III, § 6, GPV, 362.

La raison est donc la caractéristique propre au sujet, au *je* qui le manifeste, et à la *puissance* qui fait un sujet pour soi. Leibniz, sans doute, parle du *moi* (comme le sujet se nomme) pour faire la différence avec le *soi*, ou identité objective correspondant à toute notion. Mais il ne s'agit jamais de la *consciencïosité*, cette conscience fluctuante et vicariante que Kant appellera le *moi empirique*, mais toujours de l'identité morale-juridique qu'un sujet est en droit de revendiquer. La capacité d'aperception et de pensée n'en est qu'une modalité : cela est essentiel pour sauvegarder le caractère réglé de la puissance. Il faut que la pensée soit en rapport nécessaire avec une nature (rationnelle) qu'elle manifeste, qu'elle soit l'acte momentané d'une puissance permanente, sinon l'aperception, ou la puissance de penser, ne serait qu'une *faculté,* servante universelle que Dieu aurait adjointe gracieusement à un vivant, et qui travaillerait pour lui. Et en ce cas, il n'y aurait plus de raison de refuser cette pensée à quelque « amas de matière », à moins de s'aider de la Révélation, recours que Leibniz refuse. Car le message de la Révélation doit trouver place dans le système, non venir le secourir de l'extérieur, comme un « Deus ex machina »[1].

Le statut de la pensée et du raisonnement humain, comme celui de l'aperception, est donc solidaire d'une conception de la puissance comme inhérente à un statut qui fait pour chacun office de *nature*.

* * *

Tel est le deuxième sens de la notion de puissance raisonnable : on comprend mieux, à travers lui, que Leibniz parle de la rationalité de l'âme comme d'une *élévation*, puisqu'il s'agit très exactement d'un statut juridique de personne conféré à cette âme. La rationalité quand elle caractérise la puissance est une *dignité*.

Le premier sens de la puissance humaine comme ressource discursive qui permet une stratégie individuelle, exprime donc un deuxième sens, plus fondamental : la puissance comme personnalité juridico-morale. Le relais logique fonde la puissance comme moyen supérieur, et symbolise le lien moral entre Dieu et les esprits qui permet l'avènement de *sujets personnels*.

Leibniz donne, ce faisant, définitivement congé à ce qui pouvait rester d'occulte dans la notion aristotélicienne, pour tisser sa notion de

1. *Id.*, Préface, GPV, 54-61.

puissance dans le réseau serré des structures logico-juridiques. Aucun énergétisme ne subsiste plus, qui ferait sa part, même congrue, à une action de la matière. Reste l'intersubjectivité ou l'entr'expression [1] et son ordre constituant.

1. A. Robinet propose, plutôt que de subjectivité, de parler de *subjectité*, et d'entr'expression plutôt que d'intersubjectivité, s'il est vrai que la notion de *subjectivité*, liée à des sens différents et hétérogènes (transcendantaux, herméneutiques, existentiels, etc.) est une entité généralisante qui peut fausser la logique métaphysique du sujet qu'on trouve chez Leibniz. Cf. A. Robinet, « Sujet et sens interne dans l'architectonique des lettres à Des Bosses », *Leibniz e la questione della soggettivita*, colloque de Trieste, mai 1992 (inédit).

SECTION 3 :

PUISSANCE ET IDENTIFICATION

La puissance du sujet raisonnable paraît à présent relative, dépendante d'une relation. Elle dépasse la pure spontanéité et fait des sujets réels, dont la stratégie est irréductible tant à la démarche fruste des êtres privés de raison, qu'à la pleine splendeur de l'acte divin. Peut-on dire pour autant que, comme le prétend Leibniz, cette puissance, qui n'émerge de la pure spontanéité substantielle que dans la relation à Dieu, fait des sujets *libres* ?

Certes, le sujet humain qui s'interroge sur sa puissance, sur ce qu'il *peut faire*, ne se demande pas si ce sont les facultés qui agissent en lui comme autant d'agents, ou si c'est lui qui agit par les puissances. Il ne s'enfonce pas dans ces épines [1]. Mais se suffirait-il de la remarque de Leibniz qui déclare en s'abritant de l'autorité d'Aristote que les actions libres sont celles qui sont non seulement spontanées mais délibérées [2] ? Quel type d'*acte* peut être attendu de la puissance des esprits créés ? Peuvent-ils, avec une puissance finie, imiter l'acte créateur de Dieu ? A quelle liberté correspond la puissance des créatures raisonnables, s'il est vrai que celle-ci est doublement encadrée :

— par la notion qui a, grâce à la Création, acquis *force de loi*,

— par le réglage, sans défaut parce que divin, de toutes les puissances les unes à l'égard des autres, soit l'*harmonie* préétablie par Dieu ?

1. NE, II, ch. XXI, § 6, GPV, 160.

2. *Id.*, § 9, GPV, 161 : « Si libre estoit ce qui agit sans empechement, la balle estant une fois en mouvement dans un horison seroit un agent libre. Mais Aristote a deja bien remarqué que pour appeller les Actions libres, nous demandons non seulement qu'elles soyent spontanées, mais encor qu'elles soyent deliberées ». Souligné dans le texte.

La mesure de la puissance créée peut alors être strictement délimitée : elle ne peut *ni plus ni moins* que ce qui la définit comme telle [1].

L'œuvre de Dieu est *poïètique* au sens où Dieu mène un matériau (logique) à une perfection supérieure en organisant et sélectionnant les possibles. Elle est *acte* au sens où Dieu franchit un seuil, fait passer et passe à un nouveau régime d'être, fait advenir ce qui n'était pas, instaure et inaugure. Quant aux créatures dotées des moyens logiques d'imiter Dieu, à leur mesure, « dans leur petit département », peuvent-elles œuvrer à la manière de Dieu, franchir quelque seuil, instaurer ?

On sait que Dieu décide librement d'accorder sa volonté aux règles de la justice et de la sagesse, mais que ces règles, elles, ne dépendent pas de la volonté de Dieu, pas plus que son essence [2]. Lorsque les créatures décident d'agir en fonction de ce qu'elles trouvent bon, elles ne sont donc pas moins libres pour avoir orienté leur volonté *selon* le contenu de leur notion, qui comprend l'ensemble des actions qu'elles trouvent bonnes : Dieu lui-même, qui veut selon l'ordre des choses, est leur modèle.

Reste que la puissance de Dieu est puissance des contraires puisque Dieu *pouvait* ne pas créer, ou créer d'une infinité de manières possibles. Même s'il est clair que Dieu n'a pas voulu qu'il en soit ainsi : parce que sa volonté est orientée naturellement vers le meilleur et qu'il se trouve qu'il y a un univers qui correspond à ce meilleur. Peut-on en dire autant de la puissance des esprits créés, est-elle, à l'instar de Dieu, puissance des contraires ? Le modèle de la *dynamis meta logou*, qui nous a semblé approprié pour penser l'action créatrice de la puissance divine, peut-il être pour l'action des Esprits une référence pertinente ?

Première réponse : nulle notion de Dieu ne le précède dans un entendement autre que le sien. Les substances créées, au contraire, répondent aux notions qui les décrivent de tout temps dans l'entendement divin. Il semble alors difficile de supposer que le sujet raisonnable puisse choisir son action à travers une multitude d'options. Son point de vue limite considérablement la gamme des actions qu'il peut envisager comme bonnes. D'autre part, la congruence totale de la

1. Nous examinons plus loin les conséquences de cette conception de la puissance sur la manière dont un sujet est en rapport avec lui-même, et sur le rapport au créateur. Cela nous mène à l'examen des avantages de la philosophie leibnizienne de la puissance, et à la mise en lumière de l'action qu'exerce le discours leibnizien pour en donner l'exemple. Cf. notre thèse, *op. cit.*, chapitre V.

2. DM, II, GPIV, 428.

notion et de la puissance risque fort de rendre vaine la puissance elle-même, si elle n'est puissance que du contenu précis de la notion. En ce cas, l'on ne peut pas dire que le sujet pouvait, comme Dieu, faire autrement qu'il ne fait. Seule l'ignorance du sujet quant à sa nature réelle – puisque la notion qu'il a de lui-même ou *moy* n'équivaut pas à la notion complète que Dieu seul peut former de ce sujet – , semble rendre compte de ses hésitations, de ses regrets, voire de ses remords : si j'avais fait *autrement*... Mais le pouvait-il ? Ou ce regret signifie-t-il : si j'avais été un *autre* homme... ?

La conception leibnizienne peut-elle faire douter le sujet raisonnable de la réalité de sa puissance confondue avec la ligne de son développement ? Peut-il se dire que cette liberté qui lui est accordée n'est qu'un vain mot si au cœur de sa puissance agit un noyau notionnel, un « nucleus of irresolvable essence », comme dit M. Gueroult [1] ?

Tenter de répondre à ces questions, c'est d'abord examiner le rapport du sujet à la notion qui le représente, puis mettre à jour ou « déterrer » les conditions de possibilité de ce rapport, soit l'identification du sujet à l'être de la notion, et l'amour de Dieu, qui cimente son adhésion.

3.1 : Sujet et Notion

La puissance ou force d'agir donnée par la création au sujet possible d'une série de prédicats ou notion complète, est exactement proportionnée à cette notion ; la puissance créée prend le relais de ce qu'envisageait Dieu comme possible à travers la notion, et le met en vigueur. Une fois créée en rapport avec la notion, la puissance ne contient aucune *possibilité* : elle contient des virtualités, c'est-à-dire des commencements d'action que le sujet va mener à leur terme. Pourrait-on dire que les actions du sujet sont libres en ce que, sujet raisonnable, il suit délibérément sa pente ou plutôt sa voie propre ? Ou les pensera-t-on sur le modèle du roulement d'un cylindre sur une surface plane, qui est lui aussi conforme à la nature du cylindre ? Y a-t-

1. M. Guéroult, « Substance and the primitive simple notion in the philosophy of Leibniz », *op.cit.*, p. 242. On sait que c'est l'avis d'E. Kant, exprimé de manière lapidaire dans la *Critique de la Raison Pratique*, Examen critique de l'Analytique de la raison pure pratique, puisqu'il ne voit dans une telle liberté guère de différence avec « la liberté du tournebroche qui, une fois remonté, exécute de lui-même ses mouvements ». On note la persistance de l'image de la machine humaine, toujours refusée par Leibniz en ce qu'elle anéantit précisément la réalité de la puissance individuelle.

il un fossé aussi considérable que le prétend Leibniz entre sa conception et celle des stoïciens ?

Leibniz, il est vrai, refuse de confondre le stoïcisme avec sa version vulgarisée, et d'assimiler le « fatum stoïcum » avec le « fatum mahumetanum »[1]. Il souligne l'*avantage* de sa philosophie sur celle des stoïciens et des épicuriens : les enseignements des stoïciens ne peuvent donner qu'une « patience forcée »[2] car ils considèrent seulement la nécessité. Au lieu que la doctrine de Leibniz prétend concilier nécessité et liberté. Il faut donc examiner en quoi et comment elle se sépare des doctrines qui ne font place qu'à la nécessité. L'allusion de Leibniz est en effet transparente : on n'aura pas de peine à discerner Spinoza, et derrière lui Descartes, dans les « quelques philosophes celebres de nostre temps » dont les enseignements ne produisent « peut estre » qu'une patience forcée. Pour montrer que sa doctrine de la substance individuelle n'entraîne aucun fatalisme, que sa conception de la puissance individuelle n'est pas un masque destiné à cacher l'impuissance réelle des personnes, Leibniz élabore une série de distinctions.

Si on compare le rapport des actions au sujet personnel qui les engendre, avec le rapport des propriétés d'un être géométrique avec son essence ou définition, comme le fait Spinoza pour l'idée de Dieu ou de la Substance[3], alors on ne peut pas distinguer entre les vérités nécessaires et les vérités contingentes[4]. Ce qui est en jeu ici, c'est moins le Stoïcisme que la généralisation du mécanisme. L'on sait en effet qu'il n'y a pas de demi-mesure : le mécanisme ne souffre aucune exception, et Leibniz fait reproche à Descartes d'en avoir excepté l'homme avec son libre-arbitre. C'est pourquoi Leibniz soutient « que tout ce qui doit arriver à quelque personne est déjà compris virtuellement dans sa

1. *Théodicée*, Préface, GPVI, 30 : « Car ce qu'on appelle *fatum stoïcum* n'estoit pas si noir qu'on le fait : il ne detournoit pas les hommes du soin de leurs affaires, mais il tendoit à leur donner la tranquillité à l'égard des evenements ». Souligné dans le texte.

2. *Id.* : « Il est vray que les enseignemens des Stoïciens (et peutestre aussi de quelques Philosophes celebres de nostre tems) se bornans à cette necessite pretendue, ne peuvent donner qu'une Patience forcée ».

3. Spinoza, TRE (79), p. 66 : « Mais si nous avons une connaissance de Dieu telle que nous avons du triangle, tout doute se trouve aboli ». « Sed si talem cognitionem Dei habemus, qualem habemus trianguli, tum omnis dubitatio tollitur ».

4. DM, XIII, GPIV, 436-437 : « Mais il semble que par là la difference des verités contingentes et necessaires sera detruite, que la liberté humaine n'aura plus aucun lieu, et qu'une fatalité absolue regnera sur toutes nos actions aussi bien que sur tout le reste des evenements du monde ».

nature ou notion, comme les propriétés le sont dans la définition du cercle »[1]. Comment éviter le nécessitarisme de Spinoza, et ses conséquences éthiques de type stoïcien, si les prémisses de Leibniz sont strictement mécanistes, si les événements et les actions humaines doivent être pensés sur le modèle géométrique ? Comment préserver la distinction elle-même des vérités contingentes et des vérités nécessaires si tout énoncé portant sur une personne peut être assimilé à une proposition géométrique ?

L'énoncé portant sur un sujet est vérité d'existence, il contient virtuellement toute la suite de l'univers et les décrets créateurs : il est donc analysable à l'infini. C'est ce que nous appellerions peut-être aujourd'hui, comme le fait d'ailleurs B. Russel, une proposition synthétique. La proposition géométrique, elle, s'analyse effectivement grâce à des procédures finies : c'est une vérité éternelle, indépendante de la création de tel ou tel univers, et valide dans tous les univers possibles. Comment une proposition qui a trait à l'existant pourrait-elle être assimilée à une proposition qui est *indifférente* à la question de l'existence ?

Leibniz, précisément, ne les assimile pas. Il affirme seulement que dans un cas comme dans l'autre, lorsqu'il s'agit d'énoncés, le conséquent est déductible de l'antécédent. Nos actions sont déductibles en droit de la notion qui nous représente dans l'entendement de Dieu, tout autant que les propriétés du cercle sont déductibles de la nature du cercle. Le mode de la déduction ne modifie en rien la certitude divine, qui est complète dans les deux cas : Dieu sait aussi bien ce que nous ferons demain, qu'il sait les propriétés du cercle.

Mais qu'est-ce à dire, sinon que le principe de raison suffisante est applicable à toutes les vérités sans exception ? Cela ne signifie pas que ces vérités soient du même type.

— Il ne suffirait pas de dire que Dieu seul peut analyser les énoncés portant sur des notions complètes, et donc prévoir infailliblement les actions des esprits, quand *nous* ne pouvons trouver que dans la nature du cercle toutes les propriétés qu'on en peut déduire. Ce serait croire que Leibniz fait reposer la liberté des êtres raisonnables sur leur seule ignorance ou leur limitation native.

— Il faut faire la différence entre le certain et le nécessaire. Comment comprendre cette différence ?

1. DM, XIII, GPIV, 436-437 : « Mais il semble que par là la difference des verités contingentes et necessaires sera detruite, que la liberté humaine n'aura plus aucun lieu, et qu'une fatalité absolue regnera sur toutes nos actions aussi bien que sur tout le reste des evenements du monde ».

. Nos actions sont assurées, certaines, « puisque Dieu les prévoit ». Il n'y a, en ce sens, de « futurs contingents » que pour notre ignorance.

. Mais nos actions ne sont pas nécessaires. Car cela signifierait que le lien entre notre nature et notre action est tel qu'une autre action serait inconcevable. Qu'il y aurait contradiction entre notre nature (moins cette action) et le prédicat qui correspondrait à une action contraire. Or, non seulement il n'y a pas de contradiction, mais *il y a*, considérée par l'entendement de Dieu, une notion qui comprend tous les prédicats correspondant à notre nature (cette action exceptée), et qui comprend en plus le prédicat qui exprime l'action contraire. Cette notion correspond à un être possible non créé. La doctrine des possibles non créés permet à Leibniz d'affirmer, contre Spinoza, qu'il n'y a pas que l'existant qui soit possible. Que, par conséquent, la liaison entre sujet et prédicat dans les vérités existentielles est « contingente », et ne relève pas du type de liaison qui fait les vérités géométriques.

Si nos actions ne sont pas nécessaires, c'est donc

— d'abord parce que d'autres actions, qui ne seront pas exécutées, sont concevables, et qu'un autre univers possible fait une place à ces actions, et aux notions qui les contiennent. Au contraire, il n'y a pas d'univers possible dans lequel les cercles auraient d'autres propriétés. On ne doit donc pas assimiler les prédicats inclus dans la notion d'une substance individuelle, et les propriétés des êtres géométriques. Une telle différence fait intervenir la distinction entre vérités contingentes et vérités nécessaires, entre la certitude de droit des vérités contingentes, et l'absolue nécessité des vérités nécessaires. Elle en recouvre une autre, qui fait intervenir une distinction inacceptable pour les cartésiens et les autres mécanistes :

— si les actions d'un sujet, et non pas d'autres également possibles, sont produites, c'est en vertu d'une causalité interne inhérente à la nature humaine, qui fait l'orientation naturelle de sa puissance, en vertu de quoi les hommes sont naturellement enclins (inclinés) à se porter vers ce qui leur paraît le meilleur. Les « prédicats », ou plutôt les actions qu'ils signifient, sont alors le *produit des sujets eux-mêmes*, qui se développent et s'augmentent à travers leurs actions. En revanche, dans les vérités géométriques, les sujets, qui ne sont pas des substances réelles, mais de simples sujets grammaticaux, ne produisent pas leurs propriétés puisqu'ils ne se développent ni ne se portent vers leur bien.

C'est dire que la simple application des lois géométriques aux êtres en mouvement n'est pas le seul discours possible sur les futurs. Lorsqu'il s'agit des actions des substances, on peut se servir d'un discours qui fait place à la notion de *fin*. Les deux discours sont compatibles à la condition de ne pas être utilisés l'un pour l'autre, ou l'un en même temps que l'autre. Car ils relèvent de registres différents.

Dieu peut connaître les énoncés portant sur des êtres capables d'une causalité finale par représentation du meilleur : ce savoir ne retire rien à la liberté de leur orientation vers ce qui leur paraît bon. En effectuant un choix prévu par Dieu, la créature n'obéit pas à une loi permanente et universelle comme le serait une proposition géométrique, et elle se décide selon ses vues et ses desseins propres, qui la définissent pour Dieu comme cette créature déterminée. La réintroduction des causes finales dans un discours différent du discours des causes mécaniques est la condition de la distinction entre les vérités des essences et celles des existants.

Médée peut ainsi, au vu des circonstances, décider de tuer les enfant qu'elle à eus de Jason qui l'a abandonnée. Le choix, pour nous, est rationalisable seulement après coup et dans une mesure limitée. Nous comprenons, sans bien distinguer les éléments qui composent nos idées, que ce choix lui a paru le meilleur ; dans le contexte qui était le sien, et pour une femme telle que Médée, que nous nous représentons précisément à travers ses actions. Il suffit alors de passer à la limite, et d'envisager en Dieu une totale clarté sur les éléments qui composent et les circonstances du choix de Médée, et sa nature, pour comprendre qu'un esprit omniscient doit savoir d'avance la décision qu'elle se prépare à prendre. Et comprendre que, comme un bon chef qui choisit pour une certaine mission tel officier dont il prévoit les réactions, Dieu a pu choisir de créer cette Médée qui tuerait ses enfants si on lui donnait la puissance de réaliser ses volontés, afin de former avec tous les autres existants le meilleur des mondes possibles. On pourra peut-être s'étonner de ce choix de Dieu, demander de plus amples explications : qu'importe ici ! Il suffit de comprendre que le savoir de Dieu n'entame en rien la liberté de décision de la créature raisonnable. Nous pouvons penser Dieu, comme le lieu où se rassemble tout ce qui peut s'énoncer en vérité, sans besoin d'attendre pour cela quelque fin des temps. Les minces irrisations des énoncés pensés ou prononcés effectivement par les esprits existants, rejoignent, dans le temps de leur avènement, la *Lumière éternelle qui les sait de tout temps*. Autrement dit, le savoir des événements qui se constitue dans l'univers créé rejoint un savoir total qui le précède.

* * *

Ecartée la confusion entre le certain et le nécessaire, soit entre les vérités éternelles avec leur modèle géométrique, et les vérités existentielles ou événementielles portées par des sujets réels, le doute insiste à nouveau : si le sujet développe son être ou sa puissance selon l'unique loi qui en règle le développement, n'est-ce pas en fin de compte comme si un *personnage* avait été imposé au sujet, un personnage que le sujet ne pourrait que jouer ?

> Venons à un exemple : puisque Jules Cesar deviendra Dictateur perpetuel et maistre de la République, et renversera la liberté des Romains, cette action est comprise dans sa notion, car nous supposons que c'est la nature d'une telle notion parfaite d'un sujet, de tout comprendre, à fin que le prédicat y soit enfermé, UT POSSIT INESSE SUBJECTO. On pourroit dire que ce n'est pas *en vertu* de cette notion ou idée qu'il doit commettre cette action, puis qu'elle ne luy convient que par ce que Dieu sçait tout. Mais *on insistera* que sa nature ou forme repond à cette notion, et puisque Dieu luy a imposé ce personnage, il luy est desormais necessaire d'y satisfaire [1].

L'insistance recouvre une méconnaissance : le sujet agit non pas en vertu de la notion qui le représente, mais en vertu de ses fins, de sa stratégie spontanée et délibérée, enregistrées de tout temps dans la notion [2]. Si l'on (car ce ne sont pas les expressions de Leibniz, mais celles d'un objecteur fictif) insiste en prétendant que la création revient à imposer à un sujet un certain personnage, c'est que l'on confond le *savoir* des vérités et la *création* des vérités. Le sujet divin est la Raison qui pense ces vérités, non leur créateur. Pourtant Leibniz, au lieu d'écarter une objection qui n'est pas pertinente, préfère saisir l'occasion de revenir dans le détail à sa conception des vérités existentielles comme vérités qui contiennent (virtuellement) toutes les autres, et notamment l'*orientation vers le meilleur* qui est le fait de toutes les puissances, finies ou infinies, raisonnables ou non.

Pour notre part, nous choisissons de mettre l'accent sur un aspect de l'objection auquel Leibniz aurait pu facilement répondre, parce qu'elle engage la conception de la puissance qui fait le sujet.

1. DM, XIII, GPIV, 437. Souligné par nous. En majuscules : souligné par Leibniz.

2. Cf. *Théodicée*, I, § 37, GPVI, 124 : « Et d'ailleurs il est fort aisé de juger que la prescience en elle-même n'ajoute rien à la determination de la verité des futurs contingens, si non que cette determination est connue : ce qui n'augmente point la determination, ou la *futurition* (comme on l'appelle) de ces evenemens, dont nous sommes convenus d'abord ». Souligné dans le texte.

Parler de Dieu comme s'il imposait un personnage à sa créature, c'est assimiler la doctrine leibnizienne et celle des stoïciens. Ce qui est demandé à l'homme, dans le Stoïcisme, c'est de jouer le mieux possible un personnage qu'il n'a pas choisi [1]. La métaphore théâtrale a une autre fonction chez Leibniz : elle est irréductible tant à son usage stoïcien qu'à celui qu'en fait Descartes quand il invite la princesse Elisabeth à prendre la place, non d'un acteur, mais d'un spectateur [2].

L'usage stoïcien est normatif : comme toutes les actions faites par devoir se valent, et que « le présent est égal pour tous » [3], il convient de jouer tous les rôles comme le Destin nous les a attribués [4]. La métaphore théâtrale est donc convoquée pour inciter à la patience : il s'agit à chaque heure de s'appliquer à faire ce qu'on a sur les bras [5]. Lourde ou légère, l'existence individuelle apparaît comme une charge qu'il s'agit de porter, et dont celui à qui elle a été confiée n'est pas responsable du contenu. Il n'est responsable, comme l'acteur à propos du rôle, que de son *jeu*. La métaphore théâtrale dans son usage stoïcien aboutit à dissocier le sujet du contenu de son existence pour l'identifier à une modalité d'effectuation [6]. Il faut que les matières (*aï hylaï*) soient indifférentes pour que seule soit pertinente la mise en action. L'affect correspondant est nécessairement l'*indifférence* à l'égard du texte : l'acteur est ou *se fait* spectateur de la dramaturgie cosmique. D'où la place faite à la position de *spectateur* ; puisque la représentation des événements tragiques nous charme sur le théâtre, il convient de « ne pas se plaindre quand ils se réalisent sur un scène plus vaste » [7]. Acteur et spectateur à la fois, le stoïcien accepte d'abord, sans se plaindre du

1. V. Goldschmidt, *Le Système stoïcien et l'idée de temps*, Paris, 1953, § 89 : La Métaphore de l'acteur.

2. Descartes *à Elisabeth*, 18 mai 1645, AT III, 690-695 : « les histoires tristes et lamentables que nous voyons représenter sur un théatre, nous donnent souvent autant de récréation que les gaies, bien qu'elles tirent des larmes de nos yeux ».

3. Marc-Aurèle, *Pensées*, II, (14) in *Les Stoïciens*, textes traduits par E. Bréhier, Paris, 1962, p. 1149.

4. V. Goldschmidt, *op. cit.*, p. 178 : « Les devoirs issus des situations s'imposent à nous comme tel rôle à l'acteur ».

5. Marc-Aurèle, *Pensées*, II, (5), trad. V. Goldschmidt, *op. cit.*, p. 169.

6. V. Goldschmidt écrit sur ce point, *op. cit.*, p. 181 : « Si le jeu de l'acteur est parfait à chaque instant, c'est parce que le présent lui suffit, parce que l'acteur n'est pas solidaire de son personnage (...). Car la métaphore théâtrale fait voir que 'les matières sont indifférentes, mais que l'usage qu'on en fait, ne l'est pas' ». Cf. Epictète, *Diss*. II, V, I : « αἱ ὕλαι ἀδιάφοροι, ἡ δε χρῆσις αὐτῶν οὐκ ἀδιάφορος. »

7. Marc-Aurèle, *Pensées*, XI, 6, *op. cit.*, p. 1233. Trad. V. Goldschmidt, *op. cit.*, p. 179.

sort : telle est la leçon de *distance* qu'enseigne le théâtre. Croire qu'on est le personnage que l'on joue, ce serait croire que masques, brodequins et costume, c'est soi-même [1]. Or, comme Hegel l'a bien montré [2], le stoïcien refuse d'adhérer à tel ou tel rôle pour garder une puissance supérieure à tous les rôles qu'il pourrait jouer. Le sujet stoïcien sauvegarde l'idée qu'il se fait de lui-même et de sa puissance en se dissociant de son acte, en maintenant l'indifférence à l'égard de la réussite et même à l'égard d'une œuvre achevée [3]. L'impuissance à laquelle il aboutit est le revers du fantôme de puissance qui le hante [4]. La conscience stoïcienne se hisse à l'universalité de la pensée ; mais, dans son « indifférence à l'égard de l'être-là naturel », elle ne parvient qu'à un concept de liberté, une « forme » qui laisse libre le contenu, soit en langage hégelien, une « abstraction ».

C'est précisément une telle abstraction que dénonce Leibniz dans son refus de considérer le sujet indépendamment de ses prédicats. Ce refus correspond à un tout *autre usage de la métaphore théâtrale.*

La création divine consiste en effet à donner la puissance d'agir à ceux des personnages de son entendement qui sont susceptibles de former ensemble le meilleur des mondes possibles. La création est passage d'un théâtre conçu au théâtre de l'existence : les personnages deviennent des *êtres réels*. La distance à laquelle le philosophe stoïcien convie son lecteur est d'emblée annulée par le récit leibnizien de création, lequel invite son lecteur à louer Dieu de lui avoir permis de faire exister ses déteminations singulières, soit de lui avoir donné puissance d'agir et par là liberté. Liberté qui signifie l'émancipation à l'égard du créateur, et non l'indépendance à l'égard de ses propres déterminations.

Il y a un devenir-acteur chez les stoïciens, et un devenir être réel, existant, chez Leibniz. Mais ce dernier devenir a déjà eu lieu : c'est le fait de la création. Dès lors l'*adhérence* du sujet à ses prédicats est le point de départ de l'existence, qui garantit l'engagement du sujet dans ses actes : rien n'est plus éloigné de Leibniz que l'indifférence au

1. Epictète, *Entretiens*, I, XXIX, (41) in *Les Stoïciens*, *op. cit.*, p. 877.

2. Hegel, *La Phénoménologie de l'Esprit*, IV, B : Liberté de la Conscience de soi ; *Stoïcisme, Scepticisme et la Conscience malheureuse*, *op. cit.*, t.I, p. 169. : « Son opération est d'être libre, sur le trône comme dans les chaînes, au sein de toute dépendance, quant à son être singulier ».

3. *Id.*

4. Cf. aussi Spinoza, *Ethique* II, Prop. III, Scolie, AP, pp. 122-123 : « cette puissance que le vulgaire attribue à Dieu par fiction, non seulement est celle d'un homme (...), mais enveloppe aussi l'impuissance ».

succès de ses entreprises qui caractérise au contraire l'éthique stoïcienne.

* * *

Le rôle de la métaphore théâtrale dans les deux doctrines permet de voir ce qui sépare radicalement l'usage leibnizien de la puissance d'un ascétisme de type stoïcien : la notion de sujet individuel, existant par la puissance de réaliser ses œuvres propres, s'oppose à celle d'un sujet universel qui met sa liberté (ou son point d'honneur) dans la distance qu'il prend à l'égard de toute réalisation effective.

On conçoit que Leibniz dénonce la confusion entre sa doctrine et celle des stoïciens. Il est moins éloigné qu'il ne paraît, en revanche, de l'usage cartésien de la métaphore théâtrale, telle qu'elle se manifeste dans les remontrances que Descartes adresse à la grave Elisabeth. Ce n'est pas, en effet, à la distance ou à l'indifférence à ses malheurs, que Descartes exhorte la jeune princesse [1], mais à user d'adresse en sachant regarder les choses « du biais qui les fait paraître le plus à notre avantage, pourvu que ce soit sans nous tromper » : exercice du regard qui apprend à connaître le prix de toutes choses, à estimer. Or, ce qui fait le contentement, c'est la *valeur* [2] que nous pouvons nous reconnaître. C'est ainsi que nous pouvons tirer quelque joie de nos afflictions mêmes : occasions d'exercer la force d'âme qui fournissent l'agrément même d'un tel exercice et des progrès que nous pouvons y faire. Ainsi s'explique pour une part que les histoires tristes et lamentables nous donnent autant de récréation que les gaies : elles exercent à bon compte notre force d'âme [3]. Mais il est clair qu'il s'agit d'une conversion des affects, et non d'indifférence : l'attention qui était portée sur l'objet (l'événement, la fortune) se porte alors sur le sujet agissant, effectivement ou par procuration, et autorise une estime

1. Descartes *à Elisabeth*, 18 mai 1645, AT III, pp. 690-695 : « Je ne suis point de ces philosophes cruels, qui veulent que leur sage soit insensible ».

2. En quoi nous pourrions reconnaître aujourd'hui, à la suite de Freud et Lacan, l'action de l'*idéal du moi*. Mais il est délicat de distinguer de telles instances dans des textes qui n'assument pas plus une action intérieure du discours et de l'image qu'une division du sujet. Nous expliciterons ces points dans un prochain travail.

3. Nous retrouverons ce thème dans la *Critique du Jugement* ! Cf. Kant, *Critique de la Faculté de Juger*, II, Analytique du Sublime, § 28. La nature comme force, trad. A. Philonenko, Paris, 1965, p. 99 : « Mais si nous nous trouvons en sécurité, le spectacle est d'autant plus attrayant qu'il est plus propre à susciter la peur ; et nous nommons volontiers ces objets sublimes, parce qu'ils élèvent les forces de l'âme (...) ».

positive ; c'est en effet le sujet dans son rapport à l'action, et non l'action ou l'événement séparément, qui doit être apprécié. Plus exactement, contrairement à ce que suggère la position de spectateur, tout événement s'y trouve estimé à titre d'action. Il y a là, enveloppée dans les conseils à Elisabeth, une pragmatique que Leibniz développera en abolissant la distance recommandée par les stoïciens et que Descartes, nous le voyons, tend à réduire.

* * *

Mais il faut pour cela que le sujet soit bien le sujet *de* ses actions. C'est ce que montre la théorie leibnizienne de la puissance, loin de pouvoir servir à démontrer l'impuissance du sujet. Il est absurde et impossible d'imposer un personnage à un sujet dans le système d'explication proposé par Leibniz : il n'y a pas de sujet séparé à qui on puisse imposer un personnage, car ce dernier, chez Leibniz, recouvre un ensemble de prédicats choisis par le sujet. C'est tel ensemble de prédicats qui représente un sujet possible pour le Savoir divin. Un sujet se définit donc précisément par ces prédicats, et il n'a d'existence, c'est-à-dire de puissance d'engendrer ses prédicats, qu'autant que Dieu a appelé ce sujet possible à faire exister ses prédicats, à les faire passer dans l'existence. Pas de sujet en général dans la philosophie de Leibniz. La logique d'une existence singulière, telle que Dieu peut se la représenter isolément, ou dans le contexte qui pour nous semble la commander, est, une fois appelée à se réaliser, la logique de vie de cet individu, celle qui le constitue comme tel et fait la raison de son être. Le sujet existe par la puissance de faire exister son être, c'est-à-dire les choix qu'il effectue selon sa logique (que Dieu peut se représenter de toute éternité à titre de dépositaire et sujet déterminant de la logique elle-même). Le sujet n'est donc pas pur sujet en général, mais ce sujet singulier.

Séparer le sujet de ses prédicats, c'est produire une abstraction dépourvue de sens métaphysique et d'utilité pour comprendre, contrairement aux abstractions mathématiques, dont nous avons vu le sens opératoire. Car on ne pourra plus rien concevoir de particulier ou de précis dans ce sujet [1]. On fait la même opération quand on sépare la puissance de la notion, car la puissance ne signifie rien que la puissance

1. NE, II, ch. XXIII, § 2, GPV, 202 : « En distinguant deux choses dans la substance, les attributs ou prédicats et le sujet commun de ces prédicats, ce n'est pas merveille qu'on ne peut rien concevoir de particulier dans ce sujet. Il le faut bien, puisqu'on a déjà séparé tous les attributs, où l'on pourrait concevoir quelque détail ».

du sujet de ces prédicats. *Qui* peut ? est ici déjà une question essentielle. Sans sujet, pas de puissance : la liaison des deux notions est analytique au sens kantien ; elle est, dirait-on avec Leibniz, nécessaire absolument. Car, contrairement à la liaison entre le sujet et ses prédicats, qui exige le détour par toute la suite des choses, elle-même fondée sur le choix libre de Dieu (et en particulier le détour par la nature humaine, portée spontanément à l'action par la considération du meilleur), la puissance est immédiatement ce qui fait d'une notion impuissante à se réaliser par elle-même, une substance ou sujet produisant ses prédicats.

* * *

Le détour par la notion de puissance empêche donc d'avaliser l'interprétation stoïcienne de la doctrine de Leibniz : la correspondance du sujet et de la notion, loin de vouer le sujet à l'impuissance, se conçoit comme puissance donnée à la notion pour faire exister ses prédicats, c'est-à-dire comme moyens donnés à un sujet d'engendrer, de réaliser ses volontés, et non celles d'un autre. La puissance d'un sujet est puissance d'être sujet de ses actions. Il faut alors entendre l'expression *puissance du sujet* comme on entend la ville de Rome. La puissance *fait* le sujet. Il serait donc absurde que la puissance fût celle d'engendrer les actions d'un autre, proche ou éloigné, comme le seraient un Arnauld médecin ou un César reculant devant le passage du Rubicon (soit en toute rigueur d'individus qui ne seraient ni Arnauld, ni César). Si Arnauld choisit d'être théologien, et César de franchir le Rubicon, il y a une raison à cela. Et c'est précisément que, dans le contexte qui était le leur, de tels choix apparaissaient comme les meilleurs. Devenir médecin, s'arrêter au Rubicon, n'étaient pas des conduites inconcevables, mais à rejeter comme moins bonnes par Arnauld et César eux-mêmes. La puissance de César est sa puissance d'être César et de faire exister la trajectoire de ses choix. Il est donc absurde de dire qu'on a imposé à César le personnage de César. Il faut dire que c'est à ce sujet, César, qu'a été conférée la puissance d'agir. Que c'est à ce titre qu'il est César, et non simple notion objet de l'entendement divin. La puissance consiste dans les moyens donnés à un sujet de réaliser ses choix, moyens sans lesquels, objet impuissant, il n'est pas même sujet. Quant à la prescience divine, elle ne change pas plus ses choix que les décrets divins ne changent la possibilité des choses.

* * *

Comme notre savoir peut calculer des trajectoires sans pour autant les commander, le savoir divin ne modifie pas les contenus des notions complètes qui correspondent à nos trajectoires d'existence. Les incompréhensions concernant la conception leibnizienne de la liberté ou puissance d'un sujet tiennent donc à une méconnaissance de la nature de la vérité :

> Cette détermination vient de la nature même de la Vérité et ne sauroit nuire à la liberté [1].

***

La contradiction entre le jugement qui donne une puissance réelle à la créature raisonnable, et celui qui reconnaît à Dieu une puissance infinie, n'est donc qu'apparente. Le savoir absolu ne nuit pas à la liberté, qui est toujours chez Leibniz liberté de faire. La puissance divine est elle-même puissance réglée, proportionnée à la volonté du meilleur. En vertu de sa propre orientation vers le meilleur, Dieu a orienté les puissances créées dans le sens du meilleur apparent. Une telle détermination ne peut nuire à la puissance, s'il est vrai qu'est absurde une puissance indéterminée ; et elle ne peut nuire à notre bonheur, s'il est vrai que la puissance est puissance de faire ce qui, selon nous, est bon pour nous. Leibniz semble bien avoir ici concilié nécessité et liberté, à moins qu'on veuille soutenir, pour faire objection, une doctrine de la liberté comme puissance de faire n'importe quoi, indépendamment de toute *motivation* et de toute *raison.* Mais cette conclusion même nous met sur la voie d'une *condition* de possibilité de la puissance finie.

Pour que la puissance soit l'efficace propre à une personne, au sens juridique de sujet reconnu par un souverain, il faut qu'elle mette en vigueur le contenu de la notion qui représente à Dieu ce sujet comme possible : la puissance est donc la prise des prédicats de cette notion au compte du sujet. C'est dire que le sujet, en s'orientant spontanément vers son bien, et en le choisissant délibérément, conformément à la nature parente de Dieu qui lui a été accordée par décret, *engendre* des actions qui sont précisément celles que la notion représente pour un savoir absolu. Sa puissance n'est donc pas une puissance de faire tel ou tel personnage : la puissance d'être César n'a pas été donnée à un sujet quelconque, qui ne serait ni César ni qui que ce soit. Sa puissance est celle d'une personne singularisée par sa volonté d'*être*, à tout moment,

1. *Théodicée*, I, § 37, GPVI, 123.

ce qui entre dans la notion de César. Ou plus exactement par sa volonté de *faire* ce qu'implique la notion de César. Ce pourquoi elle s'appelle César. Le nom propre pourrait bien être ce qui représente la série des prédicats dans la syntaxe des sujets possibles. Car les substances non raisonnables, celles qui n'ont pas accès aux vérités éternelles, n'ont qu'exceptionnellement des noms propres ; et lorsque c'est le cas, ils leur sont donnés par des êtres humains à qui importe leur généalogie [1]. La reconnaissance familiale et sociale, fondée sur la reconnaissance de base, celle de Dieu, passe, semble-t-il, par un : Tu es César, tu es Sextus. La puissance personnelle exige donc de la part des sujets une complète *identification* à la série des prédicats ou à leur représentant, son nom : Je suis César, je suis Sextus. Soit une complète identification à soi. Pour être implicite, cette condition nous est apparue indispensable au discours leibnizien. Elle soutient son optimisme : la créature raisonnable ne saurait agir contre soi, ne saurait se détourner de son bien.

3.2 : Une condition implicite

Il y a une condition pour que le deuxième sens de la puissance des esprits, c'est-à-dire l'efficace propre à la personnalité juridique, soit effectif : pour que le sujet nommé César choisisse délibérément les actions qui définissent la personne de César, il faut qu'il se pense lui-même comme défini par les visées ou orientations singulières que ces actions impliquent. Car supposons un instant le contraire : si le sujet n'est pas complètement identifié aux fins recélées par la série des prédicats de sa notion, il peut poser d'autres fins, moins cohérentes, voire incohérentes avec la loi de série. Or ces fins emporteraient d'autres décisions, et une autre orientation vers le meilleur amènerait d'autres choix : c'est ce que suggère Arnauld dans son débat avec Leibniz sur lequel il nous faut revenir de plus près, pour le considérer sous ce jour.

* * *

1. NE, II, ch. XXVIII, § 2, GPV, 230 : « Il n'y a pas encor longtemps, qu'il y a eu des familles (même nobles) dans le Septentrion, qui n'avoient point de nom et où l'on ne reconnoissoit un homme dans son lieu natal qu'en nommant son nom et celuy de son pere (...). Les Arabes et les Turcomans en usent encor de même (je crois) n'ayant gueres de noms de famille particuliers, et se contentant de nommer le pere et grandpere etc. de quelqu'un, et ils font le même honneur à leurs chevaux de prix, qu'ils nomment par nom propre et nom de pere et même au delà ».

Dans sa lettre du 13 mai 1686, Arnauld argue de ce qu'il aurait *pu* tout aussi bien devenir médecin qu'il est devenu théologien : il manifeste ainsi qu'il n'est pas entièrement identifié aux prédicats de sa notion, puisqu'il considère qu'il serait demeuré « le même moi » au cas où ses choix auraient été autres [1]. Le *moi* dont il s'agit semble donc indifférent, non concerné par des choix sans grande conséquence, comme faire ou ne pas faire un voyage, mais aussi par des choix d'existence déterminants, comme se marier, ou rentrer dans les ordres. Tout se passe pour Arnauld comme si ses fins essentielles n'étaient pas concernées par de tels choix. Arnauld serait-il assuré d'être « le même moi », si les décisions évoquées avaient été non seulement autres, mais tout autres, voire contradictoires avec ses fins propres, qui restent implicites ? S'il s'agissait par exemple de commettre ou non un crime, dirait-il encore : je serai moi, soit que je commette ce crime ou que je ne le commette pas ? C'est ce que le débat avec Leibniz ne dit pas. Comme s'il *allait de soi* que les fins d'Arnauld, ce qui le définit comme tel, ne pouvaient qu'être morales et conformes à la religion. Mais n'est-ce pas là, précisément, qu'on doit parler d'une identité définie ou d'une identification à soi ? Nous pensons d'ailleurs que si Leibniz ne lève pas ce lièvre, ce n'est pas seulement par diplomatie ou délicatesse. C'est que pour lui, la condition identificatoire va véritablement de soi : on n'est pas autre que sa puissance propre. Elle pose problème, en revanche, chez les partisans d'une *identité indifférente* aux actions du sujet. Nous chercherons ici à éclairer, voire à élaborer la difficulté rencontrée.

1. Arnauld *à Leibniz*, 13 May 1686, GPII, 30 : « Souffrez maintenant, Monsieur, que je transfère à ce *moy* ce que vous dites d'Adam, et jugez vous mesme, si cela seroit soutenable. Entre les Estres possibles Dieu a trouvé dans ses idées plusieurs *moy* dont l'un a pour ses prédicats d'avoir plusieurs enfans et d'estre Medecin, et un autre, de vivre dans le célibat et d'estre Théologien. Et s'estant resolu de créer le dernier, le *moy* qui est maintenant, enferme dans sa notion individuelle de vivre dans le célibat et d'estre Theologien, au lieu que le premier auroit enfermé dans sa notion individuelle d'estre marié et d'estre Medecin. N'est il pas clair, qu'il n'y auroit point de sens dans ce discours : parce que mon *moy* estant necessairement une telle nature individuelle, ce qui est la même chose que d'avoir une telle notion individuelle, il est aussy impossible de concevoir des prédicats contradictoires dans la notion individuelle de *moy*, que de concevoir un *moy* différent de *moy*. D'où il faut conclure, ce me semble, qu'estant impossible que je ne fusse pas toujours demeuré *moy*, soit que je me fusse marié, ou que j'eusse vécu dans le célibat, la notion individuelle de mon *moy* n'a enfermé ni l'un ni l'autre de ces deux estats ». Voir aussi Leibniz *à Arnauld*, 4/14 juillet 1686, GPII, 52 : « de même (dites-vous) je trouve clairement dans la notion individuelle que j'ay de *moy*, que je serai *moy*, soit que je fasse ou que je ne fasse pas le voyage que j'ay projetté ». Souligné dans le texte.

Leibniz, dira-t-on, ne refuse pas aux sujets la possibilité de prendre d'autres décisions que celles qu'ils prennent effectivement. Mais cette possibilité n'a que le sens de la concevabilité ou de la non-contradiction [1].

On sait qu'il y avait pour Dieu « une infinité de manières possibles » [2] de créer l'univers selon les desseins qu'il pouvait avoir. Est-ce aussi le cas pour la créature raisonnable : y a-t-il pour elle, sinon une infinité, du moins plusieurs manières d'agir correspondant à différents « desseins » ? Nous avons montré que ces différents desseins et manières d'agir correspondent à ce que peut Dieu, à sa *puissance réelle*. Qu'en est-il pour les créatures, si ces différentes manières d'agir ne correspondent qu'à une simple *concevabilité* ?

Voyons l'argumentation de Leibniz : Si Arnauld ou Leibniz ne fait pas un voyage projeté, dit-il,

> cela ne combattra aucune verité éternelle ou nécessaire [3].

Les deux actions contraires sont donc possibles, non-contradictoires. En revanche, si l'on envisage la réalisation de cette action, soit l'action elle-même, et pas seulement sa représentation, il faut dire que « ne pas faire le voyage » est incompatible avec la série dont « faire le voyage » fait partie, série dont le sens est ordonné par les finalités propres à tel ou tel individu. Les concessions de Leibniz ne sont donc qu'apparentes. Il est seulement *concevable* de « ne pas faire le voyage ». Arnauld le fera certainement, parce que c'est Arnauld-qui-fera-le-voyage qui a été créé, et non tel autre Arnauld possible qui, ayant d'autres fins, aurait choisi dans les mêmes circonstances de ne pas le faire : « ne pas faire le voyage » est alors contradictoire avec la notion d'Arnauld existant. Il n'y a donc pas, dans la puissance d'Arnauld, c'est-à-dire dans ce que peut cet Arnauld qui a été créé, de quoi *faire ou non* ce voyage. Il n'y a pas, dans cette puissance, une *place vide* à l'endroit de la décision de faire ou non ce voyage : la place est occupée par « faire le voyage », ce qui rend impossible la décision de ne pas le faire. Il est clair qu'il n'y a pas de réelle *puissance des*

1. Cf. J. Vuillemin, *Nécessité ou Contingence*, Paris, 1984, Introduction, p. 9 : « Le concept de possibilité est utilisé tantôt en un sens purement logique, tantôt en un sens réel. Il signifie tantôt ce qui n'entraîne pas contradiction, tantôt ce qui est prometteur d'une évolution réelle ou ce qui est compatible avec elle ». L'ambiguïté concerne ici l'argument dominateur, mais il nous a semblé qu'elle pouvait s'appliquer aussi à la signification du terme *pouvoir* dans le débat entre Leibniz et Arnauld.

2. *A Arnauld*, 4/14 juillet 1686, GPII, 51.

3. *Id.*, p. 52.

contraires. Alors que s'agissant de Dieu, même s'il s'oriente certainement vers le bien, sa puissance serait en mesure de choisir un autre univers à créer, ou surtout de ne pas créer du tout.

La puissance *finie*, même parente de la puissance infinie, ne peut qu'*imiter* son acte en trouvant la raison pour laquelle faire cette action plutôt qu' une autre, au lieu que Dieu sait pourquoi il choisit de créer. La créature cherche ce que Dieu *sait* de tout temps. Là est la différence entre la puissance infinie et la puissance finie, non dans la distinction entre la nécessité absolue des vérités éternelles et la nécessité hypothétique des vérités d'existence [1]. Car tous les actes, l'acte réellement créateur, comme les actions qui imitent à leur niveau ce geste inaugural, relèvent des vérités d'existence. Leibniz ne place pas le débat avec Arnauld sur le terrain du rapport à soi, mais sur celui des distinctions logiques. Or il est clair que ces distinctions *recouvrent* l'adhésion du sujet à son orientation fondamentale. Leibniz et Arnauld discutent pour savoir s'il est possible de réaliser ses fins de différentes manières tout en restant « le même moi ». La question est de savoir si, en présence d'une alternative, une des deux branches n'est pas, *déjà*, opposée à notre être, en sorte que la décision de l'exclure vaille comme une *reconnaissance* de soi. C'est laisser hors débat ce qui est sans doute la certitude commune des interlocuteurs, savoir que tout individu veut être ce qu'il est, développer sa nature, et choisir son bien.

Voyons l'argumentation de plus près : Arnauld et Leibniz s'opposent sur la question de savoir ce qui est compris dans la notion du sujet créé. Arnauld la suppose relativement indéterminée : elle ne comprend ni qu'il fera tel voyage, ni qu'il deviendra théologien et ne se mariera pas. Cette indétermination ou incomplétude des notions laisse à Dieu une marge d'intervention dans les choses créées, et laisse aux créatures un espace potentiel qu'ils pourront remplir à leur gré. C'est pourquoi Arnauld proteste contre la doctrine de Leibniz. Car l'univers leibnizien ne comporte nulle part, pas même dans la région des possibles, une inorganisation analogue à celle de la *chôra* platonicienne, ou même à une instance relativement indéterminée comme la *matière première* aristotélicienne. Le « pays des possibles » comprend d'une part les essences ou notions spécifiques ou incomplètes, et d'autre part les notions individuelles ou complètes. Aucune instance n'est réductible à de l'*être-en-puissance* qui pourrait, par son absence d'attributs précis, fonder une demande, ou un appel à précision et

1. Sur cette question, Cf. J. Vuillemin, *op. cit.*, IV. 23, pp. 116-121.

détermination, que l'action contingente alors satisferait. L'univers, comme ouvrage, est achevé : l'action humaine n'est pas chargée d'en combler les lacunes, mais d'en mettre à jour les beautés et perfections encore cachées ou voilées à nos yeux inattentifs.

Arnauld en infère que le Dieu de Leibniz, en créant des sujets qui répondent à des notions déjà complètes, s'interdit de changer quelque chose dans l'univers créé, ce qui lui semble répugner à la notion de toute-puissance divine[1]. Cela laisse à penser que le Dieu d'Arnauld, contrairement à celui de Leibniz, décide en se réglant sur des essences spécifiques et non pas sur des notions individuelles dont le contenu serait indépendant de ses libres décrets, puisqu'il crée des individus comme substances pensantes. Arnauld avoue trouver « incompréhensible » qu'il y ait une « liaison intrinsèque » entre un Adam possible et toutes les personnes de sa postérité, d'autant que cette liaison serait indépendante de « tous les décrets libres de Dieu ». Arnauld cherche à préserver les libres décisions de Dieu, et ses « ordres tres particuliers », c'est-à-dire les miracles. Or, pour pouvoir être changés par Dieu si celui-ci le veut, il faut que les *événements* ne soient pas compris dans les notions. Arnauld convient en effet que Dieu ne saurait changer « la nature des choses ». C'est dire que, selon Arnauld, cette « nature des choses » contient des natures spécifiques comme celles des substances pensantes, mais pas de notions individuelles complètes. Mais alors pourquoi Arnauld admet-il qu'on a une notion de soi, et prétend-il qu'elle est une *nature singulière*, « distinguée de toute autre existente ou possible » ? Comment une notion qui contient l'essence de la pensée ou de l'esprit, mais rien des circonstances particulières ni des actions qui manifestent une singularité, peut-elle être le *moi* d'Arnauld ? La nature de chacun est-elle indépendante de ses actions ? Leibniz, lui, ignore une telle séparation : les prédicats désignent tout ce qui arrive à une substance, et cela à partir de sa nature propre, constituée par l'ensemble des prédicats. Arnauld ne peut préciser quelles sont ces choses telles qu'il ne serait plus lui-même si elles lui étaient enlevées, et qui doivent par conséquent faire partie de sa notion[2]. Il ne précise pas ce qui distingue sa notion de toute autre. Or s'il trouve que parler de plusieurs Arnauld possibles revient à former une « fiction incompré-

1. Arnauld *au Landgrave de Hesse-Rheinfels*, 13 mars 1686, GPII, 15 : « Il n'y a donc pas plus de liberté en Dieu à l'egard de tout cela, supposé qu'il ait voulu créer Adam, que de pretendre qu'il a esté libre à Dieu, en supposant qu'il m'a voulu créer, de ne point créer de nature capable de penser ».

2. Arnauld *à Leibniz*, 13 May 1686, GPII, 30. Cf. aussi les pp. 32-33.

hensible »[1], c'est qu'il se conçoit fort bien « demeurer le même moi » alors qu'il prendrait des décisions aussi différentes que se marier ou devenir théologien. Différentes, mais compatibles sans doute avec son projet fondamental : or nous avons vu plus haut qu'*il ne le dit pas*. En sorte qu'à poursuivre son raisonnement explicite, on pourrait ôter successivement tous les prédicats qui distinguent apparemment ce *moi* d'un autre ; et l'on reviendrait ainsi à une notion *spécifique* et non individuelle : celle d'une âme raisonnable ou d'une substance pensante. Il faut donc, soit qu'Arnauld conçoive en fait plusieurs Arnauld dans ce qu'il appelle « le même moi », soit qu'il ne conçoive pas de différence intrinsèque entre Arnauld et un autre, dans la mesure où sa notion est en fait celle d'une substance pensante, ce que révèlerait la réduction suggérée plus haut.

Arnauld préféra, on le sait, écourter un débat qui ne lui plaisait guère. Peut-être parce qu'en bon cartésien, il se contentait de donner quelques heures par an à la métaphysique et d'en retenir les résultats en sa créance. Mais peut-être aussi parce qu'il admettait mal de voir Leibniz mettre au jour les impasses d'une conception dont il s'accommodait très bien jusque-là, et qui consistait à recourir, non pas à la notion que Dieu aurait de nous-mêmes, mais à celle que *nous* nous en formons, sans savoir quel est le rapport entre elles, et à réduire les essences à leur attribut essentiel. Que cela ne puisse faire un *sujet personnel*, Arnauld n'en voulait rien savoir.

Les ambiguïtés d'Arnauld semblent celles d'un cartésien convaincu que l'essence de tout esprit consiste dans la substance pensante, et que cette essence est en même temps celle d'un moi individuel. Leibniz se trouve donc fondé à reprocher à Arnauld ce qu'il critique chez Descartes : une conception qui laisse, que ce soit en Dieu ou dans l'âme humaine, une place à l'indétermination et à la potentialité.

Et pourtant Arnauld, en poussant plus loin sa critique de la doctrine leibnizienne de la substance individuelle, invoque l'absence de potentialité en Dieu. Mais c'est pour refuser qu'il y ait des substances possibles autres que les substances créées. Dieu, dit Arnauld, est pure « puissance active » : rien en lui n'est « en puissance ». Il n'y a dès lors pas de place en lui pour de la *possibilité*. Les substances possibles non créées ne doivent donc être que des chimères, des formations de notre

1. *Id.*, p. 32 : « Et je suis fort porté à croire, que ce sont des chimères que nous nous formons, et que tout ce que nous appelons substances possibles, purement possibles, ne peut estre autre chose que la toute puissance de Dieu, qui estant un pur acte, ne souffre point qu'il y ait en lui aucune possibilité ».

esprit[1]. Ces mêmes possibles incréés, qui sont pour Leibniz le moyen de démarquer son système de tout nécessitarisme[2], et de faire la différence entre vérités contingentes et vérités nécessaires, sont pour Arnauld comme pour Spinoza des êtres illusoires qui limiteraient, s'ils étaient véritablement, la toute-puissance de Dieu. Spinoza, sans doute, renvoie la contingence et la possibilité à la même fiction, alors qu'Arnauld veut préserver quelque contingence. Mais Spinoza et Arnauld restent proches, s'il est vrai, comme le dit Spinoza, qu'il est lui-même moins éloigné de « cette opinion qui soumet tout à une volonté indifférente, et admet que tout dépend de son bon plaisir », que de ceux qui soutiennent, comme le fera Leibniz, que « Dieu agit en tout en ayant égard au bien ». Ceux-là, en effet,

> semblent poser en-dehors de Dieu quelque chose qui ne dépend pas de Dieu, et à quoi Dieu a égard comme à un modèle dans ses opérations, ou à quoi il tende comme vers un but déterminé. Cela revient à soumettre Dieu au destin[3].

Arnauld refuse un accomplissement de l'univers créé qui pourrait tenir la puissance de Dieu en lisière, comme enfermée dans les limites de son œuvre. Spinoza ne veut pas d'un Dieu qui aurait égard à quelque modèle ou fin supérieure qui puisse soumettre ou régler sa puissance. Arnauld ne frôlerait-il pas dangereusement Spinoza ? Il refuse de chercher la « manière dont Dieu connaît les choses », mais il est pourtant très assuré que la science de Dieu est son essence même, entièrement nécessaire et immuable, de même que sa volonté, « où il n'y a rien que de nécessaire »[4]. Il renvoie la conception des possibles non créés à notre finitude, à notre nature composée de *puissance* et d'*acte*, parce que ces possibles seraient incompatibles avec la puissance de Dieu, qui est « pur acte ». En utilisant les notions scolastiques de puissance active, et de possibilité au sens de *potentia*, conjointement avec des procédés d'analyse cartésiens, Arnauld vient conforter l'accusation leibnizienne selon laquelle le spinozisme est un cartésianisme qui s'explicite, au lieu que les cartésiens, plus prudents, préfèrent laisser à

1. *Id*.

2. *A Arnauld*, 14 juillet 1686, GPII, 55-56 : « Et si on vouloit rejetter absolument les purs possibles, on detruiroit la contingence et la liberté ; car s'il n'y avoit rien de possible que ce que Dieu crée effectivement, ce que Dieu crée seroit nécessaire, et Dieu voulant créer quelque chose ne pourroit créer que cela seul, sans avoir la liberté du choix ».

3. Spinoza, *Ethique* I, Prop. XXXIII, Scolie II, AP, pp. 94-95.

4. Arnauld *à Leibniz*, 13 mai 1686, GPII, 31.

Dieu, « qui habite à notre égard une lumière inaccessible » [1], le soin de trancher les questions difficiles.

Du débat entre Leibniz et Arnauld, il ressort clairement que la question des possibles incréés engage celle du nécessitarisme. C'est pour éviter ce dernier que Leibniz conçoit un univers choisi entre plusieurs possibles. Arnauld préfère placer dans l'univers, sous la forme d'un certain *vide* dans le créé, une condition qui permet à Dieu des possibilités de choix. Mais c'est alors la création qui fait problème : l'acte créateur ne semble venir d'aucune raison, ce qui fait ressurgir le risque d'un arbitraire divin ; à moins que cet acte ne soit nécessaire, si n'est possible que ce qui existe. Seul le spinozisme, pour qui il n'est pas d'autre possible que ce qui est nécessairement, paraît tout à fait conséquent, puisqu'il supprime l'acte créateur. Le leibnizianisme se présente donc comme une alternative au spinozisme, convenant aux esprits rationnels mais croyants : nul besoin de séparer prudemment comme les cartésiens la raison et la foi, de façon à éviter les contradictions ou les difficultés. La position cartésienne d'Arnauld entraîne en effet des problèmes considérables sur la question des vérités.

Si Leibniz refuse d'admettre qu'une créature puisse indifférem-ment, tout en restant *la même*, faire une chose ou son contraire, bien qu'elle puisse le concevoir ; et s'il y a une possibilité des contraires, mais, semble-t-il pas de puissance des contraires, c'est parce que cela contreviendrait à la « nature de la vérité ». En effet, si deux choix étaient également praticables pour un même sujet, et si deux desseins ou fins pouvaient être par lui indifféremment projetés, cela impliquerait une vérité équivalente pour les deux énoncés qui formulent ces choix, alors même que l'événement ferait voir la vérité d'un seul. On ne pourrait pas comprendre pourquoi l'un est vrai, et l'autre pas. Il faudrait que cette vérité ne fût pas *déjà vraie* avant l'événement. Or si la vérité consiste dans le savoir de certaines propositions, un tel « devenir vrai » ruinerait la précession des propositions vraies. La Vérité, comme savoir éternel où reposent tous les énoncés vrais, ne peut comporter deux propositions incompatibles. Elle ne peut pas non

1. *Id.*, pp. 32-33 : « Ce n'est point en Dieu, qui habite à notre égard une lumière inaccessible, que nous devons aller chercher les vrayes notions, ou specifiques ou individuelles des choses que nous connoissons ; mais (...) c'est dans les idées que nous en trouvons en nous. Or je trouve en moy la notion d'une nature individuelle, puisque j'y trouve la notion de *moy* ».

Plus loin : « J'applique la même regle à la notion individuelle de *moy*. Je suis assuré, que tant que je pense je suis *moy* ». Souligné dans le texte.

plus *manquer de* ces propositions, en sorte que notre savoir successif vienne combler les manques du Savoir divin. Si un sujet (Dieu) sait de tout temps tout ce qui nous apparaîtra un jour comme vrai, il ne peut être question d'excepter du Savoir les propositions concernant les actions des sujets raisonnables [1].

Mais la solution d'Arnauld ne consiste pas explicitement à laisser à Dieu le seul savoir des vérités nécessaires, pour confier au savoir humain ce qu'il en est des vérités contingentes. Il admet seulement, comme *compatibles* avec la même notion individuelle, deux prédicats qui s'excluent mais ne sont pas contenus en elle. Or ces deux prédicats semblent bien correspondre à différents moyens pour une même fin : Dieu connaîtrait alors les « natures » de chacun, le bien qu'elles visent, *sans savoir* les moyens que les créatures choisiront pour réaliser leur bien. Arnauld n'entre pas dans ces difficultés, et choisit de considérer seulement nos idées, pour n'avoir pas à prononcer sur le savoir absolu de Dieu [2], et à en écorner le domaine.

Car dès que la Vérité et le Savoir de Dieu sont en cause, on ne peut faire aucune exception. Et la latitude laissée à la créature de choisir ses moyens pour réaliser ses fins propres ne recouvre que notre ignorance, bien précieuse ici pour Arnauld. Qu'en est-il pour Leibniz, qui ne saurait limiter si peu que ce soit les exigences de la Vérité ?

Il semble distinguer entre l'ordre des énoncés et l'ordre de l'action :

— L'énoncé qui formule un choix est nécessaire. Il est solidaire de tous les énoncés qui parlent de l'univers créé ainsi que des règles présidant à la création : nécessaire, donc, *ex hypothesi*, selon l'expression de Leibniz. A cet égard, le sujet de l'énoncé est bien le même que le sujet possible de la notion.

— Dans l'ordre de l'existant (soit de l'action ou de l'événement), le sujet peut délibérer entre deux décisions également concevables, mais non pas *également possibles,* puisque l'une d'elles apparaît, moyennant délibération, meilleure que l'autre dans le contexte de la décision et pour ce sujet qui délibère [3]. Le sujet de cette décision se distingue donc, quoi qu'en ait dit Arnauld, du sujet possible de la

1. *Théodicée*, I, § 37, GPVI, 123 : « Il étoit déjà vray il y a cent ans, que j'ecrirois aujourdhuy, comme il sera vray apres cent ans, que j'ay ecrit ».

2. Arnauld *à Leibniz,* 13 mai 1686, GPII, 32. Cf. *supra* p. 223, note 4.

3. *Théodicée*, I, § 35, GPVI, 123 : « Et quand on s'examinera, l'on trouvera qu'il y a tousjours eu quelque cause ou raison qui nous a incliné vers le parti qu'on a pris ».

notion [1], en ce qu'il surgit de la puissance d'agir qui lui a été conférée par Dieu à titre de reconnaissance. Il est capable d'imiter Dieu, ce qu'il fait dans son petit département quand il compare les deux décisions *possibles*, comme Dieu a comparé plusieurs notions d'Adam ou de César pour décider lequel serait créé. Mais alors que Dieu prend en considération pour son choix l'ensemble de tous les compossibles et les hiérarchise pour choisir le meilleur, César n'hésite en fait qu'entre deux César possibles : celui qu'il est sans le savoir encore, car notre savoir est rétrospectif ; et celui que Dieu n'a pas admis dans sa création pour de bonnes raisons, et que César peut encore, jusqu'à l'instant de la décision, croire qu'il est [2].

La conception de l'identité personnelle, soit de ce que l'on peut appeler « le même moi », est donc indissociable de celle de la vérité. Arnauld, en refusant de croire qu'il puisse y avoir plusieurs « Arnauld-possibles » parce que cela ferait « plusieurs moy possibles » semble tout aussi attaché que Leibniz à une identité unique et vraie : il préfère seulement ne pas se référer au savoir que Dieu peut en avoir dès lors qu'il le reconnaît omniscient, et se confier seulement à la conscience que l'on a de soi-même pour décider de ce qui nous appartient – ou non – en propre. Mais cette identité unique et vraie comprend, parce que nous sommes des êtres finis, faits de puissance et d'acte, des zones d'indétermination, susceptibles d'accueillir de multiples actions : c'est là, dans cet espace potentiel, que nous pouvons choisir entre des contraires.

Leibniz montre l'incompatibilité d'un tel espace avec le Savoir qui est Vérité. La *puissance* des créatures raisonnables n'est pas *être-en-puissance*, mais force d'agir qui imite la puissance de Dieu en excluant à chaque carrefour les autres César, Adam ou Arnauld possibles, dont le sujet existant se distingue précisément par son choix, puisque ces autres ne le font pas. Notre *sentiment* de nous-mêmes n'est qu'une expression partielle de la notion individuelle qui nous représente à Dieu. Partielle parce que notre lecture n'est pas assez développée, parce qu'elle ne déchiffre pas tous les replis de notre puissance. Là se trouve la raison d'être de la délibération, qui nous permet de *reconnaître notre voie*, celle-là seule qui permet de réaliser ce que nous

1. Arnauld *à Leibniz*, 13 mai 1686, GPII, 29 : « N'estant selon vous, autant que j'en puis juger, que le même Adam consideré tantôt comme possible et tantôt comme créé ».

2. *Théodicée*, I, § 36, GPVI, 123 : « La determination qu'on appelleroit certitude *si elle etoit connue* ». Souligné par nous.

voulons. La virtualité et le développement se substituent au couple de la puissance et de l'acte. Cela explique le sentiment qui est parfois le nôtre, selon lequel nous pourrions poursuivre plusieurs fins, et choisir pour les atteindre divers moyens. C'est que nous ne savons pas assez bien ce que nous sommes, c'est-à-dire ce que nous voulons. Nous nous confondons encore, faute de notions distinctes, avec d'autres sujets possibles qui nous ressemblent. César, tant qu'il n'a pas décidé de franchir le Rubicon, peut encore s'imaginer être un autre César, respectueux des lois de la République. Mais il sait obscurément déjà qu'il est César, celui qui va franchir le Rubicon, *parce qu'il veut* être maître de Rome. Et qu'il n'y a pas d'autre moyen pour être maître de Rome que de franchir le Rubicon. Ce que sait le Savoir de Dieu avant César lui-même.

La puissance des créatures raisonnables est bien *meta logou* en ce sens qu'elle est stratégie délibérée, usant de la rationalité pour mettre en œuvre et choisir moyens et fins. Mais elle ne peut être dite « puissance des contraires » comme nous l'avons admis en revanche pour Dieu, car l'autre *moi* – qui n'est en fait pas moi, et n'est *moi* que par une notion confuse –, celui qui aurait choisi le contraire de ce que je fais aujourd'hui, celui-là, pour concevable qu'il soit, n'en a pas moins été exclu par Dieu dès le projet de création. Les prédicats de la notion de César définissent sa puissance et permettent de déterminer ce qu'il peut, le *posse* effectif qui correspond à sa nature : être César, rien de moins ni rien de plus. La mise des prédicats au compte du sujet est entière et définitive, car c'est cette notion qui a été *posée* par Dieu, et à qui il a donné un sujet. Quand nous disons que Dieu a fait exister César, Leibniz dit que Dieu a donné un sujet à la notion de César. Le sujet s'identifie donc, ou est identifié, aux prédicats constitutifs de la notion, prédicats qui sont impliqués par le projet ou l'orientation fondamentale du sujet. Le sujet ne se fait pas. Il est ce qu'il fait. S'il se produit comme sujet de ses actions et de ses fins, c'est en *reprenant* à son compte, à travers ses choix, la reconnaissance que Dieu a faite de lui en le créant, c'est-à-dire en lui donnant l'existence, ce qui signifie donner à la notion une puissance d'agir. Du fait de son ignorance, sa puissance se présente à lui comme puissance des contraires, mais en même temps comme spontanément orientée dans une direction qui incline son choix.

* * *

La protestation massive contre ces conceptions de Leibniz est ambigüe . Elle englobe la défense de la toute-puissance de Dieu, mais aussi celle du narcissisme individuel, humilié de voir ses délibérations privées de valeur créatrice. Cette protestation n'exclut pas, comme on vient de le voir sur le cas d'Arnauld, la conviction (précisément narcissique) d'une réalité personnelle que rien, pas même la différence de trajectoires d'existence, ne pourrait altérer : dans tous les cas de figure, nous ne serions jamais autres, mais toujours le « même moi ». Seul Leibniz va jusqu'au bout d'une conception de la personne où celle-ci comprend sa position relative à toutes les autres, et le détail de ses actions. Mais la conviction de Descartes ou d'Arnauld est inaltérable ; même lorsqu'ils ne peuvent se définir que comme *Ratio* ou *Res cogitans* : ils sont le même moi, bien que l'intuition intérieure instantanée soit seule à leur en livrer l'évidence. Nous dirons que l'identification à soi des sujets reste chez tous une condition implicite.

3.3 : Identification et méconnaissance

L'identification peut s'interpréter, chez Leibniz, de plusieurs manières :

1) La puissance créée est assomption par le sujet de l'identité individuelle dont est porteuse la notion qui le représente. Une telle assomption ne peut jamais se démentir. C'est dire que la puissance créée (et par là ce que nous pouvons en particulier, nous les êtres humains) n'est jamais une puissance de refus. L'acte de la puissance ne peut avoir comme effet un refus de soi-même, un refus d'être ce que l'on est (soit : ce qui est inclus dans la notion). Non qu'un tel refus soit phénoménologiquement impensable : il aurait sa place comme prédicat de la série qui forme la notion de cet individu, et ne serait pas un acte d'un autre ordre que ceux présentés par la notion. On peut donc comprendre l'identification comme une *forme constante et générale*, auxquelles les vicissitudes des adhésions individuelles donnent un contenu variable. Tarquin, par exemple, n'adhère pas moins (mais seulement d'une manière moins heureuse) qu'un individu pieux qui aime Dieu, à la série des prédicats que Dieu appelle à l'existence sous son nom [1]. Tarquin ne peut manquer de vouloir être Tarquin,

1. On peut d'ailleurs concevoir le *nom propre*, qui résume et subsume la série des prédicats, comme le médiateur de la création comme de l'identification. Car le nom propre, comme G. Granger l'a montré (« A quoi servent les noms propres ? », in *Langages*, Juin 1982, p. 28), n'est tel « que parce qu'il peut fonctionner dans une interpellation » ; et la nomination est « manifestation du rapport du locuteur à l'interlocuteur potentiel ». Sur le nom propre comme opérateur d'individualisation, forme quasi-vide de la différence, ou bien associé à un certain contenu, voir J.C. Pariente, *Le langage et l'individuel*, Paris, 1973, et « Le nom propre et la

identifiant ainsi sa volonté à la volonté divine de créer ce monde qui comprend Tarquin ; de même que le rebelle ne peut manquer d'être celui qui refuse Dieu ou se plaint de lui [1]. Ce sont précisément ces sujets possibles que Dieu a appelés à l'existence. En faisant exister leur notion, ils prennent sur eux le vœu divin : qu'ils soient ce que leur notion représente, qu'ils agissent comme Dieu sait de toute éternité qu'ils agiront. Dire *oui* à soi-même, c'est, qu'on le veuille ou non, dire *oui* à Dieu.

Entre l'individu éclairé et le rebelle, la différence n'est pas dans l'identification à soi, ou à la série des prédicats incluse dans la syntaxe universelle, qui est le lot de chacun ; elle est chez Leibniz uniquement *interne* à la série des prédicats de l'un et de l'autre. Différence qui sépare celui qui est capable de se saisir dans le contexte général de la création, et qui replie l'autre sur son sort individuel. Cas extrêmes, de toute façon, s'il est vrai que la gamme des appréhensions doit être infinie. Car, nous l'avons vu, le sujet adhère à une représentation de soi (ou à des éléments d'une telle représentation) marquée en sa puissance, qui exprime la notion que Dieu a de lui, et qui comporte, comme en un circuit de dérivation, l'inscription en elle des vérités éternelles. Mais il ne trouve en lui *aucun vide* pour le séparer de lui-même, puisque sa puissance n'en comporte pas. C'est pourquoi il est tout ce qu'il est, ni plus ni moins. La conception leibnizienne de la puissance amène nécessairement à cette conclusion, puisque seule la puissance sépare le sujet réel existant du sujet possible. Pourtant, dira-t-on, la réflexivité caractérise la puissance des Esprits : mais Leibniz fait comme si celle-ci n'emportait aucune *dualité potentielle* entre le sujet et lui-même. Nous appellons *identification* cette absence de distance entre le sujet et ce qu'il est. Nul néant, chez Leibniz, pour me séparer de moi-même.

Peut-on dire, alors, que le sujet leibnizien est ce qu'il est, à la manière dont J.-P. Sartre définit l'« en-soi », par opposition à la « transcendance » [2] ? Le sujet est-il un vivant complexe, plus retors seulement que la mousse ou la pierre dont se sert J.-P. Sartre pour illustrer la notion d'en-soi ? La mise en évidence du caractère moral-juridique de la puissance personnelle chez Leibniz, nous contraint à

prédication dans les langues naturelles », *Langages*, Juin 1982, p 37-65, qui interroge la théorie leibnizienne de la notion individuelle complète et des individus *approchants* à partir des problèmes posés par les énoncés irréels.

1. DM, IV, GPIV, 429 : « ceux qui ne sont pas satisfaits de ce qu'il <Dieu> fait, me paroissent semblables à des sujets mécontens dont l'intention n'est pas fort differente de celle des rebelles ».

2. J.P. Sartre, *L'Etre et le Néant*, Introduction, §§ V-VI, Paris, 1957, pp. 27-34.

aller plus loin, à dépasser cette analogie avec la notion d'*en-soi*. Nous ne nous contenterons pas de notre première définition de l'identification comme absence *donnée* de distance entre soi et soi, qui est difficilement compatible avec la notion de stratégie personnelle et de puissance oblique que nous avons dégagée.

2) On peut en effet, selon nous, concevoir cette identification comme une *opération*. Car si la puissance distingue *si peu que ce soit* le sujet réel du sujet possible de la notion, il faut une action pour les faire coïncider. Cette opération ne peut être qu'une annulation de l'écart entre eux. Nous la lirons comme une « méconnaissance », un « ne pas vouloir savoir » qu'entre soi et soi, il y a une distance infinie. Infinie parce qu'on peut creuser à l'infini cette petite différence, en développer infiniment les implications, comme de tout ce qui a trait à l'existant. Infinie aussi parce que tout passage à une autre dimension recouvre de l'incommensurable. Comme Leibniz l'indique à Bayle alors qu'il s'agissait de distinguer entre l'image et la pensée, qui est « action de la chose sur elle-même », un progrès dans l'exactitude des images ne nous rapproche pas de la pensée, et l'on reste *infiniment* éloigné de l'aperception des esprits [1]. De telles formulations, qui suggèrent comme une *transcendance*, sont difficiles à concilier avec le principe de continuité. Ne peut-on alors distinguer l'essence individuelle d'une part, et le sujet personnel d'autre part, comme deux choses « absolument hétérogènes » ? Leibniz se refuse à envisager entre eux le moindre écart, à concevoir un sujet divisé par son appartenance à deux *ordres* de réalités différents : l'existant n'est, semble-t-il, que la réplique vivante de l'univers possible auquel il correspond. Une division du sujet expliquerait qu'une opération identificatoire soit nécessaire pour que le sujet *ignore* ce qu'il en coûte de n'être que cela qu'il est, eu égard aux bénéfices qu'il en retire et qui ne sont obtenus que par surcroît. La stratégie individuelle repose, selon nous, sur une

1. *A Bayle*, Décembre 1702, GPIII, 68-69 : « Il n'y a rien de plus approchant de la pensée parmy les choses visibles, que l'image qui est dans le miroir, et les traces dans le cerveau ne sauroient estre plus exactes ; mais cette exactitude de l'image ne produit aucune perception dans l'endroit où elle est. On n'y approche pas même, quelque hypothèse machinale qu'on fasse, et l'on en demeure tousjours *infiniment* éloigné, comme il arrive dans les choses absolument *heterogenes*, et comme la surface redoublée, tant qu'on voudra, ne sauroit jamais faire un corps. On voit aussi, que la pensée estant l'action d'une même chose sur elle même, cela n'a point de lieu dans les figures et dans les mouvemens, qui ne sauroient jamais monstrer le principe d'une action veritablement interne ». Souligné par nous. Cf. *Specimen Demonstrationum catholicarum seu Apologia fidei ex ratione*, G, t.I, pp. 27-30, où l'on trouve une même définition de la pensée : « Cogitationem autem sive vim agendi ad se ipsum ».

identification *première et constitutive* du sujet Celle-ci ne peut être *calculée* et rentrer dans la stratégie consciente, puisqu'à celle-ci, il faudrait un sujet constitué.

Reste à montrer comment l'opération préréflexive ici supposée, antérieure à la stratégie délibérée d'un sujet constitué, peut précisément engendrer ce « sujet pour lui-même », parce qu'elle en assure l'unité.

On pourrait décrire cette opération dans des termes analogues à ceux qu'utilise Hegel pour parler de l'opération de la *certitude sensible*. Celle-ci, montre Hegel, ne se soutient comme certitude qu'en *oubliant* continuellement son histoire, et en réitérant indéfiniment la négation des énoncés qu'elle pose successivement.

Ainsi, chez Hegel, ce qui se donne pour un savoir positif et immédiat, roc stable pour de futures constructions, s'avère vacillation et négation [1]. L'identification que nous postulons chez les créatures raisonnables de Leibniz peut se représenter de manière semblable : pour se faire affirmation, la réflexion doit se précipiter en attention, savoir « détourner l'esprit » [2] de ce qui n'est pas (son) être, user de méthodes et d'artifices pour « nous faire penser et faire avec le temps ce que nous voudrions vouloir et que la raison ordonne » [3]. J.-P. Sartre dirait que nous nous *fascinons* sur notre être.

La positivité serait, dans une telle lecture, le résultat d'une opération consistant à nier les autres fins, et donc les autres choix possibles que nous ne prenons pas en compte. Et cela, en mettant continuellement de côté cette négation, de façon à ce que notre puissance personnelle se présente, même au sujet lui-même, comme une *adhésion* spontanée au choix primitif qui oriente la notion élue par Dieu. L'unité du sujet serait alors acquise, non seulement grâce à l'action synthétique de la puissance mise au grand jour par Leibniz, mais grâce à une négation continuelle d'une possible altérité ou altération de soi. Notre puissance devrait être constamment oublieuse d'une volonté qui en est le corollaire : la volonté d'être cela et cela seul que l'on est. Ainsi interprétée, la réflexion de l'âme raisonnable est *refus de différer* de ce qu'elle est dans et par le choix divin.

1. Hegel, *La Phénoménologie de l'Esprit*, *op. cit.*, pp. 88-90. Notamment : « Il est clair que la dialectique de la certitude sensible n'est rien d'autre que la simple histoire du mouvement de cette certitude ou de son expérience, et il est clair que la certitude sensible elle-même n'est rien d'autre que cette histoire seulement. Pour cette raison la conscience naturelle atteint toujours ce résultat <...>. Mais elle se hâte de l'oublier et recommence le mouvement depuis le début ».

2. NE, II, ch. XXI, § 47, GPV, 182.

3. *Id.*

Non que Dieu décide du contenu des notions : il les trouve toutes faites, on le sait, dans le pays des possibles ou entendement divin. Ce contenu est bien ce qui s'accorde logiquement avec la stratégie d'un sujet possible. Il serait donc erroné et injuste de faire comme si le décret divin réglait les choix des créatures, alors qu'elles se définissent singulièrement par une stratégie individuelle propre. La question est plutôt celle d'un *acquiescement pré-réflexif à ce qui est.* Or c'est bien le décret divin qui est responsable de leur spontanéité heureuse, de leur volonté de mieux-être. Celle-ci peut bien mener un individu au malheur et à la destruction, mais seulement parce qu'il y voit son bien. Ne peut-on se demander, pourtant, si le don créateur ne crée pas pour les créatures raisonnables une dette infinie, et avec elle l'obligation de respecter le choix que Dieu a fait de leur être déterminé ? N'est-il pas possible d'autre part qu'un individu décide contre son intérêt et contre son bien-être ? Que sa volonté soit volonté d'anéantissement et non pas puissance majoratrice ? Qu'il cherche à détruire et reculer, et non pas à progresser ? Ces questions sont sans doute aussi insensées pour Leibniz que celles que refuse Spinoza quand il dit ne pas savoir en quelle estime l'on doit tenir « un homme qui se pend, les enfants, les stupides, les déments »[1]. Mais elles introduisent un doute quant à la pure spontanéité de l'acquiescement à soi.

La créature raisonnable adhère à ce qui est. Parce que cela est créé. Le jeune Leibniz se demandait pourquoi les choses sont ce qu'elles sont, et non pas autres. Le Leibniz de la maturité répond en oubliant la question, et cela à travers une adhésion : le sujet se *félicite* de ce qui est, et donc d'être lui-même plutôt qu'un autre. C'est peut-être cette adhésion qui rend sa volonté efficace. En tout cas, Leibniz fait une même chose de la *puissance* et de la *loi* d'engendrement des actions ou phénomènes.

Notre hypothèse fait comprendre pourquoi : elles sont toutes deux le fait d'une *volonté identifiée à l'impératif* divin initial. Identifiée et non soumise, car on retrouverait la patience par force des Stoïciens. La formule de l'identification, si le sujet pouvait l'apercevoir et la formuler, serait : *Tel j'ai été voulu, tel je suis.* Ou, si l'on fait ressortir la négation que renferme l'adhésion : *Je ne suis rien d'autre que ce que je suis,* soit ce que Dieu a choisi en me choisissant pour l'existence. Le sujet leibnizien n'a pas de nostalgie en considérant ce qu'il aurait pu être, il ne rêve pas comme Arnauld à l'impossible : être à la fois le

1. Spinoza, *Ethique* II, Prop. XLIX, Scolie, AP, pp. 234-235 : « dico me nescire, ut etiam nescio, quanti estimandus sit ille, qui se pensilem facit, et quanti aestimandi sint pueri, stulti, vesani, etc. ».

même et différent. En l'absence de tout fondement pour une puissance de refus, l'identification est totale et ne laisse aucun reste, aucune différence assignable, capable de séparer le sujet de lui-même.

Il ne suffirait pas d'invoquer la différence entre la puissance infinie de Dieu et la puissance finie des créatures pour expliquer chez elles l'absence de toute tendance à vouloir autre chose que ce que leur être positif, ou contenu positif de leur puissance enferme. Car la finitude de la puissance expliquerait plutôt l'inverse, soit le caractère négatif de la puissance. Or Leibniz ne donne à l'expression de *puissance négative* qu'un sens purement moral, et refuse de lui conférer un sens métaphysique. L'« imperfection naturelle » des créatures est responsable des « défauts » de leur action [1]. Mais ce *défaut* n'est pas un manque qui creuserait un vide dans l'être créé : il s'agit de simples bornes. Pas de non-être donc, là encore, qui s'opposant à l'être, aurait pu fonder une puissance de refus dans la créature. Les défauts de l'action ne sont pas des « grandeurs négatives » [2], mais un moindre être, un positif limité.

Comment comprendre que le sens ontologique du défaut soit rejeté alors que son sens moral est admis ? L'opération qui fait l'adhésion entre le sujet et l'être qui correspond à la notion ne souffre peut-être aucune mise en question ; on peut penser alors qu'elle est de l'ordre d'une collusion. M. Foucault évoque une collusion analogue lorsqu'il lit dans un célèbre passage des Méditations de Descartes une exclusion radicale de la question : « ne suis-je pas fou ? n'est-il pas possible que je sois fou ? » [3]. Cette exclusion serait coextensive au langage de la raison. Spinoza ne sait pas (ou ne veut pas savoir) la valeur d'un stupide ou d'un dément. Leibniz ne sait pas (ou ne veut pas savoir) ce qu'est une puissance qui ne serait pas l'efficace même de l'être. Il ne connaît que le langage de la raison ; car chez lui, même la sensation ou l'instinct sont raison ignorante d'elle-même.

* * *

1. *Théodicée*, I, § 30, GPVI, 120.

2. E. Kant, *Essai pour introduire en philosophie le concept de grandeur négative*, trad. R. Kempf, Paris, 1949, p. 76 : « les grandeurs négatives ne sont pas des négations de grandeurs <...>, mais au contraire quelque chose de vraiment positif en soi, qui est simplement opposé à l'autre grandeur positive ».

3. M. Foucault, *Histoire de la folie à l'âge classique*, 1e partie, ch.II, Paris, 1972, pp. 56-59. Cf. la lecture critique de J. Derrida, « Cogito et histoire de la folie », in *L'Ecriture et la différence*, Paris, 1967, pp. 51-97, et l'étude de J.M. Beyssade, « Mais quoi, ce sont des fous. Sur un passage controversé de la première méditation », *Revue de Métaphysique et de Morale*, 1973, N° 3, pp. 273-294.

Certains pourraient alors accuser Leibniz, ou le sujet leibnizien, de la « mauvaise foi » que J.-P. Sartre prête à la « conscience » oublieuse de son projet, et qui le représente comme un destin [1]. Il est vrai que l'opération que nous supposons pourrait être formulée en termes de calcul avantageux. Le sujet pourrait, par exemple, renoncer à une *hybris* qui le mènerait à des actions insensées, et préférerait limiter sa puissance d'agir plutôt que de courir le risque de devenir ange déchu ou Prométhée enchaîné. Se gardant de prendre le parti contraire à la puissance divine, qui est pure positivité, en se faisant négation et destruction : le sujet se contenterait de prétendre à une simple réplique en miniature de la puissance divine. Cette volonté modeste se verrait payée de retour par le don divin d'une efficace réelle à cette puissance assagie.

L'inconvénient de cette interprétation, c'est qu'elle doit reconstruire un texte des intentions inavouées du discours leibnizien. Son mérite, c'est de rendre compte de la *foi* de ce que J.P. Sartre appelle la « mauvaise foi ». Nous préfèrerons suivre de plus près le discours explicite, même si nous devons le lire, l'interpréter, et donc lui prêter parfois plus qu'on ne voudrait. Ce qui est accepter le risque de céder à la persuasion leibnizienne, risque qui serait conjuré si nous mettions en évidence un calcul d'avantages étranger à la problématique leibnizienne. Nous voulons au contraire faire le plus possible crédit à notre auteur. Or, celui-ci ne présente jamais la limitation de la puissance créée comme un choix de sagesse ou de renoncement ; ni comme un pari pour une sécurité finie plutôt que pour une aventure à visée d'infini assortie du risque d'impuissance. Notons donc les avantages de l'opération d'adhésion, mais sans oublier qu'ils sont obtenus chez Leibniz par surcroît : l'honnête est utile [2], parce que le règne de la Grâce enrichit le règne de la Nature sur lequel il s'étaye.

* * *

Comment l'adhésion à la loi de notre être peut-elle nous faire libres, nous donner une efficace réelle ? Une puissance distincte de celle de Dieu ? Dieu n'agit pas directement *à travers* notre puissance, comme c'est le cas pour les créatures non raisonnables. Notre puissance est dans le rapport à une trace de la puissance divine en nous, impératif de développement de notre être qui grave en lui une loi de croissance, inscription des vérités éternelles. Porteurs d'une incitation

1. J.-P. Sartre, *L'Etre et le Néant*, *op. cit.*, pp. 89-111.

2. NE, II, ch. XXVIII, § 4, GPV, 232 : « par son moyen tout bien moral devient physique, ou comme parloient les anciens, tout honneste est utile ».

à faire profit de cette logique innée, nous maximisons ce que nous trouvons. Inscrite en notre puissance, la loi de Dieu nous détourne d'une position stérile ou nostalgique de *ressentiment* à l'égard de ce qui existe.

L'efficacité d'une puissance qui en use bien différemment de celle de Dieu semble acquise. Elle est un des bénéfices de l'opération. Mais il faut encore un acquiescement pour que notre puissance réponde ainsi fidèlement à la nature de la puissance divine. Il faut que notre puissance renouvelle le *fiat* divin en le reprenant à notre compte. Le *fiat*, admission à l'existence des possibles élus, dit la volonté de Dieu accordée à la volonté du sujet à venir : Dieu veut la créature *telle* qu'elle est.

On peut alors répondre à notre question de deux manières, qui correspondent aux deux versants, objectif et subjectif, de la même puissance :

1. Nous avons une puissance distincte de Dieu en ce que nous sommes des sujets pour nous-mêmes. Grâce aux vérités innées, qui expriment les relations fondamentales ou la « nature des choses », les créatures raisonnables dépassent la pure spontanéité animale, et s'inscrivent elles-mêmes dans un ordre où elles ont de tout temps leur place. L'animal est réglé directement par sa nature, quand une créature spirituelle *se règle* sur des prescriptions et des lois qui expriment l'ordre de la Nature. La créature raisonnable s'élève donc à l'ordre de la Grâce à partir des lois inscrites en elle. La dépendance des Esprits à l'égard d'un ordre logique universel les affranchit du pur automatisme de l'âme naturelle. D'autant que la loi inscrite dans la créature, si sa portée est bien universelle et lui permet l'accès à ce qui dépasse son simple « point de vue », la concerne ou l'appelle personnellement. La loi que chaque esprit rencontre en lui-même n'est pas comme chez Kant une pure forme [1]. On pourrait la traduire par un *Sois ce que tu es de toute éternité*, proposition où le *tu* a le contenu précis de la notion individuelle qui représente le sujet. C'est pourquoi chez Leibniz, refuser la loi qui nous habite et nous entraîne, c'est se refuser soi-même. Impossible, ou plutôt impensable.

1. Comme si Leibniz s'approchait toujours plus de l'incommensurabilité kantienne entre les lois naturelles et la loi de liberté, mais sans jamais pouvoir l'atteindre, car cela remettrait en cause toute l'économie d'un système qui admet bien des seuils, des niveaux, des décrochages, mais tels qu'ils ne contreviennent jamais au principe de continuité.

La première réponse est donc : la puissance créée des êtres raisonnables est puissance distincte de celle de Dieu, parce qu'elle est *loi*, par rapport à laquelle les esprits peuvent se situer et se déterminer. Cette loi, qui en appelle personnellement à des individus, les fait sujets pour eux-mêmes, puisqu'ils lisent dans leur puissance leur propre tempérament, et la reconnaissance que Dieu en a eue.

2. La créature acquiescera à ce qu'elle est, coïncidera sans réserve avec le mouvement de ses propres volontés, d'autant plus qu'elle aura le sentiment d'avoir été voulue telle, choisie. En supposant qu'il fallait une identification pour assurer l'adhésion du sujet à ce qu'il est, et ainsi virtuellement à tout le système de l'univers, nous avons abouti à l'accord de la créature à la volonté de Dieu. Refaire le trajet créateur, acquiescer à la création, c'est dire oui à l'existence et à soi-même. Mais il faut pour cela savoir qu'on a été choisi, voulu tel qu'on est. De telles formules évoquent les choix amoureux et le discours qui les accompagne [1]. Dans l'amour, l'accord des volontés identifiées fait loi, et produit, au moins imaginairement, unité et harmonie. Or, cette condition subjective de l'acquiescement, et donc de la positivité de la puissance des esprits, Leibniz la présente précisément comme une donnée. L'amour de Dieu sera alors notre deuxième réponse. *L'amour de Dieu supporte l'identification.* Le lien de reconnaissance entre Dieu et ses créatures-enfants apparaît maintenant comme un produit de l'amour de Dieu.

3.4 : Identification et Amour de Dieu

La puissance des créatures raisonnables suppose une identification à soi-même, et une adhésion sans réserves à une trajectoire d'existence, celle du sujet possible de la notion que Dieu a choisie en élisant l'univers qui la contient ; d'autre part cette puissance exige que la créature fasse intégralement sienne la loi de ses volontés et de ses choix : il faut bien que l'amour de Dieu soit la condition de la puissance créée. Du côté de Dieu, l'amour produit la *reconnaissance*. Et du côté des créatures, il produit l'*identification* à soi, ce qui permet de dire que, considéré comme possible ou comme créé, le sujet est *le même*.

L'amour de Dieu a donc une importance dans l'économie du système qu'on ne saurait négliger. S'y joue la puissance des créatures raisonnables, et par là les destinées de notre univers. Dès lors, l'insistance mise par Leibniz à définir l'amour et à proposer une conception cohérente de l'amour de Dieu devient compréhensible. Les

1. Cf. R. Barthes, *Fragments d'un discours amoureux*, Paris, 1977.

textes leibniziens qui traitent de l'amour de Dieu montrent que, sans disposer du terme, Leibniz sait parfaitement décrire l'opération identificatoire. Ils montrent aussi que Leibniz cherche, une fois encore, à concilier deux perspectives contradictoires : celle pour qui l'amour est fusion, disparition de la dualité, et celle qui maintient précisément la dualité à travers l'unification amoureuse.

Si Leibniz optait clairement pour une séparation de Dieu et des créatures, on pourrait penser que, devançant Kant, il annonce la prise en compte contemporaine de l'*existentiel* comme irréductible à l'ordre des essences. Mais s'il refusait en fait une séparation véritable, et ratifiait une conception fusionnelle de l'amour, on serait en droit de considérer le rejet par Leibniz des conceptions spinozistes comme superficiel et tactique : Leibniz n'aboutirait alors qu'à un spinozisme mitigé, donc moins cohérent. Tel est l'enjeu de ce débat sur l'amour de Dieu : il s'agit de savoir s'il y a une force d'agir propre aux créatures libres, force qui les distingue, comme existants, des sujets possibles. Pour la puissance des créatures purement spontanées, incapables de délibération, la cause est déjà entendue : elle ne se distingue pas réellement de la puissance divine, et Dieu est le sujet véritable des actes dont ils sont les sujets apparents. La définition leibnizienne de l'amour comme identification, unissant le même et l'autre, lui sert d'outil de *compromis* entre la claire séparation, qui ferait césure dans l'univers, et la fusion, qui renverrait au spinozisme. Comprendre comment des êtres créés peuvent avoir la puissance de réaliser leur être, sans être pour autant de pures émanations de la puissance de Dieu, c'est donc comprendre l'écart entre leibnizianisme et spinozisme ; tentative qui ne va pas jusqu'au bout de ce qu'elle peut, qui ne va pas jusqu'à donner un congé définitif à l'essentialisme, ce qui aurait permis de prendre en compte l'ordre de l'existant comme tel.

* * *

Tel semble, au-delà des intérêts contingents, le véritable enjeu philosophique des débats où Leibniz intervient, sans avoir de cesse de proposer pour y mettre fin une formule définitionnelle de l'amour :

« Aimer n'est autre, répète Leibniz avec quelques variantes, que trouver en un autre son bien propre »[1].

Deux conditions de l'amour sont ici données : qu'il y ait un *autre* ; qu'il soit notre *semblable*, c'est-à-dire capable de trouver lui-même en

1. E. Naert, *Leibniz et la querelle du pur amour*, Paris, 1959, ch. III, La solution : une définition de l'amour, I. La formule et ses répétitions, pp. 58-61.

un autre son bien propre. L'amour suppose des êtres spirituels, capables de se rapporter à d'autres. Parce qu'ils sont en relation avec des signes de reconnaissance en eux inscrits. Rappelons que le rapport de chacun aux enchaînements des vérités permet et l'aperception, et le sentiment de responsabilité, qui implique toujours un Autre virtuel. Leibniz explique ainsi que nous ne puissions aimer que des créatures capables de la félicité et du tourment qu'entraîne précisément la responsabilité. Lorsqu'il s'agit de créatures incapables de se rapporter à elles-mêmes, et qui ne peuvent donc pas rapporter leur plaisir à quelqu'un, il est plus juste de dire que nous en jouissons plutôt que nous ne les aimons

> si ce n'est par une prosopopéïe, et comme si nous imaginions qu'elles jouissent elles mêmes de leur perfection. Ce n'est donc pas proprement de l'Amour, lorsqu'on dit qu'on aime un beau tableau par le plaisir qu'on prend à saisir ses perfections [1].

Il ne suffit pas d'apprécier les beautés ou les mérites. Il faut que l'objet aimé y prenne lui-même plaisir, et qu'ainsi les deux partenaires soient unis par cet unique bonheur [2].

La définition leibnizienne, sous ses formes diverses : « Amor est voluptas ex bono alieno » [3], « Amare est alterius felicitate delectari » [4] notamment, suppose explicitement une identification de l'un à l'autre. L'un doit pouvoir prendre plaisir aux perfections de l'autre, l'autre à ses perfections propres. L'identification résorbe imaginairement l'asymétrie sujet/objet dans une même « delectatio », et permet à l'objet d'amour de prendre plaisir à soi-même *à travers* l'amour d'un autre, soit d'être le sujet en même temps que l'objet de cet amour.

1. NE, II, ch. XX, § 5, GPV, 149, où l'on trouve la définition suivante : « Aimer est estre porté à prendre du plaisir dans la perfection, bien ou bonheur de l'objet aimé ».

2. *A l'Electrice Sophie*, GPVII, 549 : « C'est ainsi que la contemplation des belles choses est agreable par elle même, et qu'un tableau de Raphael touche celuy qui le regarde avec des yeux éclairés, quoyqu'il n'en tire aucun profit.

Et lorsque l'object dont la perfection nous plaist est luy même capable de bonheur, alors l'affection qu'on a pour luy devient ce qui merite proprement d'estre appellé Amour ».

3. *A Velthuysen*, Mai 1671, cité par E. Naert, *op. cit.*, p. 59, note 15. Même formule en français, G., Paris, 1948, t.II, p. 583.

4. C, p. 516.

L'amour fait donc le tour de quelqu'un et revient sur lui à partir d'un autre. L'amour est rapport en miroir [1].

L'identification qui caractérise l'amour est ce qui le distingue de la jouissance. Car celle-ci réside dans l'utilisation de l'objet pour notre plaisir, alors que l'amour est recherche du bonheur de l'objet. C'est faute de comprendre que l'identification est essentielle à l'amour qu'on discute interminablement pour savoir si l'amour de Dieu peut être désintéressé. Cela semble impossible quand on sait que nous ne pouvons rechercher que notre bien [2]. Faute de voir que le bien d'autrui devient, – par identification avons-nous montré –, notre bien propre, nous pouvons confondre l'amour des créatures pour Dieu, et l'amour que Dieu se porte invinciblement à lui-même [3]. Le risque de telles doctrines est double : d'abord, l'efficace de notre amour ou de notre volonté viendra de Dieu seul, et il n'y aura qu'une puissance, celle de Dieu ; ensuite on ne pourra distinguer entre les créatures spirituelles et les substances privées de raison, puisque toutes pourront apparaître comme des *instruments* pour la délectation que Dieu prendrait à lui-même. Une même conséquence dangereuse : la création pourrait être malignement comprise, à la manière des spinozistes, comme l'action destinée à combler les désirs – et donc les manques – de Dieu. Si au contraire nous comprenons la nature de l'amour, nous saisissons en quoi Dieu, comme la créature raisonnable, peut aimer en trouvant en un autre son bien. *La création est ainsi justifiée par l'amour*[4]*, au lieu d'être nécessitée par des raisons mathématiques.* Il y a création et non simple production, dès lors qu'il y a d'autres *personnes* que Dieu lui-même. Ce n'est pas le cas des substances purement spontanées, dont le destin est d'être utilisées et non pas aimées. L'amour, en effet, est unification des volontés, ce qui suppose des personnes différentes. « Idem velle et idem nolle vera amicitia est » ajoute Leibniz après

1. Lequel ne suppose pas, au contraire de l'élaboration lacanienne, une quelconque *constitution.* Cf. « Le stade du miroir comme formateur de la fonction du Je », in J. Lacan, *Ecrits,* Paris, 1966, pp. 93-100.

2. *Elementa verae pietatis, sive de amore Dei super omnia* , 1679 ?, G., t.I, p.10 : « videtur enim quicquid agimus propter bonum nostrum nos facere, non propter alienum. Quomodo ergo possibile est, ut bonum amati per se expetamus ? »

3. Leibniz (*à Coste*, 4 Juillet 1706, GPIII, 383) n'en fait pas grief au P. Malebranche parce que celui-ci, bien qu'il « garde tousjours son hypothése que Dieu seul est efficace, (il) ne laisse pas de parler fort raisonnablement de nos devoirs par rapport aux créatures ». C'est au P. Lami qu'il répond expressément, parce que ce dernier « paroissoit faché » de ce que le système de Leibniz « fait venir de nostre propre fonds (mais avec concours de Dieu), ce que le Système des causes occasionnelles ne donne qu'immediatement à l'operation divine seul (sic) ».

4. Voir *Initia et Specimina Scientiae novae Generalis*, GPVII, 74.

avoir rappelé pour Arnauld sa définition coutumière [1]. Et le véritable amour suppose que le bien de l'autre est une fin, mais jamais un moyen [2].

La définition leibnizienne, en mettant en vedette cette unité des volontés que nous avons appelée identification, permet de faire le départ entre l'amour calculateur, que les théologiens appelaient « amour de concupiscence », où autrui n'est que l'occasion, voire l'instrument de notre jouissance, et l'amour véritable ou « amour de bienveillance », dans lequel on trouve son plaisir au bonheur et à la perfection d'autrui. Dans l'amour, le bonheur et la perfection de l'autre deviennent comme nôtres. En effet, il est « le sentiment qu'on a pour celuy qui par son plaisir ou bonheur nous en donne » [3]. Il est désintéressé parce que nous y avons en vue le plaisir d'autrui,

> mais comme faisant ou plustost constituant le nostre, car s'il ne rejaillissait pas sur nous en quelque façon, nous ne pourrions pas nous y interesser puisqu'il est impossible, quoy qu'on dise, d'estre détaché du bien propre [4].

***

La solution leibnizienne évite aussi bien la conception utilitaire de l'amour, où la créature suppute les avantages attachés à l'amour de Dieu, que les conceptions dans lesquelles Dieu seul compte, est seul sujet, a toute initiative. Car ces dernières, pour mieux rendre justice à la puissance divine, et restaurer la hiérarchie véritable où Dieu doit occuper la première place, risquent d'engendrer des effets pervers voisins de ceux qu'elles dénoncent : comme la conception inverse, en effet, elle ne tient compte que d'un seul sujet, et risque d'être interprétée pour cela comme une conception instrumentale, où il n'y aurait là non plus pas d'amour véritable, mais simple jouissance.

1. DM, IV : « celuy qui aime, *cherche sa satisfaction dans* la felicité ou perfection de l'objet aimé *et de ses actions. Idem velle et idem nolle vera amicitia est* ». Souligné par l'auteur (éd. H. Lestienne, pp. 29-30, ou GPIV, 429).

2. *A Nicaise*, 9/19 Août 1697, Beilage, GPII, 578 : « lorsque le bien de cet objet est immediatement, dernièrement (*ultimato*) et par luy même nostre but, nostre plaisir et nostre bien, comme il arrive à l'égard de toutes les choses qu'on souhaite parcequ'elles nous plaisent par elles-mêmes, et sont par conséquent bonnes de soy, quand on n'auroit aucun egard aux consequences ; ce sont des fins et non des moyens ».

3. NE, II, ch. XX, § 5, GPV, 150.

4. *Id.*

La manière dont Leibniz défend sa formule a pu d'autant plus faire sourire qu'on n'en comprenait pas les enjeux philosophiques. Nous laisserons de côté la question de l'habileté concédée ou non à Leibniz, pour nous concentrer sur la stratégie leibnizienne : elle consiste à se ranger plus ou moins du côté des partisans de la fusion mystique, tout en leur apportant des *rectifications*. Or ces rectifications sont essentielles, et permettent de faire une nette différence entre la position de Leibniz et celles de Fénelon, voire de Malebranche, ou d'autres penseurs qui se réclament, contrairement à ce dernier, d'un Christianisme mystique. Pourtant Leibniz ne rompt jamais avec les partisans de ces doctrines. Bien plus, il admet à côté des siennes propres certaines formules de ses interlocuteurs qui paraissent incompatibles avec les premières. La démarche leibnizienne est à cet égard exemplaire : il cherche à « concilier deux verités qui paroissent incompatibles » [1], et à trouver non pas une doctrine qui remplace les précédentes, mais une *formule* de compromis. La démarche conciliatrice se manifeste sur deux points principaux : sur la question de la fusion amoureuse entre Dieu et les créatures, et sur celle de l'activité de la créature, tant dans l'amour de Dieu que dans l'existence en général. Deux points évidemment liés : nous ne les aborderons séparément que pour des raisons de clarté.

*
* *

Leibniz croit pouvoir s'accommoder du terme de fusion, comme de tous les usages auquel il ne veut pas s'opposer frontalement [2]. Il préfére qu'on y entende une simple « manière de dire » à laquelle il suffit de conférer une signification définie convenable [3]. Mais la différence est de taille avec la conception leibnizienne de la puissance : la fusion signifie un anéantissement du *moi* de la créature qui s'abîme

1. *A Nicaise,* 9/19 août 1697, GPII, 577.

2. Leibniz explique (DM. XXVII, GPIV, 452) qu'on peut utiliser des manières de dire qui s'accordent avec les notions populaires « à peu près comme nous voyons que ceux qui suivent Copernic ne laissent pas de dire que le soleil se leve et se couche. » Ou : éd. H. Lestienne, p. 74.

3. *A Bourguet,* 3 Janvier 1714, GPIII, 562 : « je ne méprise presque rien (excepté l'Astrologie judiciaire et tromperies semblables), pas même les Mystiques ; leurs pensées sont le plus souvent confuses, mais comme ils se servent ordinairement de belles allegories, ou images qui touchent, cela peut servir à rendre les vérités plus acceptables, pourveu qu'on donne un bon sens à ces pensées confuses ». Cf. *à Coste,* 4 Juillet 1706, GPIII, 384 : « J'approuve fort qu'on s'attache à corriger les abus des Mystiques, mais comme il y a parfois chez eux quelque chose d'excellent, mêlé d'erreurs et (si j'ose parler Anglois) de non-senses, je ne voudrois pas qu'on perdit la bonne graine avec la paille ».

dans l'infini divin. Il n'y a plus de dualité. Le créateur semble rester seul à jouir de lui-même à travers la créature, thèse qui chez Leibniz équivaudrait à donner aux créatures raisonnables le même statut qu'aux autres êtres. Leibniz au contraire tient que la dualité non seulement persiste, mais est la condition d'un véritable amour, différent de la simple jouissance. Il admet pourtant avec Malebranche et Fénelon que « Dieu est le soleil et la lumière des âmes », voire que « luy seul est nostre lumière » [1]. Plus compromettant pour une philosophie de la puissance finie qui use de médiations, il fait de Dieu notre objet *immédiat*, ce qui semble entraîner, en conséquence, que nous faisons immédiatement nôtre son bien et sa félicité. La créature qui aime se met *à la place* de l'objet aimé, c'est ainsi qu'elle peut jouir des perfections et du bonheur de son objet [2]. Mais est-ce encore un objet ? Quand il s'agit d'une relation entre deux créatures finies, on peut bien supposer la réciprocité et la symétrie, mais quand il s'agit de l'amour de Dieu, l'infini de l'objet d'amour ne va-t-il pas prendre toute la place, absorber la créature, lui enlever toute activité et toute puissance ? Dire que le bonheur d'autrui fait le mien est-il encore possible dans la lumière de l'infini, et peut-on séparer le *mien* du divin quand il s'agit de l'amour de Dieu ? La possibilité d'application des formules leibniziennes à l'amour de Dieu est problématique. En effet, elle ne fait aucune difficulté à ceux qui, comme Fénelon ou Morell anéantissent la créature dans l'« océan de la divinité » [3]. Mais Leibniz ne peut admettre que les créatures puissent se confondre avec le créateur. Il feint d'attribuer de telles conséquences à d'autres doctrines pour pouvoir en faire la critique sans viser des interlocuteurs trop proches [4]. Jamais il n'incrimine directement ni Malebranche ni Fénelon, dont il cherche à traduire les expressions dans sa propre

1. J. Baruzi, *op. cit.*, p. 345. Ou : *à Morell,* mai 1698, G., t.I, p. 125.

2. *A Coste*, 4 Juillet 1706, Beilage, GPII, 387 : « Amare autem sive diligere est felicitate *alterius* delectari, vel quod eodem redit, felicitatem *alienam* asciscere in *suam* ». Souligné par nous.

3. *A Bossuet,* Octobre 1698, in *Œuvres de Leibniz*, éd. Foucher de Careil, Paris, 1859, t. II, pp. 194-195. Cf. Morell *à Leibniz*, 1er Août 1698, *Id.*, p. 129, où Morell parle ainsi des véritables mystiques : « Le tout aboutit à se perdre soi mesme et sa volonté pour trouver Dieu et faire sa volonté ; devenir rien pour estre tout en Dieu. <...> C'est ce qui est la véritable soumission à la volonté divine, et le veritable estat passif de l'ame, s'aneantir et attendre tout de Dieu ».

4. *A Morell*, Octobre 1697, in J. Baruzi, *op. cit.*, p. 343 : « il y avoit des philosophes arabes et autres qui concevoient que l'ame estoit enfin abismee en Dieu, c'est-à-dire réunie à l'esprit universel, ou, en effect, anéantie. <...> Une telle abnégation sous des beaux mots renverserait toute la piété et toute la vertu ». Ou G., t. I, p. 115.

langue et doctrine [1]. Et il parle en termes modérés du seul qu'il vise explicitement, « Mr Norris », auteur d'un traité *De l'amour de Dieu, ou de la complaisance ou delectation que Dieu trouve en lui-même* [2]. Pourtant Leibniz ne peut accepter le mépris de soi à laquelle la tradition mystique pouvait convier. Pourquoi alors ne dénonce-t-il que les « excès » de « quelques piétistes » ? Pourquoi ne s'emploie-t-il qu'à « corriger » des « abus » d'expressions ? est-ce qu'en élaguant et rectifiant, on peut revenir au Vrai (qu'on n'aurait donc jamais quitté) ? On met en avant le tempérament conciliant de Leibniz ou ses qualités diplomatiques. Cela n'est pas suffisant. Il faut qu'il y ait une véritable ambiguïté philosophique, que Leibniz ne puisse pas rompre avec les partisans de la fusion mystique.

C'est que Leibniz partage avec eux le sentiment que la créature finie bénéficie de l'amour de Dieu, que ce dernier lui procure un *bénéfice* infini. Et que cet amour est la cause réelle du mouvement des substances intelligentes vers leur bien, que Leibniz sait être en dernière instance Dieu lui-même. Ce qu'il s'emploiera à leur montrer. *L'identification sera ainsi le versant subjectif de ce que l'amour de Dieu opère par soi.* Dès lors, Leibniz ne peut plus que corriger les expressions de ceux qui semblent s'égarer uniquement dans leur interprétation de cet amour. Il s'agit de maintenir contre vents et marées que l'amour de Dieu est relation interpersonnelle, en sorte qu'on ne puisse jamais faire disparaître l'un des termes. L'identification a précisément cette fonction. Elle permet de parler d'une unification des *volontés*, au lieu d'une fusion des *personnes*. Leibniz peut ainsi reprendre à son compte des expressions qui semblent contrevenir à sa doctrine de la puissance toujours en activité :

1. A propos de Malebranche, voir par exemple *à Bourguet,* 3 Janvier 1714, GPIII, 561 : « J'excuse et je reduis au bon chemin beaucoup d'Auteurs. Si par voir tout en Dieu ce Pere entend que Dieu seul est notre objet immediat externe, on peut prendre sa phrase en bonne part. Un habile Cartesien m'a ecrit un jour de Hollande, qu'ayant donné dans le systeme des Causes occasionnelles, il l'avoit entendu d'une maniere assés approchante du mien de l'Harmonie préétablie. Tant mieux ». Pour Fénelon, voir *à Nicaise*, 9/19 Août 1696, Beilage, GPII, 579 : « Je crois que le dessein de Mons. l'Archeveque de Cambray a esté d'elever les ames au veritable amour de Dieu, et à cette tranquillité qui en accompagne la jouissance, en detournant en même temps des illusions d'une fausse quiétude ».

2. *A Coste*, 4 Juillet 1706, GPIII, 382 : « J'honnore infiniment la personne qui en est l'auteur ». Lady Masham réfuta l'ouvrage avec moins d'indulgence.

> Si par l'état passif de l'âme, on n'entend que de soumettre sa volonté à celle de Dieu et ne vouloir que ce qu'il veut, c'est la chose du monde la plus raisonnable [1].

Cela permet à Leibniz de maintenir en même temps :

— que Dieu est notre objet immédiat et fait ainsi immédiatement notre félicité,

— que ce bien n'est que quasi nôtre et accroît notre activité et notre puissance.

L'identification fait en effet coexister la tendance à la fusion, et le maintien des personnes en relation. Si nous pouvons nous mettre à la place d'autrui, c'est que nous ne sommes pas *réellement* confondus avec lui.

La solution leibnizienne n'est pourtant pas sans inconvénients. S'il y a unification ou identification des volontés, comme le plaide Leibniz, il y a en fait deux amours qui sont supposés faire la même opération. Lorsqu'il s'agit d'un amour humain, on pourra déjà douter qu'il s'agisse de part et d'autre d'une même réalité. Mais dans l'amour de Dieu, il est clair que les rôles ne peuvent être symétriques. Alors de deux choses l'une : soit la créature peut donner à Dieu quelque chose dont il fasse sa jouissance, et l'on pourra ironiser sur le besoin divin d'amour et de gloire ; soit c'est Dieu qui donne tout, et la voie la plus simple serait de dire que Dieu s'aime lui-même. Dans un cas, c'est Dieu qui n'est pas mis à sa juste place, dans l'autre, c'est le mépris de soi et de l'univers créé qui nous guette. Dans le premier cas, l'amour pourrait être de la part de la créature un calcul égoïste des avantages de l'opération, dans l'autre, on peut verser dans l'anéantissement fusionnel.

La situation est-elle aporétique ? Le compromis leibnizien n'est tenable que si les deux amours sont supposés aussi identifiés que les volontés : celui de Dieu, constitutif et créateur, et celui de la créature, condition de son adhésion spontanée à l'être du créé, à l'existant. Leibniz ne s'explique pas sur ce point. En revanche, dans un texte inédit publié par J. Baruzi, il affirme qu'il se fait en nous une transformation et que nous passons de l'état passif de créature aimée recevant l'action de Dieu, à une activité et force d'agir positives. Leibniz admet explicitement que l'union *passive* avec Dieu produit de l'activité, que la passion produit de la puissance [2]. L'amour de Dieu

1. *A Morell*, Mai 1698, G., t. I, p. 125.

2. Inédits, Philosophie III, 1, d., in J. Baruzi, *op. cit.*, p. 329 : « Nous ne pouvons être unis avec Dieu que passivement à son égard ; car nous ne saurions agir sur lui et nous devons recevoir son action en nous, pour agir par après

apparaît comme la source de la puissance des créatures intelligentes. Leibniz est en fait dans une grande proximité aux doctrines fusionnelles qui mettent Dieu seul en cause dans l'amour de Dieu. Tout son travail de persuasion consiste à maintenir une dualité entre Dieu et la créature, alors même que toute l'activité viendrait de Dieu. En décrivant l'amour comme identification ou unification des volontés, Leibniz cherche à éviter les conséquences destructrices de doctrines qui résorbent l'univers créé et les créatures dans le sein de Dieu. Pour cela, il doit ajouter aux caractéristiques de l'amour déjà examinées une condition inédite : l'amour ne peut aller aux simples possibles, il exige des êtres existants.

> Amor est earum solummodo rerum quas existere credimus [1].

Aussi n'aimons-nous pas tout ce qui est beau ; car la beauté peut concerner ce qui est considéré comme seulement *possible*, alors que l'amour se plaît à *l'existence* de quelqu'un.

Mais alors la boucle est bouclée : la création est œuvre de l'amour, qui va au-delà de la possibilité en envisageant des êtres seulement possibles comme s'ils étaient des sujets véritables, et qui leur confère la puissance d'agir pour qu'ils soient effectivement sujets. L'amour de Dieu est refus de la fusion, qui reviendrait à la pure possibilité, et annulerait l'œuvre de Dieu. Le maintien de la dualité, que tout nous a montré fragile et prête à disparaître en Dieu lui-même, est alors voulue et entretenue par Dieu.

Ce que certains appellent, à tort, fusion, n'est en fait selon Leibniz qu'un *sentiment de l'action permanente de Dieu*, qu'on appelle ailleurs création continuelle, ou dépendance ontologique, et qui, loin de nuire à notre activité, est bien plutôt son soutien. L'action constante de Dieu consiste à nous maintenir existants, soit à entretenir notre puissance d'agir, à fortifier notre statut de sujets personnels. Notre puissance est le fruit de la volonté créatrice de Dieu, dont la générosité fondamentale sépare de lui des êtres de pure représentation. La dépendance continuelle à cette source de perfection et de puissance explique l'adhésion sans réserve que donne la créature à ce qui fait son être et qui la rend aimable : la ligne d'existence qui le constitue lui-même, approuvée par

conformément à son esprit, tant sur nous que sur les autres choses. Ainsi la lumière est notre passion, *l'amour est le plaisir qui en résulte*, et qui consiste dans une action sur nous-mêmes, *dont provient un effort d'agir* encore sur les autres choses, pour contribuer au bien, autant qu'il dépend de nous ». Souligné par nous. Ou *Sur Thomasius,* 1694, G., t. I, p. 115.

1. « De affectibus », 10 Avril 1679, G., t. II, p. 515.

Dieu, est ratifiée par le sujet qui la fait sienne, dans un bonheur où il ne peut savoir ce qui vient de lui et ce qui vient de l'autre. Nous aimons, comme le fait Dieu, la trame de notre existence, et y donnons, tacitement ou non, l'approbation qu'exigent l'unité et l'efficacité d'une substance intelligente. Ainsi la créature raisonnable peut-elle travailler pour elle et pour l'univers existant, tout en ayant légitimement le sentiment de travailler pour Dieu.

Ambigu sur la nature de l'amour de Dieu, puisqu'il s'accommode des expressions fusionnelles tout en les récusant en parlant d'unification des volontés, Leibniz retrouve son aisance quand il s'agit des effets dynamisants de l'amour. L'amour de Dieu ne pouvait être le fruit de la stratégie de la créature, sans risquer d'apparaître comme un amour calculé et calculateur. Il fallait que les avantages en viennent de Dieu seul. En revanche, une fois admise l'origine gracieuse de l'amour de Dieu, Leibniz met l'accent sur le développement universel que produit cet amour. Par lui, les créatures intelligentes travaillent activement à la réalisation de la gloire de Dieu et accroissent la richesse universelle. L'amour de Dieu produit dans l'univers créé une majoration, non un anéantissement ou une résorption.

Le règne de la Grâce se distingue du développement naturel à toutes les substances par le consentement actif et heureux qu'y ajoutent les créatures raisonnables, dès lors qu'elles mettent en œuvre leur puissance personnelle et intelligente. Car le consentement ne réside pas essentiellement dans un état de conscience, mais dans une *activité de l'âme* qui correspond à la mise en œuvre de notre puissance. C'est pourquoi le rebelle y travaille activement comme un autre. Et s'il contribue au bien général, ou développe la connaissance de l'univers, il est peut-être, sans le savoir, du côté de l'amour de Dieu [1]. Ce qu'il faut donc comprendre ainsi : nous recevons, que nous le sachions ou non, l'amour de Dieu, et cette action produit un plaisir en la créature, lui-même actif, d'où résulte la puissance d'agir qui développe toutes choses et nous-mêmes. Leibniz décrit une puissance travailleuse et médiatisante, issue d'une immédiateté qui menacerait à chaque instant de devenir fusion, si Dieu lui-même ne maintenait la créature séparée de lui. Et il décrit une activité de la puissance produite par une passion de l'âme qui reçoit l'action de Dieu.

1. *A Morell,* 11 mai 1697, in J. Baruzi, *op. cit.*, p. 340 : « La pierre de touche de l'amour de Dieu est celle que saint Jean nous a donnée. Et lorsque je vois qu'on a une véritable ardeur pour *procurer* le bien général, on n'est pas loin de l'amour de Dieu ». Souligné par nous.

La puissance divine agit immédiatement, et la puissance intelligente finie use de médiations. Il est normal que l'unification des volontés produise un concours des puissances, et que nous y trouvions trace de l'une et de l'autre. Le tort des mystiques est de ne tenir compte que de la puissance de Dieu, en oubliant que cette puissance est précisément responsable de l'autonomie de la nôtre. Leibniz n'a plus alors qu'à *retraduire* correctement des expressions qui oublient cet aspect de la puissance divine. Car s'abîmer dans la puissance de Dieu, c'est sacrifier sa puissance pour laisser Dieu agir à travers soi. Leibniz suggère que cette attitude est contraire à la volonté de Dieu, qui manifeste sa puissance en laissant sortir hors de soi des sujets réels.

Leibniz prêche ainsi le « véritable » amour de Dieu, qui est mise en valeur de la création, développement de tout ce qui est enfermé dans les puissances de l'univers. Dieu nous a donné, à travers son amour, une efficace distincte de la sienne : la puissance d'agir qui nous fait autres que lui, sujets non seulement à ses yeux mais pour nous mêmes. Nous pouvons faire montre de réciprocité en usant au mieux de cette puissance. Il y a là plus que la spontanéité des substances sans raison : il y a une *position* analogue à celle d'un débiteur, qui aurait à faire profit des grâces reçues [1]. Devant le spectacle de la valeur de l'existant, nous sommes invités à nous associer à l'œuvre de son développement. Reconnus par un Père, les créatures intelligentes imitent son action, se félicitent de lui ressembler, s'empressent de répondre à sa convocation. Le bonheur qui en résulte n'a rien d'une jouissance extatique : il dépend de l'activité de la créature, et de sa volonté de concourir à ce qui est.

Nous retrouvons ici les affirmations de Leibniz, justifiées maintenant par sa conception de l'amour de Dieu. La puissance des créatures exprime, répond à la puissance divine, sans revenir à elle comme le ferait une de ses parties. Parce que Dieu a établi une relation avec des sujets autres que lui, la volonté des créatures n'a pas à *être* la volonté de Dieu, mais à vouloir activement, de son point de vue, ce que veut Dieu. La béatitude éternelle elle-même ne revient pas en-deçà de la création : la créature y sera unie à Dieu, non pas absorbée en lui [2]. L'activité n'y aura pas de fin, puisqu'il y aura un rapprochement infini de Dieu, sans que jamais la fusion soit consommée : un écart infime

1. *Extrait du Journal anglais de William Penn*, in J. Baruzi, *op. cit.*, p. 333 : « Et nous sommes des ingrats, si nous ne *profitons* pas de ses bienfaits ». Souligné par nous.

2. E. Naert, *Leibniz et la querelle du pur amour*, *op. cit.*, p. 99.

doit garantir l'altérité des personnes, et donc l'identité et la puissance personnelle de chacune.

En reliant les puissances, infinie et finie, dans l'amour de Dieu, Leibniz fait comprendre l'ambiguïté de sa position, qui tient deux types de puissance unies, et refuse de laisser de côté soit l'immédiateté de l'action divine, soit l'activité besogneuse de la puissance intelligente finie. Il nous donne l'origine fondamentale de notre puissance : un amour qui est *incitation* à être, soit à développer ce qui est en nous.

* * *

Mais il semble que l'opération de reconnaissance plus haut décrite produise d'elle-même le même effet, sans qu'il soit besoin que la relation soit ratifiée expressément par les créatures. L'amour des créatures pour Dieu n'est peut-être alors que la face subjective d'une relation déjà établie à travers l'amour de Dieu. L'identification amoureuse aux volontés divines est une des formes que peut prendre l'union réelle produite par Dieu. Ce qui en revanche est *toujours* le cas, c'est l'adhésion à soi de la créature, portée sans qu'elle le sache par l'amour que Dieu lui porte. *L'identification rend compte pour nous de ce que l'amour divin effectue par soi.*

S'il en est ainsi, l'action philosophique entreprise par Leibniz s'éclaire d'un nouveau jour. L'ardeur que met Leibniz à inviter les êtres humains à un amour de Dieu conscient et actif est éclairée par sa conception de la puissance des créatures intelligentes. Cette action ne peut transformer un univers déjà créé et réglé dans tous ses détails ; elle ne peut apporter à Dieu quelque chose dont il serait dépourvu. Que veut alors Leibniz en plaidant pour la « vraye Morale ou piété »[1] ? Pourquoi cherche-t-il à nous faire passer d'une identification *de fait* à la volonté de Dieu, à un amour personnel qui cherche à la rejoindre ? Que fait-il quand il nous presse de prendre part à ce qui est, d'ores et déjà, notre réalité ?

L'examen de la position du discours leibnizien quand il expose sa doctrine de la puissance, et les avantages de cette position, qui lui servent de renforts dans sa stratégie argumentative, sont étudiées ailleurs[2]. Nous soulignerons simplement, pour terminer notre examen des rapports entre la puissance infinie du créateur et la puissance finie des créatures, que Leibniz réussit l'exploit de traduire les textes

1. NE, IV, ch. XII, GPV, 436 : « La vraye Morale ou piété nous doit pousser à cultiver les arts, bien loin de favoriser la paresse de quelques Quiétistes fainéans ».

2. Voir le dernier chapitre de notre thèse, rappelé ici en conclusion.

mystiques en termes d'activité et d'effort. Comme si les mystiques avaient seulement omis la manière dont les créatures intelligentes doivent aimer Dieu. L'origine et le résultat seraient les mêmes : l'amour divin, d'une part, et la jouissance ineffable de l'union avec Dieu d'autre part. Mais l'*existence* est précisément dans ce qui se passe entre ces deux extrêmes : entre notre avènement comme sujets, et l'autre vie, il y a tout l'effort de la puissance finie [1].

La jouissance éternelle n'est pas à obtenir dès à présent par le sacrifice de notre personne agissante : elle est espérée dans l'activité de celui qui se fait le libre instrument de la volonté de Dieu, en apportant son concours délibéré à la réalisation de son dessein [2]. Les avantages de l'amour de Dieu sont le bénéfice naturel d'une union des volontés, ou identification, qui produit un concours actif des puissances. Le contentement présent de la créature intelligente qui aime Dieu, est dans sa conviction, engendrée dans et par l'action, qu'elle est un miroir de l'infinie harmonie : à ce titre, son bonheur est « réflexion » de la béatitude éternelle, et anticipe sur une jouissance future dont « les miroirs ardents et les verres lenticulaires offrent un symbole naturel » [3].

Comme l'amour de Dieu précède les avantages qu'il procure, puisqu'il en est la source, les mystiques ont raison d'anticiper sur la joie éternelle et de lire la promesse de Dieu comme *actuellement* en vigueur dans les choses. La cité de Dieu est effectivement là. Ils ont seulement mal interprété cette actualité, en confondant la langue de l'éternité et celle de l'élément créé, dans lequel l'actuel est développement. Dès lors, Leibniz ne peut s'en prendre qu'à de « faux mystiques » et à « quelques quiétistes » excessifs. Il faut traduire dans la langue du travail et de l'activité, ce que les mystiques considèrent, non sans quelque raison, comme *déjà accompli*.

La doctrine leibnizienne de la puissance finie est couronnée par celle de la puissance intelligente, qui vient accomplir l'œuvre *créatrice*

1. J. Baruzi, *op. cit.*, p. 369 : C'est pourquoi « la vraie foi et la vraie espérance ne consistent pas à seulement *parler*, ni même à seulement *penser*, mais à penser *pratiquement*, c'est-à-dire à *agir*, comme si cela était vrai. Croire en Dieu, espérer en Dieu, c'est croire que Dieu nous aime, <...> ; et ensuite, c'est espérer que, si en retour nous l'aimons de tout cœur, il en naîtra une amitié indissoluble, une *amicitia vera et aeterna*, et que, dès lors, dans l'autre vie s'ensuivra une jouissance ineffable et sans fin ». Souligné dans le texte.

2. *Initia et Specimina Scientiae novae Generalis*, GPVII, 107.

3. J. Baruzi, *op. cit.*, II : Textes, p. 372. On notera que l'*expression* subsiste dans la béatitude éternelle, interdisant l'immédiateté d'une fusion.

et séparatrice de Dieu. Leibniz met en évidence le détour propre à l'existence : bien qu'il revienne au même univers que celui choisi par Dieu entre tous les univers possibles, l'univers existant formé par l'ensemble des puissances créées s'en distingue par le statut accordé aux créatures raisonnables. Reconnues, aimées, les intelligences sont des personnes qu'unit à Dieu une relation privilégiée. Relation à travers laquelle elles peuvent se reconnaître, s'aimer, et offrir leur concours actif à l'œuvre de Dieu, dès lors œuvre commune.

Le travail de Leibniz consiste à amener le lecteur à cette identification active, à ce concours des puissances que réclame la nature de Dieu [1]. La doctrine leibnizienne de la puissance débouche ainsi sur une théorie de l'action philosophique, que le texte leibnizien met en pratique.

1. *Id.*, p. 371 : « *La réalité de l'amour*, c'est que nous fassions ce qu'aime celui qui est aimé. Ce que Dieu aime, il faut en retour nous en donner la connaissance, autant que cela est en notre pouvoir. Car, tout comme de connaître que Dieu est tout-puissant et tout-sachant, c'est là la cause que nous le devons aimer, ainsi, de connaître, autant que nous pouvons y parvenir, *comment* il est suprêmement sage et tout-puissant, c'est là la règle qui nous indique comment nous le devons réellement aimer ». Souligné dans le texte.

CONCLUSION

L'ACTION PHILOSOPHIQUE

Au terme de notre parcours à travers les avenues du texte leibnizien, on peut poser ceci : Leibniz travaille la notion de puissance en sorte de la refondre entièrement. Le travail produit des remaniements qui, de proche en proche, brouillent les concepts que Leibniz a repris de la tradition et les réinvestissent de nouveaux sens. Ils sont replacés dans un nouveau contexte théorique, celui de la nécessité, qui arrache à la notion de puissance toute connotation de *potentialité* et enlève aux circonstances, voire aux évènements tout rôle décisif : l'aléatoire doit disparaître. Les puissances-qualités ne sont plus que des puissances dérivatives, modes d'action mécaniquement exprimables des puissances primitives qui font les sujets substantiels. Les forces spirituelles qui font ces sujets sont, à travers l'artifice divin d'Harmonie, aussi strictement coordonnées que le sont les phénomènes. L'acte créateur recueille ainsi toute l'efficace qu'on associe à la notion d'une action *sur* quelque chose : en toute rigueur, aucune substance n'agit en effet sur une autre, sinon à travers ce réglage préalable. L'univers spirituel, que saint Thomas et Descartes avaient voulu faire échapper à la nécessité, est ainsi justiciable d'un mécanisme aussi strict que celui des phénomènes dits matériels. Les conduites peuvent alors se guider et se comprendre selon le modèle d'une croissance spontanément réglée. Avec Leibniz, nous avons une forme moderne de la notion de puissance qui correspond à un univers où se profile une détermination intégrale des trajectoires de toutes les créatures. La philosophie peut se faire pédagogie.

La philosophie leibnizienne montre elle-même la voie, en révélant le savoir implicite de chacun et en lui permettant d'agir selon sa nature en connaissance de cause et en pleine adhésion à cette nécessité devenue aimable. L'action leibnizienne consiste à amener le lecteur à une telle adhésion, qui suppose une identification active de la volonté individuelle au concours des puissances que réclame la nature de Dieu. La doctrine de la puissance fonde en retour la légitimité du travail philosophique qui lui a donné naissance. La puissance est en effet inséparable des moyens d'agir qui font la manière d'exister d'un sujet individuel. Elle est effort de développement qui passe par l'effort de connaissance et de mise en lumière. Dans cette perspective, la philosophie leibnizienne débouche sur un *appel à l'action* qui correspond au devoir d'aimer Dieu. Il s'agit de travailler au développement de l'univers, comme notre puissance déjà s'y porte spontanément en visant ses propres objectifs. Mais comment une éthique leibnizienne est-elle possible, si le royaume de Dieu vient sans nous [1] ? Quand la créature n'a d'autre tâche que de contribuer au meilleur des mondes possibles et de le célébrer, ne travaille-t-elle pas à une réalisation qui est déjà actuelle du fait de la création divine ?

Peut-être faut-il demander à la philosophie leibnizienne de nous enseigner *comment* une telle tâche est possible. Leibniz, en mobilisant ses lecteurs, en cherchant à les amener à une croyance agissante, montre l'exemple. Il déploie une action philosophique inséparable du projet divin, qui comprend l'action des substances raisonnables, et en particulier cette action qu'est la philosophie. Si Dieu lui-même « est dans un progrès spontané d'action en action sur les créatures » [2], l'action de la philosophie peut être un écho de cette action originaire. La philosophie leibnizienne joue sa partition singulière dans l'univers créé, dont la puissance est celle de l'harmonie universelle : elle convie chacun à se faire l'agent volontaire et l'heureux interprète de cette harmonie, en collaborant à l'œuvre commune qui répond activement à l'amour de Dieu. Leibniz introduit ainsi la notion d'un progrès universel qui ouvre aux *esprits* toutes les possibilités d'agir et d'entreprendre, au sein d'un mouvement réglé tendant à la perfection dont le Dieu d'ordre et de sagesse est à la fois le modèle et le garant. La philosophie est alors une fabrique d'hypothèses théoriques, qui sont pour la puissance des sujets raisonnables autant de conditions d'exercice.

1. *A l'Electrice Sophie*, GP VII, 548 : « Il est vray qu'on ne sçauroit procurer aucun bien à Dieu, mais la bienveuillance neantmoins qu'on luy porte, nous fait agir, tout comme si cela se pouvoit ».

2. *A Bayle*, GP III, 66 : « pourquoy les ames ne pourroient elles pas estre en cela des imitations de Dieu ? »

1) L'hypothèse de la croissance continue, ou du progrès, est la première condition de l'action : elle donne à l'agir humain le sens d'une *mise en valeur*. L'univers est parfait, sans doute, mais à l'état enveloppé, et comme *en friche*. Nous sommes peut-être dans une sorte d'enfance du Monde [1]. La croissance de celui-ci est en droit infinie [2], mais la divisibilité du continu à l'infini explique que demeurent toujours des éléments

> à réveiller, développer, améliorer, et, si je puis dire, promouvoir à un degré supérieur de culture [3].

Cette hypothèse fonde donc le sentiment selon lequel les choses seraient moins *faites*, que *à faire* [4].

2) cette première hypothèse est complétée par celle d'une parfaite correspondance entre les actions des puissances finies qui font les substances créées. La coordination des puissances est harmonie ou « merveilleux artifice » de Dieu qui conjugue les diverses activités spontanées des substances. La métaphore musicale permet à Leibniz de faire de Dieu non un simple horloger, mais un concertiste qui non seulement combinerait dans une partition unique un nombre infini de mélodies individuelles, mais engendrerait les musiciens et les instruments correspondants. La métaphore permet aussi de mettre en valeur le lien intersubjectif entre Dieu et les *esprits*, lien sans lequel la puissance créée serait dans un rapport instrumental à la puissance créatrice. Les musiciens, en effet, joueront d'autant mieux qu'ils aimeront jouer ensemble, qu'ils aimeront leur instrument et leur mélodie propre, qu'ils aimeront enfin le chef d'orchestre et compositeur qui est aussi leur père.

3) L'Harmonie ne doit pas être comprise comme une exigence de la moralité, une fin que devrait se proposer notre volonté, mais comme un *principe de l'être*. L'Harmonie est d'ores et déjà réalisée : ce qui est à faire exprime un devoir-être au sens d'un futur en train de venir en pleine lumière ou d'une conséquence du présent. L'être se prête donc naturellement à notre activité : il *l'attend* pour ainsi dire. Le principe d'Harmonie est bien plus qu'une condition de possibilité : une condition de *réalisation,* qui facilite la venue au grand jour de ce qui est,

1. *Conversatio cum domino Stenonio de libertate*, 27 novembre 1677, G., t.I, p. 272.

2. *A l'Electrice Sophie,* 4 Novembre 1696, et 6 février 1706, GPVII, pp. 543 et 568 : « il faut bien que l'univers avance continuellement et se développe ».

3. *De rerum originatione radicali*, GP VII, 308.

4. Or le sentiment naturel est toujours perception d'une vérité innée. Cf. NE, I, ch. II, § 9, GPV, 86.

déjà, à venir. De plus, connaître cette condition est pour l'être raisonnable un principe subjectif de conviction qui favorise l'agir. Nous savons que toute action produit son effet [1], et que le succès est certain, même si c'est à Dieu de connaître le jour et l'heure. L'activité ne saurait être qu'un *eu pratteïn*.

Le devoir-être est développement inscrit dans les ressources des substances (c'est-à-dire dans leur puissance), et non pas exigence. On peut dire toutefois qu'il commande absolument comme loi de croissance, car il est *la loi de toute volonté*, qu'il habite et anime. L'âme raisonnable ne se soumet pas à un impératif : elle acquiesce à sa nature active, à ce vers quoi celle-ci se porte. Les préceptes sont donc l'expression du penchant, et inversement [2]. Vouloir, c'est toujours aller dans le sens du mouvement qui déjà se dessine. Vouloir exprime l'effort permanent de la substance, ce qu'on appelle *puissance*. Alors que Kant découvre « en notre nature » une puissance suprasensible qui « n'est pas nature » et dont l'exercice relève d'une obligation [3], Leibniz s'en tient à une force spontanément orientée vers la réalisation de soi, et par là du projet divin : il n'y a pas d'autre législation que celle de la loi naturelle de l'activité ou puissance individuelle, accordée à toutes les autres. Nous n'avons pas de liberté à découvrir dans un pouvoir de dire *non* aux inclinations : nous la trouvons dans le consentement à notre mouvement propre. Est-ce là faire bon marché des vertus de la connaissance ? Leibniz favoriserait-il, sinon l'argument paresseux, du moins quelque argument de l'ignorance ? Ce serait méconnaître le rôle de levier joué par les vérités éternelles.

4) Les vérités éternelles formulent ce que le sentiment déjà indique ; elles servent de guide pour l'action en montrant que du possible à l'être existant la conséquence est bonne. Les esprits trouvent en eux de telles vérités, prêtes à être énoncées pour peu qu'on y travaille : ce *fait de raison* garantit que l'univers a une raison d'être, qu'il est un ensemble de substances appelées à se développer conjointement, qu'il est réglé selon des lois simples qu'il n'y a plus qu'à découvrir. Les vérités éternelles que chaque *esprit* trouve en lui-même aboutissent naturellement à la philosophie en général, et à la philosophie leibnizienne en particulier. L'hypothèse des vérités éternelles comme condition de la réalisation se prolonge donc chez Leibniz en mise en lumière de l'office de la philosophie.

1. *A l'Electrice Sophie*, GP VII, 567.
2. NE, I, ch. II, § 3, GP V, 82.
3. E. Kant, *Critique de la Faculté de Juger*, 1ère partie, livre II, § 28, *op. cit.*, pp. 98-102.

La pensée n'est que puissance dérivative par rapport à la puissance primitive d'une substance. Mais c'est une action *essentielle*[1]. L'action de la philosophie la formule, l'accompagne et la met en valeur. Elle est fabrique d'hypothèses pour résoudre des difficultés théoriques qui font obstacle[2]. Il s'agit de

> faire répandre de la lumière, en favorisant les recherches des merveilles de Dieu, qui brillent dans la nature[3].

Or, la lumière que Leibniz répand fait briller l'*existence* d'un vif éclat : elle impose l'idée d'une intelligence supérieure attentive aux moindres détails. L'excellence des choses se connaît à les regarder en elles-mêmes. Dès lors, quand certaines apparences semblent en contradiction avec la raison, nous pouvons présumer que nous les regardons sous un angle trop étroit : il faut élargir les perspectives, s'élever « à l'ordre général », et ainsi voir « la beauté des choses » se découvrir peu à peu[4]. L'entreprise leibnizienne, dans la tradition philosophique de la Consolation, affirme l'existence en choisissant les traits qui permettent d'en mettre en valeur la beauté : elle est au sens strict *idéalisatrice*. Elle cherche ainsi à favoriser le développement de cette œuvre de Dieu qu'est l'univers, avec les forces et les moyens propres au philosophe. En nous représentant le choix fait par Dieu entre les univers possibles, nous sommes assurés de la convergence fondamentale entre le bien des individus et le bien général[5] ; nous prendrons part à la félicité commune en procurant le bien commun, car nous savons que Dieu a choisi la meilleure coordination possible des stratégies individuelles. L'idée de Dieu joue ici non seulement le rôle philosophique traditionnel de fondement ontologique, mais aussi celui de garant existentiel, qui favorise l'entreprise et la création finie. Leibniz peut ainsi inviter les lecteurs à identifier leur mouvement propre aux visées divines, à s'engager dans les concertations et les compétitions qui répondent à la

1. NE, II, ch. XIX, § 4, GP V, 148.
2. *Id.*, Préface, p. 51.
3. *A l'Electrice Sophie*, 6 février 1706, GP VII, 566.
4. *A l'Electrice Charlotte de Brandebourg*, Hanovre, 9 mai 1697, GP VII, 544-546. Cf. « Il y a deux sectes de Naturalistes qui sont en vogue aujourd'huy », GP VII, 333-336 ; *Théodicée*, III, 260, GP VI, 271 ; DM, XXXVI, GP IV, 462 ; *à l'Electrice Sophie*, GP VII, 540.
5. J. Elster, *Leibniz et la formation de l'esprit capitaliste*, Paris, 1975, pp. 132-134.

vocation des esprits, et à jouir comme s'il était nôtre du bonheur d'autrui [1].

La destination opératoire des textes leibniziens se déchiffre dans leur structure de dialogue. Il n'est pas un seul écrit de Leibniz, comme le dit excellemment A. Robinet, où n'apparaisse le souci d'autrui, où le langage ne soit partage [2]. Leibniz tisse un réseau de correspondance, et cherche à inciter ses lecteurs à produire les ordonnancements, organisations et sociétés qui manifesteront l'ordre profondément établi par la création elle-même. Il imite ainsi Dieu dans son petit département. Dieu a fait un choix entre plusieurs univers possibles. Leibniz propose au lecteur de comparer les solutions des philosophes : c'est le *plus*, la petite différence entre sa philosophie et les autres, qui importe. Leibniz ne vise jamais la totalisation, il cherche à faire *mieux* [3] avec des données analogues, et montre comment il a su faire profit, *utiliser* ses sources. Il s'agit en fait de continuer une œuvre philosophique de longtemps engagée, et de la mener plus loin, avec un maximum de collaborations qui enrichiront l'ensemble [4]. Les objections sont bienvenues, et même sollicitées dans la mesure où elles permettent de développer et d'améliorer les ouvrages en y apportant des « éclaircissements ». Il faut marcher « de concert et avec ordre » de façon à « concourir ». La correspondance de Leibniz est comme une activité permanente de constitution d'un tissu sur lesquel se détachent comme des ornements variés des œuvres apparemment plus autonomes mais qui sont elles-mêmes des textes « à suivre » [5]. Chaque écrit est appel à répondre et à engager une correspondance. Les réponses contribuent à la résolution des problèmes par la raison. Que chacun joue donc sa partie dans l'œuvre commune.

1. *Initia et Specimina Scientiae novae Generalis*, GP VII, 108 : nous « devons songer à ce que le public souhaitte de nous et que nous souhaitterions nous mêmes, si nous nous mettions à la place des autres, car c'est comme la voix de Dieu et la marque de la vocation ».

2. A. Robinet, « Essai sur Leibniz au travail. Langage, Inspiration, Génie », in *Leibniz. Principes de la Nature et de la Grâce fondés en raison* et *Principes de la Philosophie* ou *Monadologie*, éd. A. Robinet, Paris, 1954, Note 4, p. 143.

3. Cf. correspondance avec Basnage de Beauval, 1695, GP III.

4. *A Lady Masham*, GP III, 336 : « je pretends même d'avoir découvert un nouveau pays dans ce monde intelligible, et d'avoir ainsi augmenté un peu ce grand système, que Monsieur votre Pere nous a laissé, Madame, apres l'avoir fait passer par les meilleures mains des anciens et des modernes, et enrichi du sien. Mon addition consiste entre autres dans un petit systeme de l'Harmonie preétablie entre les substances (...) ».

5. C. Frémont, *op. cit.*, p. 19.

L'œuvre de Leibniz expose donc au grand jour la coordination qui est le fait de l'œuvre de Dieu [1] ; elle en met en lumière la syntaxe dans la mesure de ses forces et dans son propre département, la philosophie.

Mais, pourrait-on dire, Leibniz semble plutôt décrire l'univers qu'exhorter à la croyance. Cette modalité discursive est elle-même instructive. Le souci de ce que l'on doit *croire* est premier. Le texte est un opérateur de confiance. Il propose à la croyance un certain nombre d'énoncés qui sont autant de postulats d'une raison pragmatique. Le discours leibnizien énonce des thèses favorables à l'activité. Il les énonce selon une modalité d'effacement de leur auteur qui leur donne une efficacité maximale.

1) Les thèses métaphysiques constituent pour le lecteur à la fois une évaluation et une incitation. La valeur fondamentale est en effet celle de l'existence, qui vaut mieux que le non-existant : non que l'existence soit, comme telle, une perfection [2], mais elle est le signe et l'effet d'une élection divine qui n'est jamais sans raison. La médiation du choix divin orienté vers le meilleur justifie l'existence comme combinaison d'êtres possibles portés à l'effectivité. Par rapport à la même combinaison considérée comme simplement possible, elle a un degré supérieur de perfection [3]. La perfection initiale était valeur : elle méritait d'être portée à l'existence. Dieu a donc donné aux êtres qui la composaient de quoi engendrer les actions correspondant aux prédicats de leur notion. C'est ce que signifie cette sorte de droit à l'existence ou *exigentia* qui correspond à un ensemble de possibles dont l'existentiabilité emporte de la valeur et va plus loin que la simple concevabilité.

Pour nous, êtres raisonnables, le passage continuel de la virtualité au développement, qui est le fait de l'existant, vaut *prescription* : nous lisons comme devenir à réaliser ou action à construire ce qui est la loi même de l'existant. Comme chez Pascal, nous sommes embarqués. Mais aucune angoisse ni désespoir ne guettent. Nous pouvons tenir

1. En mettant à jour l'organisation de l'univers, la créature travaille à l'avènement de l'œuvre de Dieu : elle peut donc compter sur l'assistance de Dieu ; comme si l'efficace conférée à la créature correspondait à la réalisation de l'œuvre divine à travers la réalisation des volontés de la créature. Une telle correspondance peut être lue comme une manière d'échange, la créature payant Dieu en retour du don de l'existence.

2. *Colloquium cum Eccardo*, 5 avril 1977, GP I, 212-215, et « Réfutation inédite de Spinoza», *op. cit.*, 207.

3. Eckard *à Leibniz*, mai 1677, GP I, 227, note 5 de Leibniz : « Existens plus habet realitatis quam *idem* non existens. <Quaeritur, an plus sit realitatis in idea seu conceptu lapidis existentis, quam in conceptu hominis non existentis>».

pour certain que tout passage mène à un accomplissement ; l'inquiétude même est l'indice de cette progression constante. Le tragique n'est qu'un effet passager, un arrêt de la lecture avant le dénouement, qui ne peut manquer d'être heureux. Leibniz montre le cap et encourage les passagers, en leur vantant les mérites infinis de l'auteur du voyage. De là que les préceptes de Leibniz sont plutôt conseils, incitations, propositions, suggestions, sollicitations, que prescriptions. La puissance fait d'elle-même loi : il suffit de l'encourager en l'éclairant.

2) La mobilisation leibnizienne opère dans une modalité discursive qui n'est pas étrangère à l'effet propre d'un discours philosophique. Le texte représente un univers sans y faire figurer l'auteur, comme si, ne faisant que décrire ou présenter, Leibniz laissait face à face le lecteur et les choses elles-mêmes. Le classicisme du texte leibnizien [1] est un bon moyen de majorer l'action discursive, en oblitérant son effet sur le lecteur pour ne laisser apparaître que sa référence à son objet. L'économie des moyens, ce qu'on a appelé l'absence de style de Leibniz [2], fait du texte un bon conducteur de la puissance de cet objet. Le texte en montre la beauté, en produit discursivement l'attractivité et ainsi entraîne vers lui. En mettant en lumière la splendeur de l'organisation rationnelle de l'univers, il dévoile et *suscite l'objet comme désirable* pour des créatures raisonnables. Il le fait en multipliant les points de vue, en accumulant les petites touches, de façon à produire l'équivalent d'une perception impossible, celle de la totalité. Constante *évocation* d'un tableau virtuel dont la vue d'ensemble se dérobe et qu'on n'atteint que par fragments ; ainsi se produit un sentiment d'univers, comme si la totalité n'était jamais qu'à l'horizon d'une avancée et *hantait* les multiples représentations. Les fragments relèvent eux-mêmes de discours différents, qu'on ne saurait sans dommage résorber en une langue unique de nous connue. La langue originelle, dont toutes les langues sont autant de traductions, est elle-même à l'horizon du savoir, comme la vérité. Reste à multiplier l'usage des langues, de façon à les parler toutes à propos : aucune ne dit ce qui est *sous tous les rapports*. Il s'agit de *passer* d'un discours à

1. A. Robinet, « Essai sur Leibniz au travail. Langage, Inspiration, Génie », *op. cit.*, p. 145 : « Si classicisme signifie : œuvre de portée maxima obtenue à l'aide d'un langage minimum, Leibniz est profondément classique. Ses écrits font partie de cette tradition spirituelle dont Brahms disait : 'une œuvre peut ne pas être admirable, il faut qu'elle soit parfaite' ».

2. Par exemple, J. Guitton, *Pascal et Leibniz, essai sur deux types de penseurs*, Paris, 1951, pp. 83-88. Nous ne souscrivons nullement à ce jugement, mais on peut penser qu'il correspond à ce que nous avons appelé la transparence de l'écriture de Leibniz, dont les raisons sont, elles, bien philosophiques.

l'autre, de circuler entre eux, voire de les multiplier, comme on multiplie les cartes, les points de vue, les plans, les épures. L'exploration de l'univers réel est infinie, et l'on pourra toujours découvrir de nouvelles voies ou de nouvelles contrées. L'écrit leibnizien, en changeant de discours, est à la fois pratique de déplacement et invitation au voyage.

Chaque créature sait qu'elle a été choisie précisément pour ce qu'elle pouvait apporter à l'ensemble conjugué des êtres existants. Le texte leibnizien cherche à obtenir du plus grand nombre un assentiment à l'être créé dans sa valeur de progression. Déployer ce qui est en notre puissance, c'est aller toujours, en fin de compte, vers le *mieux*, puisque c'est de toujours prévu par Dieu comme ce qui va contribuer à son œuvre. S'attrister de ce qui existe, en revanche, est comme haïr Dieu, même si l'on n'appelle pas Dieu ce que l'on a en haine [1]; c'est susciter un monde haïssable. La question éthique n'est donc pas chez Leibniz un *que dois-je faire ?*, elle est orientée vers l'élucidation de ce qui est et se formule « pourquoi agis-tu ainsi actuellement ? » [2]

Pour produire de la confiance, Leibniz pallie notre déficience intuitive en nous donnant à voir *analogiquement* ce que nous ne pouvons connaître par les causes, n'étant pas « dans le bon point de vue » [3]. Le philosophe combat pour la cause de Dieu en cherchant à « gagner les esprits ». La démonstration est utilisée come une raison plus forte, qui milite aux côtés de raisons de vraisemblance pour montrer l'excellence de ce qui existe. L'analogie consistant dans une similitude des relations, Leibniz peut employer une infinité de représentations qui s'entr'expriment et répètent le même ordre : tous les fragments de réalité (langue, mouvement, histoire...), en se faisant écho, suggèrent que toute autre partie de l'univers, et la totalité elle-même, doivent être organisées selon le même ordre. L'intention protreptique de Leibniz n'a donc nul besoin de l'exhortation explicite. Elle est incitation à déchiffrer l'univers selon une *séméiôsis* inspirée de celle des

1. Quand on hait Dieu, on s'en croit haï, et on tombe ainsi dans la plus grande douleur, celle des damnés, qui se damnent eux-mêmes pour ainsi dire (*Confessio Philosophi, La profession de foi du philosophe*, texte, traduction et notes par Y. Belaval, Paris, 1970, p. 39 : « Parce qu'il se savait rebelle, il croyait Dieu tyran ; lui tombé, Dieu inflexible ; lui coupable, Dieu cruel ; lui malheureux, Dieu injuste »).

2. *Id.*, p. 75 : « *Dis pourquoi tu agis actuellement* ou *considère la fin*, ou *regarde ce que tu fais* ». Souligné dans le texte.

3. *Théodicée*, Discours préliminaire, § 44, GP VI, 75 ; *à Sophie-Charlotte*, 9 mai 1697, GP VII, 545 ; *à l'Electrice Sophie*, 4 novembre 1696, GP VII, 543.

Stoïciens[1]. *Leibniz fait défiler les signes.* Toutes les thèses se prêtent un mutuel appui, l'harmonie d'une partie vaut pour le tout, et, indirectement, pour une autre partie qui ne serait pas, apparemment, harmonieuse. L'harmonie doit parfois se « déterrer » : elle est toujours présupposée[2], mais elle s'éprouve dans le gain en intelligibilité et en contentement dans l'action qu'elle rapporte d'emblée. Il est donc raisonnable de croire cette « Hypothèse » possible, et elle est *préférable* à d'autres systèmes d'explication, dès lors qu'elle n'est pas contradictoire, car elle est à la fois « intelligible » et « naturelle ». On peut donc, selon Leibniz, la « considérer » comme démontrée lorsqu'on pèse ses avantages théoriques et pratiques : la réunion en faisceau des probabilités et des vraisemblances produit une *certitude morale*. Dès lors, Leibniz peut dire que son hypothèse est « quelque chose de plus qu'une Hypothèse » et travailler à la « véritable Topique ou Dialectique » qui permettrait d'établir les vérités indispensables et à les mettre « hors de dispute » ; les secteurs démontrés du savoir rentreront alors comme de puissantes pièces dans la stratégie argumentative. L'apodictique est enrôlé dans le dialectique, tout en lui fournissant un modèle.

Les avantages de l'adhésion aux thèses leibniziennes sont soigneusement pesés. Ils s'expriment dans le « véritable contentement » que les autres philosophies sont incapables d'assurer[3]. La philosophie leibnizienne fonde l'espérance, qui soutient le courage et la curiosité, les « entreprises morales » et « les belles recherches »[4]. La croyance

1. Cf. Sextus Empiricus, *Adversus mathematicos*, VIII, 276. Voir M. Dascal, *La sémiologie de Leibniz*, Paris, 1978.

2. *à Lady Masham*, mai 1704, GP III, 339 : « toute mon Hypothese revient à reconnoistre dans les substances eloignées de nostre vue et observation quelque chose de proportionnel à ce qui se remarque dans celles qui sont à nostre portée » ; ou *à l'Electrice Sophie*, 4 novembre 1696, GP VII, 543 : « le monde estant tout entier dans chacune de ses parties ».

3. *Théodicée*, III, § 254, GP VI, 267-268 : « la connoissance des vrais principes nous donne cet avantage, tout autre que celuy que les Stoïciens et les Epicuriens tiroient de leur Philosophie » ; ou Préface, *op. cit.*, 30 : « Il est vray que les enseignements des Stoïciens (et peutestre aussi de quelques Philosophes celebres de nostre temps) se bornans à cette necessité pretendue, ne peuvent donner qu'une Patience forcée ; au lieu que Nostre Seigneur inspire des pensées plus sublimes, et nous apprend même le moyen d'avoir du contentement, lorsqu'il nous assure que Dieu, parfaitement bon et sage, ayant soin de tout, jusqu'à ne point negliger un cheveu de nostre tête, nostre confiance en luy doit estre entiere ».

4. *Dialogue entre un habile politique et un ecclésiastique d'une piété reconnue*, in *Œuvres de Leibniz*, éd. Foucher de Careil, II, 549 : « Après une joie modérée, il n'y a point de passion plus belle et plus utile que l'espérance ; ou plus tost cette joie égale et durable ne consiste que dans une espérance bien fondée ; parce que les

en un Dieu rationnel et providentiel produit la conviction que rien ne se fait à fonds perdus et que toute action produit ses effets et donc ses bénéfices [1]. L'adhésion à laquelle nous convoquent les représentations leibniziennes peut être placée sous le double signe de l'amour et de l'intérêt, car le système d'harmonie proportionne l'utile et l'honnête : il y a une correspondance naturelle entre la valeur et le bonheur. Kant montrera que la croyance en cette correspondance est subjectivement nécessaire pour mettre l'homme en mesure d'obéir au commandement moral. Il mettra ainsi en évidence l'enjeu éthique de la thèse d'Harmonie. Mais, chez Leibniz, cette harmonie est représentée comme une donnée : la créature raisonnable n'a pas à soumettre ses inclinations à un commandement moral pour que son mouvement *rencontre* la vertu et le bien commun ; il suffit qu'elle soit attentive à l'insertion heureuse de son mouvement dans l'ensemble.

La philosophie leibnizienne prétend se borner à *cultiver* une disposition morale et spontanément heureuse de la puissance d'agir. Elle lui donne une expression rationnelle et facilite son exercice en fournissant de bonnes raisons au contentement qu'elle engendre et à l'espérance qu'elle produit. La volonté, sans craindre d'être entachée par les soucis d'un intérêt déjà accordé à la volonté de Dieu, peut viser indissolublement le bonheur de la créature et la réussite de l'œuvre divine, qui ne peut manquer. Son objet, suprêmement désirable, est un bien sûr : il ne faut qu'en être persuadé pour être enhardi « à tout entreprendre » [2], comme Leibniz nous le montre à travers l'apologue du prince des Assassins. Celui-ci aurait fait transporter ses soldats endormis dans un lieu de délices pour qu'ils aient « une idée avantageuse du paradis » qui puisse donner de la puissance à la pensée de l'au-delà [3]. Leibniz prétend faire *mieux* que lui en mettant son action

autres joies sont passagères et celle de l'espérance est continuelle. J'ay remarqué qu'il n'y a que l'espérance qui soutienne et le courage et la curiosité. Aussi tost qu'elle est abattue par les chagrins, par la vieillesse, par les maladies, par des reflexions importunes sur la misère et la vanité prétendue des choses humaines, adieu les entreprises morales, adieu les belles recherches ».

1. Cf. *Journal anglais de William Penn*, in J. Baruzi, *op. cit.*, pp. 322-333 : « tout est compté chez lui jusqu'à nos cheveux ; (...) le moindre bien sera récompensé » ; *à l'Electrice Sophie*, mars 1696, GP VII, 541 : « parce qu'il ne se fait rien en vain dans la nature, et que rien ne s'y perd, mais que tout tend à sa perfection et à sa maturité, (...) ».

2. NE, II, ch. XXI, § 37, GP V, 176.

3. *Id.*, pp. 176-177. Une allusion à cette légende, à d'autres fins, se trouve en *Théodicée*, III, § 257.

persuasive au service de la vraie religion [1]. On peut parler de sublimation puisque le souci humain du résultat est *repris dans une visée du bien universel* qui coïncide avec l'objet de la volonté divine. Chacun est invité à effectuer un transfert de son désir sur Dieu lui-même, de façon à se diriger vers le point de vue qui sera celui de la vie future : l'objet divin produit dès cette vie les heureux effets qu'on peut légitimement escompter de l'au-delà. Il y a un bonheur dans l'amour de Dieu qui nous donne un « avant-goût de la félicité future » [2].

S'il y a chez Leibniz une sorte de calcul avantageux, il n'a rien à voir avec celui du pari pascalien, saut dans l'abîme comme seule issue au désespoir ; il est conduite de majoration indéfinie des bénéfices présents. Le mouvement fait la consistance, et non l'inconsistance des choses. Les vérités éternelles sont un point fixe et immuable sur lequel tout roule [3]. La mort même n'est pas effrayante puisqu'elle n'est qu'un changement de théatre qui nous ouvre les voies d'une infinie progression. Si, comme Pascal, Leibniz décide de faire voir que la religion n'est pas contraire à la raison et veut la rendre aimable « parce qu'elle promet le vrai bien » [4], il montre que ce bien trame la réalité actuelle de l'existence. La vie présente est l'élan qui mène à l'éternité, elle est en un sens déjà l'éternité si le virtuel est déjà de l'actuel. Le texte leibnizien propose indéfiniment au lecteur de replacer la vie présente dans une perspective d'avenir qui lui permette d'agir et de travailler avec joie à l'harmonie universelle : le texte est une *machine à lire* positivement l'actualité [5].

Le discours leibnizien viserait-il à faire effet en vue de la quiétude d'esprit [6], au sens où Nietzsche dénonce les recherches qui voilent ce que l'existence a de terrible et d'absurde pour forger des représen-

1. *Id.*, p. 178 : « il ne faudroit point s'étonner si ces fraudes pieuses eussent fait plus d'effect que la vérité mal menagée. Cependant rien ne seroit plus fort que la verité, si on s'attachoit à la bien connoistre et à la faire valoir ».

2. *Id.*, p. 180 : « je croirois donc que le bonheur est un plaisir durable, ce qui ne sauroit avoir lieu sans une progression continuelle à de nouveaux plaisirs. (...) Le bonheur est donc pour ainsi dire un chemin par des plaisirs ; et le plaisir n'est qu'un pas et un avancement vers le bonheur ». Cf. DM. XXXVII (fin).

3. *à l'Electrice Sophie*, août 1696 ?, G., t. I, p. 379.

4. Pascal, *Pensées*, § 187.

5. Diderot, qu'il fut ou non lecteur de Leibniz, ce dont doute Y. Belaval (« Diderot, lecteur de Leibniz ? », in *Etudes leibniziennes, op. cit.*, pp. 244-264), a en tout cas perçu l'aspect opératoire du texte leibnizien en déclarant : « Leibniz est une machine à réflexion, comme le métier à tisser est une machine à ourdissage ». Cité par M. Serres, *op. cit.*, t. I, p. 14, note (1).

6. Comme pourrait l'indiquer l' aveu du jeune Leibniz *à Arnauld* dans sa lettre de Novembre 1671 ?, GP I, p. 71.

tations avec lesquelles on peut vivre ? Leibniz vise sans doute, comme les Anciens, à *la tranquillité de l'âme*. Mais il ne semble pas avoir besoin de recourir à une illusion apaisante et ne dissimule pas son opération. Rien n'évoque la culpabilité ou la crainte. L'inquiétude elle-même est vantée comme *uneasiness* sollicitante, non pas rejetée comme tourment. Le texte leibnizien fonctionne moins comme un rempart protecteur que comme un viatique roboratif, qui agit comme un tonique en traçant des perspectives mobilisatrices. Il met sur la voie de passer à l'action, garantit la valeur du *pratteïn* et en favorise l'opération en assurant que la direction est bonne si Dieu y a lui-même pourvu. *Leibniz fait du divin un usage dynamisant.* Certains penseurs chrétiens, tel J. Guitton, y verront un expédient avantageux qui « aide à bien user de l'évènement », mais qui justifie trop[1]. Nous posons que le texte leibnizien cherche moins à disculper qu'à produire un *changement de regard* : il faut percevoir l'univers (et donc en jouir) comme une œuvre d'art où « tout est travaillé artistement, jusqu'aux parties quelque petites qu'elles puissent être »[2]. Machine à déchiffrer l'univers, l'écrit leibnizien met à contribution les découvertes scientifiques pour conduire le regard vers le « merveilleux artifice » de Dieu. Celles-ci servent d'instruments de lecture pour percevoir l'harmonie. Toutes les représentations de l'univers servent à l'entreprise de montrer l'univers comme un tableau, ou plus généralement comme une œuvre d'art. La ressemblance est secondaire, on peut travailler à l'améliorer. L'essentiel est que le lecteur soit incité à produire lui-même d'autres « points de vue » et à goûter les événements comme on le ferait de musiques, de peintures ou de jeux[3]. L'art du regard permet l'*usage de l'évènement*.

1. J. Guitton, *op. cit.*, p. 18 : « Leibniz professait que le franchissement du Rubicon était contenu dans l'essence éternelle de César, que les choses extérieures que nous nommons des accidents sont enveloppées et comprises dans la loi de notre être. Il faut avouer qu'une pareille croyance aide à bien user de l'événement, où l'on voit un mode de soi-même. En revanche, elle justifie trop : Leibniz ne se croyait jamais en état de faute ».

2. Cf. textes publiés par J. Baruzi, *op. cit.*, Paris, 1909. Par exemple : *A Bossuet*, 18 avril 1692, pp. 294-295, et *Théologie*, XX, p. 297.

3. La philosophie leibnizienne s'assimile elle-même à des dictons de théatre italien, comme l'indique cette lettre *à Sophie-Charlotte*, GP III, 348 : « Voilà en peu de mots toute ma philosophie, bien populaire sans doute, puisqu'elle ne reçoit rien qui en réponde à ce que nous expérimentons, et qu'elle est fondée sur deux dictons aussi vulgaires que celuy du theatre italien, *que c'est ailleurs tout comme icy*, et cet autre du Tasse : *que per variar natura è bella*, qui paroissent se contrarier ». Souligné dans le texte.

Leibniz travaille à la conversion du regard parce que l'univers est lui-même un grand Tableau, dont l'œuvre leibnizienne donne mille échantillons ou modèles réduits, faute de l'intuition divine qui en produirait la représentation totale et instantanée. Nous ne sommes pas en liaison directe avec l'absolu : reste à multiplier les points de vue, à tenter de les ajuster en une mosaïque infinie et interminable, celle du savoir humain, dont Leibniz est un artisan parmi bien d'autres.

Parler alors de système leibnizien est équivoque. Leibniz propose pour l'univers une hypothèse explicative, qu'il appelle son « système ». L'œuvre de Leibniz est loin de s'y réduire ; elle en est tout autant la diffusion, la défense ou l'illustration. L'œuvre elle-même, d'autre part, n'est qu'une pièce dans la série des œuvres philosophiques qui cherchent à exprimer l'univers, œuvre de Dieu. Le savoir, et par là le système du savoir, est une entreprise historique collective. L'univers est justiciable d'une approche indéfinie, asymptôtique comme celle des vérités contingentes. Leibniz peut bien vouloir donner le répertoire d'un savoir systématique, il sait que l'ordre à adopter n'est jamais que provisionnel [1]. Produire un jour un « Système accompli », cela suppose de « joindre nos travaux, de les partager avec avantage et de les régler avec ordre » [2]. L'ambition leibnizienne est d'*avancer*, non d'achever : son discours est celui du projet et du programme. S'il cherche à rassembler les connaissances, c'est pour faire ressortir les ressources et les instruments d'un développement possible, non pour fermer le livre du savoir [3]. La doctrine générale de Leibniz, celle qu'on pourrait être tenté d'appeler son *système*, propose une lecture de l'histoire comme progrès qui facilite le développement prévu par le Créateur.

On ne peut donc parler du système de Leibniz au sens dogmatique courant. Le système ne peut concerner que l'univers comme totalité,

1. Cf. *Discours touchant la méthode de la certitude et l'art d'inventer*, GP VII, 174-183. Notamment la question du répertoire systématique qui fournirait « la matière prochaine de l'arrangement d'un Système accompli <...>. On sera le plus embarassé sur l'ordre des systemes, où il y a ordinairement autant de sentimens que de testes, mais il y en aura un provisionnel, qui suffira quand il ne seroit pas dans la derniere perfection, et le systeme luy même aura beaucoup de renvois d'un endroit à l'autre, la pluspart des choses pouvant estre regardées de plusieurs faces et de plus l'index servira de supplement ».

Sur la question de l'horizon du savoir humain, voir l'édition, par M. Fichant, des textes inédits *De l'horizon de la doctrine humaine* (1693), *La restitution universelle* (1715), Vrin, Paris, 1991, et sa Postface « Plus Ultra », 1. Horizon, pp. 127-166, et 2. Apocatastase, *Id.*, pp. 166- 210.

2. *Préceptes pour avancer les sciences*, GP VII, 160.

3. *Id.*, p. 159 : « la reveue exacte de ce que nous avons acquis faciliteroit merveilleusement de nouveaux acquests ».

ou bien le savoir encyclopédique qui pourra imiter le savoir divin sans pour autant l'atteindre, et qui est à constituer. Si dogmatisme il y a chez Leibniz, il faudrait parler de *dogmatisme approché* pour rendre compte du caractère fragmentaire d'une œuvre qui indéfiniment tâche à représenter, œuvre faite de projets, de plans, d'incitations, d'ébauches, d'échantillons... Une telle pratique opusculaire n'est pas contingente, elle est fondée dans la métaphysique leibnizienne, en particulier dans la notion de puissance. Celle-ci est fondamentalement représentative. L'action philosophique formule donc une activité représentative spontanée : elle dégage la syntaxe divine, comme l'inscription des vérités éternelles dans l'âme raisonnable le rend possible ; elle imite l'acte créateur en faisant effet, en travaillant à mobiliser les esprits pour qu'ils actualisent les virtualités déjà agissantes dans l'univers, et donnent de nouvelles *ouvertures*. De là une préférence de Leibniz pour l'œuvre ouverte, qui incite le lecteur à entrer et à avancer. Le caractère opusculaire correspond au travail de mobilisation.

La mobilisation des forces de l'âme raisonnable du lecteur est enfin au service d'un développement de l'œuvre divine qu'on ne peut séparer d'une célébration [1]. L'écrit leibnizien est action de grâces rendues au créateur. Il nous met en chemin vers Dieu comme objet d'amour. C'est ainsi qu'il met en scène le divin par le moyen de fictions qui jouent le rôle des bons *phantasmata* chez Platon [2]. Il s'inscrit dans une tradition philosophique qui utilise la fiction à des fins parénétiques. Le mythe final des *Essais de Théodicée* nous fait ainsi *voir*, par Théodore interposé, ce que les créatures raisonnables ne peuvent que *croire*, et nous met en état de poursuivre notre existence avec zèle et avec joie [3]. Cette théatralisation dispense de toute modalité énonciative et permet de rendre présent le contenu des assertions, de mettre en scène ce qui correspond à l'Hypothèse d'Harmonie en suspendant momentanément son caractère hypothétique. Une telle *suspension du douteux* correspond au mouvement affirmatif de la puissance qui ne demande qu'à croire, qu'à courir comme Socrate « le beau risque de la croyance

1. *Théodicée*, Préface, GP VI, 27 : « Il s'ensuit manifestement que la veritable piété, et même la veritable felicité, consiste dans l'amour de Dieu, mais dans un amour éclairé, dont l'ardeur soit accompagnée de lumière ».

2. Platon, *Sophiste*, 276 b, BL, p. 389.

3. *Théodicée*, III, § 417, GP VI, 365 : « Dans ce moment, Théodore s'éveille, il rend graces à la déesse, il rend justice à Jupiter, et penetré de ce qu'il a vu et entendu, il continue la fonction de grand Sacrificateur, avec tout le zele d'un vray serviteur de son Dieu, et avec toute la joye dont un mortel est capable ».

philosophique »[1]. L'usage que Leibniz fait du merveilleux nous engage sur la piste de la destination de textes philosophiques qui sont parmi les plus argumentés : leur fin psychagogique et incantatoire.

* * *

Chacun peut alors, selon l'heureuse expression de Cl. Imbert[2], entretenir sa décision et sa lucidité d'une *modalité* de croyance et de louange. Le lecteur de Leibniz a été amené à identifier sa volonté à celle qui a voulu le concert des substances. Si la puissance individuelle ne se résorbe pas dans la puissance de Dieu, comme Leibniz le craignait en lisant Spinoza, il reste que la puissance divine la dispense du soin d'inventer des solutions aux problèmes que pourrait lui poser la productivité non dirigée de la substance. Dans une conception de la puissance réglée, tout est là virtuellement, et la tâche unique est celle d'accompagner la puissance divine, de joindre sa voix au concert existant, de mettre en valeur ce qui déjà résonne *ad majorem gloriam dei*. Il y a cependant une tâche qui découle implicitement de la conception leibnizienne de l'action philosophique en acte dans les textes leibniziens : elle consiste pour l'individu raisonnable à *remanier sa position subjective* de façon à constituer sa puissance en sujet, à rapprocher la représentation de soi de la notion vraie que Dieu en a, et à devenir ainsi ce qu'il est. Toute puissance est puissance de quelque *un* : lui reste à apprendre qui il est, c'est-à-dire à développer le savoir virtuel de sa situation dans un univers qui est tissé du savoir divin. Le passage auquel appelle Leibniz est comme chez Spinoza un passage de l'imaginaire au rationnel. Il est indissociable d'une identification des individus raisonnables dans un destin commun : celui de leur *societas* avec Dieu dont on a vu qu'elle les constituait en sujets de droit.

Leibniz, dans cette recomposition de l'édifice métaphysique, nous a semblé promouvoir un nouveau discours qui vient relayer le discours métaphysique : *le discours moral*. Comme la subjectivation d'une puissance qui agit déjà spontanément, le discours moral est lui-même un supplément qui semble laisser intact le discours métaphysique qui l'étaye. Cependant ce dernier s'en trouve déstabilisé dans la mesure où il n'est plus le discours unique et fondamental. La circulation entre les discours indique que le centre s'est déplacé et qu'il se transporte désormais avec le sujet lui-même. La philosophie leibnizienne place le

1. Platon, *Phédon*, 114 d, BL, p. 97.

2. Lors de la soutenance de la thèse qui est à l'origine du présent ouvrage (Aix-en-Provence, 1989).

lecteur dans une position hésitant entre deux références, celle des *essences* qui fonde le discours métaphysique, celle du *sujet* qui fonde le discours moral. De là un mouvement qui parfois brouille les pistes : Dieu a-t-il réglé sa volonté sur la sagesse éternelle ? Oui, et pourtant il pouvait faire autrement. Quel rapport l'action de Dieu entretient-elle avec sa notion ? Si Dieu est dans l'univers leibnizien le seul sujet authentiquement libre, on conçoit que l'élaboration de cette question concerne au plus près les individus que nous sommes.

De telles questions montrent que quelque chose d'imperceptible a eu lieu avec Leibniz, même si tout est toujours chez lui en place selon le mécanisme généralisé de l'Harmonie préétablie. Il est arrivé quelque chose. Dans le calme séjour des choses possibles, la puissance est venue différencier (par une différence évanouissante qui n'apparaît pas comme une entité prédicative dans la notion) le sujet créé de l'être possible de texture notionnelle : elle a introduit une césure, une scansion minimale, un décalage imperceptible entre l'essence et l'existence. Selon le discours de l'essence, tout est toujours *identique*. Du point de vue de l'existence, il y a du nouveau, irréductible à l'être des essences, de la *différence* : de l'être autre que Dieu. Leibniz, peut-être sans le savoir, introduit un élément de trouble et d'incertitude dans le discours métaphysique classique grâce à cette dimension de l'existence et de la position subjective. Cet élément de trouble, *un sujet à la fois même et autre que la notion qui le représente*, ne peut qu'être méconnu du lecteur fidèle de Leibniz ; car la multiplicité des langues et la mobilité des pratiques que le texte invite à conjuguer ont lieu dans un même espace logique, celui de l'entendement du sujet ultime, Dieu. Il suffit que l'hypothèse d'une intelligibilité des secteurs ait cédé la place à une thèse invérifiable sur l'ensemble, réputé en droit orchestré, pour que la puissance individuelle se trouve dans un rapport d'identification entre le sujet et la partition qu'il joue. Or c'est à travers l'amour de la musique et de celui qui l'a composée que se produit l'identification. Dès lors, le disciple de Leibniz identifiera sa puissance à la notion supposée le représenter auprès de Dieu. *A cette opération qui fait s'évanouir la différence*, le texte leibnizien, on l'a vu, n'est pas étranger. Au niveau du discours métaphysique, l'identification au créateur tente de résorber l'altérité impliquée par l'acte de création. Mais sur le plan moral que promeut étrangement Leibniz, cette identification est une réponse active à la question que Dieu pose à la créature en lui permettant d'être sujet : que feras-tu de ton altérité ? La discontinuité n'est donc jamais ultime, mais elle est mise en jeu dans chaque existence. Ce qu'on a pu appeler « le manque de Leibniz » [1], son refus de faire place à la négation, a peut-être quelque chose à voir avec un effacement de l'opération identificatoire que soutient la doctrine de l'amour de Dieu. Car s'il y a action identificatoire, c'est que l'identité n'est pas donnée, mais à faire. Leibniz le savait, sans peut-être avoir pu prendre le risque de le mettre en avant. Il est resté dans ce suspens, posant à la fois que les gémissements des damnés contribuaient au meilleur des mondes possibles et que l'être était intégralement symbolisable en droit, puisque le symbolique constituait son étoffe, la *cogitabilitas* sa texture. L'opération leibnizienne laisse d'ailleurs un reste, quelque chose comme l'élément purement émotif irréductible au calcul : la couleur vocale ou instrumentale, la richesse des timbres de l'Harmonie. L'architecture du sensible prétend suffire à en rendre compte. Le philosophe de l'Harmonie serait-il celui d'une certaine surdité ?

On n'acceptera pas pour autant de le taxer d'aveuglement en faisant de sa doctrine « un merveilleux instrument pour nous crever les yeux agréablement » [2] qui nous éviterait la perspective de terrifiants abîmes. Le leibnizianisme garde en effet une vertu qu'on ne saurait sous-estimer en ce temps présent : à titre de pratique jubilatoire des différents discours et des multiples langages de l'univers, il donne l'exemple entraînant et assouplissant d'une mobilité théorique ennemie de tous les dogmatismes. Mais nous avons voulu montrer chez Leibniz un supplément au programme. La dimension morale qu'il instaure tout en l'étayant sur le discours métaphysique dépasse ce dernier, brouille les perspectives, déplace les enjeux et frappe d'incertitude certains de ses énoncés-maîtres.

C'est peut-être cette dimension qui nous intéresse le plus à l'heure du questionnement de tout discours métaphysique.

1. M. Fichant, « L'origine de la négation », *art. cité*, pp. 29-54.
2. Pascal, *Pensées*, 82.

BIBLIOGRAPHIE

(voir liste des abréviations p. 277)

1. *Bibliographies*

MÜLLER K. et HEINEKAMP A., *Leibniz-Bibliographie über Leibniz bis 1980*, Frankfurt am Main, 1984.

RAVIER E., *Bibliographie des œuvres de Leibniz*, Paris, 1937.

Pour une mise à jour, on se reportera à la publication annuelle de la « Leibniz Bibliographie » des *Studia Leibnitiana.*

2. *Œuvres de Leibniz*

A) Editions d'ensemble

Ak Akademie-Ausgabe, *Gottfried Wilhelm Leibniz. Sämtliche Schriften und Briefe*, édition de l'Académie prussienne des sciences, Darmstadt, Leipzig et Berlin, 1923-...

BODEMANN E. *Die Leibniz-Handschriften, der königlicher öffentlichen Bibliothek zu Hannover,* rééd. Hildesheim, 1966.

COUTURAT L., *Leibniz. Opuscules et fragments inédits*, Paris, 1903. Réimpr. Olms, Hildesheim, 1961.

DUTENS, *Leibnitii Opera omnia*, éd. Ludovico Dutens, 6 t., Genève, 1768.

ERDMANN, J.E. *God. Guil. Leibnitii Opera philosophica omnia,* Berlin, 1840.

FOUCHER DE CAREIL, A. (1) *Lettres et Opuscules inédits de Leibniz*, Paris, 1854 (Abrégé FC).

(2) *Nouvelles lettres et opuscules inédits de Leibniz*, Paris, 1857.

(3) *Œuvres de Leibniz,* publiées pour la première fois d'après les Manuscrits originaux avec notes et introductions, 7 t., Paris, 1859-1875.

GRUA G., *G.W. Leibniz, Textes inédits*, 2 t., Paris, 1948 (Abrégé G).

GERHARDT C.I., (1) *Die philosophischen Schriften von Gottfried Wilhelm Leibniz*, 1-7, Berlin, réimpr. Olms, Hildesheim, 1965 (Abrégé GP).

(2) *G.W. Leibniz Mathematische Schriften*, hrsg. von C.I. Gerhardt, 1-7, Berlin, réimpr. Olms, Hildesheim, 1962 (Abrégé GM).

KLOPP O., *Die Werke von Leibniz,* 11 t., Hanovre, 1864-1884.

B) Traductions, œuvres choisies et œuvres particulières
(citées par ordre aphabétique des éditeurs)

ASCARELLI T., *Th. Hobbes, A dialogue between a philosopher and a student of the common Laws of England. G.W. Leibniz, Specimen Quaestionum philosophicarum ex iure collectarum. De casibus perplexis. Doctrina conditionum. De legum intepretatione.* Avec une étude introductive par C. Ducouloux-Favart, Paris, 1966.

BARUZI J., *Leibniz, avec de nombreux textes inédits*, Paris, 1909.

BELAVAL Y., *G.W. Leibniz. Confessio Philosophi – La profession de foi du Philosophe*, texte, traduction et notes, Paris, 1961.

BOUTROUX E., *Leibniz. La Monadologie,* publiée d'après les manuscrits et accompagnée d'éclaircissements par Emile Boutroux, suivie d'une note sur les principes de la mécanique dans Descartes et dans Leibniz par Henri Poincaré, Paris, rééd. 1978.

BRUNSCHWIG J. (1) *Leibniz. Nouveaux Essais sur l'Entendement humain,* Chronologie et introduction, Paris, 1966.
(2) *Leibniz.. Essais de Théodicée sur la Bonté de Dieu, la Liberté del'Homme et l'Origine du Mal.* Chronologie et introduction, Paris, 1966.

COSTABEL P., *Leibniz et la Dynamique en 1692.* Textes et commentaires, réimp. Paris, 1981.

COURTÈS F., Leibniz, Epistola de rebus philosophicis ad Frid. Hoffmannum, traduction et notes, *Les Etudes philosophiques,* 1971, N° 1.

EMERY (abbé) *Leibniz. Pensées sur la religion et la morale*, recueillies par M. Emery et suivies du système théologique de Leibniz, traduit par M. le prince Albert de Broglie, Tours, 1870.

FOUCHER DE CAREIL A. *Animadversiones ad Joh. Georg. Wachteri librum de recondita Hebraerorum philosophia,* dite « Réfutation inédite de Spinoza », in *Leibniz, Descartes et Spinoza,* avec un rapport de M. V. Cousin, Paris, 1862.

FICHANT M. (1) Leibniz. Quod Ens perfectissimum existit, *Les Etudes philosophiques,* 1971, N° 1.
(2) *Leibniz. De l'Horizon de la doctrine humaine (1963). La restitution universelle (1715),* Textes inédits, traduits et annotés, suivis d'une Postface, *Plus Ultra,* Paris, 1991.

FREMONT C. (1) *L'Etre et la Relation*, avec Trente-cinq lettres de Leibniz au R.P. Des Bosses, traduites du latin et annotées, Paris, 1981.
(2) *Discours sur la théologie naturelle des Chinois : plus quelques écrits sur la question religieuse de Chine*, présentés, traduits et annotés par C. Frémont, Paris, 1987.

Lettres de Leibniz au père Malebranche et au père Lelong, Mélanges publiés par la société des bibliophiles français, Paris, 1820.

LESTIENNE H., *Leibniz. Discours de Métaphysique,* édition collationnée avec le texte autographe, présentée et annotée, 5e éd., Paris, 1967.

LEWIS G., *Lettres de Leibniz à Arnauld,* d'après un manuscrit inédit, avec une introduction historique et des notes critiques, Paris, 1952.

MOREAU J., Leibniz. Examen de la philosophie de Descartes, traduction inédite et notes, *Les Etudes philosophiques*, 1971, N°1, pp. 77-100.

PARMENTIER M., *G.W. Leibniz. la naissance du calcul différentiel,* 26 articles des *Acta eruditorum,* introduction, traduction et notes, Paris, 1989.

PRENANT, L., *Leibniz, Œuvres*, avec introduction, tables et commentaires, Paris, 1972 (Abrégé LP).

ROBINET A. (1) *G.W. Leibniz. Principes de la Nature et de la Grâce fondés en raison. Principes de la philosophie* ou *Monadologie*, Paris, 1954.
(2) *Malebranche et Leibniz. Relations personnelles,* présentées avec les textes complets des auteurs et de leurs correspondants, revus, corrigés et inédits, Paris, 1955.
(3) *Correspondance Leibniz-Clarke,* présentée d'après les manuscrits originaux des bibliothèques de Hanovre et de Londres, Paris, 1957.

SCHRECKER P., *G.W. Leibniz. Opuscules philosophiques choisis,* traduits du latin, Paris, 1978.

3. *Principaux commentaires et études critiques utilisés*

BARUZI J. (1) *Leibniz et l'organisation religieuse de la terre,* Paris, 1907.
(2) *Leibniz,* Paris, 1909.

BECCO A., *Du simple selon G.W. Leibniz,* Monado 14, vol. 3, Paris, 1975.

BELAVAL Y. (1) *Leibniz-Initiation à sa philosophie*, 4e éd., Paris, 1975.
(2) *Leibniz critique de Descartes*, Paris, 1978.
(3) *Etudes leibniziennes – De Leibniz à Hegel,* Paris, 1976.

CARLE P.J., *Du dogme catholique sur l'enfer*, suivi de la dissertation de M. Emery *sur la mitigation de la peine des damnés,* Paris, 1842.

COUTURAT L., *La Logique de Leibniz d'après des documents inédits*, Paris, 1901.

DASCAL M., *La sémiologie de Leibniz*, Paris, 1978.

DELEUZE G., *Le pli. Leibniz et le baroque*, Paris, 1988.

ELSTER J., *Leibniz et la formation de l'esprit capitaliste,* Paris, 1975.

M. FICHANT (1) L'origine de la négation, *Les Etudes Philosophiques*, 1971, N° 1, pp. 29-52.
(2) La « réforme » de la dynamique d'après des textes inédits, SL supplementa, t. I, Wiesbaden, 1978.
(3) Les concepts fondamentaux de la mécanique selon Leibniz, en 1676, SL supplementa, Wiesbaden, 1978.

FREMONT C., *L'Etre et la Relation*, avec Trente-cinq lettres de Leibniz au R.P. Des Bosses, traduites du latin et annotées, Paris, 1981.

GRANGER G., Philosophie et Mathématique leibniziennes, *Revue de Métaphysique et de Morale,* 1981, N° 1.

GRUA G. (1) *Jurisprudence universelle et Théodicée selon Leibniz*, Paris, 1953.

(2) *La justice humaine selon Leibniz*, Paris, 1956.

GUEROULT M. (1) *Leibniz - Dynamique et Métaphysique*, Paris, 2e éd., 1967.

(2) *Etudes sur Descartes, Spinoza, Malebranche et Leibniz*, Hildesheim, 1970.

GUILLERMIT L., Puissance de Dieu et base de la monade selon Leibniz, *Archives de Philosophie* 51, 1988, pp. 401-411.

GUITTON J., *Pascal et Leibniz*. Etude sur deux types de penseurs, Paris, 1951.

HANNEQUIN A. *Etudes d'histoire des sciences et d'histoire de la philosophie*, t. II : La première philosophie de Leibniz ; la philosophie de Leibniz et les lois du mouvement, Paris, 1908.

ISHIGURO H., *Leibniz's philosophy of Logic and Language*, London, 1972.

JALABERT J. (1) *La théorie leibnizienne de la substance*, Paris, 1947.

(2) *Le Dieu de Leibniz*, Paris, 1960.

KULSTAD M., *Leibniz on Apperception, Consciousness and Reflection*, München, Hamden, Wien, 1991.

LATTRE A. de, Le principe d'individuation et de communication des substances chez Leibniz, *Le savoir philosophique*, Annales Nice, 1977, pp. 15-29.

Leibniz. Aspects de l'homme et de l'œuvre (1646-1716), Centre International de Synthèse, Paris, 1968.

MANNS J., The Nature of a Nature in Leibniz, SL XIX/2, 1987.

MARTIN G., *Leibniz. Logique et Métaphysique*, trad. M. Regnier, Paris, 1966.

MATES B., *The philosophy of Leibniz. Metaphysics and language*, New York, Oxford, 1986.

NAERT E. (1) *Leibniz et la querelle du pur amour*, Paris, 1959.

(2) *Mémoire et conscience de soi selon Leibniz*, Paris, 1961.

RESCHER N. (1) *The philosophy of Leibniz*, Englewood Cliffs, 1967.

(2) *Leibniz. An Introduction to his Philosophy*, Oxford, 1979.

ROBINET A. (1) *Malebranche et Leibniz – Relations personnelles*, présentées avec les textes complets des auteurs et de leurs correspondants, revus, corrigés et inédits, Paris, 1955.

(2) *Leibniz et la racine de l'existence*, Paris, 1962.

(3) Les destinées du mythe de Sextus dans la *Théodicée*, *Les Etudes philosophiques*, 1982, N°1, pp. 101-109.

(4) Leibniz : lecture du *Treatise* de Berkeley, *Les Etudes philosophiques*, 1983, N° 2, pp. 217-223.

(5) La refonte de la refonte : Leibniz face à Bacon, *Les Etudes philosophiques*, 1985, N° 3.

(6) *Architectonique disjonctive, automates sytémiques et idéalité transcendantale dans l'œuvre de Leibniz*, Paris, 1986.

PARKINSON G.H.R., *Logic and Reality in Leibniz's Metaphysics*, Oxford, 1965.

RODIER G., Sur une des origines de la philosophie de Leibniz, *Revue de*

Métaphysique et de Morale, sept. 1902, repris dans *Etudes de philosophie grecque*, Paris, 1926.

RUSSELL B., *La philosophie de Leibniz, Exposé critique,* trad. J. et R. Ray, Réimp. Paris, 1970.

SCHEFFLER S., Leibniz on Personal Identity and Moral Personality, SL, VIII/2, 1976.

SERRES M., *Le système de Leibniz et ses modèles mathématiques*, Paris, 1968.

SÈVE R., *Leibniz et l'école moderne du droit naturel*, Paris, 1989.

WILSON C., De Ipsa Natura. Sources of Leibniz's Doctrines of Force, Activity and Natural Law, SL, XIX/2, 1987.

4. *Bibliographie générale*

APULÉE, *L'âne d'or ou les Métamorphoses*, trad., notes de P. Grimal, Paris, 1975.

ARNAULD A. et LANCELOT C., *Grammaire générale et raisonnée,* nouvelle édition, introd. de M. Foucault, réédition., Paris, 1969.

ARNAULD A. et NICOLE P., *La Logique ou l'Art de penser,* éd. critique Clair et Girbal, Paris, 1965.

ARISTOTE (1) *Aristotle's Metaphysics*, éd. W.D. Ross, 2 vol., Oxford, 1966.
(2) *Physique*, éd. H. Carteron, Paris, 1973.
(3) *De l'Ame*, éd. A. Jannone, Paris, 1980.

AUBENQUE P. (1) *Le problème de l'Etre chez Aristote*, 4e éd., Paris, 1977.
(2) *La prudence chez Aristote*, Paris, 3e éd. revue et augmentée d'un appendice sur La prudence chez Kant, Paris, 1986.

AUGUSTIN (1) *De Trinitate,* XI, in *Œuvres* de saint Augustin, bibliothèque augustinienne, Paris, 1949.
(2) *Confessions,* éd. P. de Labriolle, 2 t., Paris, 1961.

AUSTIN J.L., *How to do things with words*, Oxford, 1962.

BADAREU D., *L'individuel chez Aristote*, Paris, 1936.

BAYLE P., *Dictionnaire historique et critique*, 5e éd., 4 vol., Amsterdam, 1740.

BELAVAL Y., L'horreur du vide, *Nouvelle Revue de Psychanalyse*, N° 11, Paris, 1975.

BENVENISTE E. (1) *Problèmes de linguistique générale*, Paris, 1966.
(2) *Le Vocabulaire des institutions indo-européennes,* Paris, 1969.

BERNHARDT J., Infini, substance et attributs, *Cahiers Spinoza,* N° 2, Paris, 1978.

BEYSSADE J.M., *La philosophie première de Descartes,* Paris, 1979.

BOURGEY L., *Observation et expérience chez les médecins de la collection hippocratique*, Paris, 1953.

BOUTROUX E. (1) Histoire des principes de la Dynamique avant Newton, *Revue de Métaphysique et de Morale*, 1921, pp. 657-688.
(2) *La philosophie allemande au XVIIe siècle*, Paris, 1948.

BOYLE R., *De Ipsa natura, sive libera in receptam Naturae notionem Disquisitio,* Londres, 1697.

BRÉHIER E., *La philosophie et son passé*, Paris, 1940.

BROCHARD V., *Etudes de philosophie ancienne et de philosophie moderne*, 4e éd., Paris, 1974.

CANGUILHEM G. (1) *La connaissance de la vie*, 2e éd., Paris, 1965.
(2) *Etudes d'histoire et de philosophie des sciences,* Paris, 1970.

CARTERON H., *La notion de force dans le système d'Aristote*, Paris, 1924.

CASSIRER E. (1) *La philosophie des lumières*, trad. P. Quillet, Paris, 1970.
(2) *La philosophie des formes symboliques*, 3 t., trad. Hansen-Löve et Lacoste, Paris, 1972.

CAVAILLÈS J., *Sur la logique et la théorie de la science*, Paris, 1947.

COSTE P., Traduction française du *Discours sur l'Amour divin contre M. Norris de Mylady Masham,* Amsterdam, 1705.

COURTÈS F., *La Raison et la Vie. Idéal scientifique et Idéologie en Allemagne de la Réforme jusqu'à Kant,* Paris, 1972.

COURTINE J.F. (1) Le principe d'individuation chez Suarez et Leibniz, SL supplementa, 1983.
(2) *Suarez et le système de la métaphysique,* Paris, 1990.

DELBOS V., La préparation de la philosophie moderne, *Revue de Métaphysique et de Morale,* 1929.

DELEUZE G., *Spinoza et le problème de l'Expression,* Paris, 1968.

DERRIDA J., *De la Grammatologie*, Paris, 1967.

DESCARTES, *Œuvres de Descartes*, publiées par C. Adam et P. Tannery, nouvelle présentation en coédition avec le CNRS, Paris, 1964.

DIDEROT D., *Œuvres philosophiques*, éd. P. Vernière, Paris, 1963.

DUCHESNEAU F., Modèle cartésien et modèle spinoziste de l'être vivant, *Cahiers Spinoza*, N°2, Paris, 1978.

DUPRÉEL E., *Les Sophistes* (Protagoras, Gorgias, Prodicus, Hippias), Neuchâtel, 1948.

Encyclopédie, ou Dictionnaire raisonné des sciences, des arts et des métiers, rééd. Stuttgart, 33 t., 1966.

FREUD S. (1) Esquisse d'une psychologie scientifique, *La naissance de la psychanalyse*, trad. A. Berman, Paris, 2e éd., 1969.
(2) Psychologie collective et analyse du Moi, *Essais de psychanalyse*, trad. S. Jankélévitch, Paris, 1964.

GERNET L., *Anthropologie de la Grèce antique*, Paris, 1968.

GILSON E. (1) *Index scolastico-cartésien*, rééd. New York, 1979.
(2) *L'Etre et l'Essence*, Paris, 2e éd., 1962.
(3) *Etudes sur le rôle de la pensée médiévale dans la formation du système cartésien*, 5e éd., Paris, 1984.

GOLDSCHMIDT V., *Le système stoïcien et l'idée de temps*, Paris, 1953.

GOUHIER H., *Cartésianisme et augustinisme au XVIIe siècle*, Paris, 1978.

GRANGER G. (1) Le pari de Pascal, Congrès de Venise, 1958.
(2) *La Théorie aristotélicienne de la science*, Paris, 1976.

(3) A quoi servent les noms propres ? *Langages* N° 66, 1982.
HEGEL G.W.F., *La Phénoménologie de l'Esprit*, trad. J. Hyppolite, 2 t., Paris, 1939.
HEIDEGGER M. (1) Ce qu'est et comment se détermine la PHUSIS, *Questions II*, trad. fr., Paris, 1968.
(2) *De l'essence et de la réalité de la force* (Aristote, Métaphysique 1-3), Cours 1931, trad. fr., Paris, 1991.
HIPPOCRATE, *Opera Omnia*, trad. E. Littré, 10 t., rééd. Amsterdam, 1961.
HOBBES T., *Léviathan,* Introduction, traduction et notes de F. Tricaud, Paris, 1971.
HUAN G., *Le Dieu de Spinoza* (thèse, Arras, 1913) Paris, 1914.
IMBERT C. (1) Théorie de la représentation et doctrine logique dans le Stoïcisme ancien, in *Les Stoïciens et leur logique,* Paris, 1978.
(2) Pour une structure de la croyance : l'argument d'Anselme, *Nouvelle Revue de Psychanalyse*, N° 18, 1978.
(3) *Phénoménologies et langues formulaires*, Paris, 1992.
JACQUES F., *Différence et subjectivité*, Paris, 1982.
KANT E. (1) *Essai pour introduire en philosophie le concept de grandeur négative*, trad. R. Kempf, Paris, 1949.
(2) Kant, *Critique de la Raison Pure*, trad. Tremesaygues et Pacaud, Paris, 1950.
(3) *Réponse à Eberhard,* trad., introd. et notes de R. Kempf, 2e éd., 1973.
KOYRÉ A. (1) *Etudes galiléennes,* Paris, nouveau tirage, 1980.
(2) Pierre Gassendi. Le savant, in *Pierre Gassendi, sa Vie et son Œuvre*, Centre International de Synthèse, Paris, 1955.
(3) *Du monde clos à l'univers infini,* tr. P. Tarr, Paris, 1962.
(4) *Etudes newtoniennes*, Paris, 1968.
LACAN J. (1) *Ecrits,* Paris, 1969.
(2) *Le Séminaire*, II, Paris, 1978.
LEBRUN G. (1) *Kant et la fin de la Métaphysique*, Paris, 1970.
(2) *La patience du concept.* Essai sur le discours hégelien, Paris, 1972.
Leibniz Lexicon. A dual Concordance to Leibniz's Philosophische Schriften, Olms, Hildesheim. Zürich. New York, 1988.
LEVI-STRAUSS C., *Mythologiques. Le cru et le cuit,* Paris, 1964.
LEWIS (RODIS-) G. (1) *L'individualité selon Descartes*, Paris, 1950.
(2) *Idées et vérités éternelles chez Descartes et ses successeurs*, réimp. Paris, 1985.
LOCKE J., *Essai philosophique concernant l'Entendement humain*, trad. M. Coste, rééd. E. Naert, Paris, 1989.
LOVEJOY A.O., *The Great Chain of Being*, Cambridge, 1957.
MALEBRANCHE N., *Œuvres complètes*, éd. A. Robinet, Paris, 1958-1967.
MARIN L., *La critique du discours. Sur la 'logique de Port-Royal' et les 'Pensées' de Pascal*, Paris, 1975.

MARION J.L. (1) *Sur l'ontologie grise de Descartes*, Paris, 2e éd., Paris, 1981.
(2) *Sur la théologie blanche de Descartes,* Paris, 1981.
MOUY P., *Le développement de la physique cartésienne (1646-1712)*, Paris, 1934.
NIETZSCHE F., *Œuvres philosophiques complètes,* éd. G. Colli et M. Montinari, t. VII, Paris, 1971.
PARIENTE J.C., *Le langage et l'individuel,* Paris, 1973.
PASCAL B., *Pensées et Opuscules,* éd. L. Brunschvicg, Paris, 1923.
PLATON, *Œuvres complètes*, Paris, les Belles-Lettres.
RICOEUR P., *Du texte à l'action. Essais d'herméneutique, II,* Paris, 1986.
RIVAUD A., *Le problème du devenir et la notion de matière dans la philosophie grecque depuis les origines jusqu'à Théophraste*, Paris, 1905.
ROBINET A., *Le langage à l'âge classique,* Paris, 1978.
RODIER G., *Aristote, Traité de l'âme, commentaire*, Paris, 1985.
SARTRE J.P., *L'Etre et le Néant,* Paris, 1943.
SCHELHAMMER J.C., *Naturae vindicatae vindicatio*, Hamburgi, 1697.
SCHNEIDER M., Le fini, l'autre et le savoir chez Spinoza et chez Freud, *Cahiers Spinoza,* N° 1, Paris, 1977.
SOUILHÉ J., *Etude sur le terme* Dynamis *dans les Dialogues de Platon,* Paris, 1919.
SPINOZA, *Traité de la Réforme de l'Entendement*, trad. A. Koyré, 4ème éd., 1969.
Les Stoïciens, textes traduits par E. Bréhier, édités sous la direction de P.M. Schuhl, Paris, 1962.
STURM J.C. (1) *Idolum Naturae,* Altdorf, 1692.
(2) *Physica Electiva sive Hypothetica* (*Acta Eruditorum*, mars 1694), Norimbergae, 1697.
THOMAS D'AQUIN *Somme Théologique*, trad. A.M. Roguet, 2 t., Paris, 1984.
TURLOT F., Le « Logos » chez Plotin, *Les Etudes philosophiques,* 1985, N° 4.
VACANT-MANGENOT-HAMMAN, *Dictionnaire de théologie catholique*, Paris, 1903.
VALLA L., *De libero arbitrio* (1482), Firenze, 1934.
VIGNAUX P., *Nominalisme au XIVe siècle,* Paris, réimp., 1981.
VUILLEMIN J. (1) *De la logique à la théologie*. Cinq études sur Aristote, Paris, 1967.
(2) *Nécessité ou contingence*. L'aporie de Diodore et les systèmes philosophiques, Paris, 1984.
ZARKA Y.C., *La décision métaphysique de Hobbes,* Paris, 1987.

ABRÉVIATIONS UTILISÉES

Ak : Akademie-Ausgabe, *Gottfried Wilhelm Leibniz. Sämtliche Schriften und Briefe*, édition de l'Académie prussienne des sciences, Darmstadt, Leipzig et Berlin, 1923-

Arch. disj. : A. Robinet, *Architectonique disjonctive, automates systémiques et Idéalité transcendantale dans l'œuvre de G.W. Leibniz*, Paris, 1986.

AP : Spinoza, *Ethique*, traduction nouvelle avec notice et notes par C. Appuhn, 2 t., Paris, 1953.

AT : *Œuvres de Descartes*, publiées par C. Adam et P. Tannery, nouvelle présentation en coédition avec le CNRS, Paris, 1964.

BL : Editions « Les Belles Lettres ».

C : *Leibniz. Opuscules et fragments inédits*, édités par Louis Couturat, Paris, 1903. Réimp. Olms, Hildesheim, 1961.

DM : *Discours de Métaphysique* (GP IV ou éd. H. Lestienne, Paris, 5e éd., Paris, 1967).

Dutens : *Leibnitii Opera omnia*, éd. Ludovico Dutens, Genève, 1768.

FC : *Lettres et Opuscules inédits de Leibniz*, par A. Foucher de Careil, Paris, 1854.

G : *G.W. Leibniz, Textes inédits*, édités par G. Grua, 2 t., Paris, 1948.

GP : *Die philosophischen Schriften von Gottfried Wilhelm Leibniz*, éd. C.I. Gerhardt, 1-7, Berlin, réimp. Olms, Hildesheim, 1965.

GM : *G.W. Leibniz Mathematische Schriften*, éd. C.I. Gerhardt, 1-7, Berlin, réimp. Olms, Hildesheim, 1962.

LP : *Leibniz, Œuvres*, éd. Lucy Prenant, Paris, 1972.

Monadologie : *Principes de la philosophie* ou *Monadologie* (GP VI, ou éd. A. Robinet, avec P.N.G.).

NE : *Nouveaux Essais sur l'Entendement humain*. (GP V, ou éd. J. Brunschwig, Garnier-Flammarion, Paris, 1966).

PNG : *Principes de la Nature et de la Grâce fondés en raison* (GP VI, ou éd. A. Robinet)

Théodicée : *Essais de Théodicée sur la Bonté de Dieu, la Liberté de l'Homme et l'Origine du Mal* (GP VI, ou éd. J. Brunschwig, Paris, 1969), cités par §.

SL : *Studia Leibnitiana.*

TP : Kant, *Critique de la Raison Pure*, Trad. Tremesaygues et Pacaud, Paris, 1950.

TRE : Spinoza, *Traité de la Réforme de l'Entendement*, trad. A. Koyré, 4ème éd., 1969.

INDEX RERUM

INDEX NOMINUM

INDEX DES TEXTES DE LEIBNIZ CITÉS

TABLE DES MATIÈRES

Imprimerie de la Manutention à Mayenne — décembre 1993 — N° 407-93